Germanistische
Arbeitshefte   33

Herausgegeben von Gerd Fritz und Franz Hundsnurscher

Frédéric Hartweg / Klaus-Peter Wegera

Frühneuhochdeutsch

Eine Einführung in die deutsche Sprache
des Spätmittelalters und der frühen Neuzeit

2., neu bearbeitete Auflage

Max Niemeyer Verlag
Tübingen 2005

Bibliografische Information der Deutschen Bibliothek

Die Deutsche Bibliothek verzeichnet diese Publikation in der Deutschen Nationalbibliografie; detaillierte bibliografische Daten sind im Internet über *http://dnb.ddb.de* abrufbar.

ISBN 3-484-25133-6   ISSN 0344-6697

Satz: Gabriele Herbst, Mössingen
Druck: Gulde-Druck, Tübingen
Einband: Industriebuchbinderei Nädele, Nehren

Vorwort

Zur 1. Auflage

Die Herausgabe einer Einführung in das Frühneuhochdeutsche ist noch immer ein kleines Wagnis, da diese Sprachstufe in einigen Bereichen noch unzureichend erforscht ist. Doch wird das Frühneuhochdeutsche an immer mehr Universitäten (auch des Auslandes) zunehmend ins Lehrprogramm aufgenommen und die Literatur des späten Mittelalters und der frühen Neuzeit immer häufiger zum Thema, so dass eine Einführung, die den aktuellen Forschungsstand spiegelt, dringend notwendig erscheint. Zwischen dem Bewusstsein der Vorläufigkeit einiger Ergebnisse und der Einsicht in die Notwendigkeit einer Einführung schwankend, haben wir so lange gezögert, bis wir wenigstens in einigen größeren Bereichen eigene aktuelle Forschungsergebnisse einbringen konnten.

Wir haben in vielfältiger Weise zu danken. In erster Linie Oskar Reichmann für seine weit über ein rein fachliches Interesse hinausgehende Anteilnahme an dem Unternehmen. Weiterhin dem DSA, Marburg, und dem DAAD, der die Fertigstellung des Heftes durch die finanzielle Unterstützung zweier längerer Auslandsaufenthalte der Autoren förderte. Für Hinweise, Anregungen und bereitwillige Hilfen danken wir Werner Besch, Johannes Erben, Rudolf Große, Walter Hoffmann, Hans-Joachim Solms, Lydia Tschakert und nicht zuletzt Otmar Werner und dem Max Niemeyer Verlag für verständnisvolle Geduld.

Bonn/Paris, November 1988   F.H./K.-P.W.

Zur 2. Auflage

Das Wagnis, eine Einführung in das Frühneuhochdeutsche zu verfassen, hat sich gelohnt. Ihr ist nicht nur eine breite Beachtung in der Fachwelt zuteil geworden, die Resonanz war auch überwiegend positiv. Wir danken an dieser Stelle den Rezensenten für ihre Hinweise und Anregungen. Auf Wunsch des Verlags haben wir nur eine Überarbeitung und keine Neubearbeitung vorgenommen. Dies schien uns vertretbar, war doch der Wissensfortschritt im Bereich des Frühneuhochdeutschen in den letzten Jahren nicht so gewaltig, dass er eine Neubearbeitung dringend erforderlich gemacht hätte. An einigen Stellen mußte der Text allerdings aktualisiert werden; Fehler wurden behoben, einige Anregungen in kleineren Umformulierungen berücksichtigt; die Literaturverweise wurden auf den neusten Stand gebracht.

Über den in der ersten Auflage genannten Personenkreis hinaus danken wir Dr. Heinz-Peter Prell für Hilfen und Anregungen. Christine Baro danken wir für die Fertigstellung der Druckvorlage.

Bochum/Strasbourg/Marburg (DSA) 2004   F.H./K.-P.W.

Inhalt

Einleitung

Obwohl noch in den frühen 60er Jahren Sprachgeschichte an vielen deutschen Hochschulen das Maß aller Dinge in der Sprachwissenschaft darstellte und der Historismus eine Wissenschaft prägte, die mit H. Paul keine andere als die historische Erklärung anerkannte, und noch bevor die antithetisch dazu gesetzte Verabsolutierung des Strukturalismus den Anspruch der Alleinseligmachenden erhob, fristete das Frühneuhochdeutsche (Frnhd.) ein kümmerliches Aschenputteldasein neben seinen reichlich ausgestatteten Schwestern, dem Gotischen, dem Alt- und Mittelhochdeutschen. Die Rolle des Stiefkindes in der germanistischen Sprachgeschichtsforschung und -lehre verdankte diese Sprachperiode u.a. der romantischen Vorstellung von der Sprache als einem Organismus und der von der größeren Vollkommenheit der Sprachformen früherer Epochen, die die Begründer der Germanistik als Wissenschaft kennzeichnete. In der Vorrede zur Zweitausgabe des 1. Teils seiner *Deutschen Grammatik* schrieb J. Grimm (^{2}1822, Xf.):

> Zwischen meiner darstellung des mittel- und neuhochdeutschen wird eine lücke empfindlich seyn: mannigfaltige übergänge und abstufungen hätten sich aus den schriften des vierzehnten so wie der drei folgenden jahrhunderte sammeln und erläutern laßen; [...] da sich aber keine blühende poesie gründete, konnten niedersetzungen der sprache, wie sie zur aufstellung eigner perioden nöthig sind, auch nicht erfolgen. Die schriftsteller dieser zwischenzeit vergröbern stufenweise die frühere sprachregel und überlassen sich sorglos den einmischungen landschaftlicher gemeiner mundart.

Diese Feststellung enthält einen wenn auch nur unterschwelligen, so doch kaum überhörbaren Tadel der Sprachhaltung der Zeit. In der großen Verschiedenartigkeit der Schriftdialekte des Frnhd., besonders im Gegensatz zu der noch durch die Lachmannsche Editionstechnik erhöhten Einheitlichkeit des k l a s s i s c h e n M h d ., sah mancher Forscher deshalb nur die verstümmelten und zerstreuten Überreste, die Ruinen eines einst prächtigen Gebäudes. Eine solche Auffassung musste die Forschung zu den ältesten Texten und zur Vernachlässigung des reichen frnhd. Schrifttums führen. Die kaum überschaubare Materialfülle der Überlieferung mag auch manchen davon abgehalten haben, sich dieser großen L ü c k e anzunehmen.

Verdienstvolle Arbeiten sind allerdings im 19. und frühen 20. Jh. diesem in seiner autonomen Existenz lange umstrittenen Abschnitt der deutschen Sprachgeschichte gewidmet worden, zumal die herausragende Gestalt Luthers und die Frage nach der Entstehung des Nhd. nicht unberücksichtigt bleiben konnten. Doch erst V. Moser (1926) hat ein kohärentes Forschungsprogramm zum Frnhd. entworfen. Seine eine beträchtliche Materialmenge bewältigende *Frühneuhochdeutsche Grammatik* (1929; 1951) blieb allerdings ein Torso, und die bereits 1909 erschienene *Historisch-grammatische Einführung in die früneuhochdeutschen Schriftdialekte* bezeichnete er selbst nachträglich als Missgriff. Es bleibt Schirokauers

(^{2}1957) Verdienst, durch seine oft polemisch überspitzten Thesen und den Widerspruch, den sie hervorriefen, der frnhd. Forschung neue Impulse gegeben zu haben.

Nach den richtungsweisenden Untersuchungen von Guchmann (1955; 1959; dt.: 1964; 1969), Besch (1967) und Ising (1968), die z.T. Fragen von v. Bahder (1925) mit neuem methodologischen Ansatz aufgriffen, kristallisierten sich als Kernfragen der frnhd. Forschung vor allem die nach den Bedingungen, Prozessen und Ursachen für die Auswahl zwischen konkurrierenden Elementen, die zur Ausbildung der nhd. Norm führten, heraus, und dies auf allen sprachlichen Ebenen. Großangelegte Forschungsvorhaben mit breiter Materialgrundlage haben inzwischen den Kenntnisstand entscheidend verbessert, zumal sie neben der rein darstellenden Beschreibung auch stärker die funktionale Perspektive einbezogen haben. Hugo Moser und H. Stopp haben das Unternehmen von V. Moser (1929; 1951) unter dem Titel *Grammatik des Frühneuhochdeutschen* fortgesetzt. Mit dieser Reihe ist eine Kenntnis des Frnhd. erreicht, die die des Mhd., besonders hinsichtlich der regionalen Besonderheiten, übertrifft.

Von den Fringsschen Positionen hinsichtlich der besonderen Stellung des Ostmitteldeutschen ausgehend, entstanden in der DDR Studien zu den spätmittelalterlichen Rechtsdenkmälern, zur religiösen Erbauungsliteratur dieser Zeit, zur kurfürstlichen Kanzlei (Wittenberg/Torgau) und zu städtischen Kanzleien (z.B. Jena, Dresden, Eger, Zeitz, Erfurt, Nordhausen) sowie eine phonematisch-graphematische Systemanalyse des Schreibusus eines Oberstadtschreibers (Fleischer 1966). Schmitt (1966) erprobte methodologisch bedeutende Prinzipien in seiner Untersuchung der thüringisch-obersächsischen Geschäftssprache. Auf die im Rahmen des Zentralinstituts für Sprachwissenschaft der Akademie der Wissenschaften der DDR zustande gekommenen Studien *Zur Ausbildung der Norm der deutschen Literatursprache (1470–1730)* (1976ff.) folgten eine Reihe von Untersuchungen, die, von kommunikationstheoretischen Ansätzen ausgehend, den Zusammenhang zwischen Veränderungen in der kommunikativen Situation und Wandlungen in den Verwendungsweisen der Literatursprache aufzudecken versuchen (s. *Zum Sprachwandel*).

Der im Bereich der Grammatikforschung festzustellende Wissensfortschritt zeichnet sich ebenfalls auf dem Gebiet der frnhd. Lexikographie ab. Den großen begonnenen bzw. abgeschlossenen Epochenwörterbüchern zum Ahd. und Mhd. stand lange nur das von der Anlage der Artikel und dem Umfang her nicht vergleichbare *Frühneuhochdeutsche Glossar* von Götze (^{7}1967) gegenüber. Für Forschungszwecke musste deshalb auf das methodologisch veraltete, aber bisher nicht ersetzte *Mittelhochdeutsche Handwörterbuch* von Lexer (1872 bis 1878; Neudr. 1965) zurückgegriffen werden, das sich zwar primär am Mhd. orientiert, aber Material bis ca. 1500 enthält, oder auf Grimms *Deutsches Wörterbuch* (*DWB*). Das auf einer breiten Materialbasis beruhende und den modernen methodologischen Anforderungen gerecht werdende *Frühneuhochdeutsche Wörterbuch* (*FWB*) (bisher vier Bände), dem eine Pilotfunktion in der deutschen historischen Lexikographie zukommen dürfte, ist von Reichmann (Anderson, Goebel, Reichmann 1986ff.) vorgelegt worden. Neben diesem großangelegten Unternehmen sind eine Reihe von Indices und Konkordanzen frnhd. Texte sowie autorenlexikographische Ansätze zu erwähnen (im Überblick Reichmann *FWB* 1.1, 165–224).

Soweit der begrenzte Umfang des Bandes es zulässt, versucht die vorliegende Einführung, Fragen der räumlichen Abgrenzung, der soziokulturellen Voraussetzungen, des Gel-

tungsbereichs der verschiedenen Existenzformen des Frnhd. sowie Periodisierungsvorschläge, Thesen und Hypothesen zur Herausbildung einer schriftsprachlichen Norm zu erörtern.
Dabei werden postulierte Faktoren des Ausgleichs, wie die Rolle des Buchdrucks, der Kanzleien, der Stadt und der Bildungseinrichtungen, die zunehmende Disfunktionalität der Bildungssprache Latein und Luthers Stellung in der Gesamtentwicklung behandelt.

Der Grammatikteil will nicht nur einen Abriss der frnhd. Grammatik bieten. Er wird auch
verstanden als Versuch einer Einführung in die wichtigsten Entwicklungsprozesse, die zum
Nhd. führen, wobei die Selektions- und Ersatzprozesse den zentralen Aspekt bilden.
Daneben finden jedoch auch frnhd. Sonderentwicklungen, die sich zum Nhd. nicht durchsetzen konnten, Beachtung. In den Kapiteln 6, 7 und 8 soll zudem jeweils ein besonderer
Aspekt des Frnhd. hervorgehoben werden, der durchaus auf verschiedenen Ebenen der
Grammatik beobachtet werden kann, der aber auf einer bestimmten grammatischen Ebene
besonders deutlich hervortritt, so im Kapitel ‚Graphemik‘ das Phänomen der im Frnhd. stark
ausgeprägten Variabilität, im Kapitel ‚Phonemik‘ die Auseinanderentwicklung von Mundarten und einer zunehmend vereinheitlichten Sprachform (‚Schriftsprache‘), im Kapitel ‚Morphologie‘ der Aspekt der Umstrukturierung.

Hinweise zur Benutzung

Die Aufgaben zu Beginn eines Abschnitts und im laufenden Text haben die Funktion, das
jeweils Folgende vorzubereiten bzw. vorbereitend ein Problem zu reflektieren. Ihre Lösung
ergibt sich aus dem laufenden Text. Die Aufgaben am Ende eines Abschnitts verstehen sich
dagegen eher als Übungsaufgaben, z.T. mit Lösungshinweisen.

Die Literaturhinweise – ebenfalls am Ende eines Abschnitts – enthalten jeweils ausgewählte weiterführende Literatur. Das Literaturverzeichnis am Ende des Bandes geht darüber
hinaus und hat bibliographischen Charakter. Doch auch hier unterliegt die Auswahl dem
Zweck einer Einführung.

Die jeweiligen Abschnitte sind mit Verweisen hinter dem Titel auf die *Frühneuhochdeutsche Grammatik* (Reichmann/Wegera 1993) bzw. die *Frühneuhochdeutsche Grammatik*
V. Mosers bzw. die *Grammatik des Frühneuhochdeutschen* aus der 1. Auflage versehen. Die
angeführten Beispielsätze wurden ohne gesonderte Nennung der jeweils im Abschnitt angeführten bzw. zitierten Literatur entnommen.

Die objektsprachliche Kennzeichnung erfolgt durch Kursivdruck. Graphische Elemente
auf der Graph(em)-Ebene werden zusätzlich mit Spitzklammern dargeboten, ohne dass dies
etwas über den tatsächlichen Status (Graph oder Graphem) einer Form sagt. Eine Kennzeichnung der Laute durch Phonemklammern (/ /) erfolgt nur dann, wenn andernfalls Miss-
verständnisse entstehen würden bzw. wenn ein Sachverhalt dies zur Verdeutlichung verlangt. Die Verwendung der Phonemklammern sagt ebenfalls nichts über den tatsächlichen
Status eines Lautes (Phon oder Phonem) aus.

Für die Abschnitte 1.2, 1.3, 2. bis 4., 10. (ohne 10.5) und 11. ist Frédéric Hartweg verant-
wortlich, für die Teile 5. bis 9. und 10.5 Klaus-Peter Wegera. Für die übrigen Teile stehen
beide Autoren.

1. Grundlagen

1.1. Grundlegende Literatur zum Frühneuhochdeutschen

Bibliographien

Piirainen, Ilpo Tapani: Frühneuhochdeutsche Bibliographie. Literatur zur Sprache des 14.–17. Jahrhunderts. Tübingen 1980 (= Bibliographische Arbeitsmaterialien 4) (= 1980a).

Die deutsche Literatur. Biographisches und bibliographisches Lexikon. Reihe II. Die Deutsche Literatur zwischen 1450 und 1620. Hg. v. Hans-Gert Roloff. Abt. B: Forschungsliteratur I. Lieferung 1ff. Bern 1980ff. Forschungsliteratur II (Autoren). Lieferung 1ff. Bern 1985ff.

Pasierbsky, Fritz: Deutsche Sprache im Reformationszeitalter. Eine geistes- und sozialgeschichtlich orientierte Bibliographie. Bearb. u. hg. v. Edeltrud Büchler u. Edmund Dirkschnieder. Tübingen 1988.

Sprachgeschichten

Bach, Adolf: Geschichte der deutschen Sprache. 9. Aufl. Heidelberg 1970.

Eggers, Hans: Deutsche Sprachgeschichte. Bd. 2: Das Frühneuhochdeutsche und das Neuhochdeutsche (überarb. und erg. Neuaufl.). Reinbek 1986.

Kleine Enzyklopädie Deutsche Sprache. Hg. v. Wolfgang Fleischer, Gerhard Helbig, Gotthard Lerchner. Frankfurt/M. 2001, 569–626.

von Polenz, Peter: Deutsche Sprachgeschichte vom Spätmittelalter bis zur Gegenwart. Bd. 1: Einführung, Grundbegriffe, Deutsch in der frühbürgerlichen Zeit. Berlin/New York 1991;²2000; Bd. 2: 17. und 18. Jahrhundert. Berlin/New York 1994.

Schildt, Joachim: Abriß der Geschichte der deutschen Sprache. Zum Verhältnis von Gesellschafts- und Sprachgeschichte. 3. Aufl. Berlin 1984.

Schmidt, Wilhelm: Geschichte der deutschen Sprache. Ein Lehrbuch für das germanistische Studium. 9., verbesserte Aufl., erarb. unter der Leitung v. H. Langner u. N.R. Wolf. Stuttgart 2004.

Sprachgeschichte. Ein Handbuch zur Geschichte der deutschen Sprache und ihrer Erforschung. 1. Aufl. hg. v. Werner Besch, Oskar Reichmann, Stefan Sonderegger. 1. Halbbd. 1984, 2. Halbbd. 1985. 2. vollst. neu bearb. u. erw. Aufl. hg. v. Werner Besch, Anne Betten, Oskar Reichmann, Stefan Sonderegger. 1. Teilbd. ²1998, 2. Teilbd. ²2000, 3. Teilbd. ²2003, 4. Teilbd. ²2004 (= *Sprachgeschichte. Ein Handbuch*).

Stedje, Astrid: Deutsche Sprache gestern und heute. 5. unveränd. Aufl. München 2001 (=UTB 1499).

Tschirch, Fritz: Geschichte der deutschen Sprache. 2: Entwicklung und Wandlungen der deutschen Sprachgestalt vom Hochmittelalter bis zur Gegenwart. 3. erg. und überarb. Aufl., bearb. von Werner Besch. Berlin 1989 (=GG 9).

Wells, C.J.: German: A Linguistic History to 1945. Oxford 1985 [Paperback 1987]. Deutsche Ausgabe: Deutsch: eine Sprachgeschichte bis 1945. Tübingen 1990.

Wolff, Gerhart: Deutsche Sprachgeschichte. München/Basel ⁴1999 (=UTB 1581).

Einführungen und Überblicke

Besch, Werner: Frühneuhochdeutsch. In: Lexikon der Germanistischen Linguistik. Hg. v. Hans Peter Althaus, Helmut Henne, Herbert Ernst Wiegand. 2. Aufl. Tübingen 1980, 588–597.

Erben, Johannes: Frühneuhochdeutsch. In: Kurzer Grundriss der germanischen Philologie bis 1500. Hg. v. Ludwig Erich Schmitt. Bd. 1: Sprachgeschichte. Berlin 1970, 386–440.

Moser, Virgil: Historisch-grammatische Einführung in die frühneuhochdeutschen Schriftdialekte. Halle 1909 (Nachdr. Darmstadt 1971).

Penzl, Herbert: Frühneuhochdeutsch. Bern 1984.

Philipp, Gerhard: Einführung ins Frühneuhochdeutsche. Sprache – Grammatik – Texte. Heidelberg 1980 (=UTB 822).

Grammatik

Moser, Virgil: Frühneuhochdeutsche Grammatik. I. Band: Lautlehre. 1. Hälfte: Orthographie, Betonung, Stammsilbenvokale. Heidelberg 1929. 3. Band: Lautlehre. 3. Teil: Konsonanten. 2. Hälfte (Schluss). Heidelberg 1951.

Grammatik des Frühneuhochdeutschen. Beiträge zur Laut- und Formenlehre. Hg. v. Hugo Moser und Hugo Stopp. Erster Band, 1. Teil: Vokalismus der Nebensilben I, bearb. v. Otto Sauerbeck. Heidelberg 1970; 2. Teil: Vokalismus der Nebensilben II, bearb. v. Hugo Stopp. Heidelberg 1973; 3. Teil: Vokalismus der Nebensilben III, bearb. v. Hugo Stopp. Heidelberg 1978 (= 1978a). Hg. v. Hugo Moser, Hugo Stopp, Werner Besch. Dritter Band: Flexion der Substantive, von Klaus-Peter Wegera. Heidelberg 1987; Vierter Band: Flexion der starken und schwachen Verben, von Ulf Dammers, Walter Hoffmann, Hans-Joachim Solms. Heidelberg 1988; Sechster Band: Flexion der Adjektive, von Hans-Joachim Solms, Klaus-Peter Wegera. Heidelberg 1991; Siebter Band: Flexion der Pronomina und Numeralia, von Susanne Häckel, Maria Walch. Heidelberg 1988.

Reichmann, Oskar/Wegera, Klaus-Peter (Hg.): Frühneuhochdeutsche Grammatik. Von Robert P. Ebert, Oskar Reichmann, Hans-Joachim Solms und Klaus-Peter Wegera. Tübingen 1993 (= *Frnhd. Gr.*).

Wörterbücher

Baufeld, Christa: Kleines frühneuhochdeutsches Wörterbuch. Lexik aus Dichtung und Fachliteratur des Frühneuhochdeutschen. Tübingen 1996.

Frühneuhochdeutsches Wörterbuch. Hg. v. Robert A. Anderson, Ulrich Goebel, Oskar Reichmann, ab Bd. 2 hg.v. Ulrich Goebel und Oskar Reichmann. Bd. 1ff. Berlin 1986ff. (=*FWB*).

Götze, Alfred: Frühneuhochdeutsches Glossar. 7. Aufl. Berlin 1967.

Grimm, Jakob und Wilhelm: Deutsches Wörterbuch. 16 in 32 Bdn. Leipzig 1854–1960 [Nachdr. München 1984] (=*DWB*).

Lexer, Matthias: Mittelhochdeutsches Handwörterbuch. 3 Bde. Leipzig 1872–78. (Nachdr. Stuttgart 1974) [Material bis ca. 1500].

Anthologien und Lesebücher

Coupe, W.A. (Hg.): A Sixteenth-Century German Reader. Oxford 1972.

Gravier, Maurice (Hg.): Anthologie de l'Allemand du XVIe siècle. Paris 1948.

Die deutsche Literatur. Ein Abriss in Text und Darstellung. Hg. v. Otto Best und Hans-Jürgen Schmitt. Bd. 2: Mittelalter II. Hg. v. Hans Jürgen Koch. 2. Aufl. Stuttgart 1984; Bd. 3: Renaissance, Humanismus, Reformation. Hg. v. Josef Schmidt. 2. Aufl. Stuttgart 1983.

Elschenbroich, Adalbert (Hg.): Deutsche Literatur des 16. Jahrhunderts. 2 Bde. München/Wien 1981.

Epochen der deutschen Lyrik. Hg. v. Walther Killy. Bd. 2 1300–1500, hg. v. Eva und Hansjürgen Kiepe. Bd. 3 1500–1600, hg. v. Klaus Düwel. München 1972.

Erben, Johannes (Hg.): Ostmitteldeutsche Chrestomathie. Proben der frühen Schreib- und Druckersprache des mitteldeutschen Ostens. Berlin 1961.

Frühneuhochdeutsche Texte. Ausgewählt und eingeleitet v. Gerhard Kettmann. Leipzig 1971; [2]1985.

Götze, Alfred (Hg.): Frühneuhochdeutsches Lesebuch. 6. Aufl. v. Hans Volz. Göttingen 1976.

Heger, Hedwig (Hg.): Spätmittelalter, Humanismus, Reformation. Texte und Zeugnisse. 1. Teilbd.: Spätmittelalter und Frühhumanismus. München 1975; 2. Teilbd.: Blütezeit des Humanismus und Reformation. München 1978.

Reichmann, Oskar/Wegera, Klaus-Peter (Hg.): Frühneuhochdeutsches Lesebuch. Tübingen 1988.

Wentzlaff-Eggebert, Friedrich W. und Erika: Deutsche Literatur im späten Mittelalter 1250–1450. 3 Bde. Reinbek 1971.

Forschungsbericht

Frühneuhochdeutsch. Zum Stand der sprachwissenschaftlichen Forschung. Bes. v. Werner Besch und Klaus-Peter Wegera. ZdPh 106 (1987) Sonderheft (= *Frühneuhochdeutsch*).

1.2. Zum historischen Hintergrund

In die Periode, die den historischen Rahmen für die Darstellung verschiedener Prozesse und Faktoren des Sprachwandels und die Beschreibung von Elementen des frnhd. Sprachsystems bildet, fällt die traditionelle, heute stark relativierte Mittelalter-Neuzeit-Scheide; für die marxistische Geschichtsschreibung gilt in diesem Zeitraum die Abfolge ‚vollentfalteter Feudalismus, sein Verfall, Entstehung und Entwicklung des Kapitalismus‘. Es ist hier nicht der Ort, die gesamthistorische Entwicklung dieser Epoche, das vielschichtige Nebeneinander von Altem und Neuem, von Innovation und Kontinuität darzustellen. Vielmehr soll auf wenige Merkmale der Periode aufmerksam gemacht werden, ohne den Anspruch, eine reduzierende unmittelbare Kausalrelation oder eine einfache Kovarianz zwischen ökonomischen, soziopolitischen und sprachlichen Entwicklungen herzustellen.

Die in der Mitte des 12. Jh.s voll ausgebildete feudale Gesellschaft blieb in ihren Grundzügen bis zum Ende unserer Periode als Rahmensystem bestehen. Dieses erfasste zwar nicht den ganzen ländlichen Bereich und wurde durch neue Formen besonders in der Städtegründungsphase ergänzt, bestimmte aber wesentlich, wenn auch mit vielen regionalen Variationen, die Grundstrukturen und Abhängigkeitsverhältnisse der ländlichen Gesellschaft und der landwirtschaftlichen Produktion. Grundherrschaft, Flurzwang und noch zu großen Teilen kollektive Bodennutzung waren die bestimmenden Faktoren der Agrarproduktion.

Die erzwungene Überschusswirtschaft ermöglichte die Absicherung der weltlichen und kirchlichen Feudalherren, die Entstehung eines selbstständigen Gewerbes durch Arbeitsteilung sowie das Aufkommen eines Marktes für Agrar- und gewerbliche Produkte. Deutschland erlebte einen bedeutenden Aufschwung der Produktivkräfte, an dem das Hüttenwesen und der Bergbau einen großen Anteil hatten. Mit der gesteigerten Warenproduktion und besonders der Entwicklung des Warenverkehrs entstanden neue Anforderungen an die sprachliche Kommunikation. Mit dem Städtegründungsschub zwischen 1150 und 1350 wuchs die Zahl der Städte, die Stadtbevölkerung vermehrte sich, und die arbeitsteilige gewerbliche Wirtschaft wurde ein bedeutender Faktor. Diese Entwicklung hatte neben einer stärkeren Orientierung der Agrarwirtschaft auf die Bedürfnisse der städtischen Märkte vor allem eine soziale Differenzierung (nach Beruf, Einkommen und Vermögen) in den Städten zur Folge. Die sozioökonomische Funktion der Stadt war ambivalent; sie wirkte einerseits systemstabilisierend, indem sie fürstliche Ministeriale und freie Adlige mit (zuweilen Zweit-) Wohnsitz in der Stadt integrierte; so kann sie deshalb nicht ab ovo als antifeudale Macht betrachtet werden. In ihr entwickelten sich andererseits Elemente, die die feudalen Wirtschafts-, Herrschafts- und Denkstrukturen zersetzten, sprengten und schließlich überwanden.

Die Verbindung von Markt und gewerblicher Wirtschaft schuf die Voraussetzung für die Funktion der Stadt als Zentrum des Nah- und Fernhandels im Zusammenhang mit der allmählichen Ablösung der Naturalwirtschaft durch die Ware-Geld-Zirkulation. Im sprachlich innovationsträchtigen Urbanisierungsprozeß der städtischen Blütezeit (1350–1470) kam es zu weiterer Differenzierung der beruflichen und sozialen Strukturen, zu machtpolitischen Auseinandersetzungen und größerer Unabhängigkeit von den feudalen Stadtherren. Zwischenstädtische Handelsgesellschaften und Bündnisse stärkten den Fernhandel und bildeten die Grundlage für frühe Formen des Handelskapitalismus.

Die Kausalkette ‚zurückgehende Nachfrage – sinkende Agrarpreise – Agrarkrise‘ führte zur Verschärfung der grundherrlichen Abhängigkeit, besonders in den ostelbischen Gebieten (2. Leibeigenschaft), und zum Ausbau eines ländlichen Gewerbes im Verlagssystem in Süd- und Westdeutschland. Im ausgehenden 15. Jh. kam es zu einem starken Preisanstieg für die Waren verschiedener Wirtschaftszweige (Preisrevolution). Mit zunehmender Bevölkerungszahl und entsprechend wachsender Nachfrage für Agrarprodukte verbesserte sich das landwirtschaftliche Einkommen. Der Ausbau der Gutswirtschaft wurde weitergeführt. In der Zeit vom Ausgang des 15. bis zum Anfang des 17. Jh.s führten die großen Entdeckungsreisen zur Ausdehnung des Warenaustauschs auf Weltebene; dies bewirkte jedoch auch die Veränderung der großen Handelswege und -ströme zuungunsten Deutschlands.

Mit der Entwicklung der gängelnden kameralistischen Wirtschaftspolitik wurde die Position der großen Städte geschwächt. Die merkantilistischen Bestrebungen, ‚das Geld im Land zu halten‘ und die Einnahmen aus dem eigenen Land zu steigern, förderten die Landwirtschaft (Urbarmachung, Melioration) und das Gewerbe (Anwerbung ausländischer Gewerbetreibender) und behinderten die Ausfuhr von Rohstoffen (z.B. Wolle) und die Einfuhr von Fertigwaren. Im gewerblichen Bereich wurden der Manufakturkapitalismus (z.T. mit staatsdirigistischem Einschlag) und die Verlagsproduktion weiter ausgebaut.

Die betrachtete Periode zeichnete sich durch Bevölkerungszunahme aus, die durch zwei Einschnitte (nach 1350 durch die Pest und durch den Dreißigjährigen Krieg 1618–1648) unterbrochen wurde. Deutschland zählte ca. 15 bis 16 Millionen Einwohner um 1600 und wieder um 1650 (H.U. Wehler). Der Bevölkerungszuwachs fand Aufnahme in den Städten und in ländlichen Siedlungen im Altland durch Landesausbau, z.T. durch kameralistische Peuplierungspolitik und durch die spätmittelalterliche ‚Ostkolonisation‘. Die Tatsache, daß der überwiegende Teil der Bevölkerung in feudalen Abhängigkeitsverhältnissen auf dem Land – ‚an die Scholle gebunden‘ – lebte, sollte nicht zur falschen Annahme führen, daß es sich sozial und räumlich um eine völlig immobile Bevölkerung gehandelt habe, deren sprachlicher Kommunikationsradius nie über die Dorfgrenze hinaus reichte. Machtkämpfe und Kriegszüge führten zu einer bestimmten Mobilität, in der der Bauer allerdings nur Objekt war. Abwanderungsmöglichkeiten in die Städte bewirkten eine gewisse soziale Mobilität der Dorfbevölkerung. Außerdem waren immer wieder bestimmte Bevölkerungsgruppen für kürzere oder längere Zeit unterwegs: Pilger und Wallfahrer (mit einem wohlorganisierten Herbergswesen), Wanderprediger und Bettelmönche, Scholaren (Brant geißelte im *Narrenschiff* die Mode, in fremden Ländern zu studieren) besonders im Spätmittelalter. Eine auffallend große Präsenz dt. Bäcker, Schuhmacher, Buchdrucker und Devotionalienhändler ist in Rom gut belegt. Eine stärkere bürgerlich-obrigkeitliche soziale Kontrolle scheint im 16. Jh. diese Bewegungen etwas eingeschränkt zu haben. Doch andere Gruppen (Mitglieder der Dorfarmut, die sich anderswo verdingten, Söldner, Fuhrleute der Anspann- und Fuhrmannsdörfer, hochspezialisierte wandernde Handwerksgesellen, randständige Fahrende) blieben ‚unterwegs‘.

Die sprachgeschichtlich als ‚Frnhd.‘ abgegrenzte Periode ist gekennzeichnet durch den Niedergang der universalen Mächte des Hochmittelalters: Kaisertum und Papstkirche. Der deutschsprachige Raum wurde von dieser Entwicklung auf besondere Weise betroffen, so dass ‚Fragmentierung als Charakteristikum neuzeitlicher deutscher Geschichte‘ (H.U. Wehler) gelten kann. Die politische Zersplitterung in zahlreiche Territorien, in deren Rahmen sich der (früh)moderne Staat (besonders in Bayern, Österreich, Brandenburg/Preußen und Sachsen) ausbildete, und die konfessionelle Segmentierung als Folge von Reformation und Gegenreformation unterschieden Deutschland von den westeuropäischen Staatsgebilden Frankreich, England und den Niederlanden. Hinzu kam ein besonders starkes Entwicklungsgefälle zwischen verschiedenen Teilen im riesigen Gebiet des plurinationalen Konglomerats ‚Heiliges Römisches Reich Deutscher Nation‘. Innerhalb dieser die juristische Fiktion des Lehensstaates aufrechterhaltenden archaischen Hülse existierte Deutschland weder als Staat noch als deutlich abgrenzbare geographische Einheit (man denke an die frühen frz. Thesen der ‚natürlichen Grenzen‘) noch als politische Nation. Zahlreiche Grenzlinien und eine Multiplizität von Rechtsordnungen, Währungen und Münzsorten, Gewichten und Maßen verhinderten die Bildung eines weiten Wirtschaftsraums und eines einheitlichen Binnenmarktes. So blieb den Humanisten neben der nostalgischen Berufung auf die Reichsidee nur der Rückgriff auf die raumbildende dt. Sprache bei der Definition Germaniens.

Die religiösen Bürgerkriege, in denen sich der Fürstenstaat Reformation und Gegenreformation für seine Souveränitätsbestrebungen nutzbar machte und die mit dem Kompromiss des Augsburger Friedens 1555 ein vorläufiges Ende fanden, führten zur definitiven Sprengung des spätmittelalterlichen Reichsgefüges. Das landesherrliche Kirchenregiment des ‚verstaatlichten Protestantismus‘ mit seinen ‚Summi episcopi‘ brachte einen Machtzuwachs durch die Verschmelzung politischer und religiöser Gewalt, eine Entwicklung, die z.T. von den katholischen Staaten im Zuge der Gegenreformation nachgeholt wurde.

Dieser Zustand war auch möglich geworden durch die Niederlage der Bauern im Großen Deutschen Bauernkrieg 1524/25, der den revolutionären Höhepunkt in einer langen Reihe städtischer Unruhen und Erhebungen und bäuerlicher Aufstände bildete. Die Niederlage des ‚Karsthans‘ verhinderte auch die Durchsetzung eines egalitären Gemeindechristentums und den Erfolg von Bestrebungen, das Evangelium als Richtschnur der soziopolitischen Ordnung (Gemeinnutz, Nächstenliebe, Priestertum aller Gläubigen) anzuwenden. Die kirchen-organisatorische Anbindung an den fürstlichen Territorialstaat war das Ende des Versuchs einer Kommunalisierung der Kirche, der in der Forderung nach Lehrentscheidungsbefugnis und Pfarrwahlrecht der Gemeinde seinen Ausdruck gefunden hatte. (Um 1520 wurde *ecclesia* nicht mit ‚Kirche‘, sondern mit ‚Gemeinde‘ übersetzt.) Die Unterordnung des ‚gemeinen Mannes‘ und die Schwächung der kommunalen Komponente bedeuteten gleichzeitig die Erhaltung der aristokratischen Grundstruktur des Reiches (P. Blickle).

Der lockere Verband von kleinen und kleinsten Partikularstaaten im Reich, das der Staatsrechtler Pufendorf als *monstrum simile* titulierte, bot Angriffsflächen für die Intervention auswärtiger Mächte, die ihren Höhepunkt im Dreißigjährigen Krieg erreichte und nicht selten starke Überfremdungserscheinungen zur Folge hatte. Ein Ergebnis der Viel- und Kleinstaaterei war, dass Deutschland von der überseeischen kolonialen Expansion, von der ‚Europäisierung der Welt‘, zunächst ausgeschlossen blieb und ihm dadurch bestimmte Erfahrungsbereiche, die weltläufige Risikobereitschaft im Handel sowie die weltoffene Urbanität der Großkaufleute, wie sie z.B. in London oder Amsterdam vertreten war, versagt blieben. Dadurch fehlten die damit verbundenen Modernisierungsschübe, zumal es mit dem Niedergang der Hanse und dem Zusammenbruch der süddt. Großfinanz (Fugger, Welser) bereits zu einem Verfall des dt. ‚Großbürgertums‘ und seiner innovativen Kräfte gekommen war. Der Aderlass und die Schäden des Dreißigjährigen Krieges, der einige Landstriche verwüstete und z.T. entvölkerte, andere dagegen weitgehend verschont ließ, bedeuteten eine weitere Entwicklungshemmung.

Die Zersplitterung des Reiches brachte viel provinzielle Enge, politische Bevormundung und religiösen Gesinnungsdruck im Gottesgnadentum der Duodezfürstentümer. Sie verhinderte die Herausbildung einer nationalen Bühne, und die kleinen Höfe waren nicht in der Lage, Schriftstellern in solchem Maße ein Auskommen zu sichern, wie es der Sonnenkönig in Versailles tat. So mussten viele Intellektuelle notgedrungen ein Staats- oder Kirchenamt bekleiden. Die Vielstaaterei bot aber andererseits im Gegensatz zum monolithisch katholischen Frankreich einen beispiellosen, die kulturelle Vielfalt stimulierenden Spielraum; die vielen Universitäten ermöglichten einen größeren Pluralismus der Lehrmeinungen. Da es keine völlige Abschottung zwischen den einzelnen Staaten gab, waren Voraussetzungen für eine gewisse geographische und soziale Mobilität für Handwerker, Künstler, Gelehrte, Staatsbeamte und nicht zuletzt für Söldneroffiziere gegeben. Das durch ein *ius emigrandi* temperierte Prinzip des *cuius regio, eius religio*, das 1648 in Münster und Osnabrück sedimentiert wurde, etablierte eine z.T. konflikthafte Koexistenz und begrenzte Toleranz, die sich von dem in Frankreich, Spanien oder England herrschenden geistlichen Monopolanspruch unterschieden. Mit der Reformation und den dadurch entstandenen zersplitterten neuen Formen des Cäsaropapismus wurde das durch tausendjährige Tradition geheiligte und gefestigte Machtgebäude der römischen Kirche besonders in Deutschland ins Wanken gebracht. Durch das gegen die Priesterkirche gerichtete neue Verständnis der Gott-Mensch-Beziehung und der Rechtfertigung ‚allein durch den Glauben‘, aus der ein neuer Kirchenbegriff hervorging, wurde das geistliche und weltliche Machtsystem der katholischen Kirche destabilisiert; dadurch wurde, ohne dass hier Luther soziopolitische Absichten zugesprochen würden, eine der tragenden Säulen des Feudalsystems erschüttert, indem nun der ideologie-

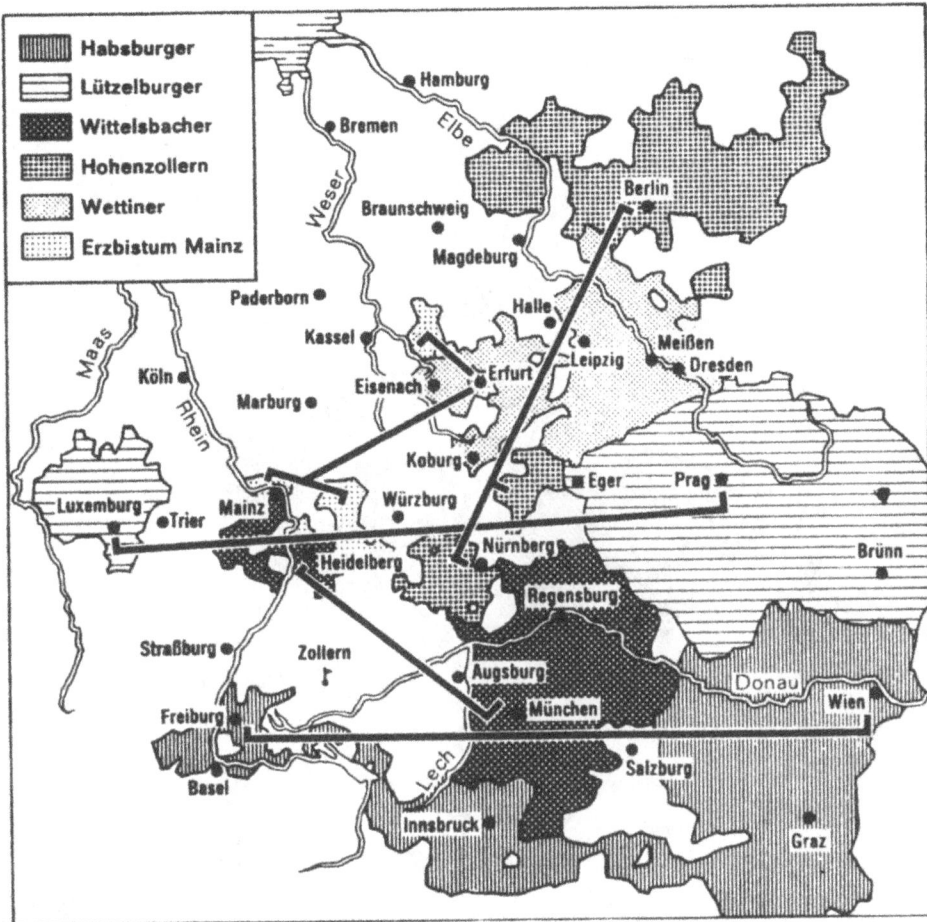

Abb. 1: Territorien im 15./16. Jh. (aus: F. Tschirch ²1975 II, 94)

stiftenden Institution beträchtliche, mit verschiedenen Formen der ‚quantitativen' Frömmigkeit zusammenhängende Einnahmequellen und umfangreicher Grundbesitz entzogen waren.
Mit dieser Entwicklung war eine Verbürgerlichung der kirchlichen Hierarchie und die Säkularisierung breiter Bereiche des Schul- und Fürsorgewesens verbunden.

Der Konzentration auf das Wort Gottes im Protestantismus – *sola scriptura* – entsprach
eine Verlagerung der Frömmigkeit vom Sehen auf das Hören bzw. das Lesen. Die Gemeinde und der einzelne Christ sahen nicht mehr, was heilig ist, sondern hörten bzw. lasen, was
heilig macht (G. Seebaß). Dies bedeutete eine Verschiebung der Prioritäten zugunsten des
Wortes der Schrift und der Predigt und der Musik auf Kosten der darstellenden Künste, der
Malerei und der Plastik, was H.U. Wehler durch den Gegensatz zwischen ‚kursächsischer
Lesekultur' und ‚kurbayerischem Barockkirchenbau' veranschaulicht. Wenn auch Formulierungen wie „Alls volk wil in jetziger zit lesen und schreiben" sicherlich eher Ausdruck der
Begeisterung über die durch den Buchdruck erschlossenen Möglichkeiten als eine Darstel-
lung der Wirklichkeit sind, so ist der Siegeszug der Reformation in Deutschland, verglichen

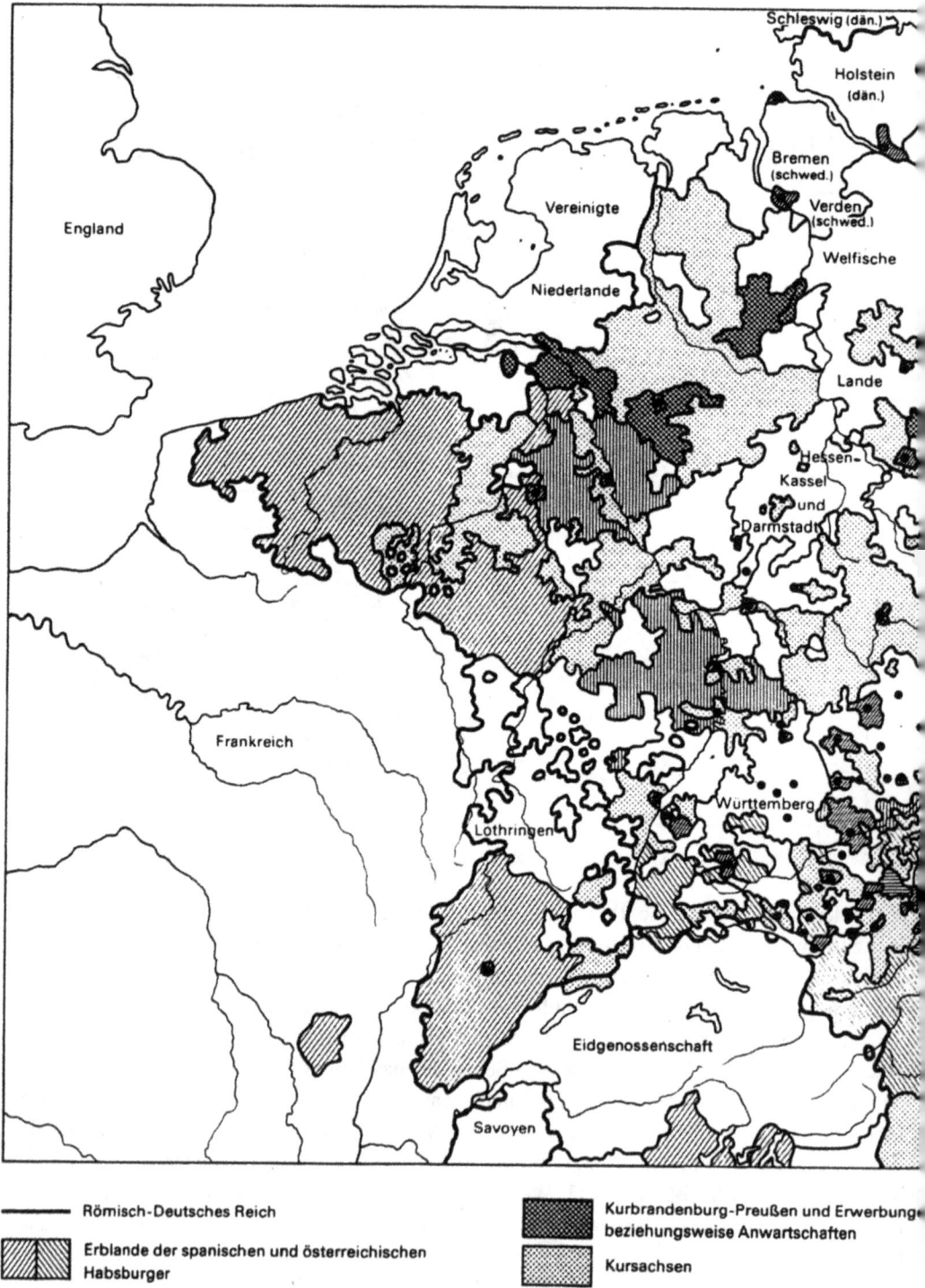

Abb. 2: Das Römisch-Deutsche Reich nach dem Westfälischen Frieden (aus: R. Mandrou: Staatsräson und Vernunft 1649

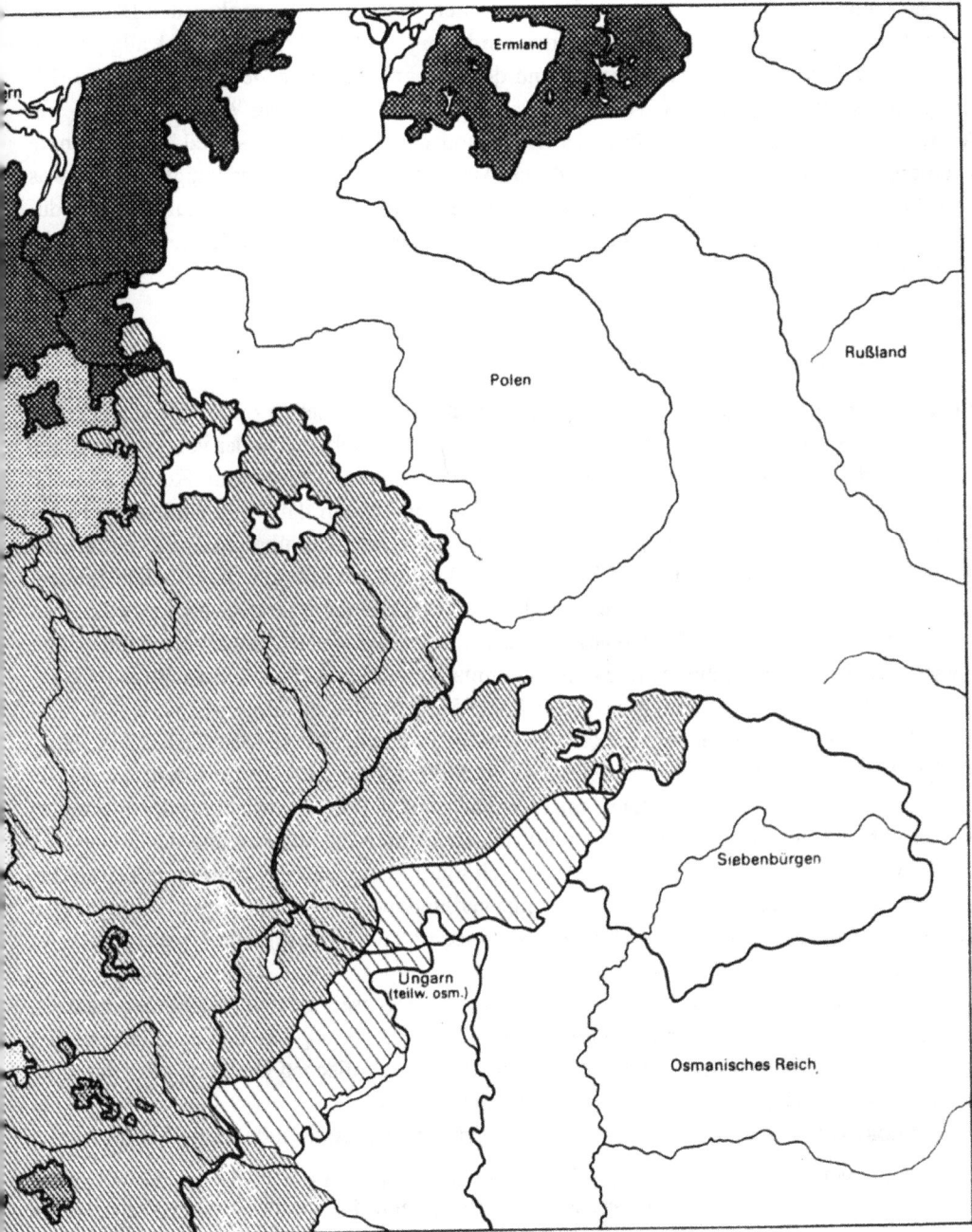

Ermland

Rußland

Polen

Sıebenbürgen

Ungarn
(teilw. osm.)

Osmanisches Reich

Kurbayern und Erwerbungen

Geistliche Territorien

Kurpfalz und Nebenlinien

Reichsstädte und ihre Territorien

mit dem relativen Scheitern der spätmittelalterlichen Reformversuche, ohne den Buchdruck nur schwerlich vorstellbar. Doch wird die Forderung nach individueller und allgemeiner Bibellektüre bald zugunsten der Predigt und des Katechismus aufgegeben, so dass die Bildungspolitik der lutherischen Territorien zwischen der Ausbildung einer Pastoren- und Verwaltungselite und der religiösen Unterweisung des Volkes unterschied. Diese konnte auch durch mündlichen Unterricht und durch Auswendiglernen bewerkstelligt werden, was den Illettrismus nicht ausschloss. Dagegen wird der Pietismus den Akzent auf die individuelle Bibellektüre legen und dies durch den gegenseitigen Unterricht in den religiösen Konventikeln ermöglichen.

1.3.   Zeitgenossen über ihre Sprache

Sprachreflexive Merkmale, die zuweilen als Periodisierungskriterien dienen (Roelcke 1995, 296ff., 389–394), basieren auf der Fähigkeit, im zeitlichen Nebeneinander von Generationen und trotz der grundsätzlichen Asynchronie der Erscheinungen bestimmte Konstanten und Variationen zu beobachten und zu registrieren. Es handelt sich dabei um Äußerungen über sprachliche Stammesbindungen, unterschiedliche Varietäten, ein überregionales Sprachbewusstsein, ein mehr oder weniger differenziertes Bewusstsein von der sprachlichen Einheit, den Eigenwert der Volkssprache oder sprachliche Vorbilder. Die Herstellung von Vokabularien und Glossarien, um Verstehbarkeitsgrenzen zu überwinden, normative (und später sprachpuristische) Bestrebungen, die in Grammatiken und Wörterbüchern ihren Niederschlag finden, können ebenfalls als Ausdruck von Sprachreflexion aufgefasst werden.

Äußerungen von Zeitgenossen über ihre Sprache in frnhd. Zeit werden – nach den „langsamen Jahrhunderten [...] des Mittelalters" (Schulin 1981, 280f.) – seit dem 15./16. Jh. zahlreicher, was im Zusammenhang mit der wachsenden Verschriftlichung der bislang in vielen Lebensbereichen vorwiegend mündlich gebrauchten dt. Sprache und der Schreibunterweisung steht. Sie befassen sich hauptsächlich mit der regionalen Variation, mit Aspekten der Herausbildung einer Norm, mit den damit verbundenen Ziel- und Vorbildvorstellungen sowie mit der Auseinanderentwicklung von Mundart und Hochsprache (s. dazu auch 4., besonders 4.1., 4.2., 4.4., 4.7.).

Frühe Äußerungen aus dem 13. Jh. zeugen vom Bewusstsein des Nord-Süd-Gegensatzes, das nicht selten bei nd. und md. Autoren mit der Rechtfertigung der eigenen Variante gegenüber der südlich geprägten Prestige-Variante der mhd. höfischen Dichtung oder mit einer Entschuldigung wegen deren Nichtbeherrschung einhergeht.

Berthold von Regensburg stellte das Gegensatzpaar ‚oberlender/niderlender' heraus:

> Ir wizzet wol, daz die Niderlender und die Oberlender gar unglîch sint an der sprâche und an den siten. die von Oberlant, dort her von Zürich, die redent vil anders danne die von Niderlande, von Sahsen. die sint unglîch an der sprâche: man bekennet sie gar wol von einander die von Sahsenlande unde die von dem Bodensêwe von dem Oberlande, unde sint ouch an den siten unglîch und an den cleidern. [...] Also stêt ez umbe die niderlender und umbe oberlender, d a z   m a n i c   n i - d e r l e n d e r   i s t ,   d e r   s i c h   d e r   o b e r l e n d e r   s p r â c h e   a n   n i m e t .

(aus: Socin 1888, 111)

Regionales sprachliches Selbstbewusstsein zeigte dagegen Ebernand von Erfurt Anfang des
13. Jh.s:

> Ich bin ein Durenc von art geborn:
> hêt ich die sprâche nû verkorn
> unt hête mîne zungen
> an ander wort getwungen,
> warzuo wêre mir daz guot?
> Ich wêne, er effenlîche tuot,
> der sich der sprâche zucket an,
> der er niht gefuogen kan. (aus: Socin 1888,107)

Zuweilen wurde die höfische Dichtersprache mit ,schwäbisch' gleichgesetzt, so bei Heinrich
dem Teichner Anfang des 14. Jh.s:

> So wil jener nicht sam der.
> Sô spricht jener: „Lusent her!
> Sagt uns von heln Ecken klingen!"
> Sô spricht der ander: „Er sol singen!
> Wir hân an lîhter predige gnuoc".
> Sô spricht der dritt: „Ez waere kluoc,
> swaz er ret von manegen sachen,
> künde erz niuwan s w a e b i s c h machen.
> nâch der lantsprâch ûf und ab". (aus: Socin 1888, 109)

Wegen seiner landschaftlich geprägten und dem sozialen Standard des Höfischen nicht ge-
nügenden Sprache entschuldigt sich Nikolaus von Jeroschin (um 1340):

> ... darzû lutzil dûtschis kan,
> ôt als di mich larte,
> der spune mich ê narte;
> dâ von ouch umbesnitten
> nâch hofelîchin sitten
> mînes mundis lippen sîn
> und an sprechin nicht sô fîn,
> als in sîner schichte
> eischit diz getichte. (aus: Socin 1888, 108)

Mit einer Rechtfertigung seiner eigenen frk. Sprache verband Hugo von Trimberg im *Ren-
ner* (um 1300) die Auflistung der regionalen Artikulationsgewohnheiten:

> Swer tiutsche will eben tihten,
> der muoz sîn herze rihten
> 22255 ûf manigerleie sprâche
> [...]
> 22265 Swâben ir wörter spaltent,
> die Franken ein teil si valtent,
> die Beier si zerzerrent,
> die Düringe si ûf sperrent,
> die Sahsen si bezückent,
> 22270 die Rînliute si verdrückent,
> die Wetereiber si würgent,
> die Mîsener si vol schürgent,
> Egerlant si swenkent,
> Oesterrîche si schrenkent,
> 22275 Stîrlant si baz lenkent,

Kernde ein teil si senkent.

[...]

ein ieglîch mensche sprichet gern
die sprâche, bi derz ist erzogen.
sint mîniu wort ein teil gebogen
22335   gên Franken, nieman daz sî zorn,
wan ich von Franken bin geborn.

(aus: H. Eggers 1986, Bd. 2, 32f.)

Viele Zeitgenossen haben am Ende des 15. und im 16. Jh. das Fehlen einer die verschiedenen regionalen Schreibsprachen überdachenden dt. Sprache mit unterschiedlicher Bewertung festgestellt. Niklas von Wyle vertrat den Standpunkt der Gleichrangigkeit der verschiedenen landschaftlichen Schreibsprachen (1478). Er lehnte deshalb bestimmte sprachliche Modeerscheinungen als unnütze Änderungen ab, zumal für ihn der Grundsatz gelte, dass der dt. Stil,

kain gewiß kunst noch regel habende/ sich endert vnd verkeret nach wyte vnd gewonhait der landen vnd nâch endrung der lüten der lôffen vnd der zyte. Deshalb schwer Ist vnd nit wol muglich: Das ützit hier von gesetzt werden mug gewisses belyplichs vnd yeder man gefelligs [...] so ist vnsers landes tütsche biß her gewesen zereden: „zwüschen dir vnd mir“ „zwüschen ŭch vnd vns“ „zwüschen jm vnd mir“. Dar für wir yetz ôsterrychesch sprechen: „zwüschen din vnd min“ „zwüschen üwer vnd vnser“ „zwüschen sin vnd min“. Item vnd als die fürsten vnser landen bisher pflegen haben ain andern zeschryben vnd noch des merentails tûnt: „üwer lieb“ heben yetz etlich schriber an flemisch dar für ze schriben: „üwer liebde“ vnd „bequemlich“ für „bekemlich“ vnd „dejenen“ für „die selben“. Und rinisch „geet“ für „gât“ vnd „steet“ für „stât“ / „rachtung“ für „richtung“ „gescheen“ für „geschechen“. Vnd dero hunderterley Item vnd das wunderbarer ist: so haben sich vnser vâtter vnd dero altfordern in schwâben yeweltñ her bis vf vns gebrucht in Irem reden und schriben des diptongons „ai“ für „ei“ „burgermaister“ schribende nit „burgermeister“, „nain“ vnd nit „nein“ „flaisch“ vnd nit „fleisch“ etc. Aber yetz garnâch in allen schwebischen cantzlien der herren vnd stetten schribent die schriber „ei“ für „ai“: „burgermeister“ sprechende vnd nit „burgermaister“ „wysheit“ vnd nit „wyshait“: daz ain grosse vnnütze endrung ist vnsers gezüngs dar mit wir loblich gesündert wâren von den gezüngen aller umbgelegnen landen das vns yetz laidet vnd fremdes liebet. Ich bin bürtig von bremgarten uß dem ergŏw: vnd hab mich anefangs als Ich herus in swâben kam grosses flysses gebruchet, dz jch gewonte zeschriben „ai“ für „ei“. Aber yetz were not mich des wider zeentweñen wo Ich anders mich andern schribern wôlt verglychen. das ich aber nit tûn wil. Yetz ist aber ain nüwes gougelspiele entstanden dz man in vil cantzlien vnd schriberyen pfligt zeschriben zway „n“ da des ainen gnŭg wer vnd das ander ŭberflüssig ist: mer die verstentnüß Irrend dañ fürdernd [...] Vnd mich wundert dz etlich Statt schriber mir bekant: sôlichs von jren substituten lyden tûnt/ so bald sy etwas nüwes sechen uß ains fürsten cantzlie usgegangen: ob es wol nit grundes hât vnd vnrecht ist: noch dañ das bald vffassent vnd sich des gebruchent wie die affen. vnd ist nit anders/ dañ wie ir yetz sechent die jungen gesellen diser zyt beklaidet geen vnd geschŭcht nach dryer oder vierer landen sitten also findet man ouch selten me ainch gedichte Es syen dañ dar vnder viererlay oder fünfer sprache vermischet. das ich nit rŭm: noch seer schilt. Aber doch grôsserm lobe gib/ sich in gedicht gûter lands tütsch zierlich zegebruchen, dañe fremder sprachen worte zesŭchen/ die vnser fordern gebürlicher haben vermitten. Aber sich zeflyssen hüpscher worten dero man sich ye zŭ zyten nach tütsche vnsers lands gebruchet. als yetz sind die wort: „dem nâch“ „deshalben“ „angesechē“ „ainbaren“ „billichten“ „abnemen“ etc. Vnd der gelychen vil [...]

(nach: J. Müller 1882, 15f.; Socin 1888, 178f.)

Der Kölner *Schryfftspiegel* (1527) setzte bei einem geschulten Schreiber die Beherrschung mehrerer Varianten des Dt. voraus:

Eyn schriuer wilcher land art der in duytzscher nacioin geboren is/ sal sich zo vur vyß flyssigen/ dat he ouch ander duitsch/ dan als men in synk land synget/ schriuen lesen vnd vur nemen moeg. Als is he eynn Franck/ Swob/ Beyer/ Rynlender etc. sall [sc. he] ouch sassenscher/ merckysscher spraiche eyns deyls verstandt hauen Des gelichen wederumb/ is einer eyn Saß/ Merker etc. he sal sich des hochduytzschen myt flissigen. dan eynem berömden schriuer kumpt mencher leye volck zo hant/ vnd wan als dan eynn ytlicher wulde ader sülde syngen als ym der snauel gewassen were/ so bedörfft men wail tussen eynem Beyeren vnd Sassen eyn tolmetsch.

und ließ sowohl große Toleranz

Dat kleyn a/ gebruchen die Francken vur ein e/ als in dem word ey/ nômen sy eyn a/ vur ein e. dat halt wie dyr gheliefft. is beyde vnstraifflich. doch wat new is dat liefft/ hindann gesetzt ringe newe gulden van golde/ da werden die alden die swar vnd wail halden (Als Sigismundus gulden) vur geliebet.

als auch Strenge an anderer Stelle hinsichtlich der Regelung walten:

Dat kleyn vnd groiß f. mach an vil enden vnstraflich vur ein v. gesatzt werden/ als die vnnd der gelichen worder/ falsch/ fisch/ fogel/ fest. vnd der gelichen/ mach mit eym geslossen/ v. vnstraeflich ouch geschreuen worden. Auer die worder den consonanten volgen/ werden straiflich mit eym v. im anfang gesatzt vnd geschreuen als vruntlich/ vleissich/ vrauwen/ vlach/ vredich/ vnnd der vil. da nemen gemeinlich die newen westfeltschenn schriuer (Bl. Fiij[b]) vur dat f. eyn v. Dat is falsch vnd eyn groiß vitium. Ouch wirt ph. ouch formlich vur ein f. gesatzt/ als philip/ phebilabium vnd der meir. Eß sullen ouch nummer zwey f. als ff. da an eynem genoich is gesat werden/ sonder es beduyt dan dat recht digestis.   (aus: J. Müller 1882, 383, 385f.)

Luther verband seine Feststellung der regionalen Diversität mit einer Bewertung:

Deutschland hat mancherley Dialectos, Art zu reden, also, daß die Leute in 30 Meilen Weges einander nicht wol können verstehen. Die Oesterreicher und Bayern verstehen die Thüringer und Sachsen nicht, sonderlich die Niederländer [...]. Die oberländische Sprache ist nicht die rechte deutsche Sprache, nimmt den Mund voll und weit, und lautet hart. Aber die sächsische Sprache gehet fein leise und leicht ab.   (aus WA-TR 5, 14f., 12f.)

Diese Vorzüge des Sächs. wurden auch von dem bayerischen Historiographen Aventinus (1477–1534) hervorgehoben. Bestimmte Erscheinungen verband er mit dem Griech.:

Die Teutsch Sprach, und vorauß die Sächsisch und Niderländisch, vergleicht sich fast in allen dingen Griechischer zungen, geht fast auff die Griechischen art [...] ph sprechen die Hochteutschen grob auß, als wers pf. Die Sassen wie die Griechen recht, als denn seyn soll. Niderländer brauchens p allein, wo das Oberland pf hat: Paltz Pfaltz, Pferdt Perdt, Pfaff Paff [...] t haben die Sachsen, wo die andern Teutschen s haben, nach dem Griechischen brauch: Wittenberg Weissenberg, Watter Wasser.   (aus: Socin 1888, 175f.)

Mit der steigenden Zahl der für den Schul- und Selbstunterricht angefertigten Lese-, Schreib- und Wörterbücher und Grammatiken stellte sich dringender die Frage nach der R e c h t s c h r e i b u n g (= Orthographie). Angesichts der vorhandenen Diversität wurde das Problem des Normenkanons akut, dazu Fabritius, Autor eines Orthographiebüchleins, Erfurt 1531:

Ich weiß schier nicht, was daraus werden wil zu letzt, ich zu meinem theyl wais schier nicht, wie ich meine Schulers leren sol, der ursachen halben, das yetzunder, w o   u n s e r   d r e y   o d e r vier Deutsche schreibers zusammenkoment, hat yeder ein sonderlichen gebrauch, der ein schreibet ch, der ander c, der dritt k, wolte Gott, das es darhyn komen möchte, das die Kunst des schreibens einmal wieder in ein rechten prauch komen möchte, es muß doch zuletzt dahin komen.

(aus: Socin 1888, 258)

Die Antwort des selbstbewussten Augsburger Druckers H. Otmar (1508) auf diese Frage, die Texte

neulich corrigiert unnd gezogen seinnd zu dem meren taill auff gůt verstentlich Augspurger sprach, die da under ander teutschen zungen gemainiglich für die verstendlichste genomen unnd gehalten wirt.

(aus: Josten 1976, 68f.)

erfuhr im 16., 17. und 18. Jh. zahlreiche Abwandlungen, wobei den Werken Luthers bereits zu dessen Lebzeiten eine sprachliche Vorbildrolle zugeschrieben wurde.

In der Leichenpredigt auf Luther (Eisleben 1546) hob Jonas die Verdienste des Reformators um die dt. Sprache hervor:

Er war ein trefflicher, gewaltiger Redener. Item ein überaus gewaltiger Dolmetzscher der gantzen Bibel. Es haben auch die Cantzleien zum teil von im gelernet recht deudsch schreiben und reden, denn er hat die Deudsche sprach wider recht herfür gebracht, das man nu wider kan recht deudsch reden und schreiben und wie das viel hoher leut mussen zeugen und bekennen.

(aus: Josten 1976,106)

Diese Ansicht wurde vom Lutherbiographen Mathesius (*Historien/ Von des Ehwirdigen ... Doctoris Martini Luthers/ anfang/ lehr/ leben und sterben ...* 1567) geteilt; er bezeichnete Luthers Schreibsprache als ‚meißnisch':

Meichsner sagen auch die Auslender/ wenn sie vntern leuten gewesen vñ jrs Landsmans vergessen/ redē ein gut Deutsch/ Drumb erwecket der Sone Gottes ein Deutschen Sachsen/ der gewandert war/ vnd die Biblien Gottes inn Meichsnische zung brachte.

Neben Luther und oft in Zusammenhang mit ihm galten die kaiserliche Kanzlei und die Reichsabschiede als vorbildwirkend nach dem institutionalen Autoritätsprinzip. So bei D. Richter (*Thesaurus Oratorius Novus* Nürnberg 1662):

So halte ich vor das beste/ dass ein Theologus des Herrn Lutheri teutsche Version der Bibel/ ein Jurist und Politicus aber die Reichs=Abschiede und Acta publica, und der/ so einen Philosophischen Stylum schreiben will/ das herrliche Bůchlein von der Eitelkeit der Welt vor sich nehme.

(aus: Josten 1976, 149)

Ähnliches findet sich bei Leibniz, der allerdings bereits die historische Dimension beachtet wissen wollte:

Ferner wäre auf die Wiederbringung vergessener und verlegener [...] Worte [...] zu denken, zu welchem Ende die Schriften des vorigen Säkulums, die Werke Luthers und anderer Theologen, die alten Reichshandlungen, die Landesordnungen [zu beachten sind]. (aus: Josten 1976, 150)

Der Lexikograph Stieler dehnte die Vorbildlichkeit der kaiserlichen Kanzlei auf breite Gebiete aus:

Diese hochteutsche Sprache/ welche das Deutsche Reich auf Reichstågen/ in Kanzeleyen und Gerichten/ so wol die Geistlichkeit in der Kirche auf öffenndlichen Kanzeln und im Beichtstuhl/ wie nicht weniger die Gelehrte in Schriften [...] gebrauchen [...] nicht als eine teutsche Mundart/ sondern als eine durchgehende Reichs Haubtsprache/ vorstellen. (aus: Josten 1976, 151)

Die allgemeine Wertschätzung schloss jedoch nicht aus, dass gelegentlich auch ein Absinken der Sprachqualität der Kanzleien festgestellt wurde, so bei Rist (1642):

> daß weder die Predigt=stühle in den Kirchen/ noch die Cantzeleyen bei den königlichen und fürstlichen Höfen (wo selbst man ehemals das allerbeste teutsch pflag zu holen) [...] zu seiner Zeit frei vom alamode=schreiben seien. (aus: Josten 1976, 158)

und im *Sprachverderber* (1643):

> auch in den Cantzleyen vnd geheimen Schreibstuben der Städten [... wo] das beste teutsch vnd die beste Schreibekunst solte in acht genommen werden, jetzt kein gutes Deutsch mehr zu finden sei: So finden wir auch eine grosse Stimpeley der teutschen Sprach. [Darum solle] billich vnd insonderheit in Cantzleyen die teutsche Sprach rein vnd lauter erhalten vnd fortgepflantzet werden. (aus: Josten 1976, 159)

Die in der Güstrower Schulordnung (1662) formulierte Ablehnung dieses Vorbildes beruhte eher auf stilistischen Kriterien:

> In summa wenn man den Schülern deutsche argumenta geben will, so soll man hierzu nicht weitläufftige, lange Periodos mit Hoffdeutschen und Cantzleyschen Worten brauchen, [...] sondern sie sollen solch deutsch vorbringen, daß die Knaben feine Phrases darin gebrauchen können, wie gemeindlich geschicht, wann man dieselben aus dem Terentio oder Cicerone nimmt [...]. (aus: Josten 1976, 158)

Ähnliches gilt für den Zittauer Rektor Chr. Weise (1702):

> ich sehe noch keine Fürstliche Cantzeley, kein vornehmes Gerichts=Collegium, auch sonst keine Geistliche und Politische Zusammenkunfften/ da man sich der also genenneten hochdeutschen Manier reguliren wolte. (aus: Josten 1976, 160)

Für Grimmelshausen und einige seiner Zeitgenossen bildeten Speyer und das Reichskammergericht die sprachliche Autorität:

> Den Ruhm dieser Ehr [der besten deutschen Sprache] [...] hat vor ihr [gemeint ist Mainz] und allen anderen [...] die Statt Speyer und ihrem nächsten Bezirk [...] welches meines Davorhaltens des Kayserl. alldorten befindliche Cammer=Gericht, die [...] Hoffhaltungen in der Nachbarschaft und dann so viel Gelehrte geistlich und weltliche, die sich immer in selbiger Statt aufhalten, verursachen. Dann diß ist gewiß: wer mehr lißt und schreibt, [...] der lernet unvermerckt eins und anders also aussprechen, wie ers zu lesen und zu schreiben pflegt [...] Dahero es dann kompt, daß Speyer und seine Benachbarte wegen der vilen Gelehrten beständigen Bewohnung je länger je besser teutsch machen. *Prahlerey und Geprang mit dem teutschen Michel* 1673, 79
> (aus: Josten 1976, 167)

Literatur:

H. Eggers (1986); Eichler/Bergmann (1967); Josten (1976); J. Müller (1882); Reiffenstein (1985); Roelcke (1995); Schulin (1981); Socin (1888); Wehler (1987).

2. Zeitlich-räumliche Abgrenzungen

2.1. Zeitliche Abgrenzungen

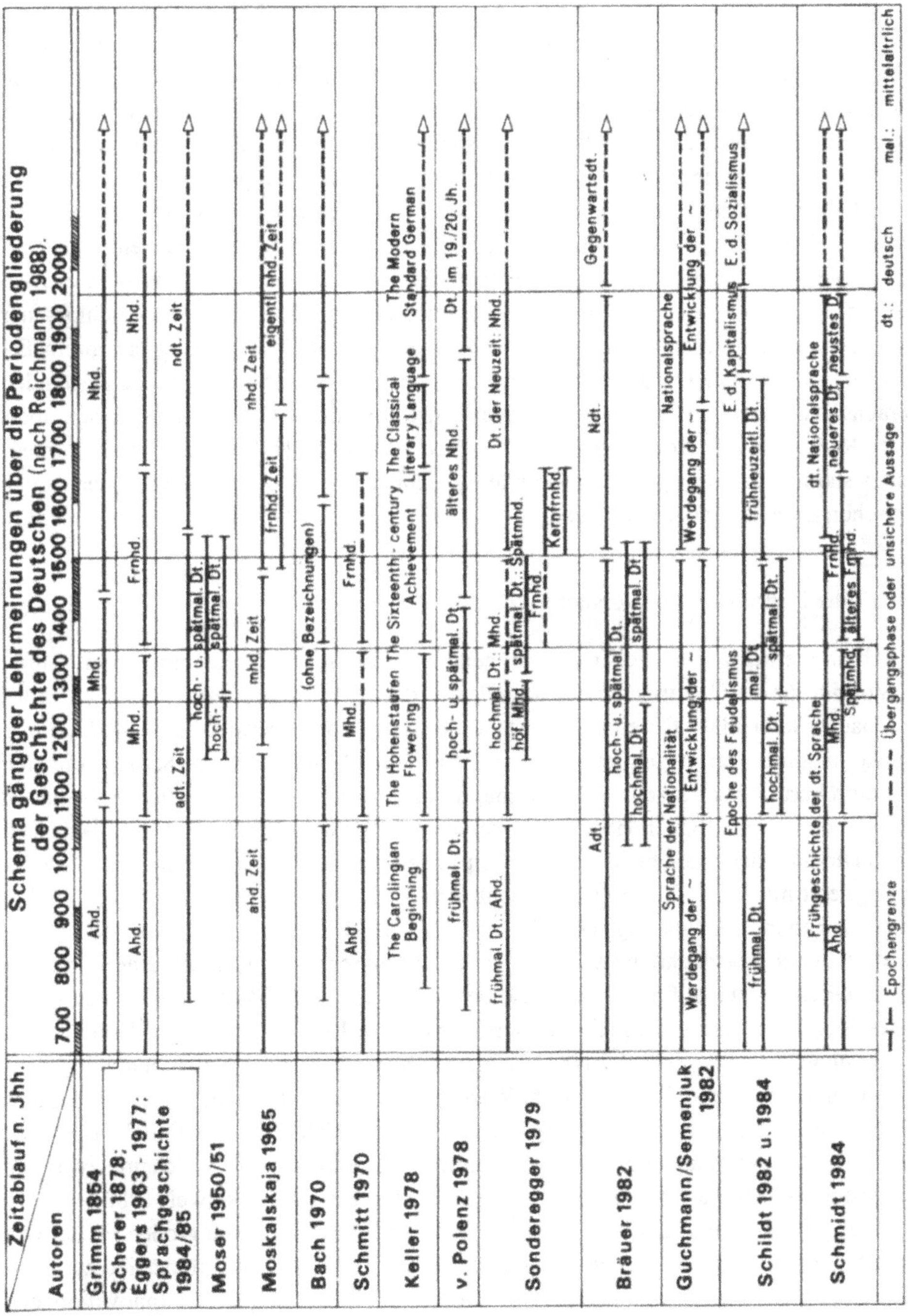

Schema gängiger Lehrmeinungen über die Periodengliederung der Geschichte des Deutschen (nach Reichmann 1988).

Zeitablauf n. Jhh. / Autoren	700 800 900 1000 1100 1200 1300 1400 1500 1600 1700 1800 1900 2000
Grimm 1854	Ahd. — Mhd. — Nhd.
Scherer 1878; Eggers 1963 - 1977; Sprachgeschichte 1984/85	Ahd. — Mhd. — Frnhd. — Nhd.
Moser 1950/51	adt. Zeit — hoch- u. spätmal. Dt. — ndt. Zeit
Moskalskaja 1965	ahd Zeit — mhd Zeit — frnhd. Zeit — eigentl nhd Zeit / nhd Zeit
Bach 1970	Ahd. — Mhd. (ohne Bezeichnungen)
Schmitt 1970	Ahd. — Mhd. — Frnhd.
Keller 1978	The Carolingian Beginning — The Hohenstaufen Flowering — The Sixteenth-century Achievement — The Classical Literary Language — The Modern Standard German
v. Polenz 1978	frühmal. Dt. — hoch- u. spätmal. Dt. — älteres Nhd. — Dt. im 19./20. Jh.
Sonderegger 1979	frühmal. Dt. Ahd. — hochmal. Dt. : Mhd. — höf. Mhd. spätmal. Dt.: Spätmhd. / Frnhd. — Kernfrnhd. — Dt. der Neuzeit Nhd.
Bräuer 1982	Adt. — hoch- u. spätmal. Dt. / hochmal. Dt. spätmal Dt. — Ndt. — Gegenwartsdt.
Guchmann/Semenjuk 1982	Sprache der Nationalität / Werdegang der ~ Entwicklung der ~ — Nationalsprache / Werdegang der ~ Entwicklung der ~ E. d. Kapitalismus E. d. Sozialismus
Schildt 1982 u. 1984	Epoche des Feudalismus / frühmal. Dt. hochmal. Dt. mal. Dt. spätmal. Dt. — frühneuzeitl. Dt.
Schmidt 1984	Frühgeschichte der dt. Sprache / Ahd. Mhd. Spätmhd. älteres Frnhd. — Frnhd. dt. Nationalsprache / neueres Dt. neustes Dt.

— Epochengrenze   ---- Übergangsphase oder unsichere Aussage   dt.: deutsch   mal.: mittelalterlich

Abb. 3

2.1.1. Allgemeines

Das Problem der zeitlichen Abgrenzung des Frnhd. erweist sich als besonders schwierig –
für Sonderegger ist seine chronologische und inhaltliche Bestimmung das ‚Hauptproblem‘
(1979, 170), für H. Wolf der „umstrittenste Abschnitt der dt. Sprachgeschichte" (1971, 9) –,
weil neben den allgemeinen Fragen nach Art und Gewichtung der inner- und/oder außersprachlichen Kriterien auch solche nach der Gestalt, der Eigenart und sogar nach der von
einigen Autoren bestrittenen Autonomie dieser Sprachstufe zu beantworten sind. Erschwert
wird die Diskussion auch dadurch, dass sie aufs engste mit der über die Thesen und Theori-
en zur Herausbildung einer einheitlichen nhd. Schriftsprache verquickt ist und dass das
Frnhd. deshalb in der gesamten Periodisierungsdiskussion oft nur dort berücksichtigt wird,
wo sich mit teleologischer Ausrichtung seine Sprachstränge im Nhd. fortsetzen. Der Wert
solcher Konstrukte, die der praktischen Notwendigkeit aller historischen Wissenschaften
entsprechen, zeitliche Einheiten für die Beschreibung bzw. Interpretation erschlossener
Phänomene zu konstituieren, ist an ihrer Adäquatheit bei der Beschreibung, an ihrem Er-
kenntniswert und an ihrer Erklärungsmächtigkeit für die Interpretation von Sprachzuständen
und Sprachwandelprozessen zu messen. Diese Konstrukte, die auch eine pädagogisch überschaubare Reduktion der Komplexität und die Strukturierung des Sprachmaterials vornehmen, sind stark abhängig von der jeweiligen geschichts- und sprachtheoretischen sowie
ideologischen Einbettung der Forschung.

2.1.2. Frühe Periodisierungsversuche

In der sich an die humanistische Trias anlehnenden Grimmschen Trichotomie Ahd., Mhd.,
Nhd. – Vorbild für die Übertragung auf das Dt. war der Begriff der *Media Latinitas* (^{3}1840)
– war zunächst kein Platz für eine selbstständige frnhd. Sprachperiode, obwohl J. Grimm
eine Lücke in seiner Darstellung empfand und mit dem 14. Jh. eine Zwischenzeit, die sich
durch ‚Vergröberung der Sprachregel‘ und mundartliche Einmischung auszeichne, beginnen
ließ (s. H. Wolf 1988). 1854 relativierte er seine ursprüngliche Position: „Dasz bald nach
1450 mit erfindung der druckerei eine neue welt in den wissenschaften anhebt, bedarf keiner
ausführung. erst mit dem jahr 1500, oder noch etwas später mit LUTHERS auftritt den nhd.
zeitraum anzuheben ist unzulässig" (*DWB* 1, Sp. XVIII).
  Die neue Epochenbezeichnung und ihre zeitliche Abgrenzung innerhalb einer Dreihun-
dertjahrgliederung gehen auf Scherer zurück, der in Anlehnung an Müllenhoff und aufgrund
geistesgeschichtlicher und sprachlicher Kriterien zwischen 1350 und 1650 die „Uebergangs-
oder frühneuhochdeutsche Zeit" (^{2}1878, 12) ansetzt. Scherers aus der Geschichte der Architektur übernommene Vorschlag vermochte jedoch nicht, sich vollständig gegen die Grimmsche Dreiteilung durchzusetzen, zumal das symbolträchtige Jahr 1500 als Epochenschwelle
die Parallelität mit der lange unbestrittenen, aber heute stark relativierten Scheide zwischen
Mittelalter und Neuzeit der allgemeinen Geschichte garantierte (vgl. Skalweit 1982).
  Die Eigengesetzlichkeit im Wandel der sprachlichen Teilsysteme, die großen Phasenver-
schiebungen in den einzelnen Landschaften (Reichmann 1992) des im Unterschied zum Frz.
oder Engl. stark polyzentrisch ausgeprägten Dt., das Nebeneinander von Innovation und

Beharren, die unterschiedlichen, zuweilen gegenläufigen, sich häufig überlagernden und nach Textsorten variablen Entwicklungen (vgl. 4.6.) sowie das Problem der Gewichtung von Phänomenen, je nachdem, ob man ihre ersten Ansätze oder ihre Durchsetzung berücksichtigt, lassen sprachinterne Kriterien für die zeitliche Grenzziehung – so die Vorschläge von Penzl (Lautung und Grammatik) und Tschirch (Wortschatz) – als wenig geeignet erscheinen.

2.1.3. Neuere Vorschläge

Hugo Mosers Periodisierungsvorschlag wird begründet mit dem Streben nach größerer Nähe zur politischen und Kulturgeschichte. Am Ende seiner ‚altdeutschen Zeit' (etwa 770 bis Anfang des 16. Jh.s) setzt er das ‚spätmittelalterliche Deutsch' (etwa 1250 bis 1520) an, eine bürgerlich geprägte Sprache, deren Grundlage in der Umgangssprache der gebildeten Oberschicht vorwiegend in den Städten zu suchen sei. Die ‚neudeutsche Zeit' (seit etwa 1520) lässt er mit dem ‚älteren Neudeutsch' (Anfang des 16. Jh.s bis zur 2. Hälfte des 18. Jh.s), deren Kennzeichen die Begründung einer allgemeinen Schriftsprache durch Luthers Werk ist, beginnen. Diesen Zeitabschnitt unterteilt er in „Frühneudeutsch (etwa 1520 bis 1620), Barockdeutsch (etwa 1620 bis 1720), Deutsch der Gottschedzeit (etwa von 1720 bis zum letzten Viertel des 18. Jh.s)" (1950/51, 305f.). A. Bach ([9]1970) verzichtet auf die Bezeichnung ‚Frnhd.', setzt aber einen Abschnitt „von der Mitte des 14. zum Anfang des 17. Jh.s" an. Wells hält am Übergangscharakter der Periode fest und bezeichnet entsprechend den Abschnitt seiner Sprachgeschichte „Der Übergang zum frühen modernen Dt. 1450–1650", den er mit den „frühesten dt. Drucken und [...] dem Ende der mittelalterlichen Periode" (192) beginnen lässt.

H. Eggers begründet seine zeitliche Einteilung und die Eigenständigkeit der Periode vorwiegend mit außersprachlichen Faktoren: Die Festigung der Territorien als „eng geschlossene Verkehrsgemeinschaften" (1969, 230), die Einrichtung von Kanzleien, der Wandel in den Formen der Rechtspflege, die Wirtschaftskraft und das Sozialgefüge der Städte, der Buchdruck. Die frnhd. Schriftsprache, die Eggers als eine Funktion der soziologischen Stellung ihrer Sprachträger darzustellen versucht, ist nach seiner Ansicht vor allem bürgerlicher Prägung. Hinsichtlich seiner eher omd. Grundlage bedeute das Frnhd. einen Bruch im Vergleich zum vorwiegend obd. bestimmten Mhd. Das Ende seiner 1350 beginnenden Periode setzt Eggers um 1650 und mit dem Erscheinen von Schottels *Teutscher Sprachkunst* (1641; [2]1657) an.

Bei Sonderegger (1979), der mit sehr fließenden Grenzen operiert, steht das metasprachliche Kriterium der Verstehbarkeitsgrenzen im Vordergrund. Für ihn sind „dem Gegenwartsdeutsch die älteren Texte etwa des 16., 17. und 18. Jh.s noch so gut wie direkt greifbar" (191); das Frnhd. sei also, trotz bedeutender Abweichungen im syntaktischen und lexikalischen Bereich, weitgehend noch unmittelbar verstehbar. Seine Periode Frnhd. (1350–1650) ist sowohl im ‚spätmittelalterlichen Dt.' (1350–1550) wie im ‚Dt. der Neuzeit' (ab 1500) angesiedelt. Ihr „engste[r] Kernbereich [ist] die Sprache des 16. Jahrhunderts [...], wobei eine Verlängerung nach rückwärts bis zum Beginn der neuen Sprachverbreitung durch den Buchdruck seit 1450 als sinnvoll erscheint" (170f.). „Bürger, Handwerker, Städte, Kanzleien, Buchdrucker, Humanisten, Reformatoren, Grammatiker" (172) betrachtet er als die wichtigsten Sprachträger der Überlieferung dieser Zeit.

Von Polenz, der bereits 1978 den für ihn willkürlich angesetzten ‚Übergangsbegriff‘ Früh-neuhochdeutsch ablehnte, sprach sich für eine Periode ‚Älteres Nhd.‘ aus, die von der Erfindung des Buchdrucks bis ins 18. Jh. reiche. Er wählt für diese ‚innovative Epoche‘, die „mit sehr breiten Überschneidungs- und Übergangsphasen" (^{2}2000, 101) zu verstehen sei, die Bezeichung „Dt. in der frühbürgerlichen Zeit". „Mit dem sozialgeschichtlichen Stichwort ‚frühbürgerlich‘ sind nicht nur [...] die revolutionären Vorgänge des 16. Jh.s gemeint, sondern auch die umfassendere sprach- und literatursoziologische Tatsache, daß in dieser Epoche dt. Schreiben und Lesen vorwiegend von aufstrebenden, aber heterogenen städtischen Bevölkerungsschichten betrieben wurde, die mittels Schreib- und Druckkommunikation politische, wirtschaftliche und soziale Modernisierungen versuchten bzw. voranbrachten" (^{2}2000, 99f.). Aufgrund der starken Betonung der in der „soziopragmatischen Orientierung" wichtigen „Kriterien der sozialökonomischen und medien- und kommunikationsgeschichtlichen Entwicklung" (^{2}2000, 101) wird die Epoche wie folgt bestimmt:

> Anfangsphase des frühbürgerlichen Dt. ist die Schreib- und Lese-Expansion um 1400, Endphase (Mitte 16. bis Anfang 17. Jh.) die Konsolidierung des absolutistischen Systems zwischen Augsburger Religionsfrieden und Dreißigjährigem Krieg mit ihren sprach(en)politischen Folgen: Ausscheiden des Niederdeutschen aus der dt. Sprachkulturentwicklung; Gewöhnung dt. Oberschichten an das Französische als Prestigesprache (^{2}2000, 100).

Aufgabe:

Vergleichen Sie die Territorialgrenzen der deutschsprachigen Territorien des Heiligen Römischen Reichs Deutscher Nation mit den Sprachlandschaften um 1500.

2.1.4. Periodisierungsvorschläge der DDR-Germanistik

Vom Standpunkt des historischen Materialismus ausgehend und in enger Anlehnung an die von der sowjetischen Psychologie und Psycholinguistik entwickelte Kommunikationstheorie hat sich die DDR-Germanistik bemüht, die sprachhistorischen Entwicklungen stärker im Zusammenhang mit den gesamtgesellschaftlichen Prozessen zu sehen und diese als Erklärungsrahmen zu betrachten. Dabei wird die sprachlich-kommunikative Tätigkeit des Menschen als eine spezifische Form der geistigen Tätigkeit angesehen, die jedoch, wenn auch über viele Stufen vermittelt, letztendlich sozialökonomisch determiniert sei. Innerhalb des dialektischen Verhältnisses Sprache – Gesellschaft sei letztere der bestimmende Pol. Sprachgeschichte sei immer in Zusammenhang mit der Geschichte der Sprachträger zu verstehen. Da auch sprachinterne, gesetzmäßig auftretende Entwicklungen erst im Kommunikationsprozess durch die Sprecher verwirklicht würden, sei Sprachwandel als sozialer Vorgang zu begreifen, der es ermögliche, das Kommunikationsinstrument Sprache ständig neuen Anforderungen anzupassen. Hinsichtlich der zeitlichen Gliederung der Sprachentwicklung bedeutet dies, dass die Abfolge der ‚sozial-ökonomischen Gesellschaftsformationen‘ (i.e. der übergeordnete Totalitätsbegriff im historischen Materialismus) den Rahmen für die zeitliche Gliederung der sprachlichen Entwicklung abgebe, dass die Periodisierung der Sprachentwicklung sich grundsätzlich an ihr orientiere. Innerhalb einer relativ stabilen Kommunikationsgemeinschaft seien die Beziehungen zwischen den ökonomischen Gesellschaftsformationen und den Existenzformen der Sprache (im einzelnen und in ihrem Gefüge) ausschlaggebend. Sprachwandel trete in der Regel dann ein, wenn das Sprachsystem den veränderten Kommunikationsbedürfnissen nicht mehr gerecht werde. Das bedeutet, dass diese als Haupttriebkraft der sprachlichen Entwicklung zu betrachten seien (*Zur Periodisierung* 1982).

Als Zäsuren seien Momente wesentlicher Veränderungen bei den Existenzformen der Sprache zu betrachten, besonders im Hinblick auf ihren territorialen Geltungsbereich, ihre Funktion im Kommunikationsgefüge, ihre jeweiligen (nicht nur sozial oder kulturell führenden) Trägerschichten sowie auf die Struktur des Sprachsystems. Diese Einschnitte, die Ausdruck besonders tiefgreifender Umwälzungen in den kommunikativen Bedingungen sind, fielen mit grundlegenden Umgestaltungen im gesellschaftlichen Bereich zusammen.

Mit der Reifikation von Epochen und Perioden, die nicht nur abstrahierende Abbilder seien – sie stellen „innerhalb des Wissenschaftsgegenstands Sprache" real existierende „objektive Kategorien dar, die ermittelt werden [müssen], damit Wesen und Erscheinungsform der Sprache beschrieben werden können" (Schildt *Zur Periodisierung* 1982, 30) –, und die in Korrelation mit den Großetappen der historischen Entwicklung stehen, wird hier eine hierarchische Konstruktion vorgenommen. Unterhalb dieser Ebene werden darin die Änderungen und die Existenzformen, d.h. das Funktionieren der Sprache in der Gesellschaft, für eine detailliertere Gliederung ausschlaggebend, wobei die Herausbildung einer nationalen Litertursprache (Feudel *Zur Periodisierung* 1982, 105) einen besonderen Stellenwert erhält. Auf der niedrigsten Ebene der Periodisierung fungieren die in diesem Modell „kaum berücksichtigten" (Feudel *Zur Periodisierung* 1982, 108) sprachinternen Kriterien, denen höchstens „eine untergeordnete Rolle" (Guchmann/Semenjuk *Zur Periodisierung* 1982, 28) zugewiesen wird. Diese strikte Hierarchisierung der Ebenen wurde von einigen Autoren (so Schildt 1991, 5ff.) nach 1990 z.T. aufgegeben.

In seinem Lehrbuch *Abriß der Geschichte der deutschen Sprache* ([3]1984), das den anspruchsvollen Untertitel ‚Zum Verhältnis von Gesellschafts- und Sprachgeschichte' trägt, gebraucht Schildt für die einzelnen Entwicklungsetappen des Dt. Kennzeichnungen, die sich an der allgemeinen Geschichte orientieren. So unterscheidet er innerhalb der Periode „Die Sprachentwicklung in der Epoche des vollentfalteten Feudalismus (Mitte des 11. Jh.s bis zum Ende des 15. Jh.s)" eine Phase „spätmittelalterliches Dt." (Mitte des 13. Jh.s bis zum Ende des 15. Jh.s). Den Abschnitt „Die Sprachentwicklung in der Epoche des Verfalls des Feudalismus, der Entstehung und Entwicklung des Kapitalismus (Ende des 15. Jh.s bis zum Ende des 18. Jh.s)" gliedert er in zwei Phasen: „frühneuzeitliches Dt. (Ende des 15. Jh.s bis zur Mitte des 17. Jh.s)" und „älteres neuzeitliches Dt." (Mitte des 17. Jh.s bis zum Ende des 18. Jh.s).

Schildt verzichtet auf den Ausdruck ‚frnhd.', obwohl „zur Charakterisierung des einzelnen sprachlichen Befunds die traditionellen Bezeichnungen weiter gebraucht [werden], die nicht mehr die Funktion haben, eine Grundgliederung der sprachgeschichtlichen Entwicklung anzugeben, sondern die der Hervorhebung besonderer Kennzeichen in der Entwicklung des Sprachbaus dienen" ([3]1984, 17). Er rechtfertigt seinen Einschnitt an der Wende vom 15. zum 16. Jh. mit der Herausbildung eines einheitlichen Binnenmarkts und einem sich wesentlich von dem des späten Mittelalters unterscheidenden neuen Gefüge der Existenzformen der dt. Sprache, das er als Ausdruck neuer kommunikativer Bedürfnisse wertet. Als treibende Kraft im Auswahl- und Ausgleichsprozess zwischen den territorialen Varianten der Literatursprache könne das Bürgertum gelten, das maßgeblich an der Verdrängung des Lat. zugunsten einer polyfunktionalen dt. Sprache beteiligt gewesen sei. Einen entscheidenden Einschnitt setzt Schildt mit dem Ende des 18. Jh.s an, „wo die Herausbildung einer relativ einheitlichen nationalen Literatursprache zu einem vorläufigen Abschluss gekommen war und damit ein bürgerlichen Kommunikationsbedürfnissen adäquates Kommunikationsmittel entstanden war" (Schildt 1980, 393).

Bräuer (*Zur Periodisierung* 1982, 40–59) hat den Versuch unternommen, eine Reihe von einander hierarchisch zugeordneten ‚extern-‘ und ‚internsprachlicher‘ Periodisierungskriterien zu bestimmen. Daraus ergab sich für unsere Periode folgendes Konstrukt: Die Periode ‚spätma. Dt.‘ (ca. 1250–ca. 1500) beschließt die Großepoche ‚Altdeutsch‘ (ca. 500–ca. 1500), und die Epoche ‚älteres Neudt.‘ (ca. 1500–ca. 1750) öffnet die Großepoche ‚Neudeutsch‘ (ca. 1500–1950).

In der *Geschichte der deutschen Sprache* (Schmidt [5]1984) wird in der sprachgeschichtlichen Darstellung die Periode 1350–1650 nicht beibehalten. Das ‚Deutsch des Spätmittelalters – älteres Frühneuhochdeutsch‘ beschließt die „Frühgeschichte der deutschen Sprache – Die Epoche des Aufstiegs, der Entfaltung und Umgestaltung der Feudalgesellschaft (von der Wende des 5./6. Jh. bis zur frühbürgerlichen Revolution)“. Das ‚neuere Deutsch (1500–Ende 18. Jh.)‘ eröffnet die folgende Großepoche „Entstehung und Entwicklung der deutschen Nationalsprache in der Zeit der kapitalistischen Gesellschaft (von der frühbürgerlichen Revolution bis zur Mitte des 20. Jh.)“. Als Grenzmarke fungiert die frühbürgerliche Revolution. In der 9., völlig überarbeiteten Auflage (2004) werden „im Hinblick auf die unterschiedlichen Ziele“ der Kapitel zwei Periodisierungsprinzipien beibehalten, die mit Bezeichnungen nach historischen oder sprachlichen Aspekten operieren (33f.). In der Einleitung zum *Abriß der frnhd. Grammatik* von Schildt ([3]1984) wurde dagegen die Eigenständigkeit der frnhd. Periode betont:

> Das Sprachsystem dieser drei Jahrhunderte hebt sich in mehrfacher Hinsicht deutlich sowohl von der Sprache um 1200 als auch von der um 1800 ab, so dass das Ansetzen einer eigenständigen Periode zwischen dem Mhd. und dem Nhd. gerechtfertigt ist (265).

Während in der sowjetischen Sprachgeschichtsschreibung des Dt. Moskalskaja (1965; [2]1969) noch weitgehend an der klassischen Dreiteilung festhielt, waren der lebhaften Periodisierungsdiskussion in der DDR-Germanistik bereits Guchmanns neue Zeitgliederungsvorschläge vorangegangen. In ihrem Entwurf definierten Guchmann/Semenjuk (*Zur Periodisierung* 1982) folgende Perioden:

– Die Entwicklung der Sprache der deutschen Nationalität im 12.-15. Jh., d.h. in der Periode der Blütezeit des Feudalismus, in dessen letzter Etappe, im Spätfeudalismus, Voraussetzungen für künftige Veränderungen ausgebildet werden.
– Das 16. Jh. bis zur ersten Hälfte des 18. Jh. bilden die Periode des Werdegangs der deutschen Nationalsprache. In dieser Zeit entwickeln sich die Voraussetzungen der künftigen kapitalistischen Gesellschaftsformation (20f.).

Der Beweis für die praktische Leistungsfähigkeit dieser Konstrukte konnte nur selten erbracht werden. Die an die Sprachgeschichtsschreibung gestellten hohen theoretischen Ansprüche sind z.B. für die sprachliche Überlieferung der unteren Gesellschaftsschichten vom Material her kaum abzudecken.

2.1.5. Sprachexterne Faktoren

Das Nebeneinander von Beharrungslandschaften und solchen, die Neuerungen ausstrahlen, sowie die Notwendigkeit, beim Sprachwandel zwischen Initial-, Verbreitungs- und Approbationsphase zu unterscheiden, führen zu Aporien beim Versuch einer Periodenbestimmung, die sich allein am Sprachkörper orientiert. Bei einer Betrachtungsweise, die sich auf den langfristigen epochenübergreifenden Wandel richtet, sind – so auch die Tendenz in der allgemeinen Geschichte – überscharfe Zäsuren zu vermeiden. Es gilt vielmehr, Bündelungen von Phänomenen zu markieren, die als Angelpunkte der Entwicklung fungieren. In dieser Perspektive erhält die Mitte des 14. Jh.s eine besondere Bedeutung. Um 1350 beginnt nicht nur eine Universitätsgründungsbewegung im Reich (Prag 1348); zu diesem Zeitpunkt werden auch die Grundlagen für die Festigung der deutschen Territorialstaaten geschaffen, von denen eine sprachlich grenzbildende Funktion ausgeht; 1338 legt der Kurverein zu Rhense in einem Rechtsspruch die Bedingungen der Königswahl fest, und die Goldene Bulle von 1356 kann als Magna Charta des dt. Territorialwesens betrachtet werden.

Mit der vollen Entfaltung der Territorien und der sich abschwächenden Vorbildfunktion des ‚klassischen' Mhd. ist ein ‚horizontales Nebeneinander' von landschaftlichen Schreib-, Drucker-, Fachsprachen und Soziolekten verbunden. Dieses Varietätenspektrum erfährt im 16. und 17. Jh. eine ‚Vertikalisierung', die in die Herausbildung von Leitvarietäten mündet. (Vgl. dazu Reichmann 1988; *FWB* 1986/1.1, 17, 32.)

Die frnhd. Sprachperiode ist die Zeit der wachsenden Autorität der Sprachregelwerke, der Lehr- und Schulbücher, die immer stärker die Forderung nach dem richtigen Dt. erheben. Der Anspruch auf Richtigkeit, die Anerkennung einer übergeordneten Instanz also, die eine an Grammatiken und Lexika überprüfbare Norm verbindlich vorschreibt, löst das Primat der Verständlichkeit ab. Dies bedeutet zunächst Reduktion der Bandbreite tolerierter Varianz und schließlich Diskriminierung des Abweichenden.

Mit Schottels *Teutscher Sprachkunst* (1641; [2]1657) wird ein vollständiges Sprachregelsystem entworfen, das deutlich zwischen Mda. und Schriftsprache unterscheidet. Um 1650 kann der Ablösungsprozess des Nd. durch das Hd. als dominierende Schriftsprache in Norddeutschland als abgeschlossen gelten. Der Westfälische Frieden besiegelt das Ausscheiden der Niederlande aus dem Reichsverband und bestätigt im politischen Bereich die bereits vollzogene sprachliche Absonderung. Für eine spätere, im 18. Jh. angesiedelte Grenzziehung sprechen das Weiterleben zahlreicher landschaftlicher Züge im dt. Schrifttum und wichtige territoriale Machtverschiebungen. Obersachsen verliert endgültig seine bereits im 17. Jh. angefochtene kulturell und sprachlich führende Stellung und seine Vorbildfunktion – nach Adelung „der Sitz und der Mittelpunkt der schönen Schriftsprache" –, die an Preußen übergehen.

2.1.6. Neuere Ansätze

Die Periodisierungsfrage hat weitere Differenzierungen erfahren, wobei u.a. Textsorten, Kommunikationsbereiche, die regionale Sicht und Ansätze zur Theorie des Sprachwandels auf verschiedenen Ebenen berücksichtigt werden (Reichmann 1990; Wiesinger 1990; Schildt 1990; Mattheier [2]1998; Steger [2]1998; Haas [2]1998; Leiss [2]1998; Fritz [2]1998). In einem detaillierten und umfangreichen Tabellenwerk hat Roelcke systematisch die Periodisierungsvorschläge (Auswahl und Beschreibung, Zeit-, Bezeichnungs- und Kriterienvergleich) zusammengetragen (1995; [2]1998) und zusammengefasst (dazu auch seine Dokumentation 2001). Den „eingeschränkten Konsens", den er untertreibend dabei feststellt, führt er auf „kriterienkombinierte Vorschläge" zurück, bei denen „der Ansatz einzelner Kriterien und die Beschreibung einzelner Merkmale oftmals recht ungenau" erfolgten. Deshalb empfiehlt er „eine Reihe [...] hinreichend genaue[r] nicht kriterienkombinierte[r] Vorschläge", die danach „in einem weiteren Interpretationsschritt auf mögliche Bündelungen einzelner zeitlicher Grenzen hin untersucht werden" können ([2]1998, 813f.).

2.1.7. Binnengliederung des Frnhd.

Den Versuch einer Binnengliederung bietet bereits V. Moser (1926), der drei Unterabteilungen vorschlägt:

– das ‚ältere Frnhd.' (1350–1520), das „durch die Ausbreitung und den Abschluß der großen Lautentwicklungen [...], durch die Ausbildung lokaler Schriftsprachen unter Führung der Kanzleien mit einer beginnenden Annäherung derselben in diesen und im Buchdruck nach der gemeinsprachlichen Richtung hin an ihrem Ende" bestimmt ist;
– das ‚Frnhd. im engeren Sinne' (1520–1620), das „durch die Blüte und den Verfall der lokalen Schriftsprachen unter der Herrschaft der Druckersprachen" charakterisiert wird;
– das ‚ausgehende Frnhd.' (1620–1760). (28)

Bei Schmidt ([5]1984) wird folgende Gliederung, die [9]2004 (299) beibehalten wird, vorgeschlagen:

1. die Zeit von 1350 bis etwa 1500, das ältere Frnhd.;
2. das 16. Jh. als mittleren Abschnitt, als den „engsten Kernbereich" des Frnhd. (Sonderegger 1979, 170), in den also auch das Wirken Luthers gehört;
3. die Zeit bis etwa 1650, das jüngere Frnhd.

Diese Binnengliederung wird durch folgende Bemerkung ergänzt:

Mitunter faßt man den 2. und 3. Abschnitt zu einer Phase zusammen und unterscheidet dann also nur zwischen älterem und jüngerem Frnhd. Im zweiten Fall wird der allgemein anerkannte Einschnitt um 1500 noch stärker betont (299).

Literatur:

A. Bach ([9]1970); Bentzinger/Kettmann (1985); H. Eggers (1969; 1986); Erben (1962; 1969; 1975; 1977); Fritz ([2]1998); J. Grimm (1854); Große (1981); Große/Neubert (1982); Haas ([2]1998); Hartweg (1989); Langner (1978); Leiss ([2]1998); Mattheier ([2]1998); Hugo Moser (1950/51; 1979); V. Moser (1926); Moskalskaja ([2]1969); Objartel ([2]1980); v. Polenz ([9]1978; [2]2000); Reichmann (*FWB* 1986/1.1; 1988; 1990; 1992); Roelcke (1995; [2]1998; 2001); Scherer ([2]1878); Schildt (1973; 1980; [3]1984b; 1990; 1991); Schirokauer (1957 = Wegera 1986); Schmidt ([5]1984; [9]2004); Semenjuk (1973; 1980; 1982; 1985; 1990; 1991); Sitta (1980); Skalweit (1982); Sonderegger (1979); Steger ([2]1998); Tschirch ([3]1989); Wells (1990); Wiesinger (1990); H. Wolf (1971; 1988); *Zur Periodisierung* (1982).

2.2. Räumliche Abgrenzungen

2.2.1. Hochdeutsch (Diagliederung)

Periodisierung und Raumgliederung sind, nicht zuletzt aufgrund des „ungleichen Anteil[s] verschiedener Sprachlandschaften an der Entwicklung überregional gültiger Sprachnormen" (Sonderegger 1979, 169), in Verbindung miteinander zu betrachten (Reichmann 1992; Solms [2]2000).

Die Grenze zwischen Teuthonia und Romania erwies sich als weitgehend stabil. Es kam lediglich an den Südabhängen der Alpen, z.B. durch Walserwanderungen, zur Bildung einiger dt. Sprachinseln in roman. Umgebung und zu leichten Verschiebungen in der alem.-

rätorom. Kontaktzone. Im Westen verlor das Elsaß mit dem Westfälischen Frieden und den darauf folgenden Annexionen bei zunächst gering veränderter Sprachpraxis die überdachende deutschsprachige Staatlichkeit (Hartweg [2]2003). Dagegen erweiterte sich der Geltungsbereich des Dt. im Osten beträchtlich als Folge der dt. Ostexpansion in die slaw. Gebiete östlich von Elbe und Saale. Im Osten entstanden große Flächenstaaten und drei der vier weltlichen Kurterritorien (Böhmen, Sachsen, Brandenburg). Die Ende des 11. Jh.s planmäßig einsetzende eigentliche – bäuerliche und städtebürgerliche (Handwerker, Berg- und Kaufleute, Verwaltungspersonal) – Ostkolonisation (Ausbau-, Auftrags- und Aufrufskolonisation) führte einen Zustrom dt. Siedler in die angestammten Gebiete wslaw. und balt. Bevölkerungen, deren eigenständige Entwicklung – die Tschechen bildeten dabei eine Ausnahme – dadurch unterbrochen wurde. Die Herkunft der Siedler richtete sich nicht selten nach den (kirchlichen und weltlichen) feudalherrlichen Beziehungen mit den Territorien des Altlandes und/oder trugen besonderen Kompetenzen (z.B. im Entwässerungswesen und im Deichbau bei den Niederländern) Rechnung.

Drei große Siedlerbahnen lassen sich unterscheiden: 1. Eine nördliche, die einerseits die Ostsee entlang bis zur Oder- und Weichselmündung und andererseits über das Magdeburger Tor nl. und nd. Sprecher führte; 2. eine, die (w)md. Bevölkerung vor allem über Erfurt in den Osten brachte, und 3. eine süddt., die Frings weiter in eine mainisch-norderzgebirgische, eine süderzgebirgische und eine niederöster.-schles. unterteilte (van der Elst 1985, 1389–1398). Diese zu Beginn der frnhd. Sprachperiode im wesentlichen abgeschlossene Kolonisation – der ,schwarze Tod' von 1349 markierte einen deutlichen Einschnitt – ließ neue nd., md. und obd. Territorialdialekte mit mehr oder minder ausgeprägtem Mischcharakter und Integrierung von Elementen der dort einheimischen Sprachen entstehen. Nach neueren Erkenntnissen werden als Träger der kolonialen Ausgleichssprache (vgl. dazu ,Thesen und Theorien' 3.), deren Homogenität heute viel geringer eingeschätzt wird, als es Frings tat, da die neuen deutschsprachigen Gebiete eine den Verhältnissen im Altland ähnlich reiche, wenn auch weiträumigere Gliederung aufweisen, nicht mehr vorrangig die bäuerliche Grundschicht, als vielmehr die höheren, in Handel und Verwaltung maßgeblichen Schichten betrachtet.

Zusätzlich zu dieser Erweiterung des geschlossenen deutschsprachigen Gebietes kam es zur Bildung von Sprachinseln in Böhmen und Mähren, in der Slowakei, in Ungarn und in Siebenbürgen. Eine Sonderstellung nahm das Ordensland ein, wo die starken Bindungen der Ordensritter an den thür.-sächs. Raum die omd. Prägung der hpreuß. Sprache der Oberschicht erklärt und die nd. Herkunft der bäuerlichen Siedler die ihrer npreuß. Sprache.

Innerhalb des neugewonnenen Gebietes kam es noch vor der ,Verhochdeutschung' des nd. Raums zu md./nd. Grenzverschiebungen durch Binnensiedlung und durch das Wirken des sprachlichen Mehrwerts, das Veränderungen in den politischen und kulturellen Machtpositionen widerspiegelt. Die Außengrenzen des dt. Sprachraums bildeten sich nicht zuletzt aufgrund des allmählichen Verschwindens oder der starken Reduktion slaw. Enklaven (z.B. lag Klagenfurt noch im 18. Jh. in slow. Gebiet) in frnhd. Zeit schärfer aus und erfuhren in der Folge nur noch unwesentliche Veränderungen.

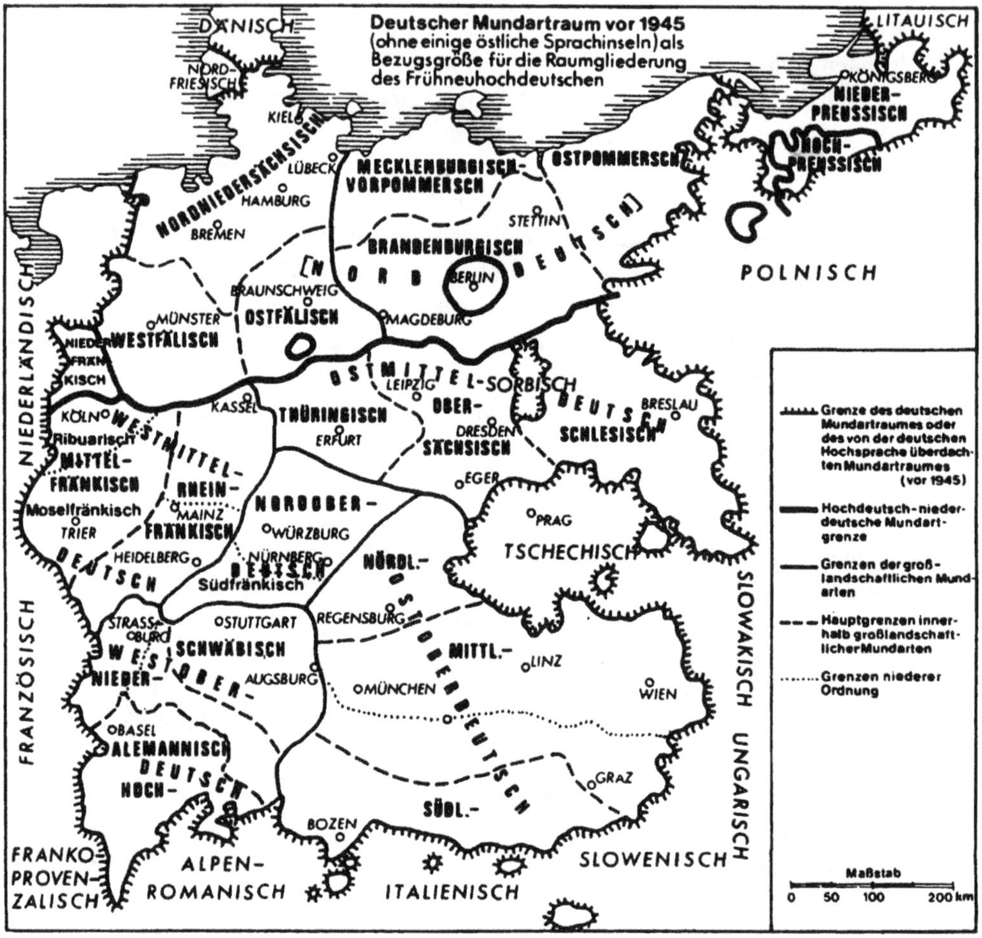

Abb. 4 (aus: Reichmann *FWB* 1.1 1986, 119)

Trotz der Vielfalt der Erscheinungsformen des Frnhd. lassen sich bestimmte ‚Schreibland-schaften' (Besch) determinieren. Die Einteilung des hd. Gebiets in vier Großräume wird im wesentlichen anhand der graphemischen Erscheinungen vorgenommen, wobei die Wortgeo-graphie ebenfalls herangezogen werden kann. Als Großgebiete erscheinen in dieser Gliede-rung:

1. Oobd.: Süd-, Mittel-, Nordbairisch, Ostfränkisch.
2. Wobd.: Südfränkisch, Schwäbisch, Nieder- und Hochalemannisch.
3. Omd.: Thüringisch, Obersächsisch, Schlesisch.
4. Wmd.: Hessisch, Rheinfränkisch, Moselfränkisch, Ribuarisch.

Neben diesem Modell wird eine Fünfteilung vorgeschlagen (Stopp 1976), nach der Nbair. und Ofrk. in einem nobd. Raum zusammengefasst werden, damit der Sonderstellung des Ofrk. als einem Kontakt- und Übergangsraum zwischen dem Md. und dem Obd. Rechnung getragen wird. Gelegentlich wird das Srhfrk. als Übergangszone zwischen dem Ofrk./Rhfrk. im Norden und dem Alem. im Süden betrachtet.

Vierteilung

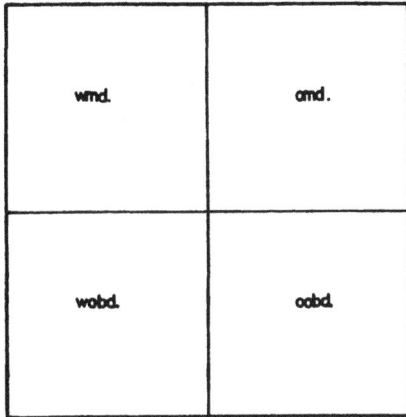

Fünfteilung

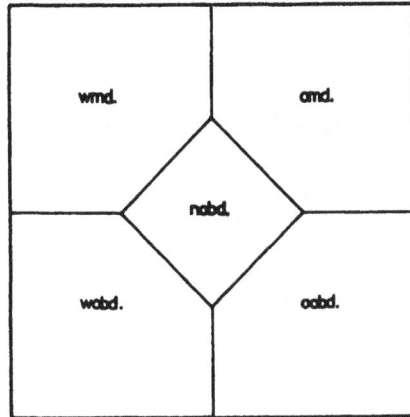

Abb. 5: ‚Hochdeutsche Großgebiete schematisch' (nach Stopp 1976, 29)

Abb. 6: Vgl. dazu aus der Gliederung der ‚alten Teutschen Sprache' in ‚Mundarten' aus: Schottelius, *Ausführliche Arbeit Von der Teutschen HaubtSprache* 1663, 154; abgedruckt in: *Sprachgeschichte. Ein Handbuch* (1985, 1587)

Während Piirainen seine Diagliederung nach Varietäten (Historio-, Dia-, Soziolekten) vornimmt (1985), verfährt Reichmann, der bei der Klassifizierung der Raumvarianten den schwankenden Kenntnisstand je nach Überlieferungsverhältnissen der Varietäten einräumt, nach den Ebenen der Distingemik (Phonologie, Graphematik), der Flexionsmorphologie, der Lexik, der Wortbildung und der Syntax (²2000). Im *FWB* beachtet er folgende Raumgliederung:

1.	Norddeutsch (= Hochdeutsch auf nd. Dialektgebiet)
2..	Mitteldeutsch
2.1.	Westmitteldeutsch
2.1.1.	Mittelfränkisch
2.1.1.1.	Ripuarisch
2.1.1.2.	Moselfränkisch
2.1.2.	Rheinfränkisch (mit Einzelräumen wie Hessisch, Pfälzisch)
2.2.	Ostmitteldeutsch
2.2.1.	Thüringisch
2.2.2.	Obersächsisch
2.2.3.	Schlesisch
2.2.4.	Hochpreußisch
3.	Oberdeutsch
3.1.	Westoberdeutsch
3.1.1.	Alemannisch
3.1.1.1.	Niederalemannisch
3.1.1.2.	Hochalemannisch
3.1.2.	Schwäbisch
3.2.	Nordoberdeutsch
3.3.	Ostoberdeutsch
3.3.1.	nördliches Ostoberdeutsch (Nordbairisch)
3.3.2.	mittleres Ostoberdeutsch (Mittelbairisch)
3.3.3.	südliches Ostoberdeutsch (Südbairisch)
4.	östliches Inseldeutsch md. oder obd. Prägung.

(Reichmann ²2000, 1625)

Bei aller Betonung der horizontalen Kammerung, die in der Zeit der Ausbildung des frühmodernen Staats und der Konfessionsräume sehr ausgeprägt ist, darf der aufgrund von Herkunft, Ausbildung, Biographie und Vorbildern der Schreiber und Drucker entstehende Mischcharakter vieler Texte nicht unterschätzt und die scharf ausgebildete Binnengliederung des Frnhd. nicht als absolut gesetzt werden. So erwähnt z.B. Sebastian Helber 1593 in seinem *Teutschen Syllabierbüchlein* die Praxis der ‚Mitter Teutschen Weise' zu drucken, die er in „Meinz, Speier, Franckfurt, Würzburg, Heidelberg, Nörnberg, Straßburg, Leipzig, Erdfurt, ggf. Cöln" ortet (Hartweg ²2000, 1695).

Die dt. Sprachinseln im Osten weisen omd. Züge in Oberschlesien und Böhmen (mit ähnlichem Entwicklungsstand wie im Kerngebiet), oobd. Formen in Südmähren, bair. und omd. Elemente in Mittelmähren, überwiegend omd. Merkmale in Nordostmähren, oobd. Züge in der Preßburger Gegend und in der Mittelslowakei (mit einigen omd. Elementen) und omd. Dominanz in der Zips auf. Die dt. Sprachdenkmäler in Ungarn zeigen eine eigene omd./oobd. Mischung, während Siebenbürgen sich durch das Nebeneinander omd. und wmd. Merkmale auszeichnet.

Aufgabe:

Stellen Sie anhand von Piirainen 1985, 1368–1379, wichtige Charakteristika der obengenannten vier Großräume zusammen. Vgl. dazu unten Kap. 7.

2.2.2. Mittelniederländisch

Trotz der pränationalen Selbstbezeichnung ‚deutsch' für eine „umfassende überregionale Zusammengehörigkeit" (v. Polenz ²2000, 83), die unabhängig vom Gegensatz Hd./Nd. oder von politischen – mit sprachgeographischen nicht kongruenten – Verhältnissen und vor allem nach außen grenzbildend wirkte, ist eine „eigenständige Entwicklung der mnl. Verkehrs- und Literatursprache seit der Mitte des 13. Jh.s auf flämisch-brabantischer Grundlage" (ibid., 160) anzunehmen.

Am nordwestlichen Rand der Teuthonia bestätigt sich die sprachliche Sonderentwicklung der Niederlande, die durch die Entfernung von den Ursprungsgebieten wichtiger sprachlicher Neuerungen im Frnhd. sowie durch die Verlagerung politischer und kultureller Entscheidungs- und Machtzentren in den Süden und Südosten des Reiches begünstigt worden war. Eine blühende städtische, stark im Bürgerlichen verankerte Eigenkultur mit ungebrochener Kontinuität (was interne Süd-Nord-Verschiebungen nicht ausschloss), wenig Neigung des heimischen Adels zum Hd. und ein dicht besiedeltes Hinterland, das der weiträumigen hansischen Geschäftssprache fehlte, trugen wesentlich dazu bei, dass eine selbstständige Sprache auf flandrisch-brabantischer Grundlage und mit großräumiger, überlandschaftlicher Geltung nationale Verbindlichkeit erlangen konnte. Während die Gebiete nördlich von Rhein und Issel und zwischen Maas und Rhein auf mundartlicher Ebene lange keine scharfen Trennungslinien aufwiesen und eine einheitliche Bezeichnung der Volkssprache vorherrschte, bildete sich bereits im 13. und 14. Jh. in Flandern, unabhängig von der Entwicklung im maas-rheinländischen Raum, eine Schreib- und Schriftsprache heraus. Eine reichhaltige ritterliche, bürgerliche und geistliche Literatur sowie eine relativ einheitliche Amtssprache, die den Sprachgebrauch in Holland und Brabant beeinflusste, entstand in den wirtschaftlich blühenden Städten Gent, Ypern und Brügge. Nl. Lehnwörter, nicht selten als Mittler frz. Lehnguts, gelangten in die mhd. Dichtersprache.

Nach 1400 verlagerte sich das sprachbildende Zentrum nach Brabant (Mechelen, Brüssel, Antwerpen, Leuven). Von der *Devotio moderna* und den Brüdern und Schwestern vom Gemeinsamen Leben ging ein nachhaltiger Einfluss auf geistliche Prosa und Erbauungsliteratur aus. Obwohl im 16. und 17. Jh. die holländischen Seeprovinzen der protestantischen Republik zum Kerngebiet der sprachlichen Entwicklung wurden, blieb der Anteil des vorwiegend katholischen Südens beträchtlich. Von der im 17. Jh. in Westeuropa überlegenen See- und Handelsmacht ging sprachliche Ausstrahlung aus, die besonders in den benachbarten, durch den Kalvinismus geprägten Gebieten durch die Verwendung der nl. Schriftsprache spürbar wurde.

Die politisch und z.T. konfessionell eigenständige Entwicklung, die im Konflikt mit den katholischen Habsburgern zur Herausbildung des nl. Identitätsbewusstseins, zur Staatsgründung und schließlich zum 1648 besiegelten Ausscheiden aus dem Reichsverbund führte, kann allerdings – man denke an das Beispiel der Schweiz – nicht als Grund, sondern lediglich als Abschluss des Entfremdungsprozesses in Politik, Kultur und Sprache gelten. Die im Geschäftsverkehr, im Urkundenwesen und in allen Bereichen der Literatur verwendete Sprache, die nach- und nebeneinander *dietsch, duytsch, nederduitsch, nederlandsch* genannt wurde, zeichnete sich im Unterschied z.B. zur Hansesprache durch eine größere Nähe zwischen Schreiben und Sprechen aus. Goosens hat Möglichkeiten historischer Sprachgeographie in diesem Zusammenhang aufgezeigt ([2]1998, 900–914).

Erst allmählich wurde den Zeitgenossen in Deutschland die Ausgrenzung des Nl. als selbstständige Sprache bewusst: So wurde sie noch im 17. Jh. zuweilen dem Dt. zugerechnet, z.B. durch P. Fleming, der Heinsius und J. Cats als dt. Schriftsteller bezeichnete.

2.2.3. Niederdeutsch und die Verdrängung des Niederdeutschen durch das Hochdeutsche

Als Schreibsprache erfasste der Wechsel vom Nd. zum Hd. etwa die Hälfte des gesamten deutschsprachigen Raums und bildete nach der Ablösung des Lat. eine wichtige Voraussetzung für die Durchsetzung einer literatursprachlichen Norm des Dt. Neuere Ansätze in der Forschung versuchen, diese komplexen, vielschichtigen und in ihrer Darstellung z.T. widersprüchlichen Veränderungen im nd. Sprachraum eher als Wandel der Sprachkonfiguration darzustellen, der zu einer fast 300 Jahre relativ stabil gebliebenen Diglossie (hd. Schreibneben nd. Sprechsprache) führte.

Im Mnd. (1200–1650), das als Ausdruck städtebürgerlicher Kultur in sprachsoziologischer Hinsicht eher dem Frnhd. als dem stark durch Elemente der Feudalkultur geprägten Mhd. entspricht, können drei Phasen unterschieden werden:

1. Frühmnd. (1200–1370) ist die Sammelbezeichnung für mehrere regionale Schreibsprachen mit großer Variantenvielfalt, die nach der ca. 150-jährigen Pause in der nd. schriftlichen Überlieferung beim Wiedereinsetzen der nd. Schreibtradition in Norddeutschland das Lat. allmählich als Schreibsprache ablösten.
2. Das ‚klassische‘ Mnd. (1370–1520/30) bildete mit der ‚lübischen Norm‘ die Merkmale einer tendenziellen Schriftsprache aus, die landschaftliche Schreibunterschiede z.T. überdeckte. Es ist anzunehmen, dass sich relativ früh unter den Hansekaufleuten im Ostseeraum eine lübisch geprägte (mündliche) hansische Umgangssprache entwickelt hat. Die Rechtsverhältnisse haben ebenfalls zur Ausbreitung des lübischen Sprachgebrauchs beigetragen.
3. Das Spätmnd. (1520/30–1630/50) setzte trotz stetiger Funktionsverluste auf schriftlicher Ebene bestimmte Vereinheitlichungsentwicklungen fort, während gleichzeitig bereits verdrängte mundartliche Züge mit deutlich sozialer und situativer Differenzierung wiedererscheinen. Es erfolgte eine deutliche Trennung der öffentlich-formalen von der privaten Sprachgebrauchssituation. Am Westrand des nd. Gebiets wurde das Nd. durch das Nl. ersetzt. Die nach- und nebeneinander als *düdesch* bzw. *to düde, sassesch, sassesche sprake, lingua saxonica, nedderdüdesch, nedderlendesch* oder *neddersassisch* bezeichnete Sprache erreichte mit dem Höhepunkt der Hanse, insbesondere in den norddt. Städten und im Ostseeraum, die Geltung und Reichweite einer internationalen Handels-, Geschäfts-, Amts- und Rechtssprache, die z.B. in den skandinavischen Sprachen deutliche Spuren ihres Einflusses hinterlassen hat.

Die Dialekte in mnd. Zeit lassen sich in Westnd. (Nordnd., Westf., Ofäl.) und Ostnd. (Meckl., Pom., Brandenb.) aufgliedern. Im frühen Lübecker Schrifttum (13. Jh.) sind ofäl., westf. sowie auf Handelskontakte mit Städten wie Brügge oder Antwerpen zurückzuführende nl. Einflüsse deutlich. Die in Lübeck ausgebildete dialektübergreifende Norm beruhte auf dem sprachlichen Ausgleich, der durch Unterdrückung extremer Dialektizismen, Abschleifung heterogener Formen und Betonung der sprachlichen Gemeinsamkeiten der Zuwanderer entstand. Am deutlichsten jedoch ist die Komponente des nnsächs. Schreibusus in der Lübecker Schreibtradition festzustellen. Insofern lässt sich die These, die Formen der ältesten lübischen Schreibe seien keine Fortsetzung einer regionalen Schreibsprache des Altlandes, nicht bestätigen: im Gegensatz zu Bischoffs Annahme, das Lübische sei etwas wesentlich Neues, wurde nachgewiesen, dass der nnsächs. Schreibusus stets dann übernommen wurde, wenn er mit dem ofäl. oder dem westf. übereinstimmte (vgl. Landschaftskombinatorik in Kap. 3). Trotz bedeutender Beteiligung der Westfalen an der Bevölkerung Lübecks konnten sich die westf. Formen nur in geringerem Umfang in der sog. lübischen Ausgleichssprache durchsetzen: „Von der Übernahme einer lübisch geprägten Schriftsprache in Westfalen kann nicht die Rede sein" (R. Peters 1995, 211). Diese richtete sich offenbar nach den Schreibformen, die in einem größeren Raum üblich waren. Nl. Einfluss ist zuweilen als Wirkung einer Prestigevariante zu erklären (vgl. R. Peters 1988).

Folgende Beispiele veranschaulichen R. Peters' These von der nnsächs. Basis der lübischen Schreibsprache:

1. *nnsächs* +	*westf.*	*ofäl.*	*lübisch*
mi, di	mi, di	mik, dik	mi, di
ik, sik	ik, sik	ek, sek	ik, sik
desse	desse (nwestf.)	desse/disse	desse
disse (swestf.)	
mer	mer (swestf.)	sunder	mer
(men, oldenbg.)	men (nwestf.)	
dan, den	dan, den	wan, wen	dan, den/ *wan, wen*

2. *nnsächs.* +	*ofäl.*	*westf.*	*lübisch*
scal, scolen	scal, scolen	sal, solen	scal, scolen
bringen	bringen	brengen	bringen
vrünt	vrünt	vrent	vrünt
dridde	dridde	derde	dridde
wol	wol	wal	wol
unde	unde	ande	unde
de silve/sülve	de silve/sülve/selve	de selve	de silve/de sülve
us	us, os	uns	*us*/uns
nēn	nēn	nīn	*nēn*/nīn
twischen	twischen	tüschen	*twischen*/tüschen

3. *nnsächs.*	*westf.*	*ofäl.*	*lübisch*
jēwelik	jüwelik	jōwelik	jēwelik

4. *nnsächs. gespalten:*	*westf.*	*ofäl.*	*lübisch*
up, op	up (nwestf)	up	up
op (swestf.)	
sünder, ane	sünder	ane	*sünder*/ane

5. *nnsächs.*	*westf.*	*ofäl.*	*lübisch*
-et	-et	-et	-et/-en

Die Bezeichnung ‚Hansesprache' ist für das ‚klassische' Mnd. nicht ganz adäquat: sie ist sowohl zu weit als auch zu eng gefasst, da das hansische Einflussgebiet mit dem nd. nicht deckungsgleich ist und außerhalb des Hansebereichs liegende Funktionen von dieser Ausgleichssprache ebenfalls wahrgenommen wurden. Im Hanseraum galten zwischen 1370 und 1530 das Westf., das Rib. (im Kölner Drittel) und das Omd. in Preußen als Schreibsprachen neben dem Lübischen, dessen Durchsetzungsgrad von Norden nach Süden abnahm und zeitlich, regional und textsortenspezifisch abgestuft war. So wurden Westfalen und Brandenburg vom Vereinheitlichungsprozess nur wenig berührt.

Während die lübische Prestigevariante Vorbildfunktion gewann, traten Formen der regionalen Schreibsprachen zurück, eine Entwicklung, die zuweilen im zwischenstädtischen Schriftverkehr deutlicher sichtbar wurde (= Empfängerorientierung) als in Texten zum innerstädtischen Gebrauch. Obwohl der Prozess der Vereinheitlichung durch Einwirkung außersprachlicher Faktoren vor Erreichen der Einheitssprache abgebrochen wurde, kam es zu einem bedeutenden Variantenabbau; die weitgehend phonetische Schreibung der Frühphase wurde dabei durch eine etymologisierende bzw. archaisierende Schreibung – z.B. durch Wiederherstellung von nicht mehr vorhandenen Vollformen – ersetzt.

Die Antwort auf die Frage nach der gesprochenen Grundlage dieser nd. ‚koine‘ bleibt umstritten. Wenn auch die Ausdrucksweise der dünnen patrizischen Oberschicht, z.B. der führenden Fernhandelskaufleute, durch sie beeinflusst gewesen sein mag, so war doch bei fehlendem sprachlichen Hinterland das Lübische in seiner mündlichen Form nur bei einer städtischen Minderheit verankert. Während die traditionelle Lehrmeinung davon ausgeht, dass das zur überregionalen Verkehrssprache ausgebildete Mnd. als vollwertiger Ersatz die Nachfolge des Lat. antrat (ab 1370, dem Höhepunkt der hansischen Macht beim Frieden von Stralsund, werden die Hanserezesse mehrheitlich nd. abgefasst), sehen spätere Untersuchungen (R. Peters 1988) gerade in diesem Übergang den entscheidenden Anstoß für den Vereinheitlichungsprozess. Unbestritten bleibt dabei die ausschlaggebende Rolle Lübecks als Vorort der Hanse, als Drehscheibe des großen Ost-West-Handels, der nun schriftlich organisiert wurde, als zweitgrößte Stadt des Reichs, die stark an der Ostsiedlung beteiligt war, und als Oberhof der ca. 100 Städte umfassenden lübischen Stadtrechtsfamilie.

Mit dem gebildeten Bürgertum und der Geistlichkeit als Trägern hat das Mnd. besonders im Prosabereich seine literarische Produktivität entfaltet. Der Hauptakzent lag dabei auf dem profanen und geistlichen Gebrauchsschrifttum mit einem bedeutenden Teil an didaktischen und alltagsbezogenen Texten und Übersetzungen (z.B. Arznei-, Kräuter-, Koch-, Garten-, See-, Wörter- und Rechenbücher, Praktiken, Almanache, Geschäftsaufzeichnungen, Rechtstexte (*Sachsenspiegel*), Geschichtsdarstellungen, Erbauungsliteratur (Sodmann 1990), Gebetbücher, Katechismen, Plenarien, Bibelübersetzungen, Totentänze).

Bindungen zwischen nd. und hd. Gebiet gab es bereits im Mittelalter, sowie eine bestimmte kulturelle Prävalenz des Hd., als nd. und hd. Dichter in dieser Sprache an norddt. Fürstenhöfen wirkten; so bezeugt Berthold von Regensburg bereits im 13. Jh., „daz manic niderlender ist, der sich der oberlender sprâche annimet". Die Vorrede zu Eikes von Repgow berühmtem *Sachsenspiegel* (1221/24) ist in gereimtem Mhd. verfasst. Der literarische Austausch zwischen den zwei Sprachräumen war rege: das ins Nd. übertragene *Narrenschiff* des Sebastian Brant (Basel 1494) wurde in Lübeck (1497) und Rostock (1519) gedruckt, während das im nd. Original nicht erhaltene Volksbuch vom *Till Eulenspiegel* in Straßburg (1510/11) und *Reynke de Vos* (flandrische Vorlage, 1498 in Lübeck gedruckt) 1544 in Frankfurt hd. erschienen. Im ausgehenden 15. Jh. werden bei norddt. Territorialfürsten Versuche erkennbar, das Hd. als Amtssprache einzuführen. Aufgrund der wachsenden Bedeutung der Korrespondenz mit hd. schreibenden Institutionen sind „die nd. Territorien und Städte [...] in der 2. Hälfte des 16. Jh.s in ein hd. Kommunikationsgeflecht eingebunden" (R. Peters 1997, 123).

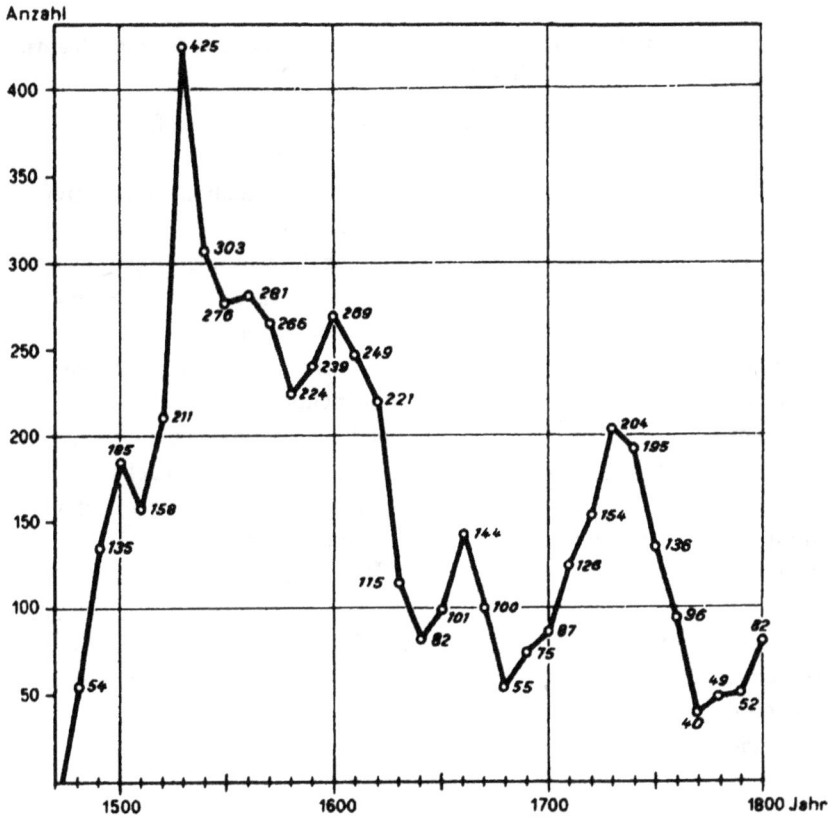

Abb. 7: Niederdeutsche Drucke 1473–1800 (nach Borchling/Claußen 1931/57; aus: Sodmann [2]2000, 1508).

Die Untersuchungen zur nd. Drucktätigkeit zeigen zwischen 1520 und 1540 eine Vermehrung der Zahl der Drucke, die von 1525 bis 1530 im Bereich der Agitationsliteratur, der Schriften zu religiösen Grundfragen, der Bibel(teil)drucke und der amtlichen Aufrufe und Gesetze besonders deutlich wird. So gehen z.B. von den meckl. Kanzleien, in denen der Übergang zum Hd. früh einsetzte, zwischen 1521 und 1535 zahlreiche nd. gedruckte amtliche Verlautbarungen, die religiös-soziale Auseinandersetzungen betreffen, aus. Die dabei verwandte nd. Sprache ist aber nicht die einfache Fortsetzung der Hanse(schrift)sprache, sondern weist Annäherungen an die gesprochene Sprache auf. Nd. Drucke entstanden in hd. und nicht-dt. Städten (z.B. Augsburg, Basel, Straßburg und Groningen, Leiden, Kopenhagen). Bemerkenswert ist diesbezüglich die zum Md. übergegangene Stadt Wittenberg, die zwischen 1511 und 1540 108 nd. Drucke hervorbrachte (Köln: 212, Magdeburg: 178, Rostock: 146, Lübeck: 73, Hamburg: 34). Nach 1600 ging die Zahl der nd. Drucke abrupt zurück. Der Anstieg von 1680 bis 1730 ist auf Gelegenheits-, insbesondere Hochzeitsgedichte zurückzuführen (Hartweg [2]2000).

Aufgrund der hohen Einschätzung der Rolle des Nd. für die neue Lehre wurden unter der Federführung von Bugenhagen Luthers Übersetzungen sehr schnell ins Nd. umgesetzt: In Lübeck erschien Luthers Vollbibel (1534) in der nd. Fassung sogar mehrere Monate vor dem hd. Original. Da sich die in Eile angefertigten Umsetzungen, die keineswegs den Übersetzungsprinzipien Luthers entsprachen, im wesentlichen auf die Lautgestalt konzentrierten, wurde der Sprachausgleich auf morphologisch-syntaktischer Ebene gefördert, und dies, obwohl das Nd. eine eigenständige Übersetzungstradition aufwies, deren letztes bedeutendes Beispiel, die Halberstädter Bibel, im selben Jahr wie das Septembertestament erschien.

Aufgabe:

Vergleichen Sie folgende Auszüge (Mt. 5, 1–13) aus Bibelübertragungen. Beachten Sie dabei die unterschiedliche Vorlage (= die Vulgata für 8, 9).

5[XXIIII] Videns autem turbas ascendit
    in montem
    et cum sedisset accesserunt ad eum
    discipuli eius
2[XXV] Et aperiens os suum docebat
    eos dicens
3 beati pauperes spiritu quoniam ip-
    sorum est regnum caelorum
4[XXVI] Beati mites quoniam ipsi pos-
    sidebunt terram
5[XXVII] Beati qui lugent quoniam ipsi
    consolabuntur
6[XXVIII] Beati qui esurinnt et sitiunt
    iustitiam quoniam ipsi
    saturabuntur
7[XXVIIII] Beati misericordes quia ipsi
    misericordiam consequentur
8 beati mundo corde quoniam ipsi
    Deum videbunt

9 beati pacifici quoniam filii Dei
    vocabuntur
10 beati qui persecutionem patiuntur
    propter iustitiam
    quoniam ipsorum est regnum caelorum
11[XXX] Beati estis cum maledixerint
    vobis et persecuti vos fuerint
    et dixerint omne malum adversum
    vos mentientes propter me
12 gaudete et exultate quoniam merces
    vestra coplosa est in caelis
    sic enim persecuti sunt prophetas
    qui fuerunt ante vos
13[XXXI] Vos estis sal terrae
    quod si sal evanuerit in quo sallietur
    ad nihilum valet ultra nisi ut mitta-
    tur foras et conculcetur ab hominibus

Abb. 8: Vulgata

UNde do Ihesus sach dat volck do ginck he vp enen hogen berch vnde do he was gan sitten. sine iungeren nakeden sick tho eme. ²vnde he dede vp sinen munt vnde lerde se spreckende. ³Salich sint de armen in dem geiste wente dat rike der hemel is er. ⁴Salich sint de sachtmodighen wente se werden besitten de erden. ⁵Salich sint de de dar schreien went se werden ghetrost. ⁶Salich sint de de dar hungeren vnde dorsten na der rechtuerdicheit wente se werden ghesediget. ⁷Salich sint de bermhertighen wente en schal nauolghen de barmhertigheit. ⁸Salich sint de de reyne van herten sint.wente se werden god sende. ⁹Salich sint de vredesamen wente se werden gheheten de sone gades. ¹⁰Salich sint de de dar vorvolgunghe liden vmme der rechtuerdicheit willen .wente dat rike der hemel is er. ¹¹gij werdet salich also iw de lude vloken vnde vorvolghen vnde alle quat auer iw seggen vnde legen vmme my. ¹²vrowet vnde vorheuet iw. wente iuwe lon is grot in deme hemele. wente also hebben se voruolget de propheten de vor iw weren. ¹³Gij sint solt der erden vnde effte dat solt vorswindet in deme also dat wert ghesolten so en docht dat vordan nicht den dat dat werde vthgheworpen vnde werde vortreden van den mynschen.

Abb. 9: Köln, um 1478, owestf. (aus: Ising VI, 1976, 175)

VNde do Ihūs sach dat volck: do gink hy op eynē hogen bergh. eñ do hy was gan sitten: syne iun-
gere neygeden sick to em. * eñ hy dede vp sinē munt eñ lyerde sy sprekende * Selich sint dy armen
in dem geiste wĀt dat rÿck der hēmel is er * Selich sint dye sachtmodigē: wĀt sy werdē besittē
dye erde * Selich sint dye: dye dar schrien: want sy werden getroest * Selich sint dye: dye dar hū-
gerē dorsteneñ . na der rechtuerdicheit: wĀt sy sullē werdē gesediget * Selich sint dye barmherti-
gē: want en sall nauolgē dye barmherticheyt * Selich sint dye die reyn van hertē sint: wĀt sy werdē god syen * Selich sint die vredesamē wĀt sy werden gehetē dye soene gades * Selich sint die
die dar veruolginge lyden vmbe der rechtuerdicheyt wyllen: want dat rÿck der hēmell is er. * gy
werdet selich als uw die luyde vloken ēn veruolgē eñ all quaet vp uw seggen eñ liegen vmbe my: *
v'uronet eñ verhenet uw: wĀt uw naē is groet in dē hēmell: want also hebben sy veruolget die
prophetē dye vor uw warē * Gy sÿt salt der erdē eñ off dat salt verswindet in dem als dat wert ge-
saltē: so en doech dat vordan niet dan dat dat werde vyt geworpen ende werde vertredē van den
mynschen *

Abb. 10: Köln, um 1478, wwestf.

Da er aber das volck sahe, steyg er auff eynen berg, vñ satzet sich, vnnd seyne Junger tratten zu
yhm, * vnnd er thatt seynen mund auff, leret sie, vñ sprach, * Selig sind die da geystlich arm sind,
deñ das hymelreych is yhr, * Selig sind, die da leyde tragē, deñ sie sollen getrostet werden, * Selig
sind die sennfftmutigen, denn sie werden das erdreych besitzen, * Selig sind die da hungert vnnd
durstet nach der gerechtickeyt, denn sie sollen satt werden, * Selig sind die barmhertzige, deñ sie
werdē barmhertzickeyt erlangē, * Selig sind die vō hertzen reyn sind, denn sie werden got scha-
wen, * Selig sind die fridfertigen, deñ sie werden gottes kynder heyssen, * Selig sind, die vmb gerechtickeyt willen verfolget werden, deñ das hymelreych ist yhr, * Selig seyd yhr, wenn euch die
menschenn schmehen vnd verfolgen, vnd reden allerley arges widder euch so sie daran liegē vmb
meynen willen. * Habt freud vnnd wonne, Es wirt euch ym hymell woll belonet werden, denn also
haben sie verfolgt die propheten, die fur euch gewesen sind.
   *Yhr seyd dz saltz der erdē, wo nu das saltz thum wirtt, was kan man da mit saltzen? Es ist zu
nicht hynfurtt nutz, denn das man es hyn auß schutte, vñ laß die leutt zur trettenn.

Abb. 11: Luther, *Septembertestament*, Wittenberg, M. Lotther 1522

Odhe auer dath volck sach, stech he ep eynen barch, vnde settede sick, vnde syne iungeren treden
tho oeme, * vnde he dede synen mundt vp, lerede sze, vnde seede, * Salich sind, dede geistlich arm
syn; wente dath hemmelryke is oere, * Salich syn de bedroeueden, wente se schoelen getroestet
werden, * Salich syn de sachtmodigen, wente se werden dath erdtryke besitten, * Salich syn de, den
hungert vnd dorstet na der gerechticheyt, wente se schoelen sat werden, * Salich syn, de barmharti-
gen, wente sze werden barmharticheyt erlangen, * Salich syn de van harthen reyne syn, wente se
werden Got schouwen, * Salich syn de fredesamigen, wente se werden Gades kindere gheheten, *
Salich syn, de vmme der gerechticheyt willen vorfolget werden, wente dat hemmelryke is oere, *
Salich syn gy, wann iw de mynschen vorsmaden vnde vorfolgen, vnde seggen alle bose tegen iw,
so se dat legen, vmme mynen willen, * frouwet iw vnde syt froelich, dat werth iw in dem hemmel
wol belonet werden, wente alszo hebben se de propheten vorfolget, de vor iw gewesen syn.
   *Gy syn dath szolt der erden, wor nu dath solt tho nichte wart, wat kan men dar mede solten?
dat is tho nichte vnde denet nergen mehr tho, wen dath men dath hen vth schudde, vnde lathe dath
den lueden tho treden.

Abb. 12: Übertragung der Lutherübersetzung (1522) ins Nd. Wittenberg, M. Lotther 1523

Weil sich das Hd. im Norden vorwiegend als geschriebene Sprache verbreitete – in den Schulen wurde auf eine schriftgerechte Aussprache geachtet –, wurde das Phonem- und Graphemsystem mit den nd. Lautwerten realisiert. So konnte bereits 1721 Freyer (Halle/S.) in seiner Anweisung zur *Teutschen Orthographie* die Artikulationsweise der Verschlusslaute bei „Märkern, Pommern und anderen Nieder-Sachsen" als vorbildlich bezeichnen. Im von nd. Sprechern gesprochenen Hd., das Adelung positiv bewertend 1782 als ‚Nieder-Hochdeutsch' bezeichnet (Wells 1990, 323), sieht v. Polenz einen „Ersatz für das fehlende orthophonische Vorbild eines politischen Zentrums" (1994, 144).

Bereits im 14. und 15. Jh. begann sich das an das Md. grenzende Gebiet von Halle/S. – Merseburg – Wittenberg aus dem nd. Verbund herauszulösen. Dieser Vorgang ist nicht identisch mit dem später einsetzenden schriftsprachlichen Überlagerungs- und Verdrängungsprozess des 16. und 17. Jh.s.

Über verschiedene Einfallstore gelangte das Hd. nach Norddeutschland. Hd. Kirchenordnungen erschienen bereits 1524 (Magdeburg), stießen zwar zuweilen auf Widerstand und wurden ins Nd. übersetzt, setzten sich schließlich aber durch. Auf der Kanzel behauptete sich die hd. Predigt erst später, obwohl Geistliche hd. Abstammung oder solche, die an hd. Universitäten studiert hatten, häufig nach Norddeutschland vermittelt wurden. Die Berichte über die Unfähigkeit von Pfarrern, hd. zu predigen, sind zwar nicht selten, aber das Hd. entwickelte sich doch unaufhaltsam zur Kirchensprache. Die letzten nd. Bibeln wurden 1604 in Stettin, 1615 in Lübeck, 1620 in Hamburg und 1621 in Goslar gedruckt, eine Entwicklung, die keineswegs Luthers Theologie der (Volks)sprache, dagegen aber der Orthodoxie und Orthopraxis der lutherischen kirchlichen Institutionen entsprach. Das erste hd. Gesangbuch erschien um 1600 in Hamburg, die letzten nd. in Lübeck 1614, Münster 1629, Hamburg 1630, Bremen 1635, Emden 1651 und Lüneburg 1660. Das Zusammengehen der fürstlichen, städtischen und kirchlichen Obrigkeiten in ihrer heterozentrierten Sprachpraxis – als Herrschafts- und soziales Distanzierungsmittel (Maas 1983, 114ff.) – kann als „Frühform von Sprachenpolitik" (v. Polenz [2]2000, 267) betrachtet werden. Durch das Fehlen eines katholischen Gegenspielers (auch wenn Emsers N.T. ins Nd. übersetzt wurde) oder eines Zwingli wurde die Fassung Luthers uneingeschränkt vorherrschend.

Das Hd. zog zuerst in die fürstlichen Kanzleien durch Schreiber hd. Herkunft oder Ausbildung ein; nach Brandenburg z.B. wanderten süddt. Beamte (Hohenzollern) ein. In den städtischen Kanzleien hielt sich das Nd. länger, nicht selten bis ins 17. Jh.; die Eintragungen des Lübecker Oberstadtbuchs sind bis 1809 noch nd. (s. auch R. Peters 2003).

Auch in den höheren Schulen wurde das Hd. eingeführt, zunächst über den Chorgesang und den Schreibunterricht, dann in den Erläuterungen der Schulausgaben der lat. Klassiker. Nd. hielt sich aber bei „anfangenden schölers" und für die „schlichten vnd eynfoldigen lüde".

Auf der Bühne, in der belletristischen Literatur (z.B. bei Rollenhagen oder Herzog Heinrich Julius von Braunschweig) herrschte das Hd. Im hd. Schauspiel zu Ende des 16. Jh.s wurde das Nd. zur Charakteristik von Bauern- und Rüpelszenen verwendet. Gegen die Praxis der Intoleranz, der Diskriminierung, der sozialen Stigmatisierung – ‚plattdeutsch' wird in der 2. Hälfte des 17. Jh.s abwertend gebraucht –, der Missachtung der Primärsprache, des demütigenden Sprachspotts und des Verbots gab es Proteste und regte sich gelegentlich

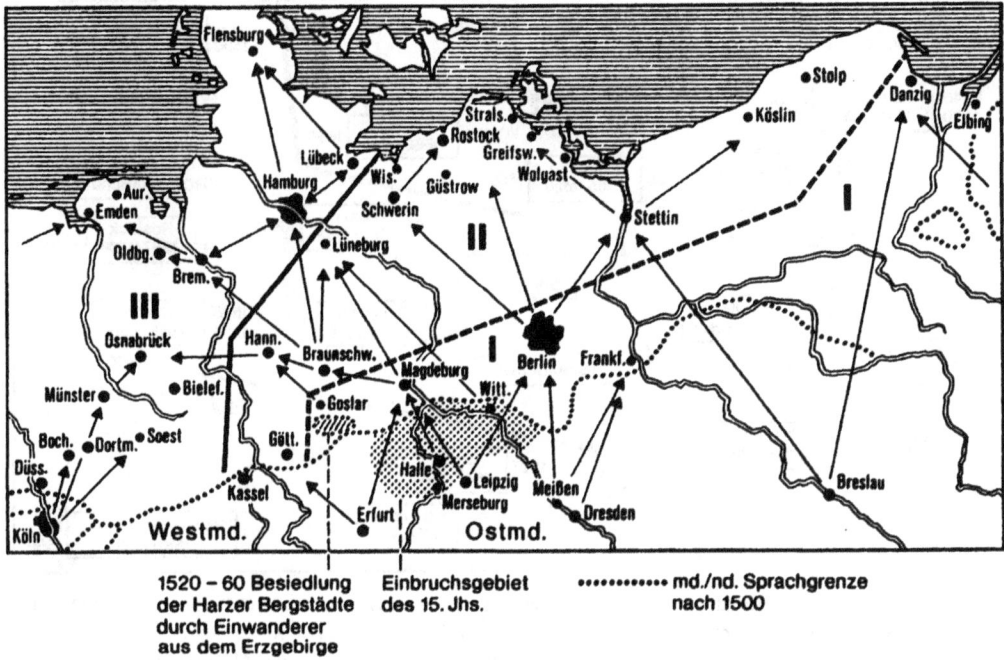

1520 – 60 Besiedlung   Einbruchsgebiet   •••••••••••• md./nd. Sprachgrenze
der Harzer Bergstädte   des 15. Jhs.   nach 1500
durch Einwanderer
aus dem Erzgebirge

Abb. 13: Das Vordringen der nhd. Schriftsprache im nd. Sprachgebiet (aus: Gabrielsson 1983, 148)

Widerstand. Wider die sprachliche Mode – der Dortmunder Schöpper berichtete 1550, dass „die Oberlendische zung […] ja so seer bey den unsern in schwang gehet" –, erhob sich auch der Rostocker Professor und Lexikograph Chytraeus; er verurteilte die Geringschätzung der Muttersprache und kritisierte den beim Aneignen der Prestige-Sprache notwendigen gewaltigen Lernaufwand. Der Hamburger Pastor Wolder geißelte die Vermischung „der recht purreynen Sassischen Sprache mit der Misnischen". (Die Sprachmischungsbezeichnung ‚Missingsch' ist spätestens im 18. Jh. gut belegt.) Im 17. Jh. ergriffen Dichter wie Lauremberg die Verteidigung der Mda., und zu Beginn des 18. Jh.s handelt eine lat. Rostocker Dissertation, in der „die Wiedereinführung der nd. Übersetzung der Lutherbibel [verlangt wird,] um das verständnislose Nachplappern von Bibel- und Katechismusstellen zu unterbinden" (v. Polenz 1994, 223), von der unbilligen Verachtung der sächsischen Sprache, die allein Trost, Ergötzen, Hilfe in der Not und Schutz bieten könne. Das Nd. verlor seine Bedeutung als Schriftsprache zu Beginn des 17. Jh.s. Es lebt, vom Hd. „hoch- und schriftsprachlich überdacht", im mündlichen Bereich als Umgangssprache weiter.

Im Unterschied zur häufig vertretenen Meinung, wonach die Reformation, die das Nd. zunächst förderte, aber auch die reiche mnd. religiöse Literatur verdrängte, als Hauptursache der Verhochdeutschung des nd. Sprachraums im schriftlichen Bereich betrachtet wird, muss dieser Prozess sehr differenziert und vor allem im Zusammenhang mit den wirtschaftlichen und politischen Entwicklungen im Geltungsgebiet des Mnd. interpretiert werden. Das Vordringen des römischen Rechts weist auch Begleiterscheinungen zugunsten des Hd. auf. Mit der völligen Neuorientierung der wichtigen Handelsrouten als Folge der großen Entdeckungen und der Bildung von Überseekolonien, mit dem Erstarken der engl., skand., nl. und russ.

ca. 1570	**Bergen** 1580/*1660*	ca. 1700	1567	**Flensburg** 1580/*1640*	1660	ca. 1550	**Finnland** 1563/*1600*	ca. 1630

Bergen: ca. 1570 · 1580/*1660* · ca. 1700
Flensburg: 1567 · 1580/*1640* · 1660
Finnland: ca. 1550 · 1563/*1600* · ca. 1630
Ostfriesland: (1543) 1570 · 1590/*1655* · 1700
Riga: 1520 · 1563/*1600* · 1620
Oldenburg: 1529 · 1593/*1635* · 1670
Lübeck: 1530 · 1560/*1615* · 1650
Hamburg: 1530 · 1565/*1620* · 1650
Bremen: (1532) 1541 · 1565/*1642* · 1660
Stralsund: 1540 · · 1640
Wismar: 1560 · 1569/*1588* · 1648
Rostock: (1529) 1559 · 1567/*1598* · 1640
Lüneburg: 1531 · 1555/*1600* · 1630
Schwerin: (1493) 1517 · ca.1530/*1551* · 1640
Stettin: (1508) 1534 · 1545/*1565* · 1630
Bielefeld: 1555 · 1565/*ca.1620* · 1660
Münster: 1530 · 1570/*ca.1600* · 1630
Braunschweig: ca. 1510 · · 1620
Danzig: 15. Jh. · 1560 · 1590
Bochum: 1555 · 1570/*ca.1615* · 1660
Goslar: 1527 · 1547/*1568* · 1590
Magdeburg: ca. 1520 · 1560/*1570* · 1590
Berlin – Mark Brand.: 1504 · 1510/1530 · ca. 1550

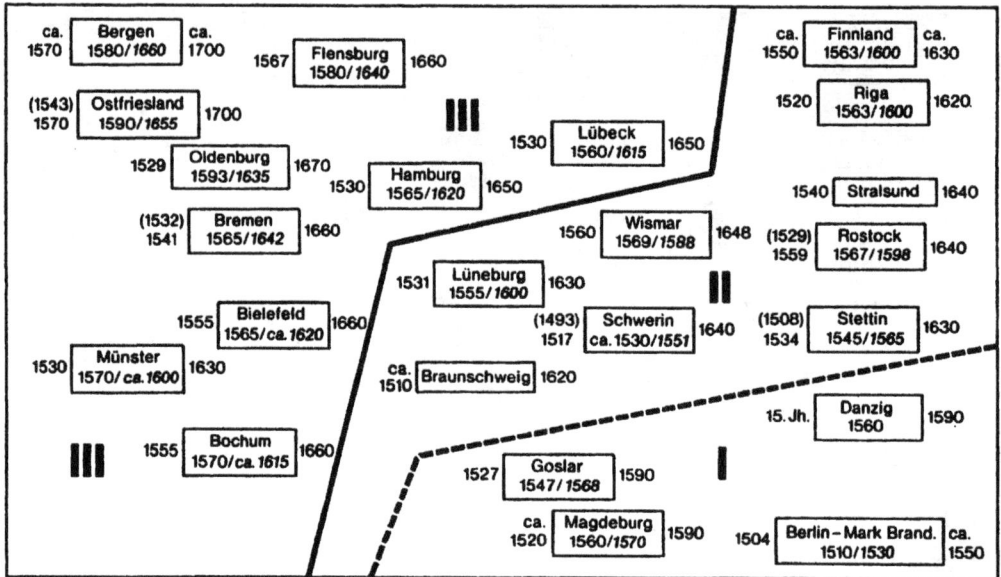

Abb. 14: Der Übergang von der nd. zur hd. Schriftsprache in tabellarischer Übersicht (aus: Gabrielsson 1983, 149). – Die Jahreszahl vor dem Rechteck bedeutet den Beginn der Aufnahme des Hd. (in Klammern erste Anläufe, die sich nicht durchsetzten), die Zahl hinter dem Rechteck den endgültigen Abschluss des Ablösungsprozesses. Von den beiden Zahlen im Rechteck stellt die erste den Abschluss im auswärtigen, die zweite denjenigen im inneren Kanzleibetrieb dar.

Nationalstaaten – England, die Niederlande, Dänemark und Schweden stiegen zu Seehandelsmächten auf – sowie der dt. Territorien, die den Spielraum der Hansestädte einengten, und dem Verlagern der Entscheidungszentren im Reich wurde dem Mnd. die politische und sozioökonomische Basis weitgehend entzogen. Mit dem Verfall der Hanse als Handelsmacht verlor es den Status eines nordeuropäischen Kommunikationsmittels, in welchem Rechtsverkehr, Handels- und diplomatische Korrespondenz zwischen den Mitgliedern dieser Interessengemeinschaft abgewickelt wurden. Nicht zu unterschätzen ist ebenfalls die Einführung des Hd. als Herrschaftsinstrument, das die mundartsprechende Bevölkerung weitgehend von der Beteiligung an der überregionalen Wirtschaft, Kultur und Politik ausschloss, den sozialen Abstand durch den sprachlichen steigerte und symbolisch verfestigte. Der sprachliche Mehrwert des Hd. wurde weitgehend akzeptiert. Auch in katholischen Gebieten, so in Paderborn, begünstigten die Jesuiten das Hd. in ihrem Lehrbetrieb in bewusster Abkehr von der Volkssprache: dadurch kam dem Hd. quasi die Geltung des Lat. oder einer Fremdsprache zu.

2.2.4. Jiddisch

Die diasporale Verkehrssprache Jiddisch/älteres Jüdischdt. – die Sprachbezeichnung *jidiš* ist im späten 15. Jh. belegt, dt. Quellen haben *Hebr.-Dt.*, *Jüdisch-Dt.*, *Juden-Dt.* im 16. Jh. – stellt sich als Fusions-' bzw. Schmelzsprache dar, die eine dt. Basis mit hebr.-aramäischen, anfangs beträchtlichen roman., später stärker slaw. Elementen vermischt. Auf eine westjidd. geprägte altjidd. Periode (bis 1500) folgt eine mitteljidd. (bis 1700/1750), in der Ostjidd.

führend wird. Die zunächst (für Substandard spezifisch) schlechte Quellenlage verbessert sich im 16. Jh., z.B. mit gedruckten Übersetzungen aus dem AT.

In der frühen Kontaktphase der Koterritorialität bewirkt die räumliche Nähe im Diglossie-Verhältnis zum Dt. Verwandschaft (z.B. mit phonemischen Entsprechungen; s. Timm 1987) und Entlehnungen aus den umgebenden Mdaa. So ist der rh./mfrk. Typ bis 1450 stark vertreten. Die relative Nähe zum Dt. ist durch Textsorte, Sprachebene und allg. durch die Dimension der Mündlichkeit/Schriftlichkeit bedingt und bestimmt. Die hebr. Komponente ist in Briefen oder protokollierten Zeugenaussagen stärker, in der Literatursprache schwächer präsent. Jidd. entwickelt sich „in den Nischen und ‚Hohlräumen‘, die der geheiligte Schriftenkanon und die durch ihn bestimmte Führung jüd. Alltags- und Gemeindelebens mit einer auf dem Hebr. basierten Schriftlichkeit freiließen" (Kiefer [2]2004, 3260), wobei das auf hebr. Lettern beruhende Verschriftungssystem den Bezug zur Sakralsprache gewährleistete. Von großer Bedeutung ist die sich in Wortwahl, Wortbildungsmitteln und Syntax eng an das hebr. Original haltende Übersetzung des Pentateuchs (*Khumesh*), wobei die Paraphrase in *Khumesh-taytsch* das Lesen- und Schreibenlernen erleichternd begleitete.

Die spätere Auseinanderentwicklung von Jidd. und Dt. ist einerseits Folge der in Zusammenhang mit der Pestepidemie (1347–1352) einsetzenden Verfolgungen, Vertreibungen und Wohnrechtssperren für jüd. Bevölkerungsteile, die die Koterritorialität auflösten, andererseits der im 16. Jh. beginnenden und sich im 17. Jh. verstärkenden Sprachnormentwicklung in der Vorbildsprache Dt., an der das isolierte und diskriminierte Jidd., auch aufgrund der Schriftbarriere, nicht mehr teilhat, was zur Entfremdung von der dt. Schreibkultur und der bildungssprachlichen Kultivierung des Dt. führte. Bei Aufrechterhaltung der mündlichen Interaktion bildet Jidd. daher, als komplementäres Gegenstück zum Normierungsprozess des Dt., ein aufschlussreiches Kontrastbeispiel und geradezu einen „Paradefall für die [historische] Sprachkontaktforschung" (Kiefer [2]2004, 3260). Die in dieser Phase führende ostjidd. Varietät ist stark omd./oobd. geprägt. Hier ist v.a. die bair. Grundlage im maßgeblichen bayerisch-böhmischen Entstehungsraum (E. Eggers 1998) von Bedeutung.

Der wachsende sprachliche Abstand zum Dt. findet seinen Niederschlag im Ausscheren aus der gemeinsamen Entwicklung und zeichnet sich durch eine Reihe autonomer Merkmale aus, wie Entrundung, Apokopierung/Synkopierung – z.B. Abbau bzw. Wegfall der Kasusmarkierung, der Unterscheidungen in der Flexion, des Präteritums mit Schwächung der Unterscheidung zwischen starken und schwachen Verben und Vereinfachung im Gefüge der Zeitformen – und Verbanfangsstellung. Gegenläufige Entwicklungen zum Dt. sind die Nichtübernahme des nominalen Stils und des weitläufigen Satzgefüges, der Rückgang der Satzklammer, die symmetrische Verbstellung in Haupt- und Nebensatz, wobei westjidd. Ansätze der Diversifizierung im Ostjidd. systematisiert werden.

Die Aufklärung führt mit dem germanisierenden Purismus und mit Moses Mendelssohns richtungsweisenden und für die Entwicklung emblematischen Übersetzungen aus dem AT zur klaren Trennung Dt./Hebr., und Emanzipationsschriften fordern sogar zur Aufgabe des gesellschaftliche Absonderung markierenden Jidd. auf. In Osteuropa ist es ab Mitte des 18. Jh.s an der literarischen Entfaltung der chassidischen Bewegung beteiligt. Es ist auch Vektor für Unterhaltungs- und Erbauungstexte für die des Hebr.-Aramäischen nicht mächtigen Frauen. Jidd. Lexikelemente flossen in die allg. dt. Sprache, z.T. über die Gaunersprache ‚Rotwelsch' (Kleinschmidt 1975), wobei der hebr.-stämmige Wortschatz zum kryptisch-kodierten gruppeninternen Gebrauch zum Zweck der Geheimhaltung aktiviert wurde.

Literatur:

Beranek (1957); Bichel (1985); Bischoff (1983; 1985a; 1985b); Borchling/Claußen (1931; 1936; 1957); Cordes (1983); E. Eggers (1998); van der Elst (1985); Foerste (^{2}1957); Frings/Lerchner (1966); Gabrielsson (1983); Gernentz (1976; ^{2}1980a; 1980b; 1981); Gesenhoff/Reck (1985); Goossens (1970; 1973; 1975; ^{2}1980; ^{2}1998); Härd (^{2}1980; 1985); (Hartweg (^{2}2000; ^{2}2003); Hyldgaard-Jensen (1985); Ising (1964; 1968; 1976); Katz (1983); Kiefer (1985; ^{2}2000; ^{2}2004); Kleinschmidt (1975); Kloss (1929; 1978); Krogmann (1970); Lötzsch (1997); Maas (1983); Meier/Möhn (^{2}2000); R. Peters (1984; 1985a; 1985b; 1985c; 1988; 1995, 1997; ^{2}2000a; ^{2}2000b; ^{2}2000c; 2003); Piirainen (1985); v. Polenz (1994; ^{2}2000); Reichmann (*FWB* 1986, 1.1.; 1992; ^{2}2000); Sanders (1982; 1983); Schröder/Möhn (^{2}2000); Simon (1988); de Smet (1981; 1984); Sodmann (1985; 1990; ^{2}2000); Solms (^{2}2000); Sonderegger (1979); Stopp (1976); Timm (1987/88); Wegstein (1985); Wells (1990); Wiesinger (1985); S. Wolf (1962).

3. Thesen und Theorien zur Entstehung der neuhochdeutschen Schriftsprache

3.1. Allgemeines

Da historische Systeme ihre eigene Zeitstruktur haben – „Eigentlich hat jedes veränderliche Ding das Maß seiner Zeit in sich" (Herder) – und angesichts des „erfahrungsgesättigten Theorem[s] von der Ungleichzeitigkeit verschiedener, aber im chronologischen Sinne gleichzeitiger Geschichten" (Koselleck 1979a, 323), ist die Vielfalt der Thesen und Theorien nicht überraschend, zumal ihnen interpretierende Beschreibungen nicht der Gesamtheit, sondern einer Selektion der Erscheinungen innerhalb der sprachlichen Entwicklung zugrunde liegen. Das Gefüge von sprachlichen Teilgebieten, dessen Heterogenität auf der Fülle der zu berücksichtigenden Aspekte beruht, lässt sich historisch als Abfolge von Etappen des Ausbaus einer die regionalen Varietäten überdachenden Sprache beschreiben, die zu Systemhaftigkeit, überregionaler Reichweite, Verwendungsbreite und Vorbildfunktion tendiert.

Die Beschäftigung mit dem Frnhd. erschöpfte sich nicht selten in der teleologisch ausgerichteten Spurensuche und -sicherung von Elementen, die der Argumentationskette einer Theorie zur Entstehung der nhd. Schriftsprache zustatten kamen. Dies führte häufig – indem man besonders den Gegensatz zu einem nachträglich geglätteten ‚klassischen' Mhd. hervorhob – zur Verabsolutierung der Opposition ‚landschaftlicher Partikularismus und Regellosigkeit vs. Einheitlichkeit'. Die große Vielfalt der z.T. widersprüchlichen Thesen zur Herausbildung der nhd. Schriftsprache ist auf die einengende Beschränkung auf eine einzige Ebene der Sprache bei Ausklammerung der übrigen, die Bevorzugung einzelner Landschaften oder Textsorten bei starker Vernachlässigung der anderen oder die einseitige Privilegierung bestimmter (sozioökonomischer, politischer, kultureller) Faktoren sowie die Nichtbeachtung der Besonderheit und Verschiedenheit von geschriebener und gesprochener Sprache zurückzuführen. Auch die unklare Einschätzung des Verhältnisses der Mda. zu anderen Existenzformen der Sprache und die Verallgemeinerung von durchaus gültigen Teilergebnissen sowie weltanschaulich oder sogar konfessionell überfrachtete Perspektiven haben zur Überprofilierung von Positionen geführt, die nur – von einem anderen Standpunkt her betrachtet – ungenügend auf der Quellenbasis abgesichert waren.

3.2. Frühe Erklärungsversuche

Die frühen Erklärungsversuche konzentrieren sich in der Regel auf die Bestimmung eines vorgeformten Sprachvorbilds, das im Zusammenhang mit einer Instanz bzw. Institution und einem sprachlichen Raum zu sehen ist, und der Vehikel und Bahnen seiner Ausstrahlung. Dieses Modell findet sich bereits bei v. Raumer (1854). Für ihn spielen die Reichstage des 14. und 15. Jh.s eine bedeutende Rolle bei der Entwicklung einer dt. Reichssprache, bei deren Stabilisierung und wachsendem Prestige die Druckerzentren Augsburg und Nürnberg im 15. Jh. stark mitwirkten. Seinen Beitrag zur Ortung der Wiege des Nhd. formuliert v. Raumer mit dem Fazit, daß die kaiserliche Kanzlei in ihrer Verbindung mit dem Reich die eigentliche Zeugungsstätte der neuhochdeutschen Schriftsprache gewesen sei und daß Luther sich dieser schon vorgefundenen Reichssprache in seinen Schriften bedient habe. Diese Reichssprache ist schon vor dem Ende des fünfzehnten Jahrhunderts für einen großen Teil Deutschlands die gemeinsame Schriftsprache und hebt sich als solche von den einzelnen Volksmundarten ab. (1856, 160)

In seiner Theorie von der kontinuierlichen Entwicklung der Schriftsprache seit ahd. Zeit postuliert Müllenhoff (²1863) einen engen Zusammenhang zwischen der Abfolge der kaiserlichen Machtzentren, den entsprechenden politisch-kulturellen Höhepunkten, die eine geographische Reihung Nordwest, Südwest, Südost, Mittelost erkennbar werden lässt, und der jeweiligen landschaftlichen Prägung der Schriftsprache. Auf eine vom karolingischen Feudaladel getragene Hofsprache frk. Färbung, deren Mittellage günstige Voraussetzungen für eine Vermittlungsposition bot, sei ohne Traditionsbruch zur Zeit der Staufer eine frk. beeinflusste, obd. geprägte Sprache gefolgt (= Mhd. des 12. und 13. Jh.s). Die 3. Etappe stelle dann das Dt. der Luxemburger in Prag und Böhmen dar, das aus der Begegnung von Md. und Bair.-Öster. hervorgegangen sei. Charakteristisch für den Schreibstand sei die Kombination von md. Monophthong- und obd.-bair. Diphthongwiedergabe. Das Wien der Habsburger sei dann die folgende Etappe in dieser von Kaiserhaus zu Kaiserhaus laufenden Tradition. Schließlich hätten intensive Kontakte zur schreibsprachlichen Annäherung an das

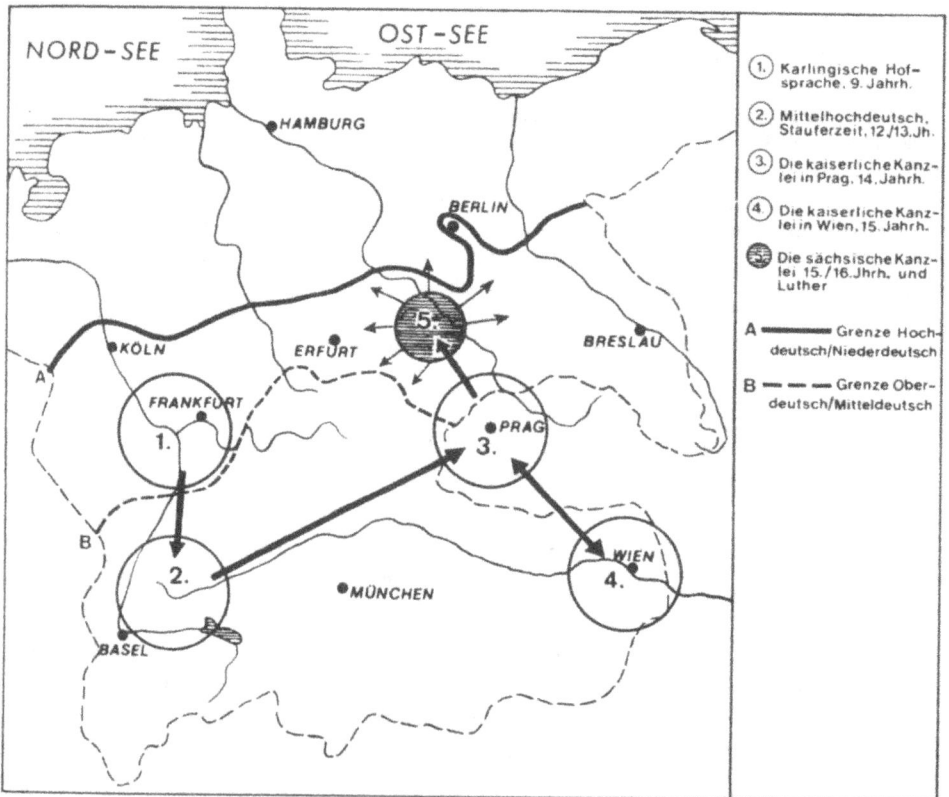

Abb. 15: Abfolge der kaiserlichen Machtzentren und Kontinuität der Entwicklung der dt. Schriftsprache (nach Müllenhoff ²1863; aus: *Sprachgeschichte*, 1783)

Thür.-Osächs. (= Zusammentreffen von Sodt. und Md.) geführt, zum letzten Stadium, zur Sprache der sächsischen Kanzlei, die Luther als Vorbild gedient habe. Höfe, Reichstage, Kanzleien und Luther sind also die entscheidenden Instanzen eines Erklärungsmodells, das sicherlich den polyzentrischen Charakter der deutschsprachigen Territorien unterschätzt und die sozioökonomischen und politischen Voraussetzungen für die Herausbildung einer Sprache mit überterritorialer Geltung zumindest für die Frühphase falsch einschätzt.

3.3.   Burdach und das ‚böhmische Vorspiel'

Aus Müllenhoffs Konstruktion privilegierte Burdach (1884; 1893; 1925/26) die Prager Etappe und sah in Hof und Kanzlei unter Karl IV. (1346–1378), die vom Frühhumanismus italienischer Provenienz geprägt worden seien, die günstigsten Voraussetzungen für die Entstehung der nhd. Schriftsprache. Nicht die Tatsache, dass Prag sich am Schnittpunkt mehrerer Siedlungsströmungen befand, sondern die kultur- und geistesgeschichtlichen Wandlungen, deren Niederschlag er vornehmlich in der Syntax und im Stil ortete, betrachtete er als ausschlaggebend. Dem Kaiser werden zwar keine unmittelbaren Initiativen im sprachlichen Bereich zugesprochen, doch auf seine Politik seien die Voraussetzungen für die Prager Kulturblüte, ihre Ausstrahlung und die Ausdehnung der Schreibtradition der böhmischen Kanzlei zurückzuführen. Der Kontakt zum Trecento, die Beziehungen zu Rienzo und Petrarca, die Impulse der italienischen Renaissance und besonders der von Dante zugunsten der Volkssprache initiierten Bewegung hätten den Hintergrund für eine Kulturwende gebildet, deren sprachlicher Niederschlag eng mit der Figur des Kanzlers Johann von Neumarkt verbunden sei. Auf ihn, der auch durch Übersetzungen aus dem Lat. und durch die Abfassung eigener Texte literarisch tätig war, führte Burdach das in der kaiserlichen Kanzlei wirksam werdende Streben nach Reinigung und Vereinheitlichung zurück, das u.a. durch die Übersetzung lat. Formelbücher und die Einführung neuer Stilmuster für den Schriftverkehr dokumentiert werde. Die Orientierung des Dt. an der lat. Rhetorik (s. dazu den Widmungsbrief des *Ackermann aus Böhmen*) und die schöne Gleichmäßigkeit des nach ästhetischen Prinzipien bewusst gestalteten ‚Kunstvokalismus' wurden von Burdach als Merkmale einer ohne Abhängigkeit von einer besonderen Mundartgrundlage von Gebildeten geschaffenen Kultursprache angesehen, die Vorbildfunktion für andere Kanzleien, insbesondere die der Wettiner, und infolgedessen auch für Luther gewann.

Burdach überschätzte jedoch die Ausstrahlungskraft des Prager Kreises, dessen relative Insellage im tschechischen Gebiet eine Wirkung zwar nicht ausschloss, der aber die hussitischen Wirren nicht überlebte und nur ein „Vorspiel" blieb. Zu Recht wurde ebenfalls eingewandt, dass Burdachs imposanter und anregender Darstellung weiter kultureller Zusammenhänge eigentlich die breite sprachliche Basis fehle, weil vornehmlich die schwer fassbaren Ebenen Stil und Syntax in der Beweiskette dominieren. Zwar versuchte Bernt (1934) den philologischen Unterbau nachzuliefern und zu beweisen, dass in der Prager Kanzlei im 14. Jh. ein beinahe vollkommenes Nhd. vorliege, das mit nur geringer md. Färbung in der kursächsischen Kanzlei weiterlebe. Doch seine Arbeit konnte Burdachs These aufgrund der unzulänglichen Materialbasis und methodischer Mängel nicht untermauern. Es fehlten z.B. Untersuchungen zum Kanzleipersonal und der Nachweis der Auswirkung der Prager Schreibgewohnheiten auf den md. Osten, dessen gesprochenen Lautstand Bernt auf die von Prag beeinflussten mitteldeutschen Kanzleien zurückführte.

Eine ausführliche Darstellung des Prager Schreibusus lieferte Schmitt, der neben der kaiserlichen auch fürstliche (Wettiner) und städtische (Nürnberger) Kanzleiurkunden analysierte. Die auf zahlreiche landschaftliche Besonderheiten zurückzuführende Uneinheitlichkeit brachte er mit der unterschiedlichen Herkunft des Kanzleipersonals in Zusammenhang, das mehrheitlich nicht aus Böhmen, dagegen nicht selten aus dem o.- und mfrk. Bereich stammte. Die Anwendung der prosopographischen Methode (Erforschung von Herkunft, Bildungsgang, Lebensweg, Freundschafts- und Verwandtschaftsverhältnissen des Kanzleipersonals, dessen vielseitige Tätigkeit, auch im literarischen Bereich, herausgestellt wird) erhelle personale Kontinuitätsverhältnisse sowie die Bedeutung der örtlichen Schreibtraditionen, denen sich die Schreiber anpassten oder nicht. Den meißnischen Kanzleien der Wettiner und der Nürnberger Stadtkanzlei bescheinigte Schmitt, nicht zuletzt aufgrund des begrenzteren Herkunftsbereichs der Schreiber, viel größere Einheitlichkeit des Schreibstandes als der Prager, deren eigenartige Situation als Sammelbecken der damals vorhandenen Schreibtradition er richtig einschätzte:

> Aufs Ganze gesehen weist [die Prager Kanzlei] einen md. Kern auf, der übereinstimmend mit der Süd-Nord-Überlagerung des Md. mehrfach von obd. Gut überdeckt wird, um den sich dann starke westmd. und weit schwächere obd. Eigenheiten lagern, während ostmd. kaum auffallen [...].
> (1936b, 59)

Den von Prag ausgehenden Einfluss schätzte Schmitt gering ein. Er operierte mit einer klaren Vorstellung vom Wesen der Schriftsprache und erkannte deren Eigensystematik gegenüber der gesprochenen sowie die Eigenständigkeit der Schreib- und Lesekultur der spätmittelalterlichen Stadt. Doch war er zu sehr auf die Widerlegung der Thesen der Burdach-Schule konzentriert, die der Fringsschen These der omd. kolonialen Ausgleichssprache den Weg ebnen sollte, um die Rolle von Addition und Mischung landschaftlicher Varianten in der Geschäftssprache als Voraussetzung für den Ausgleichsprozess in ihrer ganzen Tragweite hervorzuheben. Deshalb wurde erst viel später deutlich, dass Schmitts Untersuchungsergebnisse sich kaum mit der von Frings postulierten Kontinuität von der meißnischen Siedlerausgleichssprache zur nhd. Schriftsprache vereinbaren ließen.

3.4. Frings und die ostmitteldeutsche koloniale Ausgleichssprache

Die von Frings und seiner Schule aufgrund der Dialektgeographie ausgebildete Theorie über das „meißnische Dt." als Grundlage des Nhd. integrierte im Rahmen einer kulturmorphologischen Betrachtungsweise territorial-, wirtschafts- und siedlungsgeschichtliche Elemente. Durch interdisziplinäre Zusammenarbeit gelang es ihm, die Sprachgeschichte in die allgemeine Kultur- und Geschichtsforschung einzubetten. Mit zuweilen polemischen Formulierungen wurde vor allem gegen die Burdach-Schule Stellung bezogen. Schwarz warf Bernt eine rückschrittliche Privilegierung der geschriebenen Sprache vor. Für ihn ist die Kolonisation „die Grundlage für die Entstehung der Mda.-Räume, [...] der Kanzleisprachräume und über sie der neuhochdeutschen Schriftsprache geworden" (1936a, 9). Diese Relation formulierte Frings folgendermaßen: „Wir haben nicht zu tun mit Schriftsprache und Humanismus, sondern mit Schriftsprache und Mundart. Der Weg geht nicht von oben nach unten, sondern von unten nach oben" (1956, III, 9). Gegen den vorwiegend bildungsgeschichtlichen, das Schreibsprachliche betonenden Ansatz Burdachs vollzog Frings eine grundsätzliche Wende, indem er den Primat des Mündlichen vor der Schriftlichkeit und den Modellcharakter des md. Osten postulierte:

Das neue Deutsch war im Munde der Ostsiedler vorgeformt und wurde gesprochen lange bevor es seit dem 13. Jahrhundert in die Schreibstube einzog. Es ist ein Gewächs des neudeutschen Volksbodens, eine Schöpfung des Volkes, nicht des Papiers und des Humanismus. (1956, II, 16)

Ausgehend von der Überlegung, dass das politisch zerklüftete Altland, in welchem (im Unterschied zu Frankreich oder England) ein eindeutiger kultureller Mittelpunkt fehlte, kein für sprachliche Großentwicklungen geeignetes Sammelbecken abgeben konnte, sah Frings im (hinsichtlich der dt. Sprache) ‚traditionslosen' kolonialen Neuland des Ostens den möglichen sprachlichen Schmelztiegel, wo zwischen 11. und 13. Jh. „Süden, Mitte und Norden, vor allem aber der Süden mit der Mitte in Mischung und Ausgleich treten, jedes also sein Teil beisteuern konnte" ([3]1957, 47). Das Zusammentreffen von drei Siedlungsströmungen – „eine niederdeutsche Bewegung der Linie Magdeburg–Leipzig, eine mitteldeutsche Bewegung der Linie Erfurt–Leipzig–Breslau, eine oberdeutsch-mainfränkische Bewegung der Linie Bamberg–Meißen–Dresden" (1957, 43) – habe im osächs. Raum durch Überlagerung und Durchdringung ein neues sprachliches Gebilde, eine koloniale Durchschnittssprache, bewirkt. Ihre ausgeprägte Form in der Mark Meißen, die wiederum als Kerngebiet des machtpolitisch aufstrebenden Territoriums der Wettiner anzusehen sei, habe den Rahmen für Luthers spätere Tätigkeit abgegeben. Aufgrund der unter Einbezug siedlungs-, verkehrs-, territorial-, wirtschafts- und kulturgeschichtlicher Komponenten betriebenen historischen Interpretation des Dialektmaterials des Deutschen Sprachatlas (DSA) – für Frings bedeutete dies „geronnene Sprachgeschichte" – postulierte er einen Zusammenhang zwischen Siedlungsbahnen und Mundartgliederung des Omd. Er kam zu der Auffassung, dass gewisse Merkmale des Nhd. in Laut- und Formenstand als mundartliche Erscheinungen zugleich nur in den geistlichen Territorien Mainz, Würzburg, Bamberg, in der sog. Pfaffengasse, und in der Mark Meißen und den wettinischen Landen anzutreffen sei, d.h. in den Gebieten, wo

wesentliche Stücke der neudeutschen Schrift- und Hochsprache in der gesprochenen Sprache des Volkes nebeneinander liegen, also, um ganz einfach zu sein, *ich* statt niederdeutsch *ik, euch* statt südöstlich-bairisch *enk, wachsen* statt west- und niederdeutsch *wassen, haus* statt südwestlich-alemannisch, rheinisch, hessen-thüringisch, niederdeutsch *hūs, gēn* statt südwestlich-alemannisch, rheinisch, niederdeutsch *gān.* (1956, II, 15)

Diese Ausgleichssprache habe letztendlich auch die Grundlage für die Sprache Luthers gebildet:

Von den Siedelbewegungen im Neuland wie von der sprachlichen Lage des Altlandes aus gesehen sind also die Mark Meißen und die Wettinischen Lande der naturgegebene Ort, wo eine neue sprachliche Einheit wachsen konnte. Das aber stimmt zu den Worten Martin Luthers „Ich rede nach der sächsischen Kanzlei". Martin Luther faßt als einzelner das zusammen, was die Siedlung, der Staat des Neulandes und Leipzig, die überragende Stadt des Neulandes, vorbereitet haben.

([3]1957, 43f.)

Die erst nach der Siedlung zustande gekommene Bildung des politischen Territoriums hätte die entstehenden Sprachräume und den stattgefundenen Ausgleich stabilisiert und die Vereinheitlichung in größerem Maßstab ermöglicht. Im 14. und 15. Jh. habe sich dann in Wechselwirkung mit der Ausgleichssprache der vor allem bäuerlichen Siedler und unter starkem südlichen Einfluss eine sozial höher einzustufende, gesprochene Verkehrs- und geschriebene Geschäftssprache entwickelt:

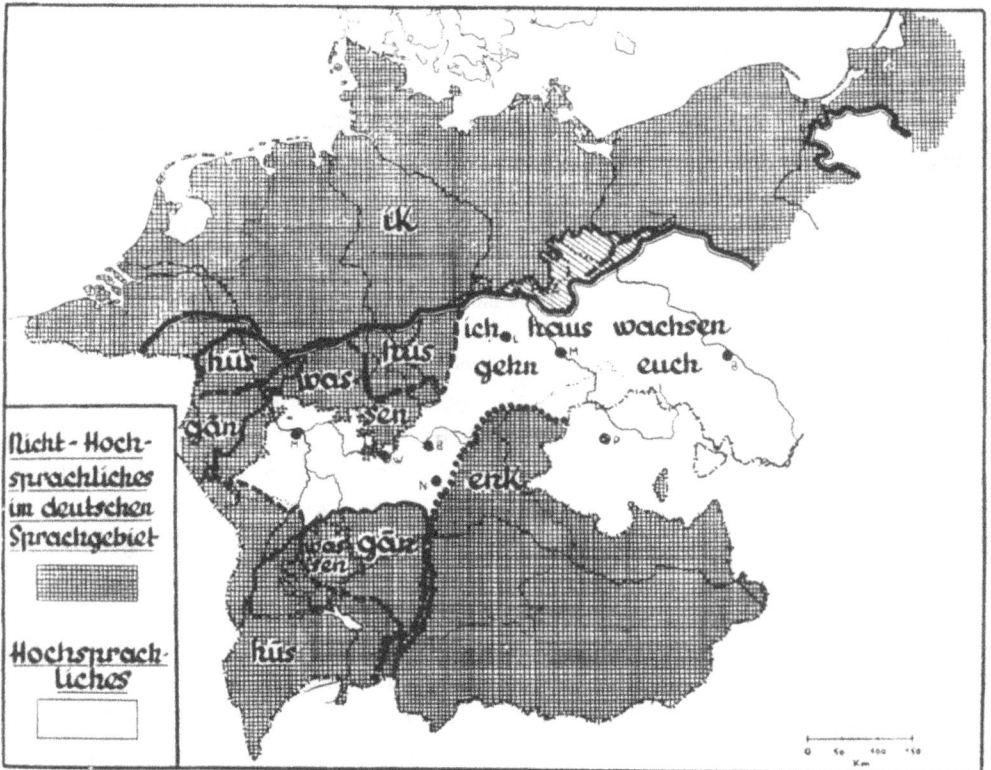

Abb. 16: Karte der Paradigmen, die nach Frings eine Übereinstimmung zwischen den omd. Dialekten und dem Nhd. dokumentieren (aus: Frings 1956, III, Karte 73, S. 287)

Ortssprachen oder Ortsmundarten werden oft genug überbrückt durch ein Ausleseverfahren, das auf einen Durchschnitt geht. Eine solche mündliche Durchschnittssprache nennen wir landschaftliche Verkehrssprache oder einfach Verkehrssprache. Gemeinsprache überbrückt eine Reihe von Landschaften. Verkehrssprache in unserem Sinne bleibt der Mundart nahe, Gemeinsprache kann sich über andersartige Mundarten legen. Innerhalb der Schreibsprache entspricht der Verkehrssprache die Geschäftssprache, der Gemeinsprache die Schriftsprache. Gemeinsprache ist vereinheitlichte Sprechsprache. Schriftsprache vereinheitlichte Schreibsprache.   (1944, 74)

Frings' Positionen und die von ihm angeregten Arbeiten haben die Vorstellung von der Herausbildung der dt. Schriftsprache auf lange Zeit entscheidend geprägt, obwohl weder er noch seine Schüler die Existenz eines omd. Mischdialekts oder einer omd. Umgangssprache haben nachweisen können. Seine auf nur schmaler Basis beruhende kühne These wollte er selbst nur als ‚Balkenwerk' für zukünftige Arbeiten verstanden wissen. In seinem Modell werden stellvertretend für den gesamten Sprachwandel fast nur Laut- und Formenlehre berücksichtigt. Der Kritik an der weitgehenden Ausklammerung der geschriebenen Überlieferung und an der historischen Aussagekraft – hinsichtlich der Entstehung von Sprachräumen – des zum größten Teil zwischen 1876 und 1888 erhobenen DSA-Materials begegneten Arbeiten über die omd. Urkundensprache, wie die von Gleißner, die zu dem Schluss kommt, daß die Sprachgestaltung der Urkundensprache [des 14. Jh.s] nichts absolut anderes ist als die der Mundart, daß sie sich in irgendeiner Weise auf mundartlich gegebenen Grundlagen aufbaut. Anderseits läßt sich daraus schließen, daß der äußere, räumliche Aufbau der Mundart bis auf wenige Fälle, in denen offensichtlich spätere territoriale Entwicklung maßgebend geworden ist, schon im 14. Jh. bestanden haben muß. (1935,56)

3.5. Die Auseinandersetzung mit der These der ostmitteldeutschen kolonialen Ausgleichssprache

Die späteren Forschungsansätze zur Frage der Herausbildung der nhd. Sprache sind fast alle in Auseinandersetzung mit den Thesen und Ergebnissen von Frings und seiner Leipziger Schule entstanden. So kommt H. Bach aufgrund seiner Untersuchungen der thür.-sächs. Kanzleisprache bis 1325 (1937; 1943) zu dem Schluss, dass die frühe Nähe der Urkundensprache dieses Raumes zum nhd. Sprachtypus eher auf südliche Einflüsse zurückzuführen sei, da die omd. Sprachlandschaft sich zu dieser Zeit „noch völlig passiv-rezeptiv dem Süden gegenüber" (1955, 196) verhalten habe. Gegen die Überprofilierung der kulturellen Bedeutung des omd. Raums, insbesondere die Betonung der Rolle Erfurts bei Schmitt wie die Prags bei Burdach, die die Forschung auf ‚Blindwege' geführt hätten, folgert H. Bach:

Im verhältnis zu den kulturlandschaften im Süden und Westen ist Thüringen – geschweige denn Sachsen – bis ins 16. Jh. empfangend und nicht gebend. D. h. bis zur Reformation liegt kein hinreichender grund vor, weshalb diese landschaft das modell zur nhd. hochsprache abgeben sollte. (1955, 195)

Ausgehend von seinen Untersuchungen mrhein. Urkunden bestreitet auch Schützeichel (²1974) die Existenz eines einzigen sprachbildenden Zentrums. Seine Kritik setzt bei der Auswahl der Lautmerkmale aus den meißnischen Mdaa. an, bei denen charakteristische Erscheinungen ausgelassen worden seien. Er kommt zu der Feststellung, dass vom Standpunkt der Mda. aus dem meißnischen Sprachraum hinsichtlich der Herausbildung der nhd. Schriftsprache kein Vorrang eingeräumt werden könne. Der ganze md. Streifen zwischen Ost und West müsse als vermittelnde Landschaft zwischen obd. und nd. Gebiet betrachtet werden. In den deutlichen Ausgleichsbestrebungen der wmd. und omd. Schriftlichkeit sieht Schützeichel auch „eine wichtige Voraussetzung für die anschließende Überschwemmung des Niederdeutschen durch die neuhochdeutsche Schriftsprache", die somit „nicht aus einem einzigen Herd oder aus einer einzigen Wurzel" (1967, 92) entsprungen sei.

Weitere von Frings angeregte Arbeiten haben zu Nuancierungen seiner Thesen geführt. Großes Untersuchung zur meißnischen Sprachlandschaft (1955) hat gezeigt, dass, entgegen der von Frings postulierten Großräumigkeit, die dialektale Gliederung dieses Gebiets ebenso klein gekammert erscheint wie das Wmd. Skálas Arbeiten über Eger, Nürnberg und Regensburg haben die Bedeutung des südöstlichen Gebiets besonders herausgestellt (1967; 1970). Für ihn ist das ‚Kolonistendeutsch' in Bayern und in Franken früher erkennbar als in den wettinischen Landen. Diesen stärkeren südlichen Einfluss erkannte Frings in seinen Anmerkungen „zum Meißnischen Deutsch" (1967) an:

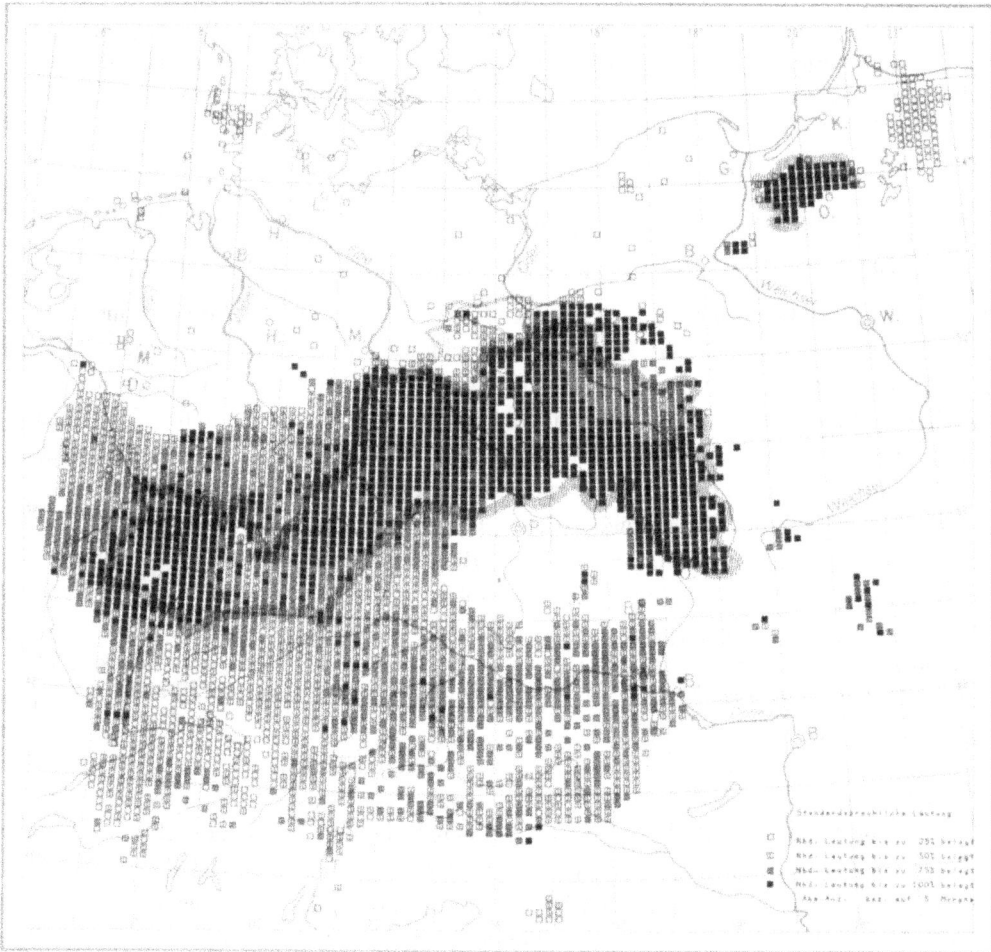

Abb. 17: Quantitativ-kombinatorische Kartierung der von Frings (vgl. Abb. 16) ausgewählten Paradigmen (*gehn; euch; ich; haus; wachsen*) in der Belegortkonstellation des *Kleinen Deutschen Sprachatlas* (KDSA) (= Karte 11a der Kartentasche zu Putschke/Hummel 1990)

Ein Zeichensystem formte und entwickelte sich in dem weiträumigen und mächtigen Staate der Wettiner, Bildungsmittelpunkte Erfurt, darnach Leipzig, später auch Wittenberg. Die verwandten Landschaften Meißen und Thüringen sind verbunden mit den Landen am oberen Main. Zu einer mitteldeutschen Grundlage kommen also Einflüsse aus dem Süden, – insgesamt eine Dreiheit, aus der eine Einheit werden will.   (1967, 73f.)

Aus dialektometrischen Nachmessungen ergibt sich nach Putschke/Hummel (1990) eine erhöhte Akzeptanz der dialektgeographischen Konzeption – „Der von Frings markierte dialektal-hochsprachliche Raum zeichnet sich hier positiv durch eine relativ hohe Identität zum Nhd. ab" (53) –, obwohl nicht unerhebliche Korrekturen am Fringsschen Kartenbild erforderlich seien: „der hochsprachliche Raum [ist] im Westen deutlich zu vergrößern, und zwar um das Mslfrk. (Trier) und um das Hess. mit Ausnahme des Nordhess." (54). Die durch computativen Einsatz ermöglichten quantitativ-kombinatorischen Kartierungen der dialektal/hochsprachlichen Belegsituation führen zur Neubewertung der Stellung des Altlandes (insbesondere des Rhfrk., ein Befund, der sich auch hinsichtlich der inneren Kohärenz der Daten bestätigte) sowie zur Hervorhebung des Ofrk. – neben dem Meißnischen – als Ausgleichslandschaft. Sie legen auch die Vermutung nahe, dass die sich über regionalen Stufungen entwickelnde hd. Schreibsprache sich aus einzelnen schriftdialektalen Komponenten zusammensetzt.

3.6.   Neuere Ansätze

Die neueren Forschungsansätze zur Entstehung der nhd. Schriftsprache verlassen entschieden und in mehrfacher Hinsicht die Fringsschen Positionen. So werden die grundlegenden Entwicklungsphasen heute nicht mehr vom 11. bis 13. Jh., sondern eher im 15./16. Jh. gesehen. Die Theorie der Monogenese in einer ‚prädestinierten‘ (omd.) Modelllandschaft mit ausstrahlender Wirkung ist zugunsten der Vorstellung von Mischungs- und Ausgleichsvorgängen zwischen verschiedenen, wenn auch mit unterschiedlicher Intensität beteiligten Schreiblandschaften aufgegeben worden. Was die Ebene des Ausgleichs (Vorrang des Sprech- oder Schreibsprachlichen) anlangt, hat sich, ohne dass dabei Wechselwirkungen ausgeschlossen oder völlige Loslösung des Geschriebenen von der sprechsprachlichen Basis postuliert würden, der in Frings' späten Äußerungen bereits eingeräumte Standpunkt des Vorrangs der schreibsprachlichen Verflechtungen bei den Ausgleichsvorgängen immer stärker durchgesetzt. Schließlich ist Luthers Rolle ebenfalls neu problematisiert worden.

Die Ansichten, die sich aufgrund der Arbeiten von Guchmann (1964; 1969; 1974), Besch (1967), Ising (1968) und der von Stopp geleisteten Beiträge herausbildeten, bewirkten deutliche Änderungen in den methodischen Ansätzen. So wurde die einseitige, die Perspektive verzerrende Konzentration auf die omd. Schreiblandschaft aufgegeben zugunsten großräumigerer, mehrere Landschaften umfassender Untersuchungen, und bisher vernachlässigte Sprachräume wurden stärker mitberücksichtigt. Es schien auch zweifelhaft, ob ein nicht nachweisbarer, primär sprechsprachlicher Ausgleich bei bäuerlichen Siedlern Voraussetzung für weiträumige, zu einer gefestigten Kultursprache führende Vereinheitlichungsvorgänge bieten konnte. Dagegen schien es angebracht, die weitaus größere Reichweite besitzende schreibsprachliche Ebene, die in ihrer Eigengesetzlichkeit und nicht als ‚Abbild‘ der Mundartverhältnisse zu betrachten ist, als Untersuchungsgegenstand zu bevorzugen.

Der starken lokalen bzw. regionalen Begrenztheit der Kommunikationsgemeinschaften im Bereich des Gesprochenen steht die stark wachsende horizontale Mobilität der Texte gegenüber. Die mit der gesellschaftlichen Aufwertung der Lese- und Schreibfähigkeit zusammenhängende Nachfrage nach Lesestoff, der Druck und der Nachdruck zwangen immer mehr Schreiber, Drucker und Leser zur Auseinandersetzung mit Vorlagen aus nicht heimischen Sprachlandschaften: „Der literarische und sprachliche Austausch ist eine Vorstufe des sprachlichen Ausgleichs" (Ising 1968, I, 13). Die den Übergang vom Mittelalter zur frühen Neuzeit charakterisierende allmähliche Verschriftlichung des Lebens sowie die ‚Literarisierung der Volkssprache‘ führen heute bei der Bestandsaufnahme der Schreibwirklichkeit zur nun als notwendig betrachteten Öffnung des Untersuchungsfeldes und des Textsortenfächers. Wegweisende Pionierarbeit in diesem Sinne hat Guchmann mit der Anwendung eines sprachtypologischen Modells auf die Geschichte des Dt. geleistet, in dem der Akzent auf das

Zusammenspiel der Existenzformen der dt. Sprache gelegt wird; die Veränderungen im Verhältnis der funktionalen Subsysteme zueinander werden in den Vordergrund gerückt und als Ausdruck der Veränderungen in den kommunikativen Verhältnissen interpretiert. Die ‚historische Kategorie' der Literatursprache, die nicht als bloße Fixierung oder schriftliches Abbild der gesprochenen Sprache eines Gebiets zu betrachten sei, definiert Guchmann nicht nur hinsichtlich ihrer strukturellen Qualität. Sie berücksichtigt auch die jeweiligen Funktionen, die sich aus dem Zusammenspiel der Existenzformen der Gesamtsprache ergeben. Obwohl ‚mundartliche Strahlungen' durchaus anzunehmen sind, gelte für das Spätmittelalter und die frühe Neuzeit das wachsende Auseinanderdriften von Literatursprache und Mda., die aus wichtigen Verkehrsbereichen verdrängt werde. Die Literatursprache zeichne sich durch folgende Faktoren aus: Geformtheit, Auswahl, Regelung (mit einer gewissen Korrelation zwischen dem Grad der Normiertheit und der Reichweite), mehr oder minder ausgeprägter Verbindlichkeitsgrad, stilistische Differenzierung, Erweiterung der Geltungsbereiche und Streben nach Multi- bzw. Polyfunktionalität. Dieser Betrachtungsweise zufolge ist die Meißner Mda. nicht

> als die unmittelbare Grundlage der deutschen Literatursprache anzusehen. Diese Grundlage ist vielmehr die literatursprachliche Variante dieses Gebietes, die sich im 15./16. Jahrhundert infolge langer, wechselseitig wirkender Sprachtraditionen und des Ausgleichs zwischen Norden und Süden herausbildete und die ohne Zweifel mit den Besonderheiten des ostmitteldeutschen Mundartgebietes zusammenhing. (1969, 183f.)

In diesem Prozeß wird die große Bedeutung der süddt. Städte wie Augsburg und Nürnberg von Guchmann hervorgehoben.

Im Unterschied zu Frings versuchen die breit angelegten diatopischen Arbeiten auch die übrigen Ebenen der Sprache, insbesondere die Lexik, miteinzubeziehen. In seiner die Wortwahl in Bibelübersetzungen und Glossaren des Spätmittelalters auswertenden wortgeographischen Studie konnte Ising drei einander durchdringende und in vielfachen Varianten auftretende Gruppierungen als charakteristisch für den dt. Wortschatz der Zeit um 1500 herausarbeiten:

> ein Unterschied Norden – Süden [...]; ein Unterschied Westen – Osten [... und] eine in mannigfacher Ausprägung erkennbare West-Ost-Bewegung des Wortschatzes. (1968, I, 96)

Dies bedeutet das Aufgeben der Vorstellung von ‚geschlossenen Sprachräumen' und die Erkenntnis der geringen Bedeutung der Lautverschiebungsgrenzen für den Austausch zwischen den Mundarten im Bereich des Wortschatzes.

Ausgangspunkt für Beschs Modell zur Entstehung des Nhd. als Auslese-, Ausgleichs- und Mischungsprozeß unter Beteiligung mehrerer Landschaften ist die diatopische Untersuchung eines Stücks spätmittelalterlicher Massenliteratur. Gegen den von Frings postulierten frühen zeitlichen Ansatz setzt Besch, der keinen „überschaubaren Weg von der Sprache der Siedler zur Sprache der Schreiber, zu Luther und zur neuhochdeutschen Schriftsprache" (1968, 426) annimmt, das entscheidende Stadium der Entwicklung deutlich später:

> Man kann vor dem Beginn des 16. Jahrhunderts und vor Luther schlechterdings nicht von neuhochdeutscher Schriftsprache oder vom neuhochdeutschen Sprachtypus reden. Denn erst in dieser Zeit und mit Luther entscheidet es sich, welche gemeinsprachlichen Tendenzen und in welcher

Kombination sie zum Zuge kommen. Das heißt, daß Untersuchungen, die auf frühere Zeiträume (etwa das 14. oder gar 13. Jh.) zielen, immer nur Teilvoraussetzungen klären können, Vorformungen bestimmter Einzelzüge unserer Schriftsprache, aber nicht den Fixierungsprozess selbst.

(1968, 425)

Besch versucht mit den von ihm herausgearbeiteten regulativen Erklärungsprinzipien die Vorgänge der Selektion und des Variantenabbaus in Raum und Zeit in größere Zusammenhänge einzuordnen, und dies unter Berücksichtigung der mehr oder weniger ausgeprägten Systemstringenz der verschiedenen Ebenen der Sprache. Eine wichtige Steuerung der Entscheidung zwischen konkurrierenden Schreibvarianten erfolge nach dem Prinzip des G e l t u n g s a r e a l s , d.h. dass die Form mit weiträumigerer Gültigkeit sich in der Regel durchsetze. Dieses Prinzip werde durch das der L a n d s c h a f t s k o m b i n a t o r i k ergänzt, nach welchem sich bestimmte ‚sprachgeographische Konstellationen' (1968, 425) als von besonderer Bedeutung erweisen, d.h. dass eine Gewichtung der Räume hinsichtlich ihrer Durchsetzungskraft vorzunehmen sei. Besonderes Gewicht komme z.B. der omd./ofrk./bair. Raumkombination zu. Der G e l t u n g s g r a d einer Variante, d.h. ihre Verwendungshäufigkeit, steuere ebenfalls die Ausleseprozesse, so dass die häufigeren oder allgemein geltenden Formen die selteneren verdrängten.

Stopp (1976) findet die Prinzipien des Geltungsareals und -grads aufgrund seiner eigenen Bearbeitung der Materialsammlung für die *Grammatik des Frühneuhochdeutschen* (1973; 1978a) bei der Antwort auf die von ihm prägnant formulierte Frage – „Was haben diejenigen, welche diese Schriftsprache geschaffen haben, woraus, weshalb ausgewählt?" – bestätigt; für ihn wurde die

relative Uniformität der neuhochdeutschen Schriftsprache [...] in erster Linie erreicht durch sukzessive Selektion aus den sprachlichen Elementen, Teilsystemen und Regularitäten gesamthochdeutscher Schriftlichkeit und durch die Addition und die Integration der ausgewählten Phänomene zu einem neuen Regelwerk und zu neuen Inventaren.

(1976, 25)

Bei der Untersuchung dieses Prozesses sei es notwendig, zwischen verschiedenen Zeitabschnitten innerhalb des Frnhd. zu differenzieren. Das z.T. auf den Arbeiten von Fleischer (1966) beruhende, aber bereits z.B. von v. Bahder (1925) und Hotzenköcherle (1962), wenn auch nicht so explizit, formulierte Prinzip der s t r u k t u r e l l e n D i s p o n i e r t h e i t , in dem sprachökonomische Gesichtspunkte, Faktoren wie ‚klare Abhebung von Oppositionen', ‚optimale Belastung des Systems', ‚Sicherung der grammatischen Funktionstüchtigkeit' oder ‚Eindeutigkeit, Ableitbarkeit' (bzw. etymologische Durchsichtigkeit), ‚Wortfeldbesetzung' (Besch [2]1980) im Wortschatz berücksichtigt werden, erhält bei Besch ebenfalls einen hohen Stellenwert. Die Bedeutung dieses Prinzips wird jedoch von Stopp eingeschränkt, der es hinter Geltungsareal und -grad rangieren lässt (1977, 22). In der Formulierung der von ihm herausgearbeiteten Prinzipien sieht Besch den ersten notwendigen Schritt einer systematischen Beschreibung der vorgefundenen Schreibvarianten und der Erklärung der Selektions- und Mischungsprozesse. Er verwahrt sich jedoch gegen eine mechanische und die Teilbereiche der Sprache nicht differenzierende Anwendung des Regularienkatalogs, der weiterer Erprobung und eventueller Erweiterung bedürfe (1986).

Anhand der Ergebnisse einer Untersuchung der verschiedenen Ebenen der Schriftlichkeit in Köln stellt Mattheier (1981) gegen die Mischungs- und Ausgleichsthese das Modell einer diskontinuierlichen

Entwicklung, die er in seinem Beispiel als in zwei aufeinanderfolgenden Überschichtungsprozessen von Varietäten verwirklicht sieht. Formen des obd. ‚Kernraums' verdrängen seiner Meinung nach im 16. Jh. als Vertreter einer Varietät, die mit dem Prestige der obd. Kanzlei- und Druckersprachen ausgestattet und infolgedessen zur überregionalen Kommunikation geeignet gewesen sei, die einheimischen Formen. Sie werden vom 17. bis Mitte des 18. Jh.s nach beharrlichem Widerstand trotz ihres Ansehens als Ausprägung der ‚katholischen' Prestigevarietät von Formen der neuen omd. Leitvarietät verdrängt.

Für Mattheier gilt hinsichtlich der Kölner Sprachverhältnisse als gesichert, dass situative und gesellschaftliche Faktoren die Adaption der Neuerungen steuern und deren Durchsetzungsgrad ebenfalls mit der jeweils intendierten regionalen Reichweite der Texte in Zusammenhang steht. Die deutliche Schichtung innerhalb der Schriftlichkeit sei dabei auf die unterschiedlichen (lokalen/entfernten, mehr oder weniger anspruchsvollen) Adressatenkreise zurückzuführen, und sie werde durch ein Sprachbewertungssystem, das zwar noch keine fest umrissenen, überregionalen Normen, aber hierarchische Abstufungen kenne, mitbestimmt. Das zunächst auf den obd. Raum zentrierte Sprachsystem erfahre infolge von Luthers Auftreten, der Reformation und des wirtschaftlichen, politischen und kulturellen Gewichts der wettinischen Lande eine Verlagerung in diesen Raum. Diese Verschiebung bewirke, dass nicht die Auswahl zwischen obd. und omd. Elementen, sondern das Nacheinander ihrer Übernahme den Kölner Sprachwandel kennzeichne, d.h. dass neben dem Mischungs- und Ausgleichsprozess auch mit gegenseitiger Überschichtung von Varietäten zu rechnen sei.

Die von Besch erarbeiteten, eine rein atomistische Sichtweise des Selektionsvorgangs vermeidenden Prinzipien wurden auf der Ebene der Sprachsystembeschreibung mit sprachgeographischer Schwerpunktsetzung gewonnen. Mattheier sieht in ihnen lediglich Elemente zur Bestimmung der Rahmenfaktoren, die jedoch z.T. als ahistorisch und ohne kausale Erklärungsmächtigkeit im Sprachwandelprozess zu betrachten seien. Er unterschätzt dabei u.E., dass das Vergleichen von sukzessiven Querschnitten durchaus die Kontaktsituationen (Geltungsareal, -grad, Landschaftskombinatorik) erhellen kann, die zur Übernahme bzw. Auswahl von fremden Leitvarietäten führen, selbst wenn nur jeweils kleine Gruppen über die dazu notwendige, zumindest passive Sprachkompetenz verfügen.

Dass Sprachbewertungsstrukturen den Sprachwandel mitbestimmen und dass bei der Durchsetzung von Neuerungen die Orientierung an sprachlichen Prestigenormen steuernd mitwirkt, kommt auch in Hans Mosers Vorschlag des Prinzips der an das Sozialprestige des Senders (Institution oder Person) gebundenen ‚G e l t u n g s h ö h e' (1985, 1404f.) zum Ausdruck.

Die Rezeption und Weiterentwicklung theoretischer Konzepte der sowjetischen Linguistik sowie die Übernahme der von Guchmann, Semenjuk und Admoni auf die deutsche Sprachgeschichte übertragenen Begriffe wie ‚Literatursprache' und ‚Norm' (Semenjuk: „Gesamtheit der stabilsten, traditionellen, durch die gesellschaftliche Sprachpraxis ausgewählten und fixierten Realisierungen der Elemente der Sprachstruktur", 1973, 495) prägen eine Reihe wichtiger Arbeiten der DDR-Sprachgeschichtsforschung.

Die in den Auswertungsbänden *Zur Ausbildung der Norm der deutschen Literatursprache* (I, II, III, 1976; IV, 1980; V, 1981; VI, 1983) vertretene Forschungsrichtung gibt der soziologischen und funktionalen Betrachtungsweise den Vorrang, d.h. dass die auf sozialen Veränderungen beruhenden Wandlungen in den Kommunikationsbedürfnissen als Motor des Sprachwandels gelten. Die auf der Grundlage eines landschaftlich und gattungsmäßig weitgefächerten Korpus (Schildt/Kettmann/Dückert/Müller 1974) entstandenen Studien schließen auf einen oft textsortenspezifisch mehr oder weniger weitgehenden Ausgleichsprozess, bei welchem das Omd. „weithin den Typ der entwicklungsgeschichtlich zur nhd. Norm vorangehenden Landschaft verkörpert" (I, 1976, 514) oder zumindest, „aufgrund seiner zentralen Lage und seiner Eigenart als Mischlandschaft, eine bedeutende sprachliche Rolle" (II, 1976, 315) gespielt habe.

Der durch die Konzentration auf zwei Untersuchungszeiträume (1470–1530; 1670–1730) ermöglichte Vergleich gibt Einblick in die beim Normierungsprozess wirksamen und je nach Teilbereich der Sprache (Syntax, Wortschatz und Wortbildung, Verbgrammatik) verschiedenen Strukturierungsmomente. Der in der DDR und der UdSSR vorherrschende sozial-funktionale Ansatz privilegierte Perioden sozialer Umwälzungen, wie die ‚frühbürgerliche Revolution' (Schildt 1981; Guchmann 1974; Winkler 1975; Kettmann/Schildt 1978; Schieb 1975), als Zeiträume, in welchen neue (sozialökonomisch determinierte) Erfordernisse der Kommunikation erscheinen, die die Triebkraft für den Wandel der sprachlichen Verwendungsnormen darstellen. Die Komplexität der vielfach vermittelten und abgestuften Beziehungen zwischen gesellschaftlichem und sprachlichem Wandel verbiete jedoch, einfache Korrelationen zu konstruieren, die einer reduktionistischen Darstellung der kommunikativen Prozesse gleichkämen (s. Große/Neubert 1982, 6).

Mit der stärkeren Berücksichtigung der Textsorten (Große/Wellmann 1996), auch solcher, die für die breiten Volksmassen bestimmt waren oder von ihnen selbst ausgingen und zuweilen eine gewisse Nähe zur Sprechsprache aufweisen (z.B. Volksbücher, Agitations- und Beschwerdeschriften, reformatorische Gebrauchsliteratur, Verhörprotokolle, Privatbriefe) (Guchmann 1974; Kettmann/Schildt 1978; Abramowski 1980; Brandt 1981; Peilicke 1980; Winkler 1975; Bentzinger 1976; Metzler 1986), soll ebenfalls der Versuch einer Bestimmung der schichtenspezifischen Anteile an den sprachlichen Veränderungsprozessen, wenn auch nur indirekt und mit größter Behutsamkeit, unternommen werden. Doch das Herausarbeiten von schreibsoziologischen Schichtungen und die damit verbundene deutliche Zuordnung von Sprachverwendungsweisen zu Textfunktionen und sozialen Trägerschichten bzw. -gruppen bleibt noch zu leisten. Auch die Bestimmung der funktional-stilistischen Differenzierung zum Zweck intendierter gesellschaftlicher Breitenwirkung (z.B. größere ‚Verständlichkeit' durch Vermeidung von Fremdwörtern, Gebrauch volkstümlicher Redewendungen und sprechsprachlicher Elemente u.a.) bedarf noch der Präzisierung.

Beide Anliegen bestimmen Forschungen zum „Sozialisierungsprozess der Schreibsprache", die am Beispiel dreier omd. Städte (Wittenberg, Erfurt, Leipzig) in der 1. Hälfte des 16. Jh.s den Zusammenhang zwischen Veränderungen der kommunikativen Situation und Wandlungen in den Verwendungsnormen der Literatursprache, die für ausgewählte Teile des Sprachsystems ermittelt wurden, aufzudecken versuchen. Die Differenzierung der Verwendungsnorm wird dabei in Relation zu Faktoren wie Gegenstand, Textsorte, Adressatenkreis, Einfluss des Drucks und Individualstil des Autors (*Zum Sprachwandel* 1987) gesehen. Die „Steigerung der Leistungsfähigkeit des Sprachsystems" („Abbau formaler Vielfalt zugunsten einer Systematisierung der Paradigmen" als Ausdruck der Sprachökonomie; „Tendenz zur Monosemierung und Eindeutigkeit der Markiertheit"; „Ausbildung neuer sprachlicher Ausdruckformen") wird in Zusammenhang mit der Intensivierung der „gesamtgesellschaftliche[n] sprachliche[n] Kommunikation zur Zeit der frühbürgerlichen Revolution" (*Zum Sprachwandel* 1987, 442) gebracht.

Die Entstehung der nhd. Schriftsprache sei danach ein multifaktorielles Geschehen, das von zahlreichen außersprachlichen (politischen, sozioökonomischen, kulturellen und religiösen) Elementen bestimmt werde. Sie sei mit Wandlungen in allen Existenzformen und Teilsystemen der Sprache und mit Verschiebungen von Normen und Sprachwertvorstellungen verbunden. Dies erkläre, zusammen mit dem durch unterschiedliche geschichts- und sprachtheoretische Perspektiven bedingten Pluralismus der Forschungsansätze, die Multiplizität der Thesen und Theorien. Auf die These des Prager Dt., die im Rahmen eines kultur- und geistesgeschichtlichen Ansatzes die Sprache der Literatur und der Kanzlei unter Karl IV. Syntax, Stil und Wortschatz in den Mittelpunkt stellte, folgte Frings' kulturmorphologischer Ansatz. Die historische Interpretation der dialektgeographischen Verhältnisse des deutsch-

58

sprachigen Raums, die die gesprochene Sprache und den Lautstand als Untersuchungsebene privilegierte, führte zur Hervorhebung des wettinischen Staates, des Schmelztiegels wmd., md. und obd. Einflüsse, in welchem ein Kernbestand von Lauten und Formen des späteren Nhd. sich schon vor den Kanzleisprachen auf Mundartebene herausgebildet hatte. Die neueren Arbeiten zu den frnhd. Schreibsprachen betonen die Eigensystematik der schriftsprachlichen Entwicklungen und bemühen sich, die Konkurrenzverhältnisse, die Normierungstendenzen und die Regularitäten der Ausgleichsprozesse zu bestimmen. Unter Vermeidung von zu unvermittelter Parallelisierung von Gesellschafts- und Sprachgeschichte wird ebenfalls versucht, die Einbettung der sprachlichen Wandlungen in die kommunikativen Zusammenhänge und damit die soziologischen Faktoren des Sprachveränderungsprozesses besser aufzuhellen.

Literatur:

Abramowski (1980); H. Bach (1937/43; 1955); v. Bahder (1925); Bentzinger (1976); Bernt (1934); Besch (1967; 1968 = Wegera 1986; [2]1980; 1983; 1983a; 1983b; 1985; 1986; 1988); Brandt (1981/1988); Burdach (1884; 1925 = Wegera 1986); van der Elst (1987); Fleischer (1966); Frings (1949; 1956 I, II, III; [3]1957; 1967); Frings/Schmitt (1944); Gleißner (1935); Große (1955; 1981); Große/Neubert (1982); Große/Wellmann (1996); Guchmann (1964/69; 1974); Hotzenköcherle (1962); Ising (1968); Kettmann/Schildt (1978); Koselleck (1979a; 1979b); Mattheier (1981 = Wegera 1986); Metzler (1986); Hans Moser (1985); Müllenhoff ([2]1863 = Wegera 1986); Peilicke (1980; 1981); Putschke/Hummel (1990); v. Raumer (1854/1863 = Wegera 1986; 1856); Schieb (1975); Schildt (1970; 1981); Schildt/Kettmann/Dückert/Müller (1974); Schirokauer (1957 = Wegera 1986); Schmitt (1936a; 1936b; 1966/[2]1982); Schützeichel (1967 = Wegera 1986; [2]1974; [2]1976); Schwarz (1936a; 1936b); Semenjuk (1973); Skála (1967; 1968; 1970; 1985; 2001); Stopp (1973; 1976; 1977; 1978; 1978a); Winkler (1975); *Zum Sprachwandel* (1987); *Zur Ausbildung der Norm* (I, II,III, 1976; IV, 1980; V, 1981; VI, 1983).

4. Faktoren des Sprachausgleichs und der Polyfunktionalität

4.1. Städte, Kanzleien, Schulen, Sprachgesellschaften

4.1.1. Die Städte

Die Bedeutung der Städte für Entstehung und Ausdehnung einer volkssprachlichen Schriftlichkeit im Spätmittelalter und in der frühen Neuzeit lässt sich nicht als einheitliches Phänomen darstellen. Sie wurde wesentlich durch die ökonomische Basis, die Sozialstruktur und den Rechtsstatus der jeweiligen Stadt bestimmt und unterlag starken zeitlichen und regionalen Variationen. Ackerbürger-, Residenz-, Bergbau- oder später Garnisonsstädte hatten nicht die sprachliche Strahlkraft von Städten mit hochentwickeltem Exportgewerbe und/oder mit Fern- und Zwischenhandelsfunktionen wie Köln, Lübeck oder Nürnberg. Letztere unterscheiden sich wiederum hinsichtlich des sprachraumbildenden Einflusses von Kleinstädten mit Nahmarktfunktion bzw. agrarisch orientiertem Kleinhandwerk. Besiedlungsdichte der Umgegend und Enge der Beziehung Stadt/Land, die in Nord- und Ostdeutschland anders einzuschätzen sind als im Rheinland und im Süden, wo die Bindungen mit der bäuerlichen Umgebung sehr stark waren, beeinflussten ebenfalls die Sprachwirkung der Stadt. Migrationsprozesse – „Stadtluft macht frei" – machten sie zu einem sprachlichen Schmelztiegel, in dem Menschen verschiedener Herkunft in Kommunikation traten und sich unterschiedliche lokal- und sozialgebundene Merkmale abschliffen. So bildeten sich Sprachformen mit großregionaler Geltung heraus, deren Prestige auf das Umland einwirken konnte. Mit dem Abschütteln oder Unterlaufen von landesfürstlicher bzw. bischöflicher Herrschaft und später von politischen Patrizierprivilegien entstanden in der Stadt neue sozialökonomische Strukturen, die eine mittelschichtige laikale Dominanz förderten, die zur Beseitigung des Bildungsmonopols des Klerus beitrug. Dieser Prozess verlief parallel zum Sprachwandel Lat./Dt. In Zusammenhang mit der rechtlich-schriftlichen Versicherung von Vorgängen entwickelte sich im Amts-, Rechts- und Handelsbereich eine Alltagsschriftlichkeit – die dt. Geschäftsschreibe –, die neuen Kommunikationsbedürfnissen und -situationen entsprach und neue Textsorten und neue Formen der Öffentlichkeit hervorbrachte (Hölscher 1979b; Wohlfeil 1982). Die mit einem Verlust an Ornamentalität verbundene „Orientierung an historischen facta statt ficta" (Janota 1983) – das neue städtische Selbstbewusstsein kommt im chronikalischen Unternehmen von Fritsche Closener und Jakob von Königshoven zum Ausdruck –, der Übergang vom Reim- zum Prosatext, vom Verkünden und Vor-/Verlesen zur Eigenlektüre, vom Hör- zum Selbstlesetext (R. Müller 1991), sowie die Gründung von Ratsbibliotheken begleiten diesen Prozess.

Mit der Konzentration größerer Menschenmassen entstanden zugleich gesellschaftliche Differenzierungsphänomene, und die Arbeitsteilung begünstigte die Entstehung und Erweiterung von Fachsprachen, aus denen Elemente in die Allgemeinsprache übergingen. Sprachbesonderheiten verfestigten sich, und die Aufnahmebereitschaft für unterschiedliche Sprachbewertungssysteme wurde gefördert. Zeitgenossen, wie ein Kölner Chronist, notieren Veränderungen (1566): „die wort, so man spricht, lauten nit wie vormals, Itz ist in Coln ein andere Pronunciation und maneir zu reden dann vor sesszig jaren" (v. Polenz ²2000, 177). In dieser Stadt lässt sich auch der wachsende Abstand zwischen obd. beeinflusster, als höherwertig empfundener Schriftsprache und gesprochenem Stadtdialekt dokumentieren (v. Polenz ²2000, 168). Vor allem in der Stadt entwickelten sich aus Beinamen (Herkunfts- und Berufsbezeichnungen, Übernamen, umschreibende Zusätze) die festen Familiennamen. Hinsichtlich der genauen Bezeichnungen „für die verschiedenen Aspekte der sozialen und sozialpolitischen Wirklichkeit" hat sich der Wortschatz der Volkssprache „nicht zuletzt unter dem Einfluß der Auseinandersetzungen, welche die entgegengesetzten Kräfte aufeinanderprallen ließen", bereichert (Rapp 1980, 149).

Bei relativ hoher Dichte bedeutender Städte entstanden regionale, durch den frühen Buchdruck mit Prestige ausgestattete Schreibsprachen (nd.: Lübeck; vgl. auch 2.2.3.), wie z.B. das mit der südd. Reichssprache zusammenhängende, obd. geprägte ‚gemeine Deutsch' – wobei kontrovers bleibt, ob die Bezeichnung nur mit stilistischer oder auch mit geographischer Bedeutung zu verwenden ist (Werbow 1963; Josten 1976, 95f.; Besch 1983a, 974f.; 1985, 1782f.) – mit Augsburg (Glaser 1985; Stopp 1979) als wichtigem Mittelpunkt.

Mit den Kontoren der sesshaft gewordenen früheren Wanderkaufleute, die lesen, schreiben und schriftlich rechnen konnten, mit den Schulen, den Hochschulen, die von Städten allein oder mit Landesherren zusammen gegründet, ausgestattet und unterhalten wurden, den Kanzleien und Offizinen, den residierenden Adligen und Geistlichen, mit den überregionalen wirtschaftlichen und intellektuellen Verbindungen bildeten die Städte Zentren der sprachlichen Entwicklung. Im Laufe des 16. und 17. Jh.s verhärteten sich die neuen Herrschaftsverhältnisse Stadt/Territorium, was zur Folge hatte, dass eine stärkere Orientierung an den fürstlichen Höfen und deren Sprachvorbild stattfand.

In der Zeit des Absolutismus büßte die Stadt in der Tat an sprachlicher Ausstrahlungskraft ein – eine Ausnahme bildet Leipzig –, und Zeitgenossen berichten von einer zwei- oder dreischichtigen Diagliederung, so der Grammatiker H. Freyer für Halle.

4.1.2. Die Kanzleien

Breiter gefasst als der Begriff der Kanzleisprache ist der der Geschäftssprache, der die ganze Bandbreite der Urkunden, Urbare, Briefe, Sal- und Kopial-, Stadt-, Rechnungs- bzw. Register- und Amtsbücher abdeckt, die den Ausbau der schriftlich gesteuerten Herrschaftsausübung dokumentieren.

Den Kanzleisprachen, d.h. den Geschäftssprachen der größeren und großen, besonders der kaiserlichen und kursächsischen Kanzleien, wurde von Zeitgenossen eine normative Geltung zugesprochen (z.B. von Luther und Eck; vgl. 4.3.), und Opitz bezeichnete sie im *Buch von der Deutschen Poeterey* (1624) als „die rechten lehrerinn der reinen sprache". Die Rechtsfähigkeit der dt. Sprache im schriftlichen Bereich, d.h. die juristische Verbindlichkeit dt. Texte im privaten und öffentlichen Leben, setzte sich allmählich in der 2. Hälfte des

13. Jh.s gegen die Dominanz des Lat. durch (z.B. nach Wilhelm 1932ff.: 1200–1239: 6, 1280–1299: 3169 altdt. Originalurkunden). Der Übergang zur Volkssprache vollzog sich zunächst, dem frz. Vorbild folgend, in den swdt. Städten und verbreitete sich nach Norden und Osten.

Die ersten großen dt. Rechtstexte waren Eikes von Repgow mnd. *Sachsenspiegel* (um 1230) und der *Mainzer Landfrieden* (1235). Obwohl die Kanzlei Rudolfs von Habsburg (1273–1291) auch dt. urkundete, kam es erst in der kaiserlichen Kanzlei Ludwigs des Bayern (ab 1314) zum entscheidenden Durchbruch, allerdings mit adressatenbezogener Differenzierung (1314–1344: dt. zu 78,2% bei bair., 25% bei md. Empfängern, 97,3% dt. bei bair. weltlichen Adressaten in herzoglichen Angelegenheiten; vgl. Bansa 1968).

Die Ausweitung des Dt. als Geschäftssprache hängt zusammen mit komplexeren Kommunikationsabläufen, die nicht mehr mündlich bewältigt werden konnten und/oder in stärkerem Umfang Lateinunkundige aus Kleinadel und Bürgertum betrafen. Die Einrichtung von Stadtkanzleien neben kirchlichen und fürstlichen, die Ausweitung des öffentlichen Schriftverkehrs zwischen Behörden, Ämtern und Bürgern, die wachsende schriftliche Fixierung von Verträgen und Abmachungen und die Zunahme der geschäftlichen Korrespondenz führten zur Vermehrung und Differenzierung der Textsorten im Geschäftssprachenbereich.

Die Einführung der laikalen Lohnschreiber als Stadtschreiber und beim niederen Adel bedeutete einen wesentlichen Schub bei der Ablösung von Lat. durch Dt. In einer Zeit, wo die Variationstoleranz noch recht groß war, haben deren Bestrebungen, lokale Varianten auszusondern, und ihre flexible Handhabung einer den Empfänger berücksichtigenden Schreibpraxis maßgeblich die Sprachentwicklung mitgeformt, zumal sie viele Schreibregister beherrschten. Zuweilen auch als Lehrer wirkende *homines litterati*, wie Johann von Tepl, S. Brant oder J. Wickram, gestalteten sie mit.

Dieses starke Anwachsen der Schreibtätigkeit bewirkte im 13. und 14. Jh. vorübergehend durch stärkeres Eindringen mundartlicher Elemente eine Erschütterung der Überlieferung der Schreibschulen, deren Tradition sich jedoch danach wieder festigte. In Ermangelung einer sprachlich-kulturell monozentrierten Situation – der Kaiserhof hatte nicht die Wirkung von Paris oder London – gestaltete sich auch im Kanzleibereich der überregionale Ausgleichsprozess keineswegs geradlinig, zumal mehrere Vorbilder, die an der Reduktion der Variationsbreite beteiligt waren, mitwirkten (Bentzinger [2]2000).

Kanzleitexte haben für die Sprachgeschichtsschreibung den Vorteil zuverlässiger Datier- und Lokalisierbarkeit. Bei der sprachhistorischen Interpretation muss ihre starke funktionale Bindung und Begrenzung (relative Einheit durch Inhalt, Formelhaftigkeit) berücksichtigt werden, so dass vor allem das Zeicheninventar, weniger Syntax und Stil, im Vordergrund steht.

Der im 14. Jh. noch größere individuelle Spielraum des einzelnen Schreibers (vgl. Schmitt, Kap. 3.) wird allmählich durch den Zwang des Schreibusus der Institution oder des Schreibortes eingeengt. Von Bedeutung ist ebenfalls die Differenzierung nach Empfänger (Erfurter Urkunden zeigen thür. Merkmale im regionalen, stärkere obd. Prägung im überregionalen Verkehr), die Adressatenorientierung (s. R. Möller 1998) sowie der Unterschied zwischen den mundartlich gefärbten ‚Konzeptbüchern' und der Reinschrift der Urkunden. Die Geschäftssprachen des 14. bis 16. Jh.s zeigen kein völlig in sich geschlossenes Bild, sondern durchaus sozial determinierte Schichtungen und territoriale Varianten: So weisen z.B. swdt. Urkunden und Urbare im 15. Jh. noch *leutpriester* auf, während die zeitgenössischen *Vocabularia Ex quo* schon *pfarrer* haben (Kunze 1975, 43ff.). Aber in der Regel wurden primäre Dialektmerkmale vermieden und sozial minderwertige Besonderheiten unterdrückt.

Ganz allgemein ging von der kaiserlichen Kanzlei, von den Kanzleien, von denen aus die großen Territorien verwaltet wurden, und von denen der großen Städte aufgrund ihres Prestiges und des großen arealen Geltungsbereichs und weiten Kommunikationsradius eine ‚zwingende' Vorbildwirkung aus. Zwar versuchten sich einige Schreiber dagegen aufzulehnen, so z.B. Niklas v. Wyle (1478), der sich auf die angeeignete schwäbische Schreibtradition berief, um die „grosse vnnütze endrung" in den „schwebischen cantzlien der herren vnd stetten" abzulehnen, die, „sobald sie etwas nüwes sehen usz ains fürsten cantzlie vszgegangen", die Schreibweise der „vätter vnd dero altforderen" durch eine neue (hier die Graphie des Diphthongs /ai/ durch /ei/) ersetzen (vgl. 1.3.).

Wenn Burdach auch die sprachpflegerischen Bemühungen des literarisch tätigen Kanzlers Johann von Neumarkt als wirkungsträchtige Symbiose von Kanzlei- und Prosastil überschätzte, so schließt dies nicht aus, dass in Prag wie in Eger, Nürnberg, Regensburg und in anderen Stätten stadtbürgerlicher Kultur eine bair.-ofrk. Schreibtradition wirkte. Frings und die Leipziger Schule sahen in der omd. Kanzleisprache eher eine Vermittlungsinstanz der von den Siedlern vorgeformten kolonialen Ausgleichssprache („Die Volkssprache hat die Kanzlei erobert, nicht umgekehrt", Schwarz 1936b, 708). Im Alem. (Basel, Straßburg) gehen die Kanzleien bei der frnhd. Diphthongierung der örtlichen Sprachpraxis voraus. Die mit bedeutender Reichweite und Geltungshöhe ausgestatteten Großkanzleien weisen am Anfang des 16. Jh.s eine ‚offene' Norm auf, in deren Rahmen noch eine bestimmte Variationsbreite vorhanden ist. Das wachsende wirtschaftliche Gewicht und die Hausmachtpolitik der Territorien im dt. Osten und später die Reformation verhalfen der kaiserlichen und der kursächsischen Kanzlei – beide nahmen viele süddt. Merkmale auf – zu einer starken, durch ihre Einheitlichkeit gesteigerten Wirkung.
Für Hans Moser ist „der Ausgleich in den großen Kanzleien der führenden Landschaften des deutschen Ostens [...] um 1500 so weit gediehen, daß ihre Graphem- und Morphemsysteme beinahe als Subsysteme eines gedachten, noch nicht realisierten Idealsystems aufgefaßt werden können" (1985, 1405).

Zwar gewannen im 16. Jh. die gedruckte Sprache, die Schule und ihre Lehrwerke, denen die Kanzleisprache ein einigermaßen gefestigtes Gerüst lieferte, eine ständig wachsende Vorbildrolle. Doch erweist sich z.B. hinsichtlich des einheitlichen Schreibstandards in der 1. Hälfte des 16. Jh.s in Wittenberg – im Unterschied zur städtischen Schreibsprache – die dortige Zweigstelle der kursächsischen Kanzlei mit ihrem geschulten Personal und ihrer lange gefestigten Tradition mit der Wittenberger zeitgenössischen Druckersprache durchaus als konkurrenzfähig (*Zum Sprachwandel* 1987, 21–100).
Die Akzeptanz der „Kaiser- Chur- und fürstlichen Kanzleyen", auch des Reichskammergerichts und der Reichsabschiede als Modelle – K. Stieler hat bei seiner Definition der ‚Reichs-Haubtsprache' (1691) wohl „an die sprachvereinheitlichende Wirkung der Reichstage gedacht" (v. Polenz 1994, 149) – steigt im 17. Jh., auch wenn sie oft in stereotypen Wendungen und ohne Begründung genannt wird (Josten 1976, 219f.), und übertrifft sogar die Luthers. Adelung und Gottsched, der ihn als hinderlich für die Verständlichkeit befand, lehnten den barocken Kanzleistil ab, an dem sich die leicht regional gefärbte süddt.

‚Reichssprache' orientierte, und den Dichter wie Gryphius oder Opitz schätzten. Er gibt sogar Formeln für die unterste Ebene der jurististischen Schriftlichkeit, die der Gerichtsboten, ab. Den ersten Zeitungsschreibern, oft Juristen im Neben- oder Hauptberuf, wird der Vorwurf der Nachahmung des Kanzleistils gemacht.

Wenn auch verspätet im Vergleich zur Wissenschaftssprache erfolgte die aufklärerische Reform der dt. Rechtssprache, die ihre volle Entfaltung im Preußischen Allgemeinen Landrecht (1794) erreichte.

Aufgabe:

Erörtern Sie die Unterschiede in der Graphie (Vokale/Diphthonge) zwischen Eingangs- und Schlussformeln und dem disponierenden Teil der Urkunde.

Urkunde vom 20. September 1346 aus Luxemburg (Militärische Hilfe für Erzbischof Balduin von Trier):

Wir Karle, von Gocz gnaden zuo Romischen kuninge erwelt, alle zijt merer des richs, kuning zuo Beheim und greve zuo Luczillinburg, gebieden und enbieden uch allen unseren mannen und undertanen, edeln und unedeln in unser grafchaft von Luczillinburg geseszen, sementlichen und sunderlichen (*allen zusammen und jedem einzelnen*), daz ir dem erwerdigen in Gode vater, unserm liben vettern, hern Baldewin erczbischove zu Triere, beide zu rosze und zu voize (*zu Fuß*) mit alle uwer macht, wanne und wi dicke (*wann immer und wie oft*) er uch daz enbudet (*entbietet*), zuo helfe kumet und yme dinet, die wile er des noit hait (*nötig hat*) und uwer bedarf, uff unser koste und verluste, als verre (*sofern*) die noit, darumb er uch besente (*besenden = durch Boten einberufen*), her queme und treffe (*herkomme und eintreffe*) von des Beyers wegen, der sich keyser nennet (*Kaiser Ludwig der Bayer, 1314–1347*), wider den derselbe unser vetere umb unsern willen sich in crig gemenget (*in den Krieg eingemischt*) hait. Wa aber unser vetere vorgenant umb sins und sines stiftes noit uwer bedorfte, dar sullet ir yme komen glicher wijs zuo rosse und zuo voize und yme dinen uff sine kost und verlust, als gewenlich ist (*wie es üblich ist*). Und des zuo urkunde han wir unser heimelig ingesigel (*Landessiegel*) von unser marggrafchaft zu Meren (*Mähren*), des wir zuo disen male gebruchen, an disen brief duon henken.

Der gegeben ist zuo Luczillinburg, duo man zalte nach Cristus geburte dusent druhundert ses und viertzig jar, uff sente Matheus abent des heiligen aposteln und evangelisten.

(aus: H. Eggers 1986, Bd. 2, 206)

4.1.3. Die Schulen

Im Spätmittelalter gelang es dem aufstrebenden städtischen Bürgertum, das Monopol des geistlichen Schulwesens zu brechen und eine bürgerliche Laienkultur zu schaffen. Neue Bildungsmöglichkeiten, die den Bedürfnissen der Gewerbetreibenden entsprachen, wurden ausgebaut. In den Elementarschulen wurde die Muttersprache in Lese-, Rede- und Schreibübungen Unterrichtsgegenstand, während sie in den Lateinschulen noch lange auf die Rolle der Hilfssprache beschränkt blieb. Neben den klerikalen Anstalten (Stifts- und Klosterschulen), die sich nicht besonders des Lesen- und Schreibenlernens in der Volkssprache annahmen, entstanden bereits im 13. Jh. sog. ‚kleine Schulen', die bürgerlichen Interessen entsprachen und auch Mädchen aufnahmen. In historischem Zusammenhang mit der Ausbreitung des Schreibertums und des Kanzleiwesens, als Erweiterung des Hauslehrertums wurden in den Städten, zuweilen auch von Nonnen und Beginen, ‚Privatschulen' (Schreiberschulen, Beischulen, Winkelschulen) errichtet. Unterrichtet wurde in angemieteten Zimmern. Die Besetzung dieser ‚Marktlücke' führte zur Herausbildung eines regelrechten Gewerbes mit hauptberuflichen Schreibmeistern und Gesellen. Ein von Ambrosius Holbein gemaltes Aushängeschild ermöglicht einen Einblick in diese Schulen. Es trägt als ‚Werbetext' die Inschrift:

> Wer Jemandt hie der gern welt lerñen d ú t s c h   s c h r i b e n   v n d   l ä s e n vß dem aller kúrtzisten grundt den Jeman erdencken kan Do durch ein Jeder der vor nit ein bůchstaben kan der mag kúrtzlich vnd bald begriffen ein grundt do durch er mag von jm selbs lernen sin schuld vff schribē vnd läsen vnd wer es nit gelernen kan so vngeschickt were Den will jch vm̄ nút vnd vergeben gelert haben vnd gantz nút von jm zů lon nem̄en er sig wer er well burger oder hantwercks gesellen frouwen vnd junckfrouwen wer sin bedarff der kum̄ har jn . der wirt drúwlich gelert vm̄ ein zimlichen lon. Aber die jungē knabē vnd meitlin noch den fronvasten. Wie gewonheit ist. 1516.

(Kunstmuseum Basel)

Im ausgehenden Mittelalter kann zwischen drei Schultypen unterschieden werden:

1. Die ‚Pfarr-' oder ‚Lateinschulen' – auch ‚Stadt'- oder ‚Ratsschulen' genannt, da sie oft dem Stadtregiment unterstanden – wurden von einheimischen und auswärtigen Schülern (Fossen, Bachanten) besucht. Sie bildeten eine Vorstufe zum Universitätsstudium, und einige von ihnen, z.B. die von Schlettstadt, erreichten Notorietät durch die Zahl ihrer Schüler und den Ruhm einiger ihrer Absolventen (vgl. Hartweg 1984b). Der Schulmeister wurde als Bediensteter der Stadt im Einverständnis mit dem Pfarrer vom Rat bestellt und vor ihm vereidigt. Obwohl der Lehrbetrieb und die Disziplin der Schüler und Lehrer der Aufsicht des Rats unterstanden, blieben diese Schulen durch die Mitwirkung beim Kirchendienst z.T. Hilfsanstalten der Kirche, die zu einem beträchtlichen Teil für den Unterhalt von Schülern und Lehrern aufkam.
2. Die ‚vermengten' oder ‚gemainen' Schulen vereinigten in kleineren Städten eine Latein- und eine deutsche Schule unter einem Dach. Sie wurden von Jungen und Mädchen überwiegend nur im Winter besucht. Oft war der Schulmeister zugleich Küster und Stadtschreiber, oder es war der Pfarrer, der den Unterricht selbst erteilte.
3. Die zu oft zu Unrecht verächtlich als ‚Winkelschulen' bezeichneten ‚teutschen Schulen' wurden von Jungen und Mädchen besucht. Sie waren als städtische Einrichtungen oder als – zuweilen von Wanderlehrern unterhaltene – freie Privatunternehmen organisiert, die ihre Lehrmethoden geheim hielten und in Konkurrenz zueinander standen, und sie unterstanden der strengen Aufsicht des Rats, die eine Niveaugarantie darstellte, und sollten ebenfalls ‚Zucht' und religiöses Grundwissen vermitteln. In Nürnberg erschien 1534 das erste evangelische Lehrbüchlein für den Religionsunterricht, und 1553 wurde Luthers Katechismus obligatorisch.

Die Schulmeister unterrichteten im Lesen, Schreiben, Rechnen und in der Buchführung – Fertigkeiten, die im Fernhandel und im hochentwickelten Handwerk unabdingbar waren. Die Lehrfrauen nahmen sich der jüngeren Schüler und der ‚Kostknaben' der Internate an.

Die oft aus dem Handwerk und der Kaufmannschaft kommenden ‚teutschen Schreib- und Rechenmeister', die in der Nürnberger Gewerbeverfassung in das Handwerk eingebunden waren, sorgten für eine praxisnahe Ausbildung. Ende des 16. Jh.s zählte Nürnberg 75 Schulen. Da ca. 50 Schüler für die Rentabilität eines Schulbetriebs notwendig waren, kann die

Angabe der Nürnberger Stadtchronik von 1487 „pei vier tausend lerkneblein und maidlein" als nicht ganz unrealistisch betrachtet werden.

Trotz Erstarken des patriotischen Bewusstseins – man denke an Wimpheling und Hutten –, trotz Aufkommen neusprachlicher und nationaler Bildungsinhalte und Erscheinen mehrerer Lehrbücher im 16. Jh. waren die Fortschritte im Bereich des dt. Unterrichts zunächst sehr bescheiden. Dt. erscheint z.B. in Verbindung mit dem lat. Grammatikunterricht in Übersetzungsübungen – dies wird in mehreren Schulordnungen gefordert – mit Heranziehung von zwei- oder mehrsprachigen Wörterbüchern, jedoch mit dem Ziel der Optimierung des Lateinunterrichts.

In seiner Schrift *An den Adel* (1520) forderte Luther bereits die Einrichtung eines allgemeinen Schulwesens, ohne welches das selbstständige Bibelstudium nicht zu gewährleisten sei. Luthers Schrift *An die Radherren aller stedte deutsches lands: das sie Christliche Schulen auffrichten vnd hallten sollen* (1524) sowie Melanchthons Bemühungen im Geiste des Humanismus um den Aufbau eines protestantischen Bildungswesens galten vorwiegend dem höheren Schulwesen, in dem auch das lat. und dt. Schuldrama eine Rolle spielte. Die Reformation wirkte sich zunächst negativ auf die Lateinschulen aus, die dann zu Ausbildungsstätten für spätere evangelische Lehrer und Pfarrer reorganisiert wurden. Die ‚gemainen' Schulen und die Koedukation wurden zuweilen (z.B. in Nürnberg) aufgehoben und die ‚teutschen' Schulen der konsistorialen Aufsicht unterstellt. Sie förderte das Landschulwesen (Katechismusklassen, Küsterschulen), so dass z.B. 1560/61 auf dem Nürnberger Land in den meisten Orten Schulen existierten.

Mit seiner Aufwertung durch die Reformation Luthers eröffneten sich dem Dt. bisher dem Lat. vorbehaltene Bereiche. Die schulmäßige Vermittlung der Lese- und Schreibfertigkeiten diente auch der im Unterricht stattfindenden religiösen Unterweisung. In der Schrift *An die Radherren* (1524) schrieb Luther:

> Warumb sollt man den yhm (= das junge Volck) nicht solche schulen zurichten und solche kunst furlegen? Syntemal es itzt von Gottis gnaden alles also zugericht ist, das die kinder mit lust und spiel leren kunden, es seyen sprachen odder ander kůnst oder historien. Und es ist itzt nicht mehr die helle und das fegfeuer unser schulen, da wir ynnen gemartet sind über den Casualibus und temporalibus...

Die enge Verknüpfung zwischen religiösem und didaktischem Ziel formulierte Ickelsamer, der frühere Student von Luther, in der Vorrede zur *Teutschen Grammatica*: „Mich hatt aber nitt kürzweil allain / sonder Gottes ehr das zůschreiben ermanet / dann es ist ye ain werck dz zů seinem lob vast dienen mag / Es ist one zweifel yetzt kaum ain werck oder creatur auf erden / die zůgleich zu Gottes ehr vnd vnehr / mehr gebraucht würdt / denn die lesekunst" (nach J. Müller 1882, 123).

Für den Rothenburger Schulmeister und das Mitglied im dortigen Bürgerausschuss 1525 ist jedoch die durch den Druck potenzierte Möglichkeit der Welterfahrung ebenfalls von Bedeutung: Der gemeine Mann solle *selbs lesen* und *bas vrteylen*, denn es *kann itzo nichts kundswirdigs in der gantzen welt geschehen, / Es kumbt schrifftlich durch den Truck zu lesen* (nach Prowatke 1988, 177, zitiert bei v. Polenz [2]2000, 173).

In den katholischen Territorien brachte erst die Gegenreformation eine gewisse Angleichung in diesem Bereich. In einigen Territorien kam es sogar zu einer Art ‚Gesamtschulsystem', das den Übergang von der Lateinschule, auch mit Hilfe von Stipendien, die eine bestimmte soziale Mobilität ermöglichten, zur Universität gewährleisteten.

In gewissen Städten wie Straßburg gab es in Ansätzen ein alle Kinder erfassendes Volksschulsystem. Die Schätzungen, die für Luthers Zeit in den Städten von einer alphabetisierten Minderheit von 10 bis 20% der Einwohner (insgesamt ca. 5% der Gesamtbevölkerung in Deutschland) ausgehen, lassen sich nur schwer mit der sehr raschen Verbreitung der reformatorischen Druckschriften vereinbaren. Regionale Untersuchungen schließen aufgrund der Verbreitung der Schulen und der Schülerfrequenzen, besonders für den dicht verstädterten Südwesten und das Hansegebiet, auf einen höheren Grad der Lese- und Schreibfähigkeit. Der Legat Campeggio erhob 1524 gegenüber dem Nürnberger Ratskonsulenten Chr. Scheuerl den Vorwurf, dass der ‚gemeine' Mann an einem Tag jetzt mehr lese als vorher in einem ganzen Jahre.

Das von W. Ratke entworfene Bildungsprogramm, das die Einrichtung von Schulen mit Dt. als Grundlage der gesamten Ausbildung vorsah, beweist, dass er die Bedeutung der Schule für die Verwirklichung und das Erlernen einer vorbildlichen Sprachform von nationaler Geltung erkannt hatte. In seinem 1612 dem Reichstag in Frankfurt/M. überreichten *Memorial* heißt es:

> Wie ein eintrechtige sprache Im Reich bequemlich einzuführen, das ist, wie Sachsen, Francken, Schwaben, Düringer etc. der Hochdeutschen Sprachen gewehnen, vnd nachmahls derselben sich einmütigk gebrauchen mügen. Dieses vermeine ich durch die deutschen Schulen zu erlangen.
>
> (aus: Weithase 1961/1, 244)

Ratke forderte, dass der Sprachunterricht mit der Analyse der sprachlichen Mittel der Muttersprache anfangen sollte.

4.1.4.   Die Sprachgesellschaften

Impulse, die von nl. (s. die ‚rederijkenkamers'), frz. und ital. sprachpflegerischen und literarischen Vereinigungen bürgerlich-pädagogischer oder höfischer Richtung ausgingen, wurden in der Zeit des Dreißigjährigen Krieges in Deutschland wirksam. Die 1617 in Weimar nach dem Vorbild der *Accademia della Crusca* begründete ‚Fruchtbringende Gesellschaft' (später auch ‚Palmenorden' genannt) versammelte unter der Führung von Fürst Ludwig von Anhalt-Köthen bedeutende Schriftsteller wie Anton Ulrich von Braunschweig-Lüneburg, Gryphius, Harsdörffer, v. Logau, Moscherosch, Opitz, Zesen und Grammatiker wie Gueintz und Schottel. Hauptanliegen der Gesellschaft waren der Kampf gegen die ‚Sprachverderber' und gegen fremde Einmischung sowie die Festlegung einer literarischen Norm in Aussprache, Schrift und Reim, was auch die Frage nach der führenden Sprachlandschaft aufwarf. Diese aristokratisch ausgerichtete, mit 890 nachgewiesenen Mitgliedern größte Sprachgesellschaft, die sich als Vorbild mit nationaler Geltungsweite verstand, formulierte ihre Ziele wie folgt:

> Fürs ander / daß man die Hochdeutsche Sprache in jrem rechten wesen und standt / ohne einmischung frembder ausländischer wort / auffs möglichste und thunlichste erhalte / und sich so wol der besten aussprache im reden / als der reinesten und deutlichsten art im schreiben und Reimen=dichten befleissige.

In direkter Verbindung mit ihr sind die *Deutsche Rechtschreibung* von Gueintz (1645) und Stielers *Der Teutschen Sprache Stammbaum und Fortwachs oder Teutscher Sprachschatz* (1691) zu sehen.

Ähnliche Ziele verfolgten die ‚Aufrichtige Gesellschaft von der Tannen‘ (1633, Straßburg; dazu Bopp 1998), die ‚Teutschgesinnete Genossenschaft‘ (1643, Hamburg), der ‚Hirten- und Blumenorden an der Pegnitz‘ (1644, Nürnberg), der ‚Elbschwanenorden‘ (1658) und die ‚Deutschübende Poetische Gesellschaft‘ (1717, Leipzig, ‚Deutsche Gesellschaft‘ ab 1727 unter Gottsched). Diese eher bürgerlich geprägten Sprachgesellschaften waren zwar nicht konfessionell akzentuiert, aber dennoch stark protestantisch geprägt. Ihre Aktivitäten lagen hauptsächlich in der Kasualdichtung und im Epistolarischen.

Die Reinigung der dt. Sprache von dem überwuchernden Fremdwortgut und der Vermengung, die, ausgehend von der höfisch-galanten Lebensweise (Alamodewesen), auch in breitere Volksschichten eingedrungen war, die Schaffung einer einheitlichen Literatursprache und ihre Normierung in Grammatik, Wörterbuch und Poetik waren die Hauptanliegen dieser Vereinigungen. Im Zeichen des Sprachpurismus wurden Fremdwörter eingedeutscht; so hatte Zesen wesentlichen Anteil an der Prägung bzw. Durchsetzung folgender Wörter: *Anschrift* (Adresse), *Bollwerk* (Bastion), *Jahrbücher* (Annalen), *Bücherei* (Bibliothek), *Grundstein* (Fundament), *Nachruf* (Nekrolog), *Mundart* (Dialekt), *Glaubensbekenntnis* (Credo), *Vollmacht* (Plenipotenz). Dagegen blieben die Ersetzungsvorschläge *Tageleuchter, Jungfernzwinger, Gesichtserker, Zitterweh, Zeugemutter* für Fenster, Nonnenkloster, Nase, Fieber, Natur ohne Erfolg. Auch sein Versuch einer radikalen Durchsetzung des phonemischen Prinzips in der Orthographie scheiterte.

Der früher vorwiegend oder fast ausschließlich im Sinn des Sprachpurismus ausgelegte Begriff der Sprachreinheit muss dahingehend revidiert werden, dass es Autoren wie Schottel und der ‚Fruchtbringenden Gesellschaft‘ um eine normgerechte Leitvarietät ging, die sich zu einer Standardsprache mit nationaler Geltung und Akzeptanz entwickelt, und um die Freilegung des durch Fremdwörter und Sprachmischung verschütteten dt. Sprachpotentials, z.B. in der Wortbildung. Das Ideal der ‚grund- und kunstrichtigkeit‘, der ‚Reinligkeit‘ (*puritas*) zielte auch auf die Beseitigung von Archaismen, Provinzialismen (Dialektales wurde als fehlerhaft eingestuft), Unregelmäßigkeiten, Undeutlichkeiten, Vulgarismen und allgemein von der vom Krieg verursachten grobianischen Verrohung der Sprache ab, die sich im ‚guten Gebrauch‘ gegenüber dem ‚gemeinen Pöbel‘ abgrenzen sollte. Der bereits im 16. Jh. bei Hutten, Reuchlin oder Fischart vorhandene Fremdwortpurismus erfuhr in der Satire und Parodie bei Rist und Moscherosch, im *new Klaglied, Teutsche Michel genannt, wider alle Sprachverderber* (1638) oder im übereifrigen Hyperpurismus eines Zesen eine Radikalisierung, die die Absichten der Gesamtbewegung überzeichnete. Dass das „ausheimische“ – ein Begriff für die Überfremdung, der nicht allein auf das Frz. gemünzt war – nicht als Hauptangriffsziel gewertet werden darf, beweist der Stellenwert, der die Übersetzungtätigkeit, die Nachahmung als Mittel, um die dt. Sprache literaturfähig zu machen, und als Vorübung für eigene Werke in der Programmatik der Sprachgesellschaften einnahm.

Die Spracharbeit kann nicht als Selbstzweck, sondern als ein wichtiges Werkzeug zum Erreichen übergreifender Ziele verstanden werden. Mit späthumanistischen und frühaufklärerischen Motivationen versuchten die Sprachgesellschaften mit ihren vorwiegend der

Schriftlichkeit zugute kommenden Sprachkultivierungsbemühungen eine Symbiose der Bestrebungen zu erreichen, die vom Territorialabsolutismus und vom Bildungsbürgertum ausgingen. Sie sind einzuordnen in den breiteren Rahmen der Sozietätsbewegung des 17. Jh.s, die die Entwicklung der Nationalkultur und der bürgerlichen Öffentlichkeit unter Berücksichtigung der barock-höfischen Repräsentationselemente anstrebte und die in die obrigkeitsgesteuerten Akademien einmündete. Die sprachbezogene Aktivität darf dabei nicht isoliert betrachtet, sondern muss als programmatisch verknüpft mit gesellschaftspolitischen und moralisch-sittlichen Werten und Dimensionen gesehen werden, die im Sprachsystem zum Ausdruck kommen. Die lose institutionelle Form der Gesellschaft bot den Raum für eine öffentliche Diskussion über das Bildungsgut Muttersprache, das einer kulturpatriotisch begriffenen Pflege bedurfte. Die grammatographischen, lexikographischen und poetologischen Ansätze werden in ihren identitätsstiftenden Absichten mit der Vorstellung von dt. Gesinnung und Tugenden wie ,Ehrlichkeit, Aufrichtigkeit, Treue, Reinheit, Redlichkeit' in Verbindung gebracht, die sich in Denken, Sprachhandeln und Handeln ausdrücken. Diese werden hypostasierend dem Wesen der dt. Sprache zugeschrieben und in Gegensatz zum Frz. gebracht, so dass Sprachmengerei die ehrliche Kommunikation beeinträchtigen muss. In dieser „tendentiell ahistorischen" (Gardt [2]1998) und ethisch wertenden Perspektive wird Sprachverfall mit Tugendverlust – „Auf eine Enderung der Sprache folget eine Enderung der Sitten" (Schottel) – und sprachliche Unterjochung mit politischem Freiheitsverlust eng verknüpft.

Die auch mit der Tradition der Sodalitäten des 16. Jh.s verwandten Sprachgesellschaften fanden als Vorstufe eine gewisse Fortsetzung in den Akademien des 18. Jh.s. Im Stiftungsbrief der ,Berliner Societät der Wissenschaften' (1700) wird zwar als Ziel festgehalten, „Studien zur Erhaltung der deutschen Sprache in ihrer anständigen Reinigkeit auch zur Ehr und Zierde der deutschen Nation [zu] betreiben", und in der *Generalinstruction* als Auftrag „Reinigkeit und Selbstand der uralten teutschen Hauptsprache" bestimmt; 1744 ging sie jedoch auf Anordnung des Königs zum Frz. über, was der Integration der frz. Mitglieder und derjenigen aus dem hugenottischen Refuge entgegenkam.

Vgl. dazu die Anrede des Hauptmanns von Kapernaum (Lk 7,6f.):

Parodie von J. Rachel (1666):	Lutherübersetzung 1534:
Monsieur, ich bin nicht wert, daß Ihr zu meiner Thüren und in mein Logis solt mit mir hin marschieren; Un mot, sprecht nur ein Wort, ich weiß zu dieser Stund Et tout incontinent so wird mein Knecht gesund.	Ach Herr / bemühe dich nicht / ich bin nicht werd / das du vnter mein dach gehest / darumb ich auch mich selbs nicht wirdig geachtet hab / das ich zu dir keme / sondern sprich ein wort / so wird mein knabe gesund.

und aus: *Der Vnartig Teutscher Sprach=Verderber* (aus: Zs. d. allg. dt. Sprachver., Wiss. Beih. 1.1891, 32f.)

Es ist ein gleicher Verstand in diesen reden: Was erlogen ist / daß muß mit *Complimenten* gezieret werden. Und / was mit *Complimenten* gezieret ist / das ist erlogen. Jener / mein bester Freund / den ich im Hertzen kenne / zoge nach Lyon / kehrete zum Gülden Löwen ein: Seiner Landsleute einer so seine Ankunfft erfahren / kam ihn zu besuchen und anzusprechen / mit diesen Worten: *Monsieur*

& *frere*, werther / sehr geehrter Herr und Freund und Landsman / seine glückliche *arrivee* ist mir fast *exoptabel*, und dancke Gott / daß Er ihn durch so manche *perilleuxe occasion* und Gefahr durchgebracht / als dessen *fortune* mich von Hertzen also *touchirt*, ob sie mich leiblich angienge. Weil mir aber auch bewust / daß in der frembde es nicht allemahl *a Souhait* hergehen kan / sondern offt an *neceßitet* gerathet / auch wol bey den jenigen die sonst zu Hause alles in *abundantz* haben: So erbiete gegen meinen Herrn ich mich / daß / wo er ein Ducat 20/30. benötigt / ihm solche *incontinent* von mir sollen überschossen werden / und *conjurire* ihn / mir solches ja nicht zu *cachiren*, etc. Der Redliche Kerl / dem das grosse sprechen etwas unteutsch vorkam / bedankte sich gleichwol / uñ sprach / daß er seinen Seckel Rathsfragen / und solche gönstige Willfährigkeit nicht wolte außgeschlagen haben: Nach dem aber / zu seinem Gefehrten / ich muß / sagte er / *probiren* / was hinter diesen Worten für nachtruk und werke seyn mögen / derwegen begehrte er andern tags dz Gelt durch einen Diener: Aber der *Monsieur* entschuldigte sich / er hätte selbst kein Gelt / und was gestern geschehen were / daß were Ehren halben geschehen / und ein *Compliment* gewesen / so er gegen seim Landsman schuldig were. Ja / sprach der / nun weiß ich was ein *Compliment* ist: Es ist erlogen gewesen / lasse es für ein *Compliment* passiren.

4.2. Schreiber und Schulmeister, Grammatiker und Sprachtheoretiker

Orthographische und grammatische Reflexion begleiteten die Ausweitung der schriftlichen Verwendung der dt. Sprache. Die Humanisten, die auch eine Abwendung von den spätrömischen und mittelalterlichen Grammatikkommentaren vollzogen, widmeten sich zwar vorwiegend und zunächst der Beobachtung und Darstellung der lat. Sprache, deren grammatische Kategorien sie auf die Volkssprache übertrugen; auf die dem Humanismus verpflichteten Übersetzer und Schreiber (Niklas v. Wyle, Steinhöwel, Riederer, Hueber) sind jedoch bereits im 15. Jh. die ersten orthographisch-grammatischen Anweisungen (u.a. zur Interpunktion nach syntaktischer Segmentierung anstatt Markierung von Sprechpausen), gerichtliche Formularbücher und Anleitungen zum Lesenlernen zurückzuführen.

Die Vorläufer der späteren dt. Grammatiken sind als Schreib- und Leselehren oder aufgrund der Beschränkung auf diesen Teilbereich als Orthographielehren zu bezeichnen. Ab 1486 nachweisbar sind sie zunächst für dt. Briefe und geschäftliche Texte (z.B. Formularbücher, Titelbüchlein, Briefsteller, Fibeln) auch für den Selbstunterricht über Schul- und Amtsgebrauch hinaus konzipiert (v. Polenz ^{2}2000, 173).

Die grammatischen Schriften der ersten Hälfte des 16. Jh.s aus der Feder von Kanzleischreibern und Schulmeistern (oft beides in Personalunion) orientierten sich an praktischen Fragen der Spracherlernung (Lese- und Schreibanleitungen) und befassten sich mit Teilproblemen der dt. Sprachlehre. Eine erste Entwicklungsstufe bilden Schriften wie der Kölner *Schryfftspiegel* (1527) und Meichszners *Handbüchlin gruntlichs berichts, recht vnd wolschrybens* (1538). Dieser stellte fest,

in allen teutschen landen/ an keiner art die sprach so reyn/ das nit etwas missgebruchs darinn gefunden werd/ So ist zů raten/ das man gůter exemplar warneme/ wie man deren yetzo vil im truck findt.

(aus: J. Müller 1882, 160)

Für den Selbstunterricht des religiös mündigen Laien verfasste Ickelsamer *Die rechte weis auffs kürtzist lesen zu lernen* (1527; der Ausgabe von 1534 fügte er Luthers Kleinen Katechismus bei, was die enge Bindung zwischen Elementarbildung und Religion dokumentiert) und die *Teutsche Grammatica* (1534). Ickelsamer, der in seinen Leseanleitungen die Lautiermethode dem Buchstabieren vorzog, tadelte die Konsonantenhäufung und verlangte eine konsequente Lautschreibung. Zur Beschreibung der Artikulation zieht er allgemein verständliche Vergleiche mit Geräuschen und menschlichen bzw. Tierlauten heran:

> Das /f/ würdt geblasen durch die zene/ auf die vntern lebtzen gelegt/ und stymmet/ wie naß oder grun holtz am feüre seüt.
> Das /g/ so die zung das hinderst des gumens berurt/ wie die Gens pfeyfen/ wenns ainen anlauffen zubeyssen etc.
> Das /h/ ist ain scharpffer athem/ wie man in die hende haucht.
> Das /l/ ist ain zungen buchstab/ die zung wirt oben an den gumen getruckt/ so sich der mund gleich zum lachen vnd frőligkait schickt.   (aus: J. Müller 1882, 128)

Seiner Wertschätzung der dt. Sprache gab er Ausdruck, indem er sie auf die gleiche Stufe mit den drei heiligen Sprachen Hebr., Griech. und Lat. stellte und dementsprechend strenge Forderungen für ihre Orthographie formulierte:

> Mein sorg vnd thůn ist/ das ich ainen bald vnnd leichtlich lesen möcht leren/ waiß wol was [Bl. B iiijᵃ] sy im Latein/ ja auch an jrer selbs krafft für grosse vnterschide haben/ sag auch nit das es gleych sey ongefärlich ainen für den andern zůsetzen vnd zůgebrauchen/ sonder ich sag vnd erman gar fleissig ain yeden/ das er vmb rettung willen vnser gemainen Teütschen sprach/ die so gar verwůstet vnd verderbet ist/ gantz aigentlich wôl auffmercken/ wa er ainen yeden Bůchstaben am rechtisten vnd subtilisten setzen vnd gebrauchen soll/ vnd nitt also vnbesunnen ainen yeden überal gebrauchen/ Bey den Lateinischen wirdt die Orthographia/ das ist/ recht bůchstábisch schreiben/ so eben vnd fleyssig gehalten/ das ainer der gantzen lateinischen kunst vnwissend würdt geachtet/ der nur ainen bůchstaben vnrecht/ oder ainen zůvil oder zůwenig setzet/ warumb soll es dann bey den Teütschen gleich gelten/ man schreib recht oder falsch? kündt man doch dise sprach so wol regulieren als die Hebraisch/ Ghriechisch oder Lateinisch sein/ Ja billich ist es allen Teütschen ain schand vnd spott/ das sy anderer sprachen maister wőllen sein/ vnd haben jre aigne an [A: Bl. B iiijᵃ] geborne můter sprach noch [Bl. B iiijᵇ] nye gelernet oder verstanden/ aber zů der Teütschen Orthographia möchten ainem dise zwů nachuolgende regel dienen.   (aus: J. Müller 1882, 130f.)

Ickelsamer verwendete ebenfalls das nd., schon 1424 bezeugte (‚moder sprake') und von Luther gebrauchte Wort ‚Muttersprache'.

Nicht an Anfänger und vornehmlich an die ‚hochtütschen' wandte sich Kolroß mit seinem 1530 in Basel erschienenen *Enchiridion. Handbuechlin tütscher Orthographi*, das mit einem „Registerlin über die gantze Bîbel" versehen war; er hielt aber sein Buch auch für andere Sprachlandschaften anpassungsfähig und benutzbar:

> Den jungen aber/ so yetzt zimmlich schryben kőnnen/ doch der gerechtigkeit vnd art recht vnd verstándtlichs schrybens manglen/ mags ein Leermeyster sins gefallens zů zyten im jor låsen/ vnnd vor ougen practicieren/ ouch minderen oder meeren/ ye nach gelegenheyt des lands vnnd der sprach. Dann diß ist fürnåmlich für die hochtüdtschen gemacht/ würt doch in vylen dingen/ ouch andern tüdtschen nit vnnützlich sin.   (aus: J. Müller 1882, 65)

Bei dem Lehrer (und wahrscheinlich Schreiber) Frangk, der 1525 eine *Schreibe Kunst*, durch die „auch ein yeder eins mittelmessigen verstannds [...] durch sein selbs vleiss" schön zu schreiben lernen kann, herausgab und 1531 die *Orthographia / Deutsch / Lernt / recht buchstábig schreiben* (häufig mit dem *Cantzley vnd Titel bůchlin* vereinigt) veröffentlichte, ist das normative Anliegen, u.a. durch Nennung von Vorbildern, deutlich.

Von Deutscher sprach
vnd jrem misbrauch jnn
gemein.

ANfenglich ist z u m e r c k e n / Das die Deutsche sprach/ hie geteilt wird in zween vnder-
schied/ als/ Ober vnd Niderlendisch/ Was nu hie gehandelt oder geschrieben/ wird/ von oberlendi-
scher verstanden. Und wiewol diese sprach an jr selbs rechtfertig vnd klar/ so ist sie doch in vil punc-
ten vnd stücken/ auch bey den hochdeutschen nicht einhelig/ Denn sie in keiner jegnit oder lande/ so
gantz lauter vnd rein gefurt/ nach gehalden wird/ das nicht weilands etwas straffwirdigs/ oder mis-
breuchiges darin mitliefft/ vnd gespürt würde/ Wie denn hirnach in sonderheit zu mercken ist.

[Bl. I iiijb]
Woraus man Recht
vnd rein Deutsch lerne.

WEr aber solche misbreuch meiden/ vnd rechtförmig deutsch schreiben/ odder reden wil/ der mus
deutscher sprachenn auf eins lands art vnd brauch allenthalben nicht nachfolgen. Nützlich vnd gut
ists einem jdlichen/ vieler Landsprachen mit jren misbreuchen zuwissen/ da mit man das vnrecht
möge meiden/ Aber das fürnemlichst/ so zu dieser sach förderlich vnd dienstlich/ ist/ das man gutter exemplar warnehme/ das ist/ gutter deutscher bücher vnnd verbriefungen/ schriefftlich odder im
druck verfast vnd ausgangen/ die mit vleisse lese/ vnd jnen jnn dem das anzunehmen vnd recht ist/
nachfolge.

Under welchen mir etwan/ des tewern (hochlöblicher gedechtnis) Keiser Maximilianus Cantze-
lej vnd dieser zeit/ D. Luthers schreiben/ neben des Johan Schonsbergers von Augsburg druck/ die
emendirsten vnnd reinisten zuhanden komen sein/ Besondern/ wenn sie mit vleis jnngrossirt/ vber-
sehen vnd Corrigirt befunden werden/ Darzu/ aus jren Cantzleyen odder wercksteten/ Erstlich new
[Bl. IVª] ausgangen/ Von andern vnuleissigen vnd vnuerstendigen nicht anderwert vmbgeschrieben
odder nach gedruckt sein. Da mit aber/ wil ich niemands/ der es vielleicht so gut/ odder auch besser
denn die obuermelden wisten zumachen odder gemacht hett (drumb das er mir vnbekant) veracht
haben/ nach zunahen komen sein.   (aus: J. Müller 1882, 94f.)

Die Tatsache, dass zeitgenössische (Original)texte – Nachschriften und -drucke gelten als
wenig vertrauenswürdig – als Richtschnur empfohlen wurden, bedeutet, dass Frangk sein
Sprachideal bereits, wenn auch in keiner Landschaft in voller Reinheit, als verwirklicht
betrachtete. Die Kenntnis mehrerer Dialekte ermögliche eine wenn auch nur negative Ausle-
se: eine Aussage, die auf Selektions- und Ausgleichsmechanismen hindeutet. Frangk, der
ebenfalls Ausspracheanleitungen bot, gab seiner Wertschätzung der dt. Sprache Ausdruck,
indem er bei ihrer Behandlung den Maßstab des Griech. und Lat. anlegte:

DAs w i r D e u t s c h e n / neben andern Nation jnn vnser sprache/ nicht so gantz vngeschickt
befunden würden/ hab ich den jungen deutscher zung/ vngeübten/ vnd den recht regulirts deutschs
liebhabern/ diesen kurtzen vnnderricht/ zur anweisung/ sich darinnen zuüben/ fürschreiben wollen/
Wie wols on schaden/ ja meins bedunckens/ hoch von noten weer/ Das ein gantze Grammatica hier-
inn beschrieben würd/ wie jnn Krichischer/ Latinischer vnd andern sprachen gescheen/ Denn so
wir ansehen den emssigen vleis/ so die Latiner allein/ jnn jrer zungen fürgewandt/ vnd vnsern vn-
uleis/ bey der vnsern/ da gegen stellen/ solten wir billich schamrot werden/ das wir so gantz ables-
sig vnd sewmig sein/ Vnser edle sprach so vnwert vnd verachtlich halten/ Weil sie dennach [Bl.
I iijᵇ]jhe so lustig nützlich vnd tapffer jnn jrer red mass/ als jndert ein andere befunden wird/ Uns
vngelerten Layen auch (vnd die wir der heubtsprachen nicht geübt nach kündig) so viel an jr/ als
jndert einer andern gelegen ist/ Weil wir dieselben heubt sprachen allzugleich nicht erlangen noch
erlernen mögen/ Und so viel Edler nützbarlicher bücher vnd künste jnns deutsche zebringen vnd
zuuerdolmetschen sein/ die vns/ vber den lust vnd nutz zum teil auch/ zewissen hoch von nöten

weeren. Und ab gleich dieser mangel/ jtzunt allenthalben nicht verlegt nach abgeschafft/ so wenig ein boum (wie man sagt) mit einem schlag gefellet/ odder Rom jnn einem jar erbawet wart/ So bin ich doch on zweifel/ das er durch diese (aus dem grôbsten entworffenen) vnderweisung/ jhe ettlichen so dieser sachenn weitern bericht haben/ vrsach geben werd/ diesem thun mit ernst nachzudencken/ bis Gott sein gnad gibt das er auch gentzlich gedempfft mag werden.

(aus: J. Müller 1882, 93)

„Was recht Deutsch Schreiben sey", beschrieb Frangk folgendermaßen:

R E c h t   d e u t s c h   s c h r e i b e n   aber/ wird hie nicht genohmen/ odder verstanden/ als Rein hôflich deutsch/ mit geschmůckten verblůmbten worten/ ordentlich [Bl. I vᵇ] vnd artigk nach dem synn odder meinung eines jdlichen dings/ von sich schreiben (Welches mehr der redmas vnd Rethoriken zustendig/ vnd der halben jnn der Redkůndiger schule gehôrig/ da wirs auch bleiben lassen) Sondern/ Wenn ein jdlich wort/ mit gebůrlichen buchstaben ausgedruckt (das ist) recht vnd rein geschrieben wird/ also/ das kein buchstab můssig/ odder zuuiel noch zu wenig/ Auch nicht an stat des andern gesetzt nach versetzt Dar zu nichts frembdes/ abgethanes/ so einen missestant oder verfinsterung geberen môcht eingefůrt werd/ Welchs sonst die Latiner vnd Krichen/ Orthographiam/ wir aber/ Recht buchstâbig Deutsch schreiben/ nennen wollen. Von diesem sol hie kůrtzlich vnser handelung vnd angeben sein. Weil nuh ein jdlich wort mit gebůrlichen buchstaben sol ausgedruckt vnd geschrieben werden/ So mus man die buchstaben vorhin wol wissen zeunderschieden.

(aus: J. Müller 1882, 95)

Die dialektalen Unterschiede und die Frage der Einheitssprache werden zunächst noch wenig beachtet. Zwischen dem Kölner *Schryffispiegel* und der *Orthographia* von F. Frangk, der Luther, die Kanzlei Maximilians und die Augsburger Drucke Schönpergers als Vorbild nennt, sieht O. Reichmann den Übergang von horizontaler Varietätengeltung zu „vertikaler Varietätenbewertung" (1988, 174).

In der zweiten Hälfte des 16. Jh.s entstanden vollständige, in der internationalen Gebildetenkoine Lat. verfasste dt. Grammatiken mit normativem Anspruch, deren Zielpublikum z.T. ‚gebildete Ausländer' waren, die Dt. lernen wollten. Sie übernahmen ihre Kategorien und Gliederung von der lat. Grammatik, insbesondere von Melanchthons *Grammatica latina*. Während Albertus' *Teutsch Grammatick oder Sprach Kunst* (Augsburg 1573) sich auf die ‚Reichssprache' der Habsburger Kanzlei berief, stützte sich Ölingers *Vnderricht der Hoch Teutschen Spraach* (Straßburg 1573) auf die Straßburger Druckersprache. Wolf (*De orthographia Germanica* 1578), der das Dt. des kaiserlichen Hofes empfahl, erstrebte in Sprechen und Schreiben eine einheitliche dt. Sprache (*communis lingua*).

Die *Grammatica germanicae lingvae: ex bibliis Lutheri germanicis et aliis eivs libris collecta* (Leipzig 1578; in der 2. Aufl.: *Ex optimis quibusque Autoribus collecta*, vielleicht aus Rücksicht auf katholische Benutzer) des Clajus erlebte bis 1720 elf Auflagen. Luthers Sprache, die er vereinheitlichend darstellte und als vorbildlich für das gesamte dt. Sprachgebiet hielt, bildete die Grundlage des Werkes, eine Entscheidung, die auch religiös legitimiert wurde, denn, wie Gott Moses und die Propheten in der hebr., die Apostel in der griech., so habe er Luther als Werkzeug in der dt. Sprache auserwählt. Im Unterschied zu der Leselehre von Ickelsamer setzen Albertus, Ölinger und Clajus, die sich an Fortgeschrittene und Ausländer richten, Vorkenntnisse voraus.

Im 17. Jh., das durch eine starke Überfremdung der dt. Sprache charakterisiert ist, betätigen sich auch Dichter wie Opitz und Zesen sprachpflegerisch neben Grammatikern, z.B. in den Sprachgesellschaften. So setzte sich Zesen, der das Meißnische als Vorbild betrachtete, im *Hochdeutschen Helikon* für Schreibregeln nach etymologischem und phonetischem Prinzip, für die funktionale Trennung von *i/j* und *u/v/w* und für die Vereinfachung von ‚fremden' Zeichengruppen (*ph, th*) ein. Opitz wandte sich Fragen wie der Apokope/Synkope, der Vorsilbe *ge-* im Part. Prät., der Endung *-nis/-nuß* und dem Ausgleich des Prät. der starken Verben zu. Harsdörffer, Autor eines *Titular und Formular-Buch[s] Der Teutsche Secretarius* (Nürnberg 1674), der zwar Luthers Vorbildlichkeit für den Stil anerkannte, bezweifelte seine Autorität in orthographisch-grammatischen Fragen mit der Formel „Cicero [...] non Varro" (1646). Die Tradition der Schreiber und Kanzlisten wurde durch Sattler (*Teutsche Orthographey Vnd Phraseologey*, Basel 1607) fortgesetzt.

Als erste dt. Sprachlehre für die Einführung in den grammatischen Unterricht in der Volkssprache kann Kromayers *Deutsche Grammatica* (1618) gelten. In diesem Bereich war der Einfluss von Ratke (vgl. 4.1.3.) von großer Bedeutung. Die grammatische Unterweisung im Dt., schon im Elementarunterricht fester Bestandteil des Lehrplans, die Schaffung einer grammatischen Terminologie sowie der Unterricht in der Muttersprache um seiner selbst willen und als Grundlage für die weitere Bildung sind auf ihn zurückzuführen. Die *Deutsche Sprachkunst* (von Olearius (?), Halle 1630) ist seinen Ideen stark verpflichtet.

Dies gilt ebenfalls für Gueintz, der im Auftrag von Fürst Ludwig von Anhalt 1641 einen Entwurf und 1645 *Die Deutsche Rechtschreibung Auf sonderbares gut befinden Durch den Ordnenden verfasset/ Von der Fruchtbringenden Geselschaft übersehen* veröffentlichte. Er unterschied zwischen alten ‚Scribenten' vor und neuen ‚Scribenten' mit und nach Luther; die Lutherbibel, die Reichsabschiede, den *Teuerdank*, historische Übersetzungen, Mathesius und die Amadis-Romane empfahl er als Sprachvorbilder.

Scharfe Kritik innerhalb der ‚Fruchtbringenden Gesellschaft' erfuhr Gueintz von Schottel(ius), der neue Methoden der Sprachuntersuchung einführte und sich besonders der Wortbildung widmete, in der er die Gesetzmäßigkeit (‚Grundrichtigkeit') der dt. Sprache erkannte. Er veröffentlichte 1641 die *Teutsche Sprachkunst* (²1651) und 1663 die 1460 Seiten umfassende *Ausführliche Arbeit Von der Teutschen HaubtSprache*, aus der ein Auszug 1676 für den Schulgebrauch erschien. Der städtischen Variante des Meißnischen sprach Schottel zwar eine gewisse Vorbildlichkeit zu, doch er betonte, dass die rechte ‚hochdeutsche Mundart' mit keinem dt. Dialekt – Dialekte entstanden für Schottel durch Entstellung und Nachlässigkeit – identisch sei:

> Die Hochteutsche Sprache ist kein Dialectus, auch nicht die Niederteutsche Sprache/ sondern haben ihre Dialectos [...]. Die Hochteutsche Sprache/ worauff dieses Buch zielet, ist nicht ein Dialectus eigentlich, sondern lingua ipsa Germanica.

Schottel ging es um

> die Hochteutsche Sprache/ oder die rechte Hochteutsche Mundart [...] / welche die Teutschen/ sonderlich aber das Teutsche Reich selbst/ in den Abschieden/ in den Canzeleyen/ Gerichten und Trükkereyen bisher von Jahren zu Jahren angenommen und gebraucht hat ... Weil auch nunmehr ein durchgehende Kunstrichtigkeit darin hervor bricht/ und ... man zu dieser Mundart/ mit hinterlassung der Landrede [...] / sich angeschikket/ [...] richten wir uns nunmehr in gantz Teutschland darnach.   (aus: H. Eggers 1986, Bd. 2, 200f.)

Hinsichtlich der Sprachregeln ließ er in weniger wichtigen Fällen eine gewisse Toleranz walten (‚*Sey/Biß*' im Imp.; *sie sind/sein* in der 3. Pers. Pl.).

In der Nachfolge von Schottel befinden sich Autoren wie Girbert (*Deütsche Grammatica oder Sprachkunst* 1653), der sich zwar auf Luther als Norm berief, aber nicht der Originalausgabe, sondern späteren Drucken seiner Bibelübersetzung in der Praxis folgte. Als weitere Autoren seien hier Pölmann, Bellin und Stieler erwähnt. Bödiker rezipierte Schottel in seinem Werk *Grund-Sätze der Deutschen Sprachen* (1690), das weitere Auflagen im 18. Jh. erlebte.

Der im 17./18. Jh. beschrittene, bildungssprachlich-elitäre Weg „von einer verstehbaren zur richtigen Sprache" erfolgte als Umsetzung einer „geschichtsträchtigen Ideologie" (v. Polenz 1994, 135). Die Entwicklung von Leitvarietäten, die in einem ‚Vertikalisierungsprozeß' (Reichmann) zustande kam, hatte zum Ziel die Nationalsprache, die über die Kommunikationsbedürfnisse hinaus zum Identitätsmerkmal wurde. Die Abkehr von der Variantentoleranz und das Setzen von Sprachbewertungsmaßstäben sollte zur Herausbildung einer ‚hochdeutschen' Sprache führen, die Stieler über alle Mdaa. – inklusiv Meißnisch – stellte und die er in seiner *Kurze[n] Lehrschrift von der Hochteutschen Sprachkunst*, die seinem Wörterbuch (1691) beigefügt war, als der griech. Koine ebenbürtig achtete: „Dahero wir uns die teutsche Sprache allhier nicht / als eine teutsche Mundart / sondern / als eine durchgehende Reichs Haubtsprache / vorstellen / als wie etwa hiebevor die Griegische Haubtsprache [...]". Mit der von Schottel, der sich auf Tacitus beruft, um ihre Unvermischtheit hervorzuheben, gebrauchten Bezeichnung ‚Hauptsprache' wird Dt., wie die drei klassischen Sprachen, als Ursprache betrachtet, d.h. nicht wie das Frz. von einer anderen abgeleitet, und seine Entstehung unmittelbar auf die babylonische Sprachverwirrung zurückgeführt. Das Ringen um die Nationalsprache und die Gewinnung ihre Polyfunktionalität bedeuten ihre Behauptung gegenüber dem Lat. und der mit gesellschaftlichem Mehrwert ausgestatteten Prestigesprache Frz.

Dem Reinheitsgedanken Schottels gegenüber räumt Leibniz (*Ermahnung an die Teutsche, ihren Verstand und Sprache beßer zu üben samt beygefügtem Vorschlag einer Teutsch gesinten Gesellschaft* 1682/83; *Vnvorgreiffliche Gedancken, betreffend die Ausübung und Verbesserung der Teutschen Sprache* 1696/99), der in den eigenen Schriften Lat. und Frz. bevorzugte, den Vorrang einem reichen und leistungsfähigen Wortschatz ein, der alle Sprachbereiche abdeckt, nicht primär die höfische Repräsentation bedient und eine verständliche, klare, stilistisch gefällige Sprache zum Ziel hat. Da für ihn die „Poeterey" der Sprachgesellschaften zwar „Blumen aber keine Früchte" gezeitigt hätte, forderte er „Kernschriften in deutscher Sprache", was sowohl wissenschaftliche Prosa als auch allgemein zugängliche Texte umfaßte: „In Teutschland aber hatt man annoch dem latein und der kunst zuviel, der Muttersprache aber und der Natur zu wenig zugeschrieben, welches denn sowohl bey den gelehrten als bei der Nation selbst eine schädtliche würckung gehabt" (*Ermahnung*). Wie Gottsched, der diesbezüglich eine *Mittel-Strasse* einschlug, nahm er hinsichtlich des Umgangs mit dem Fremdwort eine moderate und nach Textsorten und Domänen differenzierte Position ein.

Das 18. Jh. brachte eine beträchtliche Zahl von Grammatiken und Orthographielehren hervor; die meisten waren für den Schulunterricht bestimmt, in dem Dt. nun einen festen Platz einnahm. Der Pietismus (vgl. die Franckeschen Stiftungen in Halle und Freyers *An-*

weisung zur Teutschen Orthographie 1722), aber auch die Klosterschulen und Kollegien (vgl. Brauns *Anleitung zur deutschen Sprachkunst* 1765) engagierten sich für Dt. als Sprache des Unterrichts.

Eine wichtige Stellung nahm Gottsched (*Grundlegung einer Deutschen Sprachkunst* 1748; mehrere Auflagen und Übersetzungen ins Frz., Russ., Lat., Nl. und Ung.) ein, der als normativer Grammatiker eine mundartfreie und im Geist der Aufklärung streng geregelte Kunstsprache anstrebte. Vorbilder waren das literaturfähige Meißnisch (nicht die Mda.) und die besten Schriftsteller „des vorigen und jetzigen Jahrhunderts" aus verschiedenen Landschaften:

> Die besten Schriftsteller eines Volkes, werden durch den allgemeinen Ruhm, oder durch die Stimmen der klügsten Leser bekannt: doch müssen sie nicht in Ansehung der Sachen, sondern wegen der Schreibart und Sprache berühmt seyn. Es dörfen aber diese Scribenten nicht eben alle aus derselben Landschaft gebürtig seyn. [...] Eben das wird man auch in Deutschland bemerken, wenn man darauf Achtung geben will. War Opitz ein Schlesier, und Flemming ein Meißner, so war Dach ein Preuß, Rist ein Niedersachs ... u.s.w.   (aus: H. Eggers 1986, Bd. 2, 312)

Der nicht vorhandene Bezug auf Luther erleichterte die Verbreitung des Werks im kath. Süden. Ein gewisser, nicht nur konfessionell bedingter Widerstand gegen das norddt. und md. Muster, das Gottsched trotz allem verkörperte, machte sich bei Aichinger, Popowitsch und Bodmer bemerkbar, während Hemmer und Braun eine vermittelnde Position einnahmen.

Die ‚süddt. Reichssprache', die zunächst die Basis für ein Sprachnormbewusstsein bildete – später wurde im Zuge der Gegenreformation das Jesuiten-Dt. als Bildungssprache bedeutend –, wurde vom protestantischen Norden und Osten als ‚provinziell' und ‚antiquiert' abgestempelt. Diese Tradition wurde aufgegeben, nicht zuletzt in Zusammenhang mit der Auflösung des jesuitischen Schulwesens, das viele Sprachlehrbücher hervorgebracht hatte.

In Bayern wirkte die enzyklopädische gelehrte Zeitschrift *Parnassus Boicus* (1722–1740) für ein bayerisches Selbstbewusstsein, das die obd. Gemeinsprache hochhalten sollte, und dies, obwohl ein Defizit hinsichtlich des Sprachkultivierungsschrifttums festgestellt wurde, „dahingegen es bey den Uncatholischen in jhren Buch-Läden von derley Art Schrifften wimmlet" (Reiffenstein 1988, 28). 1765 schrieb H. Braun: „Nach dem niederdeutschen richten sich schon die meisten übrigen deutschen Provinzen; dahingegen unsere bisherige, oberdeutsche Schreibart nirgendwo anderswo das Glück gehabt hat, Eingang und Beyfall zu finden" (Matzel/Penzl 1982, 125; nach v. Polenz 1994, 173). In ihrer Satzung verpflichtete sich die Bayerische Akademie der Wissenschaften (1759) zur Förderung und Pflege der dt. Sprache im Sinne von Leibniz und machte sie zu ihrer Publikationssprache.

In Österreich vollzog sich die Wende in der Regierungszeit von Maria Theresia (1740–1780) und Joseph II. (1780–1790) (Wiesinger 1993). Das Terrain war trotz Zensur durch die Verbreitung von norddt. und omd. protestantischem Schrifttum, aber auch durch die luthernahen katholischen Bibelübersetzungen bereitet, und Popowitschs moderate, vermittelnde Haltung (*Die nothwendigsten Anfangsgründe der Teutschen Sprachkunst zum Gebrauch der Österreichischen Schulen auf allerhöchsten Befehl ausgefertigt*. Wien 1754; *Versuch einer Vereinigung der Mundarten von Teutschland als eine Einleitung zu einem vollständigen Teutschen Wörterbuche* (... aus dem Nachlaß). Wien 1780) förderte eine Entwicklung, die den Ausbau eines komplementären Nebeneinanders von Einheitssprache und identitätsstiftender regionaler Varietät besonders in Aussprache und Wortschatz gewährleistete.

Für die Ende des 15. Jh.s de facto und 1648 de jure vom Reich losgelöste Schweiz lagen die entscheidenden sprachkulturellen Zentren außerhalb des Staatsgebiets, und alem.-schweizerische Schreibtradition wirkte textsortenbedingt bis ins 17. Jh. weiter. Die Polemik der Züricher Bodmer und Breitinger mit Gottsched gehört eher auf die literarisch-stilistische Ebene. Bodmer, der Luther als Urheber des Abbruchs der mhd. staufisch-höfischen Dichtungstradition bezichtigte, stellte zwar die im 18. Jh. bereits akzeptierte Norm nicht grundsätzlich in Frage, beanspruchte aber Toleranz für Archaismen, Lehnwörter und regionale Besonderheiten. Es etablierte sich eine Diglossie und Code-Switching-Praxis zwischen Mda. und Schriftsprache.

Der vom Oobd. zum Omd. tendierende Umlagerungsprozess, der zunächst die protestantischen Gebiete ergreift, findet erst im ausgehenden 18. Jh. mit der Ausdehnung der gottschedischen Standardvarietät in die katholischen Gebiete in Bayern und Österreich seinen Abschluss.

Im Unterschied zur frz., von König und Hof als Herrschaftszentren gesteuerten Entwicklung aristokratischer Prägung sind es im Dt. eher bürgerliche Kräfte, die diese maßgeblich bestimmen. Was schon für das vom wirtschaftlich-kulturell hochstehenden Raum Augsburg–Nürnberg getragene *gemeine Deutsch* galt, das erst im Nachhinein von der kaiserlichen Kanzlei politische Bestätigung erfuhr, setzt sich wiederum im Gegensatz zum Frz. im dt. Standardisierungsprozess des 17. Jh.s fort: Nicht Adel und Hof, sondern (bildungs)bürgerliche Elemente und Gelehrtengesellschaften sind die treibenden Kräfte der Selektions- und Kodifizierungsphasen.

Für v. Polenz (1994, 169f.) bildet die Aufhebung der Sprachschranke zwischen dem katholisch-konservativen Süden und dem protestantisch-aufklärerischen Norden und Osten durch die Übernahme der omd./norddt. Normvorstellungen eine Grenzmarke: „spätestens hiermit endet die Epoche Frnhd."

Adelung (*Deutsche Sprachlehre. Zum Gebrauch der Schulen in den Königl. Preuß. Landen*, Berlin 1781; zahlreiche Ausgaben, frz., lat. und engl. Übersetzungen, *Auszug aus der Deutschen Sprachlehre für Schulen* 1781) markiert einen Bruch mit der normativen Haltung der Aufklärungszeit und einen Übergang zur stärker deskriptiven Grammatik: Der ‚Sprachlehrer'

> ist nicht Gesetzgeber der Nation, sondern nur der Sammler und Herausgeber der von ihr gemachten Gesetze, ihr Sprecher und der Dollmetscher ihrer Gesinnungen. Er entscheidet nie, sondern sammelt nur die entscheidenden Stimmen der meisten. Nie läßt er sich durch Vorurtheil oder Eigenliebe verleiten, die Gesetze der Nation zu verfälschen, oder ihr seine Meinungen unterzuschieben. Er stellt die Sprache so dar, wie sie wirklich ist, nicht wie sie seyn könnte, oder seiner Einbildung nach seyn sollte. (*Umständliches Lehrgebäude der Deutschen Sprache*, Leipzig 1782, 113f.)

In seinem *Umständliche[n] Lehrgebäude der Deutschen Sprache, zur Erläuterung der Deutschen Sprachlehre für Schulen* betont Adelung, dass die sprachnormierende und -standardisierende Wirkung der Fürstenhöfe und besten Schriftsteller und Gelehrten auch eine gesellschaftlich breitere Akzeptanz, z.B. beim städtischen Bürgertum, erfahren muss: „Sprachgesetze [...] müssen wenigstens von dem größten Teil des Volkes, nicht bloß von den obern und gelehrten Classen anerkannt [...] und befolgt werden" (2, 654f.; nach v. Polenz 2002, 7). Wenn er sich auch häufig auf die Sprachpraxis der „Personen von Geschmack und Erziehung" beruft, so teilt er Schottels abwertende Einschätzung der „gemeinen Rede", der „Pöbel-" oder „Landsprache", der „Vermischung und Vermengung" als Sprachwandel verursachende Faktoren und leitet damit die Abkehr von einer rein oberschichtlichen Sprachgeschichtsschreibung ein. Nachdem Dt. gegenüber dem früher kulturell dominanten Exostandard Lat. den sprachpolitischen Nachweis seiner Leistungsfähigkeit erbracht hat, versucht Adelung, die gesellschaftliche und räumliche Ortung seiner mustergültigen Erscheinungsform zu bestimmen. So sieht er die Städte bereits im Mittelalter als „Wohnsitz der Künste, des Fleisses, der Erfindsamkeit und des Geschmacks", und „daher sind volkreiche und in volkreichen Städten immer die obern Classen der cultivierteste Theil eines Landes" (nach v. Polenz 2002, 6). Was die Vorbildlichkeit des meißnischen Dt. betrifft, die Adelung nicht nur auf die Schriftlichkeit „des ganzen aufgeklärten Theils der Nation, sondern auch [auf] die gesellschaftliche Sprache fast aller Personen von Geschmack und Erziehung, besonders in dem mittleren und nördlichen Deutschlande", als „herrschende Sprache des Gelehrtesten und gesittetsten Theiles der Nation" (ebd. 7f.). bezieht, so bringt er sie in Zusammenhang mit dem gesellschaftlichen Entwicklungs- und wirtschaftlichen Wohlstand Sachsens als Basis, wobei er die dortige „autochthone Oberschichtlautung" (v. Polenz) als mustergültige Sprechsprache überbewertet. Dies geschieht (s. 2.2.3.) unter Fehleinschätzung der von ihm als ‚nieder-hochdeutsch' bezeichneten, dialektfernen, dem Buchstaben folgenden (Vor)lesesprache:

in dieser Hinsicht konnten die Norddeutschen erfolgreicher sein als die Obersachsen, denn bei ihnen ist die Verdrängung des Dialekts, der verachteten plattdeutschen Mundart, seit der Mitte des 16. Jahrhunderts rigoroser erzwungen worden als in Obersachsen; dies war sogar ein umfassender Sprachenwechsel, der auch mit der Verdrängung und Diskriminierung ihrer eigenen hochentwickelten Literatur- und Verwaltungssprache, des Mittelniedertdeutschen, verbunden war.

(v. Polenz 2002, 8)

Bei allem Verständnis für seinen pädagogischen Eifer ist die extrem abwertende Haltung Herders gegenüber den Mdaa. als „bildungssprachkulturelle Ausgrenzung der Unterschichtbevölkerung" (Fleischer u.a. 2001, 619) aufzufassen, wenn dieser in seiner Schulrede *Von der Ausbildung der Rede und Sprache in Kindern und Jünglingen* (1796) behauptet:

Unser Thüringen hat viel Gutes aber keinen angenehmen Laut der Sprache [...]. Jünglinge, die diesen unangenehmen Dialekt bloßer Thierlaute an sich haben, sie mögen aus Städten oder vom Lande her seyn, müssen sich alle Mühe geben, im Gymnasium eine menschliche, natürliche, charakter- und seelenvolle Sprache zu bekommen, und von ihrer bäuerischen oder schreienden Gassenmundart sich zu entwöhnen [...] und statt der Thier- die Menschsprache reden.

(zitiert nach Gessinger 1980, 60)

Die seit dem 16. Jh. wachsende Produktion von Grammatiken und Lehrwerken zur dt. Sprache entsprach dem Bedürfnis nach Unterweisung, nach schulisch verwendbaren Werken sowie den von den Humanisten angeregten Bemühungen um die wissenschaftliche Durchdringung der Volkssprache, nachdem die Grammatiker zur Erkenntnis gekommen waren, dass das Dt. auch formal darstellbare Funktionen besaß. So koexistierten – mit oder ohne Kontakt zueinander – die Tradition der Schulmeister und (Kanzlei)schreiber und die der Sprachtheoretiker, die in der Zeit der Aufklärung besonders deutlich mit der Zielvorstellung einer verbindlichen, stabilen, durch ein Regelwerk sanktionierten Norm operierten.

Dass die Grammatiker besonders im 16. Jh. durch ihre Schriften, über den praktischen Nutzen als Anleitungswerke hinaus, das Interesse an der dt. Sprache allgemein und ihre allmähliche Aufnahme in die Lehrpläne gefördert und das Sprachbewusstsein der Gebildeten geschärft haben, lässt sich kaum bestreiten. Dagegen ist ihre effektive Rolle im sprachlichen Kräftespiel bei der jetzigen quellenkundlichen Grundlage noch nicht zu bestimmen. Eine abschließende Beurteilung ihrer normierenden Wirkung ist bei der nicht seltenen Diskrepanz zwischen Sprachnormvorstellungen und dem eigentlichen Sprachgebrauch nicht möglich. Die Vorschläge der Grammatiker z.B. zu einer Festigung der Orthographienorm richteten sich nach recht unterschiedlichen Prinzipien (vgl. Piirainen 1980b, 105–121), und häufig blieben die präskriptiven Regeln hinter dem zeitgenössischen Sprachgebrauch zurück oder gingen an ihm vorbei. Die in Theorie und Praxis oft unstimmige, lange Berufung auf Luther als Sprachautorität (vgl. Bergmann 1983, 255–276) wurde nur durch die Anpassung der Lutherbibelausgaben an neue orthographische Regelungen ermöglicht. Zwar ist durch Selbstzeugnisse von Autoren (Wieland, Goethe, Schiller, Heine) und durch Zusammenarbeit von Autor (Goethe) und Verleger (Göschen) bzw. Korrektor z.B. die Bedeutung der Adelungschen Arbeiten bekannt, doch solange keine breiten und tiefgreifenden Untersuchungen über die Wirkung (Auflagenzahl und -höhe, Rezeptionsraum und -dauer, Umsetzung für Schulwerke usw.) vorliegen, lässt sich nur schwerlich eine kausale Relation zwischen Grammatikern und Sprachentwicklung konstruieren.

Literatur:

H. Bach (1937; 1943); Bansa (1968); Bentzinger (1969; [2]2000); Bergmann (1982; 1983); Besch (1972; 1983a; 1983b; 1985); Bopp (1998); Dahl (1962); H. Eggers (1986); Endres (1983); Fleischer (1970); Fleischer u.a. (2001); Frings ([3]1957); Gardt ([2]1998); Gessinger (1980); Glaser (1985); Gleißner (1935); Greule (2001a; 2001b); Große (1955; 1980; 1986); Guchmann (1969; 1974); Hartweg (1984b); Henne (1968); Henzen ([2]1954); Hoffmann/Mattheier (1985); Hölscher (1979b); Janota (1983); Jörg (1977); Josten (1976); Kettmann (1968); Kleinschmidt (1982a; 1982b); Kunze (1975); Malherbe (1906); Masařík (1966; 1985); Mattheier (1982); Matzel/Penzl (1982); Maurer (1965); Meier/Ziegler (2003); Merk (1933); Merkel (1930); R. Möller (1998); Hans Moser (1977; 1985); J. Müller (1882); R. Müller (1991); Nerius (1967); E. Otto (1970); K.F. Otto (1972); Papsonová (2003); Pfanner (1954); Piirainen (1968; 1972; 1980b); v. Polenz (1994; [2]2000; 2002); Prowatke (1988); Rapp (1980); Reichmann (1988); Reiffenstein (1988); Ristow ([2]1965); Rössing-Hager (1985); Schmidt-Wilpert (1985); Schmitt (1936a; 1936b; 1966, [2]1982); Schützeichel ([2]1974); Schwarz (1936a; 1936b); Skála (1967; 1968; 1985); Stopp (1979); Suchsland (1968); Tennant (1981a; 1985); Weithase (1961); Werbow (1963); Wiesinger (1993); Wilhelm (1932ff.); Wohlfeil (1982); *Zum Sprachwandel* (1987).

4.3. Luther

Die konfessionell geprägte Kontroverse hat von Anbeginn die Urteile über das Sprachschaffen Luthers sehr verschieden ausfallen lassen. Man denke nur an den kulturkämpferischen Tonfall von Behauptungen wie „Luther als Vater, Schöpfer oder Begründer" des Hochdeutschen oder an die häufig aus dem Zusammenhang gerissene Grimmsche Formel vom Hochdeutschen als „protestantischem Dialekt".

Aber auch in jüngerer Zeit finden sich extrem auseinandergehende Beurteilungen der sprachgeschichtlichen Breitenwirkung Luthers. Während Burdach den Reformator hinsichtlich der sprachlichen Entwicklung als ‚Nachzügler' bezeichnete, sah Jungandreas (1947) in ihm noch den ‚Schöpfer' der nhd. Schriftsprache. Schirokauer (^{2}1957 = Wegera 1986) dagegen sprach dem ‚Genie' Luther, gerade wegen der Einmaligkeit seiner Kunstleistung, jegliche Bedeutung für den Sprachwandelprozess ab.

Um Luthers sprachliche Wirksamkeit angemessen einzuschätzen, gilt es neben der Bestimmung der sprachlichen Situation vor dem Auftritt des Reformators und den Veränderungen in den sprachlich-kommunikativen Bedingungen auch auf sein Verhältnis zu seiner Muttersprache, den Fremdsprachen und zur sprachlichen Tradition einzugehen. Er war sprachlich im omd. Raum, einer Übergangslandschaft zwischen dem Md. und dem Nd., beheimatet. Im Elternhaus, in Eisenach und in Erfurt war das omd. Element vorherrschend. In Mansfeld und in Magdeburg dominierte das Nd. zumindest in der mündlichen Kommunikation. In Wittenberg, wo Luther ab 1511 lebte, lehrte und predigte, befand sich das Nd., das noch von breiten Schichten der Bevölkerung gesprochen wurde, im Rückzug. Mit weiteren Sprachlandschaften kam er auf seinen Reisen in Berührung. Bei den Tischgesprächen in Wittenberg hatte er u.a. Gesprächspartner aus dem Bair., Frk. und Hess., die ihm die Gelegenheit boten, sich auf über den omd. Raum hinaus verständliche Ausdrucksweisen einzustellen. Um seinen sprachlichen Standort näher zu bestimmen, müssen ebenfalls Traditionen erwähnt werden, denen er sich verbunden fühlte, wie die der volkstümlichen Predigt und der mystischen Erbauungsliteratur, die im Spätmittelalter im omd. Raum bedeutende Verbreitung erlangt hatten. Anlässlich der Herausgabe der *Theologia Deutsch* (1518), eines Zeugnisses dieser religiösen Strömung, schrieb er:

> Ich danck Gott, das ich yn deutscher zungen meynen gott alßo hőre und finde, als ich und sie mit myr alher nit funden haben, Widder in lateynischer, krichscher noch hebreischer zungen.
> (WA 1, 379)

Die Hochschätzung der deutschen Sprache, die er selbst erstmals im 34. Lebensjahr zur Abfassung einer Schrift benutzte, hinderte Luther jedoch nicht daran, die *Radherren aller stedte deutschen lands* (1524) zu ermahnen, die Pflege der alten Sprachen nicht zu vernachlässigen – hier kam wohl eher die Sorge des Theologen als das Grundanliegen des Humanismus zum Ausdruck. Eine Verabsolutierung des Gebrauchs der Muttersprache lehnte er ab.

Die von der Reformation und den im Zusammenhang mit ihr entstandenen politischen und sozialen Bewegungen ausgelösten Veränderungen in den kommunikativen Verhältnissen in Deutschland hat Luther entscheidend mitgeprägt: durch die Bibelübersetzung, die geistlichen Lieder, die das evangelische Gesangbuch mitbegründeten, durch die Sermone und Postillen, durch den Katechismus und durch den Auftrieb, den er – nicht zuletzt als Beteiligter – der Agitationsliteratur gab.

Die von Tschirch gelieferten Zahlen veranschaulichen seinen Anteil an der Entwicklung des deutschsprachigen Drucks in den ‚Sturmjahren' der Reformation (^{2}1975, 99):

	1500	1518	1519	1520	1521	1522	1523	1524
Deutsche Drucke	80	150	260	570	620	680	935	990
Deutsche Lutherdrucke	—	44	112	234	164	258	392	269

(s. auch Flachmann 1996)

In der Agitationsliteratur erwies sich Luther als Autor, der an Ausdruckskraft und Allgemeinverständlichkeit fast alle seine Zeitgenossen übertraf (vgl. Kettmann/Schildt 1978). Eine partnerwirksame Redeweise und zahlreiche sprichwörtliche Redewendungen – Luther hat selbst eine Sprichwörtersammlung zusammengestellt – sind charakteristisch für seine Stilgestaltung.

Neben der Bibelübersetzung, der Predigt und dem geistlichen Lied ist von Luthers Katechismen eine dauerhafte Wirkung auch in sprachlicher Hinsicht ausgegangen. Der *Kleine Katechismus* wurde zunehmend zum Gebrauch in Schulen und Gemeinden verordnet. Er wurde in der deutschen Version an den Elementarschulen, in den evangelischen Gelehrtenschulen als zweisprachige oder beim *studium trilinguae* als polyglotte Ausgabe zum grundlegenden Unterrichtsbuch. Vor allem das Memorieren der Texte hat über Jahrhunderte in der Glaubensunterweisung Lutherschen Wortgebrauch und Sprachduktus bei vielen Generationen eingeprägt.

Von Luthers reger Predigttätigkeit, die ihren Niederschlag auch in den zahlreichen und im Druck verbreiteten Einzelpredigten und Predigtsammlungen fand, ging ebenfalls eine bedeutende sprachliche Wirkung aus. Die *Kirchenpostille,* die er als sein bestes Buch bezeichnete, und die Hauspostillen blieben auch nach seinem Tod mustergültige Sammlungen, die die evangelische Homiletik wesentlich prägten. Der Reformator war sich des „groß vnterscheyt" wohl bewusst, „etwas mit lebendiger stymme adder mit todter schrifft an tag zubringenn" (WA 2, 166), und setzte entsprechend sprechsprachliche Mittel ein.

4.3.1. Luthers Bibelübersetzung

Die umfangreiche biblische Wissensliteratur, Textsammlungen wie Plenarien, Perikopen, Evangeliensammlungen, Kommentare, wie die nd. Glossare des Nikolaus von Lyra, auch die *Biblia pauperum* verschafften einen wenn auch begrenzten Zugang zur Heiligen Schrift. Die Ergebnisse der vorlutherischen Bibelübersetzungstätigkeit, die die Kirche zu unterbinden oder wenigstens in ihrer Wirkung einzuschränken versuchte, lösen sich kaum von der kanonisierten Vulgata (s. Reinitzer 1987), sind „aufwendig und in wenig volksnaher Sprache" verfasst (Erben 1985, 34) und eher „für den Gebrauch durch Kleriker und keineswegs für die Privatlektüre von Laien bestimmt" (Stackmann 1984,20).

Da die Lehre vom allgemeinen Priestertum den Gegensatz Kleriker/Laie aufhebt, verliert die Kirche ihr Vermittlungsmonopol, das z.T. auch an die heiligen Sprachen Hebr., Griech. und besonders Lat., die Sprache des Papsttums, geknüpft war. Ihnen wird Dt. gleichgestellt. Mit der Übersetzung der einzig gültigen Quelle der Offenbarung (*sola scriptura*), die er „klar vnd gewaltiglich verteutschen" will (*Sendbrief vom Dolmetschen*) – „Wir haben den vleys furgewandt / das wyr deutlich und yderman verstendliche rede geben / mit vnuerfelschtem synn und verstand / mugen leyden / das yemand besser mache" (*Vorrede zum Buch Hiob* 1524) –, verbindet Luther eine wahre Theologie der Sprache: „vnd last vns das gesagt seyn / Das wyr das Euangelion nicht wol werden erhallten / on die sprachen. Die sprachen sind die scheyden / darynn dis messer des geysts stickt. Sie sind der schreyn / darynnen man die kleinod tregt [...]" (*An die Radherren aller stede [...]* 1524). Durch seine Übersetzung wird die individuelle Lektüre gefördert, wenn auch das Vorlesen im Gottesdienst in der Vermittlung noch lange überwiegt.

Die sprachliche Qualität der Bibelübertragung Luthers hat nicht wenig zu ihrer Wirkung in religiöser und sprachlicher Hinsicht beigetragen. Obwohl sich kein präzises Abhängigkeitsverhältnis zu älteren Übersetzungen nachweisen lässt, ist doch anzunehmen, dass Luther mit der vorreformatorischen Übersetzungstradition vertraut war und dass sich bei aller Neuartigkeit und Eigenständigkeit seine Übersetzungsleistung nicht beziehungslos von seiner Zeit abhebt. So steht er den zeitlich vorausgehenden nd. Übersetzungen, den Plenarien und Perikopen, oft recht nahe – Berger spricht von „einer *generatio aequivoca* (Entstehung eines vielfach Gleichartigen aus ähnlichen Voraussetzungen) oder [...] einer – wenn auch unbewußten – gedächtnismäßigen Bewahrung besonders eindrücklicher Stellen" (1943, 56). Außerdem lassen sich zahlreiche syntaktische Gemeinsamkeiten mit dem mnd. *Het Leven van Jezus* (spätes 13. Jh.) feststellen.

Aufgabe:

Vergleichen Sie die Fassungen von 2 Ko 1,3ff. bei Meister Eckhart, in der Mentelbibel (1466) und bei Luther (1546).

Gott der ist gesegent vnd der vatter vnsers herren ihesu cristi ein vatter der erbermd vnd ein got alles trostes. der vns trôst in allem vnserm durechten (Mentelbibel 1466)

gesegenet sî got und der	GElobet sey Gott vnd der
vater unsers herren	Vater vnsers HErrn
Jêsû Kristî, ein vater	Jhesu Christi, der Vater
der barmherzicheit und	der barmhertzigkeit, vnd
got alles trôstes, der uns	Gott alles trostes, der vns
troestet in allen unsern	trôstet in alle vnserm
betrüepnissen	trûbsal
(M. Eckhart, D. dt. Werke 5,8 Quint)	(Luther 1546) (aus: Erben [3]1974, 536)

Beispiele aus den nd. Übersetzungen (Köln, Lübeck, Halberstadt), der Mentelbibel und aus Luthers Übersetzung:

1 Mo 19,2 (*mane*):	fru	1. dt. Bibel (1466ff.);
	morne vro	Kölner Bibel (1478);
	morgen vro	Halberstädter Bibel (1522);
	morgen frue	Luther (1523).
1 Mo 29,2 (*aquabantur*):	wurden getrenkt	1. dt. Bibel (1466ff.);
	plach men tho weteren	Kölner Bibel (1478);
	drenkeden se	Halberstädter Bibel (1522);
	pflegten sie [...] zu trencken	Luther (1541).
Bar 6,11 (*tinea*):	milb	1. dt. Bibel (1466ff.);
	motte	Kölner Bibel (1478);
	mutte	Halberstädter Bibel (1522);
	motte	Luther (1545).
Jer 15,7 (*ventilabro*):	wintfang	1. dt. Bibel (1466ff., ab 1475: windschaufel);
	worpschuffel	Lübecker Bibel (1494); Halberstädter Bibel (1522);
	worffschauffel	Luther (1545).

Hes 22,18 (*in scoriam*):	in sinter	l. dt. Bibel (1466ff.);
	yn eynen slaggen	Halberstädter Bibel (1522);
	zurschlacken	Luther (1534–41).
2 Mo 20,26 (*per gradus*):	durch die staffeln	l. dt. Bibel (1466ff.);
	vermiddelst stopen	Halberstädter Bibel (1522);
	auff stuffen	Luther (1523).

(aus: Erben [3]1974, 534; s. auch Schwenke 1987)

Die frühen Verdeutschungen folgten einem grundsätzlich anderen Übersetzungsprinzip, nach welchem die Vulgata nachgeahmt, nicht aber ersetzt werden sollte, so dass der „undeutsche Eindruck", den sie erwecken, nicht so sehr auf sprachliches Unvermögen als auf hermeneutische Überlegungen zurückzuführen ist. Im *Sendbrief vom Dolmetschen* (1530) und in den *Summarien vber die Psalmen / Vnd vrsachen des dolmetschens* hat Luther offenen Einblick in seine Werkstatt gewährt. Gegen die „Buchstabilisten" behauptet er im *Sendbrief*:

> denn man mus nicht die buchstaben jnn der Lateinischen sprachen fragen/ wie man sol Deudsch reden/ wie diese Esel thun/ Sondern man mus die mutter jhm hause/ die Kinder auff der gassen/ den gemeinen man auff dem marckt drûmb fragen/ vnd den selbigen auff das maul sehen/ wie sie reden/ vnd darnach dolmetschen/ so verstehen sie es denn/ vnd mercken/ das man Deudsch mit jhn redet.
> (WA 30, II, 637)

Die von Luther angestrebte Allgemeinverständlichkeit stellt Schirokauer überspitzt als sprachlichen ‚Nivellierungsvorgang' dar. Wenn Luther später – nach der Niederschlagung der Bauernaufstände von 1525 – *erwisscht* durch *ergreif, blaßtücker* durch *teuscher, schrey* durch *rief, gruntzen* durch *grollen* oder *verstarrt* durch *verwundert* ersetzt, so geht es ihm nicht so sehr um das Tilgen plebejischer Elemente als um das Streben sowohl nach allgemeiner Verständlichkeit als auch nach einer dem Gegenstand angepassten stilistischen Ebene (s. auch Tschirch 1966, 65ff.). Dieses Streben charakterisiert neben dem Bemühen, eine rhythmisch durchgegliederte Sprache zu erreichen, die systematische Revisionsarbeit, der er die Übersetzung sein Leben lang mit seinen Mitarbeitern unterzog (s. Schöndorf 2000). Die Lutherbibel wurde noch lange rhythmisch abgesetzt und nicht inhaltlich in Verse eingeteilt gedruckt, und die Interpunktion diente dabei primär der Gestaltung des rhythmischen Vortrags.

Beispiele für Luthers Übersetzungs- und Revisionsarbeit:

1. Ps 23,1–2. Hs. Entwurf und Verbesserungen 1523:

Der herr ist meyn hirtte,
myr wirt nichts mangeln
(Er hat mich lassen)
Er lesst mich weyden (ynn der wonug des grases)
           da viel gras steht
vnd (neeret)
    furet mich (am)
        (zum) ans wasser (gutter ruge)
            das mich (erquickt)
            erkület

Erstdruck 1524:

DEr HERR ist meyn hirtte/ myr wird nichts mangeln.
Er lesst mich weyden da viel gras steht/ vnd furet mich
zum wasser das mich erkulet.

1545:

DEr HERR ist mein Hirte/ Mir wird nichts mangeln.
Er weidet mich auff einer grünen Awen Vnd füret mich
zum frisschen Wasser (vgl. WA-B 1, 475; WA-B 10.1, 170).   (aus: Arndt/Brandt 1983, 81)

2. Lk 21,16   1522:   ... vnd sie werden ewr ettlichen zum tod helffen.
                1546:   ... vnd sie werden ewer etliche tödten. (WA-B 6, 306f.)
    Lk 2,32   1522:   ... das liecht zur erleuchtung der heyden.
                1546:   ... Ein Liecht zu erleuchten die Heiden. (WA-B 6, 218f.)
    Mt 2,11   1522:   vnd theten yhre schetze auff, vnnd legten yhm geschenck fur, gollt, wey-
                         rach vnnd myrrhen.
                1546:   Vnd theten jre Schetze auff, vnd schenckten im Gold, Weyrauch vnd
                         Myrrhen. (WA-B 6, 18f.)   (aus: Arndt 1962, 208f.)

Luthers Umgang mit der Sprache weist eine große Flexibilität auf, je nachdem, ob es sich
um den amtlichen Brief, ein Programm, eine theologische Streitschrift oder die Bibel handelt. Stets situations- und adressatenbezogen und textsortenspezifisch weiß der Reformator
wohl sprechsprachliche Elemente zu verwenden (Kettmann/Schildt 1978) und hinsichtlich
der Bibel zwischen Zitat in der Predigt und Bibelübersetzung zu unterscheiden: Es sei „ein
groß vnterscheyt, etwas mit lebendiger stymme odder mit todter schrift an tag zubringen".

Aufgabe:

Vergleichen Sie:

Predigt 1523   Bibel 1522

Mt. 5,8   Selig seind die, die eins rainen   Selig sind die von hertzen reyn
            hertzen seind.   sind.

Mt. 5,25   Sey wilfertig dem der dich   Sey willfertig deynem widersa-
            belaydigt hat.   cher.

Mt. 19,29   Wer da wirdt verlassen sein   Vnd eyn iglicher, der da verlest,
            hauß... der solß ob hundert   heuser ..., der wirts hundertfeltig
            feltig nehmen und sol das ewig   nemen, vnnd das ewige leben
            leben dort haben.   ererben.

Mt. 27,40   ... do er am creütz hieng   Bistu gottis son, so steyg er ab vom
            ... „Ey wie einen feinen got   creutz.
            hat er, ist er gottes sun, so
            steyg er herab."   (aus: Hans Moser 1982, 400; s. Schenker 1977)

Luthers Verherrlichung als Apostel, als Prophet, als dritter Elias hat seine Übersetzung zuweilen zur kanonisierten, erstarrten Textautorität versteinern lassen, und für heutiges Empfinden mag das Bibelidiom mit seiner Altertümlichkeit feierlich-verfremdend als ‚Sonntags-
sprache' wirken. Dies sollte jedoch nicht darüber hinwegtäuschen, dass sakralsprachliche
Stilelemente auch schon von Luther als solche beabsichtigt waren. Stolt kommt daher zum
Schluss, dass Luther

dem gemeinen Mann aufs Maul geschaut [hat], er hat ihm aber mitnichten nach dem Munde geredet. Seine Bibel spricht keine glatt eingängige Massensprache.   (1983, 10)

Als sakralsprachliche Markierungen bezeichnet Stolt die Einleitung ‚es begab sich aber', die Ankündigung durch ‚siehe' (bis 1533 ‚sehet'), ‚aber' an 2. oder 3. Stelle, die Aneinanderreihung der Sätze mit ‚und'.

Beispiele (aus: *Biblia* 1534)

Es begab sich aber zu der zeit / das ein gebot von dem Keiser Augusto ausgieng / das alle welt geschetzt würde. Vnd diese schetzung war die aller erste / vnd geschach zur zeit / da Kyrenios Landpfleger jnn Syrien war / Vnd iderman gieng / das er sich schetzen liesse / ein jglicher jnn seine stad. Da machet sich auff auch Joseph aus Galilea / aus der stad Nazareth / jnn das Jüdische land / zur stad Dauid / die da heisst Bethlehem / darumb das er von dem hause vnd geschlechte Dauid war / auff das er sich schetzen lies mit Maria seinem vertrawten weibe / die war schwanger.

Vnd als sie daselbst waren / kam die zeit / das sie geberen solte. Vnd sie gebar jren ersten Son / vnd wickelt jn jnn windeln / vnd leget jn jnn eine krippen / denn sie hatten sonst keinen raum jnn der herberge.

Vnd es waren Hirten jnn der selbigen gegend auff dem felde / bey den hürten / die hüteten des nachts jrer herde. Vnd sihe / des Herrn Engel trat zu jnen / vnd die klarheit des Herrn leuchtet vmb sie / vnd sie furchten sich seer. Vnd der Engel sprach zu jnen / Fürchtet euch nicht / Sihe / ich verkündige euch grosse frewde / die allem volck widderfaren wird / Denn euch ist heute der Heiland geborn / welcher ist Christus der Herr / jnn der Stad Dauid. Vnd das habt zum zeichen / Jr werdet finden das kind jnn windeln gewickelt / vnd jnn einer krippen ligen. Vnd alsbald war da bey dem Engel die menge der himelischen Heerscharen / die lobeten Gott / vnd sprachen / Ehre sey Gott jnn der Höhe / vnd fride auff erden / vnd den menschen ein wolgefallen.

Vnd da die Engel von jnen gen himel furen / sprachen die Hirten vnternander / Lasset vns nu gehen gen Bethlehem / vnd die geschicht sehen / die da geschehen ist / die vns der Herr kund gethan hat. Vnd sie kamen eilend / vnd funden beide Mariam vnd Joseph / dazu das kind jnn der krippen ligen. Da sie es aber gesehen hatten / breiteten sie das Wort aus / welchs zu jnen von diesem kind gesagt war. Vnd alle / fur die es kam / wunderten sich der rede / die jnen die Hirten gesagt hatten. Maria aber behielt alle diese wort / vnd beweget sie jnn jrem hertzen. Vnd die Hirten kereten widder vmb / preiseten vnd lobeten Gott, vmb alles / das sie gehöret vnd gesehen hatten / wie denn zu jnen gesagt war.

Abb. 18: Lk 2,1ff.

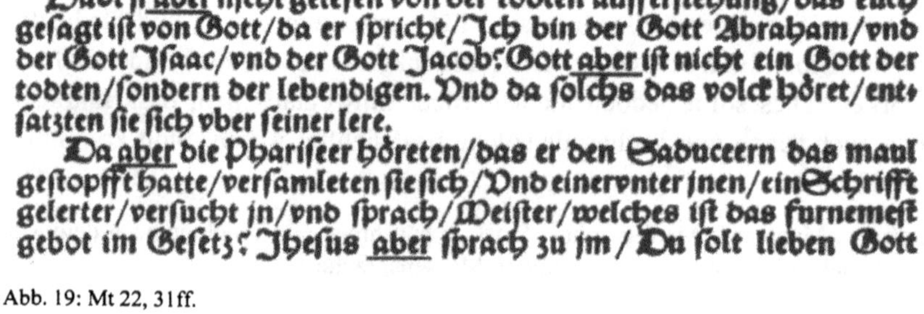

Habt jr aber nicht gelesen von der todten aufferstehung / das euch gesagt ist von Gott / da er spricht / Ich bin der Gott Abraham / vnd der Gott Isaac / vnd der Gott Jacob? Gott aber ist nicht ein Gott der todten / sondern der lebendigen. Vnd da solchs das volck höret / entsatzten sie sich vber seiner lere.

Da aber die Phariseer höreten / das er den Saduceern das maul gestopfft hatte / versamleten sie sich / Vnd einer vnter jnen / ein Schrifft gelerter / versucht jn / vnd sprach / Meister / welches ist das furnemest gebot im Gesetz? Jhesus aber sprach zu jm / Du solt lieben Gott

Abb. 19: Mt 22, 31ff.

A 𝔪 * abent aber des Sabbaths feiertages / welcher anbricht am morgen des ersten tages der Sabbathen / kam Maria Magdalena vnd die ander Maria / das grab zu besehen.

Vnd sihe / es geschach ein gros erdbeben / Denn der Engel des Herrn kam vom himel herab / trat hinzu / vnd waltzet den stein von der thür / vnd satzte sich drauff / Vnd seine gestalt war wie der blitz / vnd sein kleid weis als der schnee. Die Hüter aber erschracken fur furcht / vnd wurden als weren sie tod.

Aber der Engel antwortet / vnd sprach zu den weibern / Fürchtet euch nicht / ich weis / das ir Ihesum den gecreutzigten suchet / Er ist nicht hie / Er ist aufferstanden / wie er gesagt hat / Kompt her / vnd sehet die stet / da der Herr gelegen hat / vnd gehet eilend hin / vnd saget es seinen Jüngern / das er aufferstanden ist von den todten / Vnd sihe / er wird fur euch hin gehen inn Galilean / da werdet ir in sehen / Sihe / ich habs euch gesagt.

Vnd sie giengen eilend zum grabe hinaus / mit furcht vnd grosser frewde / vnd lieffen / das sie es seinen Jüngern verkündigeten / Vnd da sie giengen seinen Jüngern zu verkündigen / Sihe / da begegnet inen Ihesus / vnd sprach / Seid gegrüsset / Vnd sie tratten zu im / vnd griffen an seine füsse / vnd fielen fur im nidder. Da sprach Ihesus zu inen / Fürchtet euch nicht / gehet hin / vnd verkündiget es meinen Brüdern / das sie gehen inn Galilean / daselbs werden sie mich sehen.

Da sie aber hin giengen / sihe / da kamen etliche von den Hütern inn die stad / vnd verkündigten den Hohen priestern / alles was geschehen war. Vnd sie kamen zusamen mit den Eltesten / vnd hielten einen Rat / vnd gaben den kriegsknechten gelds gnug / vnd sprachen / Saget / seine Jünger kamen des nachts / vnd stolen in / die weil wir schlieffen / Vnd wo es würde auskomen bey dem Landpfleger / wöllen wir in stillen / vnd schaffen / das ir sicher seid. Vnd sie namen das gelt / vnd thaten / wie sie geleret waren. Solche rede ist ruchtbar worden bey den Jüden / bis auff den heutigen tag.

Aber die eilff Jünger giengen inn Galilea / auff einen berg / dahin Ihesus inen bescheiden hatte / Vnd da sie in sahen / fielen sie fur im nidder. Etliche aber zweinelten. Vnd Ihesus trat zu inen / redet mit inen / vnd sprach / Mir ist gegeben alle gewalt im himel vnd erden / Darumb gehet hin vnd leret alle völcker / vnd teuffet sie im namen des Vaters / vnd des Sons / vnd des Heiligen geists / vnd leret sie halten alles was ich euch befolhen habe. Vnd sihe / ich bin bey euch alle tage / bis an der welt ende.

Abb. 20: Mt 28, 1ff.

Zwischen 1522 und 1546 wurden 430 Gesamt- und Teilausgaben der Lutherschen Übersetzung in Umlauf gebracht. Diese Verbreitung wurde vorwiegend durch die Praxis des Nach- und Raubdrucks erreicht, gegen dessen Unwesen Luther sich durch eine Schutzmarke zur Kennzeichnung des von ihm selbst betreuten Originaldrucks zu wehren versuchte. Die Überwachung des Druckprozesses und später die Sorge um die Reinerhaltung der Lutherübersetzung übernahmen die Korrektoren der Offizin Luffts, Rörer und Walther, deren Einfluss auf die Gestaltung der Sprache der gedruckten Werke Luthers noch eingehender Untersuchung bedarf (dazu H. Wolf 1984; Meiß 1994).

Als besonders deutliches Zeugnis der Strahlungskraft der Lutherbibel mag ihre Übernahme durch das Lager der Altgläubigen gelten, wodurch sie auch hier sprachwirksam wurde. Selbst Emser, einer der erbittertsten Gegner Luthers, musste zugeben, dass dieser und seine Mitarbeiter „etwas zierlicher vnn sieß lawtender vertewtschet haben/ dann die alte translation war". So übernahm er auch unbedenklich den über längere Strecken nur unwesentlich veränderten Luthertext unter Weglassen von Vorwort und Randkommentaren, die er z.T. durch eigene ersetzte.

Beispiel: (Tschirch [2]1975, 111)

Luther, Septembertestament 1522	Emser, NT 1527
Denn unser wissen ist stuckwerck, unnd unser weyssagen ist stuck- werck. Wenn aber komen wirt das volkomene, so wirt das stuckwerck auffhoren. Da ich eyn kind war, da redet ich wie eyn kind, und richtet wie eyn kind, und hette kindische anschlege. Da ich aber eyn man wart, that ich abe was kindisch war. Wyr sehen ytzt durch eyn spiegel ynn eynem tunckeln wort, denne aber von angesicht zu angesicht. Itzt erkenne ichs stucks- weyß, denne aber werd ichs er- kennen, gleych wie ich byn.	Den unser wissen ist stückwerck, und unser weyßsagen ist stück- werck. Wen aber kommen wirt, das volkomene, so wirt das stück- werck auffhören. Do ich ein kindt war, do redet ich wie ein kind, und richtet wie ein kindt, und hatte kindische anschlege. Do ich aber eynn man wardt, leget ich ab was kindisch war. Wir sehen itzt durch eyn spiegel inn dunckel, den aber von angesicht tzu angesicht. Itzt erken ichs stückweys, den aber werdt ichs erkennen, gleych wie ich erkennet bin.

Dem ‚Sudler zu Dres(d)en' und seinem Plagiat entgegnete Luther im *Sendbrief,* die Papisten hätten

aus meinem dolmetschen vnd teutsch/lernen teutsch reden vñ schreiben/ vñ stelen mir also mein Sprache.

Emsers NT fand als kaum überarbeiteter Nachdruck Eingang in Dietenbergers Bibel, die bis 1776 41 Ausgaben erlebte und, von Kaspar Ulenberg revidiert (1614–1630), lange die maßgebende altkirchliche Ausgabe blieb.

Ecks Bibelübersetzung (1537) kam zu spät, um das ‚gemeine Deutsch' der von ihm als vorbildlich geachteten Kanzlei Maximilians I. gegen Luthers Autorität durchzusetzen. Dazu aus Ecks Vorrede:

So auch etwas an rechter form zů schreiben und ortographei gelegen im teütschen: hab ich mich deren geflissen nach rechter art/ grund/ kunst/ vnd vrsach/ vnd mich die gmain Cantzler schreiber nit jrren lassen/ die lützel aufmerckens vnd Judici darauf haben/ wie dan treffenlich Herr Niclas

Ziegler/ bei Kaiserlicher Maiestet hohloblicher vnd vntôdtlicher gedâchtnuß Kaiser Maximilian/ das teütsch nach rechter art vnd regulierter ortographi herfür bracht hat – [wenn auch] im truck di ortographei. Die ich für bestendig geacht/ nit allweg gehalten worden. (Vorrede [1536] *3[b])

(aus: Erben [3]1974, 562)

4.3.2. Luther und das Neuhochdeutsche

Versucht man das Lutherdeutsch – verstanden als Sprache der in Wittenberg gedruckten Werke Luthers – nun in sprachgeographische Zusammenhänge und sprachliche Entwicklungstendenzen der Zeit einzuordnen, so treten die typischen Züge eines Übergangsstadiums in seinem Sprachsystem besonders hervor. Auf den verschiedenen Untersuchungsebenen der Sprache erscheinen konkurrierende Formen, die unterschiedlicher landschaftlicher Herkunft oder unterschiedlichen Entwicklungsstufen des Sprachsystems entsprechen (dazu H. Bach 1974, 1984, 1985). Besonders anhand der Wittenberger Bibeldrucke lassen sich Merkmale einer Entwicklung herausschälen, die, unter Beibehaltung vieler Varianten, in Richtung auf das Nhd. weist, aber keineswegs einer Systematisierung gleichkommt. In drei Stufen überwand Luther, nach H. Wolfs Darstellung, die bis 1524 (vor allem auf graphematischer und phonologischer Ebene) zunächst starke landschaftliche Bindung an die omd. Schreibtradition. Der Einfluss der durch md.-obd. Ausgleichstendenzen geprägten überregionalen Druckersprachen und der oobd. Geschäftssprachen spielte dabei eine wichtige Rolle (H. Wolf 1980, 54f.). Die 3. Etappe (nach 1531/32) zeigt neben der weiteren Aufgabe von Varianten mit enger Raumbindung vor allem eine Stabilisierung und in einigen Bereichen Ansätze einer Systematisierung der im Auswahl- und Ausgleichsprozess gewonnenen Elemente.

Obwohl Walther darauf hinwies, „das wir hie zu Wittemberg recht Deudsch drücken/ und recht Deudsch corrigirn/ von jm selber gelernet haben" (*Von vnterscheid der Deudschen Biblien*. Wittenberg 1563, Aiv[a], zit. bei H. Wolf 1980, 32), gilt Luthers Beitrag zur Entwicklung des deutschen Lautstands eher als bescheiden. Der heute gültige Konsonantenstand wird zwar weitgehend erreicht, und im Vokalismus (vgl. H. Bach 1974) haben sich die wichtigsten Entwicklungen ebenfalls durchgesetzt, daneben aber halten sich Formen des spätmittelalterlichen Sprachstands oder landschaftsbedingte Züge (z.B. *erbeit, gleuben, eraus*) länger.

Besonders die Wittenberger Bibeldrucke zeigen ein Streben nach graphematischer Vereinheitlichung mit zunehmender Großschreibung der Substantiva und Rückgang der Konsonantenhäufung. Walther schreibt Luther eine Anordnung zur Homonymentrennung zu: „alle wôrter [...] mit rechten/ eigenen vnd gebürlichen Buchstaben/ zu drücken" (*Von vnterscheid der Deudschen Biblien*. Wittenberg 1563, A ij[a], zit. bei H. Wolf 1980, 32). Die Zeichensetzung bleibt noch deutlich auf den mündlichen Vortrag abgestimmt und leistet vorwiegend Hilfe für die rednerische Gliederung der Texte. In der Morphologie sind die charakteristischen Elemente einer sprachlichen Übergangsphase besonders deutlich. Die Nominalflexion wie das Flexionsschema der starken Verben (z.B. nicht vollzogener Ausgleich zwischen Singular und Plural des Prät., präfixloses Part. Prät.) bleiben hinter dem ‚modernen' Stand zurück.

Mit Ausnahme einiger md. Eigenheiten ordnet sich Luther auf syntaktischem Gebiet

jedoch im ganzen der sprachlichen Tradition des gesamten (h)dt. Sprachraumes ein, in dem offenbar ähnliche Entwicklungsbedingungen und -tendenzen sowie sprachlicher (zu einem wesentlichen Teil vom ostmitteldeutschen Neuland getragener) Ausgleich zu einem weitgehend übereinstimmenden Grundbestand an syntaktischen Erscheinungen geführt haben.

(aus: Erben 1954,165; vgl. auch Rössing-Hager 1972)

Bei deutlich textsortenspezifischer syntaktischer Gestaltung sind trotzdem einige Entwicklungen besonders hervorzuheben, so z.B. die Tendenz, im eingeleiteten Gliedsatz das finite Verb an das Satzende zu stellen, der stärkere Ausbau der Hypotaxe mit klarer grammatischer Scheidung zwischen Haupt- und Gliedsatz, u.a. durch Gebrauch der entsprechenden Konjunktionen, wobei das aussterbende *wande/ wan* durch *denn* oder *weil* ersetzt wurde.

Aufgabe:

Vergleichen Sie die folgenden Beispiele aus den Sprüchen Salomonis in den Ausgaben von 1525 und 1545.   (WA 10, 2, 12–29, aus: Admoni 1970,55–60)

		1525	1545
4,25	*1525*	deyne augen lied	deine augenlied
8,31		bey den menschen kindern	bey den Menschenkindern
7,20		den geld sack	den Geldsack
7,10		ym hurn schmuck	im Hurnschmuck
5,16		die wasser beche	die Wasserbeche
4,24		die letzter lippen	das Lestermaul
6,9		wenn willtu auff stehen von deynem schlaff?	Wenn wiltu auffstehen von deinem schlaff?
1,7		Die furcht aber des Herrn ist anfang der erkentnis	Des Herrn furcht ist anfang zu lernen
2,20		die steyg der gerechten	auff der rechten bahn
1,31		So sollen sie … von yhrem rad satt werden	So sollen sie … jres rats satt werden
8,22		fur seynem werck dazumal war ich	Ehe er was machet, war ich da
3,35		Aber der narren erhöhunge ist schande	Aber wenn die Narren hoch komen, werden sie doch zu schanden
1,33		Wer aber myr gehorchet, wird sicher bleyben, vnd gnug haben on furcht des vbels	Wer aber mir gehorchet, wird sicher bleiben, vnd gnug haben, vnd kein Vnglück fürchten
8,35		Wer mich findet, der … wird schöpffen wohlgefallen vom HERRN	Wer mich findet, der … wird wohlgefallen vom HERRN bekomen
4,5		Kriege die weysheyt, kriege den verstand	Nim an Weisheit, nim an Verstand
3,14		Denn es ist besser die selben keuffen denn sylber, vnd yhr eynkomen besser denn gold	Denn es ist besser vmb sie hantieren, weder vmb silber, vnd jr Einkomen ist besser denn gold
3,16		zu yhr rechten hand	zu Irer Rechten hand
3,19		bereyt	bereitet
4,18		leucht	leuchtet
5,9		Das du nicht andern gebst deine ehre	Das du nicht den Frembden gebest deine ehre

1. Formen der Lutherdrucke, die sich nicht durchsetzten:

südlich (anfangs (oft) bei Luther)	*nördlich* (Luthers spätere Form)	*Luther* (= ältere *nhd.* Formen)	
kaufen	keuffen	helle	hölle
glauben	gleuben	schweren	schwören
tauffen	teuffen	mûgen	mögen
haubt	heubt	mûglich	möglich
jude	jûde	gûlden	golden
suchen	sûchen	hûltzen	hölzern
-leyn	-lin	feilen	fehlen
		liegen	lügen
		triegen	trügen
		tunckel	dunkel
		tichten	dichten
		dohn	ton
		er zeucht	zieht
		er bleib	blieb
		sie funden	fanden
		du solt/wilt	sollst/willst

(aus: H. Bach; in Schildt 1984, I 104f.)

2. Entwicklungen im syntaktischen Bereich:

	Mentel 1466	Luther 1546	
Lk 2,7	vnd legt in in die krippe: *wann* ir was nit ein stat in dem gasthaus	vnd leget jn in eine Krippen, *Denn* sie hatten sonst keinen raum in der Herberge	(WA-B 6, 217)
Mt 18,32	alle schuld vergab ich dir, *wann* du bet mich sein	alle diese Schuld habe ich dir erlassen, *die weil* du mich batest.	(WA-B 6, 85)

	Luther 1522	Luther 1546	
Joh 15,19	die weyl aber yhr nicht *seyt* von der welt, ..., darumb hasset euch die wellt.	Dieweil jr aber nicht von der welt *seid*, ..., Darumb hasset euch die welt.	
Mt 18,10	Sehet zu, das yhr nicht *ver- achtet* yemand von disen kleynen.	Sehet zu, das jr nicht je mand von diesen Kleinen *ver- achtet*.	(WA-B 6, 82f.)
Lk 7,3	da er aber *horet* von Jhesu, sandt er die Elltisten der Juden zu yhm, vnd batt yhn, das er keme, vnd *macht* seynen knecht gesund.	Da er aber von Jhesu *höret*, sandte er die eltesten der Jüden zu jm, vnd bat jn, das er keme, vnd seinen Knecht gesund *machet*.	(WA-B 6, 240f.)
Mk 8,25	vnd er ward widder zu recht bracht, vnnd *sahe* scharff allerley.	Vnd er ward wider zu rechte bracht das er alles scharff *sehen kundte*.	(WA-B 6, 168f.)
Mk 15,25	Vnd es ware vmb die dritte stund, vnd sie *creutzigten* yhn.	Vnd es war vmb die dritte stunde, da sie jn *creutzigten*	(WA-B 6, 202f.)

(aus: Arndt 1962, 151f., 154ff.)

Das noch fehlende vollständige Lutherwörterbuch (Dietz 1870–72; Bebermeyer/Bebermeyer 1997ff.) und die noch ungenügende lexikalische Aufarbeitung des omd. Schrifttums erlauben keine abschließende gesicherte Aussage zu Luthers Wortschatz (vgl. Franke 1914, 2. T.). Die Nachwirkung der lexikalischen Produktivität des Reformators wird häufig überschätzt, zumal viele seiner Neuprägungen im religiösen Bereich kurzlebige, stark polemisch gefärbte Augenblicksbildungen blieben, so z.B. *Papstesel, Götzenpfaffen, Bauchdiener, Pfründenfresser, Bullenkrämer, Beichthengst, Werkprediger, Rottengeister* u.a. Andere wie *Machtwort, kleingläubig, geistreich* konnten sich dagegen durchsetzen.

Als Erstbelege für eine neue Bedeutung lassen sich *anfahren* ,heftig ansprechen', *sich begeben* ,sich ereignen', *fassen* ,begreifen' u.a. anführen (vgl. Erben ³1974, 527). Aus der Fachsprache entnahm Luther *Richtschnur, Gerücht, ruchbar, gepfropft* (vgl. Große 1983, 426; 1984, 89).

Altes Wortgut (z.B. *beiten* ,warten', *Schnur* ,Schwiegertochter', *Wat* ,Kleid') oder Wörter in ihrer älteren oder regionalen Bedeutung wie *Bescheidenheit* ,Klugheit', *fast* ,sehr', *witzig* ,verständig', *Freund/Freundschaft* ,Verwandter/Verwandtschaft' zeugen auch im lexikalischen Bereich von der Übergangsstellung seiner Sprache (s. auch Frettlöh 1986).

In vielen Fällen jedoch hat Luthers Entscheidung für omd. (und z.T. auch für nd.) Wörter diesen mitverholfen, sich gegen obd. Bezeichnungen durchzusetzen. Die Glossare, die obd. Drucker wie Petri oder Wolf den lutherischen Übersetzungen hinzufügten, oder die Änderungen, die z.B. Straßburger Drucker in ihren Nachdrucken oder die Eck in seiner Bibelübersetzung vornahmen, zeugen von dieser lexikalischen Konkurrenzsituation (dazu Bachmann 1909; Byland 1903; Dauner 1898; Schildt 1984/I, 178–189; Kluge ⁵1918; Lindmeyr 1899; E.E. Müller 1978; 1979a; Musseleck 1981; Pietsch 1890; Hartweg 1984; 1986; 1988; 1990).

Entsprechend seiner reformatorischen Lehre erhalten zentrale theologische Begriffe eine neue Prägung. Bei *Glaube, Gnade, Buße, Sünde, Gerechtigkeit* u.a. ist die Bedeutungsveränderung nachhaltig durch ihn bestimmt worden. Auch Schlüsselwörter der evangelischen Sozialethik wie *fromm, Arbeit* oder *Beruf* sind von Luther entscheidend geprägt worden (s. 10.6.2). Charakteristisch für ihn, besonders in der Übersetzungssprache, ist die Anwendung von Modalwörtern wie *ja, doch, da, denn, allein, aber.*

Den eigenen sprachhistorischen Standort schätzte Luther 1532 folgendermaßen ein:

Nullam certam linguam Germanice habeo, sed communem, ut me intelligere possint ex superiori Germania. Ich rede nach der Sechsischen cantzley, quam imitantur omnes duces et reges Germaniae; alle reichstette, fürsten höfe schreiben nach der Sechsischen cantzeleien vnser churfürsten. Ideo est communissima lingua Germaniae. Maximilianus imperator et elector Fridericus imperium ita ad certam linguam definierunt, haben also alle sprachen in eine getzogen.

(WA-TR, 2, Nr. 2758 b. Vgl. dazu Feudel 1970; v. Polenz 1986)

Nach jüngeren Forschungsergebnissen zur Sprache Luthers sind diese Äußerungen insofern zu differenzieren, als der Vorbildcharakter der erwähnten Kanzleien zu relativieren und hinsichtlich der Schreibweise, Lautung und Grammatik der Gebrauch der obd. Drucker stärker zu berücksichtigen ist. Besonders im Vergleich zu Zwingli lässt sich behaupten, dass der Wittenberger Reformator vorrangig eine überregional verständliche Sprache anstrebte (vgl. Schenker 1977, 213). Luthers Sprache wurde von seinen Zeitgenossen nicht nur gerühmt, sie wurde auch bald als Muster dargestellt. Ihre Vorbildfunktion erscheint ausdrücklich in Johannes Claius' *Grammatica germanicae Lingvae: ex bibliis Lutheri germanicis et aliis eivs libris collecta* (1578; dazu: Bergmann 1983).

Die zunächst strikt ablehnende Haltung der mit dem Argument der Ketzerei operierenden Altgläubigen (s. Emser 1523: *„Auß was gründ vnnd vrsach Luthers Dolmetschung / vber das nawe testament / dem gemeinē man billich vorbotten worden sey"*, vgl. Musseleck 1981) wird pragmatisch durch weitgehende Übernahme – so durch Emser, dessen „New Testament [...] doch eben dasselbig ist, das der Luther gemacht hat", wie dieser ironisch im *Sendbrief vom Dolmetschen* vermerkt – gemildert, so dass Luthers dt. Bibel weitgehend „hochsprachlich-normative Bedeutung" (Sonderegger 1984, 140; [2]1998) erlangte. Dadurch wurde eine tiefe konfessionell bedingte Sprachspaltung vermieden. Für Besch (1998; 1999, 35; [2]2000) „verdankt das große und dialektal extrem untergliederte dt. Sprachgebiet letztlich [Luthers Bibelübersetzung] die Einheit der Schriftsprache. Kein anderer Text hat zudem mit seiner Sprache so intensiv auf die Literatur eingewirkt, wie Luthers Bibeldeutsch" [2]2000, 1740 (s. auch Reinitzer 1983a; b; [2]1987). Die normative Wirkung wird erweitert und wirkt bis ins 18. Jh. hinein (Bergmann 1983, 266). Dies gilt auch für die Übernahme durch die Lexikographie bei Dasypodius, Maaler und Erasmus Alberus (Erben [3]1974, 556).

Sprachgeschichtlich setzt die Reformation vieles bereits Eingeschlagene konsequent fort, beschleunigt im Spätmittelalter vorhandene Tendenzen und bringt sie zu ihrem Höhepunkt.

Die unkritisch bewundernden, aber auch die jeden tieferen sprachlichen Einfluss absprechenden Beurteilungen Luthers sind heute einem breiten Konsens gewichen: seine Stellung innerhalb des Entstehungsprozesses der nhd. Schriftsprache ist weder die des Schöpfers noch die eines Nachzüglers. Es ist eher die eines Katalysators (Besch 1967), der entscheidende Entwicklungen, die bereits im Gange waren, und Tendenzen zur Herausbildung überregionaler Normen gefördert hat.

Er steht also weder am Anfang noch am Ende eines sprachlichen Prozesses, sondern ist ein wichtiges Glied einer Entwicklung, und seine sprachliche Wirkung kann nicht losgelöst werden von der neuen Kommunikationssituation, die durch die Bildung einer reformatorischen Öffentlichkeit entstand (dazu Wohlfeil 1982, 123–132), und vom Ideengut, dem der Wittenberger Reformator durch seine persönliche sprachliche Leistung Ausdruck verlieh (vgl. Lenk 1983).

Literatur:

Admoni (1970); Arndt (1962); Arndt/Brandt (1983); H. Bach (1984; 1974/1985); Bachmann (1909); Bebermeyer/Bebermeyer (1997ff.); Bentzinger/Kettmann (1983); Berger (1943); Bergmann (1983); Besch (1967; 1998; 1999; [2]2000); Byland (1903); Dauner (1898); Dietz (1870–1872); Erben (1954; 1972; [3]1974; 1985); Feudel (1970); Flachmann (1996); Franke (1913/14/22); Frettlöh (1986); Große (1969; 1983; 1984a; 1984b); Hartweg (1984a; 1985b; 1986; 1988; 1990); Haubold (1914); Jungandreas (1947); Kettmann (1993); Kettmann/Schildt (1978); Kluge ([5]1918); Krüger (1955); Lenk (1983); Lindmeyr (1899); Meiß (1994); Hans Moser (1982); E.E. Müller (1978; 1979a); Musseleck (1981); Pietsch (1890); v. Polenz (1986); Reinitzer (1983a; b; [2]1987); Rössing-Hager (1972); Schenker (1977); Schildt (1979; 1983; 1984a; 1984b); Schirokauer ([2]1957 = Wegera 1986); Schöndorf (2000); Schwenke (1987); Sonderegger (1984; [2]1998); Stackmann (1984); Stolt (1964; 1969; 1983; 1984; 1991; 1994); Tschirch (1963; 1966; [2]1975; [3]1989); Wells (1993; 1996); Wohlfeil (1982); Wolf (1980; 1984; 1985; 1996); *Zum Sprachwandel* (1987).

4.4. Der Buchdruck

4.4.1. Die Revolution des Buchdrucks

Die ‚Erfindung' (um 1446) und die Weiterentwicklung des Buchdrucks, vor allem der Übergang von den Holztafeldrucken zu den beweglichen Metallettern durch Gutenberg, bedeuteten eine Revolution im Buchwesen. Zwar folgten die Wiegendrucke der Frühphase in der Ausstattung – z.B. durch die Übernahme von Schreibergewohnheiten – noch den Handschriften, der hergebrachten Art der Textvermittlung, die nicht sofort und nicht völlig verdrängt wurde. Die frühen Offizinen in Bischofsstädten bedienten den Bedarf an liturgischen Büchern, d.h. vorwiegend lat. Titel; dies gilt auch für die frühen Drucker der Universitätsstädte. Aber die drastischen Preiseinbrüche von 1470 und 1480 im Buchwesen, die deutliche Änderungen im Abnehmerkreis hervorriefen, die steigende Zahl der volkssprachlichen Drucke und eine Umstrukturierung des Bedarfs ließen das schriftlich Fixierte einen Wirkungsradius von großer Breite erreichen und schufen dadurch eine neue Form der Öffentlichkeit. Die wachsende Bedeutung der Texte, die für Leser und nicht nur zum Vorlesen hergestellt wurden (Maas 1985), die private Verfügbarkeit der Bücher und die sich daraus ergebenden räumlichen Konsequenzen veränderten die Gebrauchssituation des Textes, der durch technische Reproduzierbarkeit seinen Anspruch auf Einmaligkeit einbüßte. Doch die Bedeutung des Wechsels im Herstellungsverfahren erschöpfte sich nicht im rein Quantitativen: Der Buchdruck, der z.T. kapitalintensive Produktionsmittel voraussetzte, bedeutete sowohl Auswahl und Kanonbildung bei ‚neuen' Texten als auch Fortleben von Althergebrachtem. Das Buch als Marktprodukt verlangte, ohne Urheberrecht, Werbung und Kaufanreiz und schuf eine neue Autor-Adressaten-Relation. Die so erfolgte tiefgreifende Umgestaltung wichtiger Kommunikationsbereiche, in welchen breitere Bevölkerungsschichten die Überwindung der sprachraumbildenden Grenzen der Territorien über die zumindest passive Beherrschung überregionaler Formen erreichten, begünstigte Ausgleichs- und Anpassungstendenzen, weil lokalgebundene Merkmale, besonders in der politischen und reformatorischen Tagesliteratur, ab 1520 in größere Sprachräume und dadurch zu mehr Allgemeinverständlichkeit gelangten (Giesecke 1994; v. Polenz 1991, [2]2000).

Im Vergleich zur Handschrift, die sich an einen kleinen, klar umrissenen Benutzerkreis individueller Adressaten gewandt hatte und häufig auf Bestellung entstand, stellte der Druck, der auch eine relative Fixierung und verbindliche Gestaltung des Textes mit sich brachte, auch hinsichtlich der Textsorten eine neue Situation her. In den letzten Jahrzehnten des 15. Jh.s büßten die theologischen Texte, die umfangreichen, die unhandlichen und aufwendigen Folianten mit Werken des klassischen Altertums und des Mittelalters (dazu gehören auch die ersten Bibeln) an Platz gegenüber dem Kleinschrifttum, das breiteren Schichten zugänglich wurde, ein. Die Fachprosa gewann dabei eine besondere Bedeutung. Das Buch – und hier wäre vor allem die Bedeutung des auch für den Buchdruck ausschlaggebenden billigen Trägers Papier zu betonen – setzte sich nun als Massenartikel mit steigenden Auflagen und zeitgenössischen Texten als modernes Medium durch. Mit dem Beginn der Reformation wurden bisher von der Amtskirche bevormundete Lesebedürfnisse befreit; die selbstständige Bibellektüre ersetzte oder trat neben die in die kirchliche Verkündigung integrierte Erbauungsliteratur, und der religiöse Pluralismus veränderte quantitativ und inhaltlich die Produktion des Buchdrucks. Obwohl religiöse und soziale Vorbehalte gegen bestimmte Bücher, Lektüre- und Übersetzungsverbote, welche die Einheit des kirchlichen Dogmas oder Standes- und Berufsprivilegien sichern sollten, auch im Zeitalter des Buchdrucks hemmende Wirkungen behielten, wurde mit den neuen druckschriftlichen

Verbreitungsmöglichkeiten die gesellschafliche Wissensakkumulation und -tradierung beschleunigt (Eisenstein 1979; Hirsch [2]1974; Haebler 1925). Der neue Medienschub konnte auf den Entwicklungen des 15. Jh.s (Papier, Brille, Schule) aufbauen (v. Polenz 1989). Besonders der dt. Buchdruck erfuhr in den sog. ‚Sturmjahren' der Reformation eine gewaltige Steigerung: von durchschnittlich ca. 105 dt. Titeln in den Jahren 1513–1517 auf ca. 950 im Jahre 1523 (Schwitalla 1983).

4.4.2. Die Drucker als Faktoren des Sprachausgleichs?

Im Folgenden wird *Drucker* verkürzt für die am Drucklegungsvorgang beteiligten Berufe gebraucht (vgl. H. Wolf 1984).

In der deutschen Sprachgeschichtsschreibung dominiert der Standpunkt, dass die Entwicklung des Buchdrucks den Ausgleich zwischen den verschiedenen Schriftdialekten gefördert habe, dass die Drucker ihn angestrebt hätten, da sie darauf bedacht gewesen seien, ihre Verkaufsaussichten über den engen, lokal begrenzten Markt hinaus zu erweitern. Um diese überregionalen Absatzmöglichkeiten zu sichern und die Verständlichkeit in anderen Sprachlandschaften zu garantieren, habe eine zu enge Anlehnung an die jeweiligen Schriftdialekte und deren spezifisch lokal-gebundenen Merkmale vermieden bzw. gemildert werden müssen. Dieser These wurden von Schirokauer (1951) gewichtige Einwände entgegengehalten, die sich auf den angeblich mangelnden Formsinn des zeitgenössischen Publikums, die weiterhin vorrangige Stellung der lat. Drucke und den geringen Anteil des Exports im Buchhandel stützen und daher einen tiefgreifenderen Einfluss des Buchdrucks auf die Grundtendenzen der Sprachentwicklung bestreiten (dazu Hartweg [2]2000).

In der Tat überwiegen trotz der langsam, aber beständig anwachsenden Zahl der volkssprachlichen Drucke die lat. Titel noch lange. Die wirtschaftliche Existenz zahlreicher und bedeutender Frühdrucker beruhte auf der Produktion lat., in Köln, Magdeburg, Lübeck und Rostock zunächst auch nd. Drucke. Nd. Texte entstehen auch außerhalb des nd. Sprachgebiets (s. Hoffmann 2003).

Die Praxis der einzelnen Offizinen liefert keine eindeutige Antwort auf die Frage, ob vereinheitlichende Bestrebungen ein wesentlicher Faktor ihrer Marktpolitik in der frnhd. Periode gewesen sind. Neben den großen Unternehmern, die entlegene Städte direkt oder über das Verlagssystem belieferten und kapitalkräftig genug waren, um andere Drucker zu beschäftigen, und neben den großen Drucker-Verlegern – z.B. S. Feyerabend, G. Rat und W. Haus Erben, deren Register auf der Frankfurter Fastenmesse von 1565 2650 verkaufte Exemplare aufweist (107 Käufer aus 45 dt. und 5 ausländischen Städten) – gab es eine große Zahl handwerklich betriebener kleiner und Kleinstoffizinen, Winkel- und Wanderdrucker. Diese lebten vom Druck der Tagesliteratur, arbeiteten für einen regional oder sogar lokal begrenzten Markt, zuweilen aber auch für einen fernen Großverleger. Mit dem Abebben der Flut des politischen und reformatorischen Schrifttums wurde ihnen die wirtschaftliche Basis entzogen.

Der bisher zu einsträngig betrachtete Prozess eines angeblich durch Geschäftsinteressen bewusst gelenkten Normierungsstrebens muss daher differenziert werden. Dass Drucker wie Froschauer (Zürich) zwischen Büchern, die für den lokalen Markt bestimmt waren, und solchen, die auf einem entfernten abgesetzt werden sollten, unterschieden, führt zur Annahme, dass materielle Interessen als Motor des Verzichts auf lokale Besonderheiten in die Analyse miteinbezogen werden müssen, so widersprüchlich die Praxis der einzelnen Offizinen auch gewesen sein mag.

Um die Wirkung, die von Druckern und Druckerzentren im sprachlichen Austauschprozess zwischen den verschiedenen Landschaften ausging, zu bestimmen, sind zahlreiche Variablen zu berücksichtigen, wie z.B. die Herkunft des Personals einer Offizin (Drucker,

Setzer, Korrektor), die Stationen des beruflichen Werdegangs, der Markt, für den gearbeitet wurde, das Format des Buches und die Textsorte usw. Äußerungen von Druckern, die wie W. Rihel 1535 in Straßburg das Bedürfnis verspürten, sich bei den angestammten Kunden zu entschuldigen, weil er eine Bibel mit Luthers „besunder wörter / und orthographey, so meer auf Sachsisch / denn vnser hochteutsch gepraucht", gedruckt habe, sprechen gegen den von Schirokauer angeführten ‚mangelnden Formsinn'.

Mit der Einführung der neuen Diphthonge waren z.B. die Straßburger und Basler Drucker der Sprachentwicklung ihres Publikums und ihrer Autoren nicht selten voraus, doch im Vergleich zur Praxis der Kanzleien (Kettmann 1996a; 1996b) bildeten die Druckeroffizinen oft, aber nicht immer einen Fortschritt auf dem Wege zur Vereinheitlichung. Lokale Hyperkorrektheiten bei zugereisten Druckern und Uneinheitlichkeit innerhalb eines Druckerzentrums sind im 16. Jh. nicht selten anzutreffen. Die Mischungen lokaler und fremder Dialekterscheinungen sind bei Nachdruckern variabel, und sogar in einer Offizin hergestellte Drucke zeigen zuweilen erhebliche Unterschiede.

Aufgabe:

Vergleichen Sie folgende Stellen aus zwei 1525 bei J. Gastel (Zwickau) entstandenen Nachdrucken der *Zwölf Artikel der Bauern*:

ES seyn vil wider christen / die yetzunt von wegen der versalmmleten Baurschafft / das Euangelion zů schmehenn vrsach nemen / sagent / das seyn die frücht / des newen Euangelions?

ES sind viel widder Christen die itzund von wegen der versammeleten Bawerschafft das Euangelium zu schmehen vrsach nehmen / Sagend / das sind die frucht / des newen Euangeliums?

Beim Nachdruck ist der Drucker der aufnehmenden Landschaft die zwischengeschaltete Instanz, die die Sprache der Vorlage der in seinem Gebiet heimischen Variante der Schriftsprache anpassen, aber auch die fremden Varianten im Rahmen des allgemeinen Sprachaustauschs, des Mischungs- und Ausgleichsprozesses, zur Geltung kommen lassen kann. So finden wir z.B. beim Nachdruck der *Zwölf Artikel* in Erfurt bei drei Druckern drei verschiedene Haltungen: 1. enge Anlehnung an die Vorlage, 2. gemäßigte Anpassung und 3. mit größerer innerer Kohärenz und im Blick auf die spätere Entwicklung mit ‚fortschrittlichen' Zügen gekoppelte starke Abweichung (s. Hartweg 1982).

Man kann wohl ganz allgemein davon ausgehen, dass der zeitgenössische Bücherkäufer mit den wichtigsten Eigentümlichkeiten mehrerer Mundarten vertraut war. Die Schwelle, über welcher sprachliche Kommunikationsschwierigkeiten auftraten, muss wahrscheinlich viel höher angesetzt werden als heute, da weder die Schule noch amtliche Sprachregelungen die Normempfindlichkeit geschärft hatten. Diese Tatsache verallgemeinerte Schirokauer zu einem ‚mangelnden Formsinn'. Es sei Kennzeichen eines ‚grobianischen Zeitalters', das bei den gewaltigen religiösen und politischen Auseinandersetzungen die Formenwerte des Humanismus hintan stellte. Diese Wertung ist bei der sehr unterschiedlichen Praxis der Offizinen, wo neben äußerster Sorgfalt in der Druckherstellung auch Fälle extremer Achtlosigkeit anzutreffen sind, zu pauschal. Die Sorgfalt im Graphemgebrauch bei Zainer in Augsburg (Fujii 1991; 1993) konnte durchaus eine normbildende Vorbildfunktion entstehen lassen. Eine geradlinig verlaufende Entwicklung, in welcher ein ausgleichendes Wirken von Druckern ausgeht, die sich auf entfernten Absatzmärkten behaupten wollen, ist auch deshalb anzuzweifeln, weil ein Drucker sich durch zu starkes Entgegenkommen gegenüber entlegenen Kunden die einheimische Kundschaft hätte entfremden können. Insofern ging eine direkte Wirkung vom Buchdruck aus, als die Drucker durch ihr Festhalten an lokalen Besonderheiten dieselben beim Lesepublikum bekannt machten und es daran gewöhnten.

Als weitere Form der Mittlertätigkeit der Drucker im Spannungsfeld zwischen zwei Sprachlandschaften sind beigedruckte Verständnishilfen zu werten, wie das von Petri seinem Baseler Nachdruck des *Septembertestaments* angefügte und im obd. Sprachraum häufig nachgedruckte Glossar.

Aufgabe:

Versuchen Sie anhand des *DWB* die regionale Geltung der folgenden Wörter aus Petris Glossar zu bestimmen (vgl. auch Dauner 1898; Schütt 1908; Bachmann 1909).

Lieber Christlicher Leser, So ich gemerckt hab, da nitt yederman verston mag ettliche wörtter im yetzt gründtlichen verteutschten neuwen testament, doch die selbigen wörtter nit on schaden hetten mögen verwandlet werden, hab ich lassen die selbigen auff unser hoch teutsch außlegen und ordenlich in ein klein register wie du hie sihest, fleißlich verordnet.

ânlich, gleich. – Jh 9,9. Rö 12,7. Phl. 3,10. 21.
Affterreden, nachreden. – 2 Ko 12,20. 1 Pt 2,1. Jak 4,11.
Alber, nerrisch, fanteschtisch. – 2 Ko 11,6.
Altuättelisch fabel, alter wiber merlin. – 1 Ti 4,7.
Anbiß, morgenessen. – Jh 21,5; *anbeysen*, Apg 23,14.
Anfal, anteil, loß, zůfall. – Apg 1,17ff.
Anfurt, der schiff anlendung. – Apg 27,12. 27,39.
Anstoß, ergemuß, strauchlung. – Rö 14,13. 1 Ko 8,9. 1 Pt 2,8.
Auffschub, verzug. – Apg 25,17.
Auffrucken, verweisen, beschuldigen. – Mt 27,44. Jak 1,5.
Bang, engstich, zwang, gedreng. – Lk 12,50. 21,25. Jh 13,22.
Beben, bidmen. – Mt 27,51.
Befragen, zancken, zwitrechtig sin. – Apg 6,9. Mk 1,27 u.ö.
Befremden, verwundern. – 1 Pt 4,4. 4,12.
Beruckung, vahung. – Rö. 11,9.
Beschickten, begrůben, volgten, bestatten. – Apg 8,2.
Bestricken, fahen, binden. – Mt 22,15.
Besudlen, verunreinen, beflecken. – Off 3,4. 14,4.
Betaget, alt, hat vil tage. – Lk 1,7. 1,18. 2,36.
Betewben, trucken, krafftloß machen. – Lk 18,5.
Betrauwen, verbietten, trewen. – Mt 12,16.
Betretten, radschlagen, vnderreden. – Apg 5,24.
Betüngen, tüngen mit mißt. – Lk 13,8.
Bewüst, erkant, erfaren. – Apg 15,18. 1 Ko 4,4.
Beylag, vertrawt, hindergelegt gůt. – 1 Ti 6,20. 2 Ti 1,12.
Blehen, hochmůtig sin. – 1 Ko 4,18. 13,4.
Blaßtückerey, bôß, tückisch, listig. – 2 Ko 4,12.
Blotzling, gehling, schnelliglich. – Apg 9,3. 1 Ko 15,52.
Brachtig, hochmůtig, hochfertig. – Rö 16,18.
Braussen, rauschen, sausen. – Lk 21,25. Subst. Apg 2,2.
Brůfen, mercken, erkennen. – Lk 12,56. Rö 2,18. 12,2 u.ö.
Darb, notturfft, armůt. – Mk 12,44. Lk 21,4.
Darben, nott, armůt leyden. – Lk 15,14. 16,9. 1. Jh 3,17.
Deutlich, offentlich, mercklich. – 1 Ko 14,9.
Dürstig, keck, kůn. – Mk 15,43. Rö 10,20. 2 Ko 10,2 u.ö.

(aus: Kluge [5]1918, 106f.)

4.4.3. Drucker und Autoren

Die Klage Luthers (1545): „Vnd ist mir offt widerfaren, das ich der Nachdrücker druck gelesen, also verfelscht gefunden, das ich meine eigene Erbeit, an vielen Ort nicht gekennet", erscheint in verschiedenen Variationen bei zahlreichen seiner Zeitgenossen. Die Verderbtheit der mit Hast nachgedruckten Texte, das Unterbleiben der Korrektur sowie die willkürlichen Eingriffe gehören zur gängigen Praxis des Nachdrucks, gegen die auch Druckprivilegien fast wirkungslos waren.

Nicht selten, wie z.B. bei H. Sachs oder A. Dürer, hat der Drucker Texte des Autors sprachlich vereinheitlicht. Zuweilen nahm er auch eine konsequente Anpassung an eine andere Sprachlandschaft vor. So z.B. der Nürnberger P. Wagner mit dem in Basel gedruckten *Narrenschiff des* Sebastian Brant (1494):

Basel	Nürnberg
Der ist eyn narr der buwen will	Der ist ein narr der bawen will
Vnd nit vorhyn anschlecht wie vil	Vnd nit vorhyn anschlecht wie vil
Das kosten werd/vnd ob er mag	Das kosten werd. vnd ob er mag
Volbringen solchs/noch sym anschlag	Volbringen solichs. noch seym anschlag
Vil hant groß buw geschlagen an	Vil hant groß bew geschlagen an
Vnd möchtent nit dar by bestan	Vnd möchten nit dar bey bestan

(s. Hartweg 1995)

Der tagebuchartige Reisebericht von U. Schmidle (1554) zeigt beispielhaft, wie entscheidend der Drucker (S. Feierabend/S. Hüter) die Gestaltung eines Textes beeinflussen konnte: *folch, folchgt, folchk, folcht, folckh, volgt; paumb, pauem, paim, paiemb, beim, paÿm* wurden durchgehend durch *volck* und *baum* ersetzt. Genitivbildungen sind im Druck um ca. 60% häufiger als in der Handschrift und stehen in der Regel für Präpositionalumschreibungen. Konjunktivformen ersetzen die Gruppe *sollen/mögen* + Infinitiv. Passiv-Konstruktionen des Drucks werden mit *werden* anstatt mit *sein* gebildet oder vertreten Aktiv-Konstruktionen der Handschrift. Parataktische Anreihungen weichen nicht selten vor logisch durchsichtigeren hypotaktischen Bildungen. Wiederholungen werden beseitigt, und ganz allgemein wird eine größere Ökonomie der Sprachmittel in der Schilderung erreicht.

Aufgabe:

Versuchen Sie die Prinzipien der Bearbeitung zu definieren.

Hs.	:	Jn dem ornn henchen an dem Zieffel
Druck	:	im zipffel des ohrs hangen

Hs.	:	auff vnß sol warden
Druck	:	vnser solten warten

Hs.	:	padenn sÿ vnnß daß wier peÿ Jennen solten pleiben
Druck	:	baten sie vns / daß wir bey Jhnen blieben

Hs.	:	damit doch die Cristen Ein peschietzung mochten haben
Druck	:	das sie Christen ein beschützung hetten

Hs.	:	oder hochZeit wie man heraussen macht
Druck	:	oder wie herauß ein Hochzeit gehalten wird

Hs.	:	da schuessen sÿ den Erden haffen Zu stuckhen hinden auff dem schiff der stedt mit frischen follen wasser alZait darein get 5 oder 6 Emer wasser
Druck	:	traffen sie vnsern Erden Hafen / so hinden am Schiff mit vollem frischem Wasser stunde / darein bey fünff oder sechs Eymer Wasser gienge / zu stůcken
Hs.	:	Ein messer daß ist von fisch pain gemacht
Druck	:	ein messer / von Vischbein
Hs.	:	vnß Zugepotten hatt daß wier auff sein sollten
Druck	:	vnd vns auff zuseyn gebote
Hs.	:	der hatt mit seinem Zu namen gehaissen thun pedro Mannthossa
Druck	:	war genant Petrus Manthossa (aus: Huffines 1974, 60–72)

Im Falle Luthers ist die Zusammenarbeit mit den Korrektoren von besonderer Bedeutung hinsichtlich der Bemühungen um mehr Kohärenz, was auch zu späteren Auseinandersetzungen mit dem Drucker Feyerabend führte (Meiß 1994), der den Standpunkt des zeitgenössischen Lesers folgendermaßen charakterisierte und vertrat: „wenn mans zu der Zeit nur läsen können, vnd verstanden hat, ist man zufrieden gewesen". Was den Graphemgebrauch betrifft, nehmen die in Wittenberg gedruckten Texte Luthers in der 1. Hälfte des 16. Jh.s keine Sonderstellung im Vergleich zur Wittenberger Druckersprache ein. Erst nach dem Tod des Reformators setzt die vom Lufftschen Korrektor betriebene Kanonisierung der äußeren Form seiner Sprache ein (*Zum Sprachwandel* 1987, 93; Haubold 1914; H. Wolf 1980; 1984).

4.4.4. Bilanz und Perspektiven

Mit der Frage, „welche und wieviele deutschsprachige Bücher von welchen Druckern wann, wo, in welcher Auflagenhöhe hergestellt" wurden, versucht Stopp (1978), der V. Mosers These von der führenden Rolle der Druckersprachen in der schriftsprachlichen Bewegung ab 1525 wieder aufgreift, den quantitativen Aspekt der gedruckten Textproduktion verschiedener Gebiete stärker in die Problemstellung einzubringen. Seine Ergebnisse zeigen eine Dominanz des Wobd. (mit den Zentren Straßburg, Basel, Augsburg) an, die in der 2. Hälfte des 16. Jh.s an das Wmd. (Köln, Frankfurt/Main, Heidelberg) und schließlich für das gesamte 17. Jh. an das Omd. (Leipzig, Wittenberg, Erfurt, Jena) überging.

Am Ende des 15. und zu Beginn des 16. Jh.s unterscheidet man im hd. Bereich trotz aller Unregelmäßigkeiten im einzelnen folgende Typen von Druckersprachen: einen südöstlichen Typ, der in München, Wien und Ingolstadt, einen schwäb., der in Tübingen, Ulm und Augsburg, einen oberrheinisch-alem., der in Straßburg und Basel, und einen innerschweiz., der in Bern und Zürich vorherrschte. In Köln, Mainz, Worms und Frankfurt/Main benutzte man einen wmd., in Leipzig und Wittenberg einen omd. Typ. In Nürnberg und in Bamberg sind ofrk. Merkmale festzustellen.

Obwohl das lange geltende Postulat des vorrangigen Verdienstes des Buchdrucks an der Ausbildung einer einheitlichen nhd. Schriftsprache nicht definitiv bewiesen werden konnte, gebührt dem neuen Kommunikationsmedium, das die Rahmenbedingungen der geschriebenen Sprache entscheidend verändert hat, eine besondere Aufmerksamkeit. Ein abschließendes Urteil über das Ausmaß des Einflusses der Druckersprachen auf den Prozeß der Herausbildung einer Norm ist ohne systematische Vergleiche mit örtlichen Schreibtraditionen, die

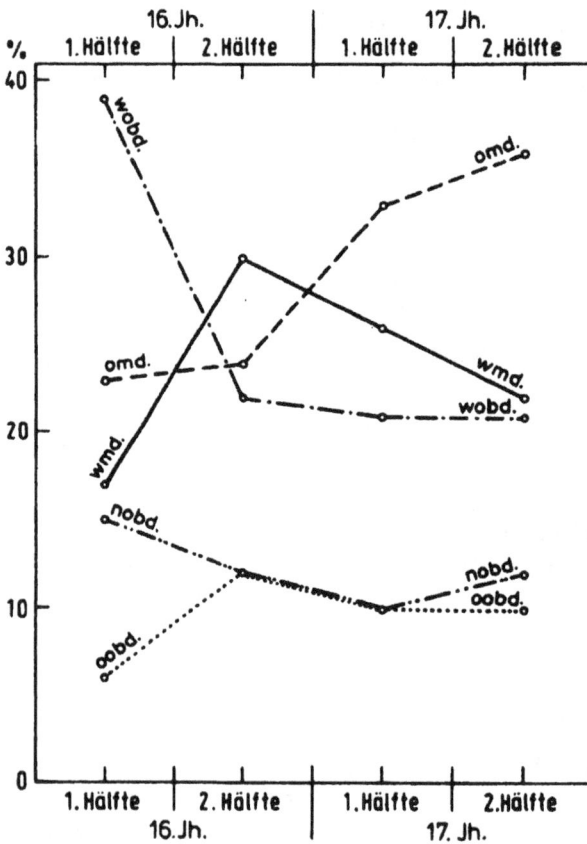

Abb. 21:
Mittelwert der prozentualen Anteile an Druckorten, Druckern, Druckzentren und in diesen tätigen Druckern der Großgebiete
(aus: Stopp 1978, 255)

den spezifischen Beitrag des Buchdrucks gegenüber der übrigen Schreibe konturieren würden, nicht möglich.

Untersuchungen zur Wittenberger Druckersprache im graphematischen Bereich zeigen, dass in der 1.Hälfte des 16. Jh.s der Variantenbestand deutlich zurückging. Die Reduzierung der Allographe förderte die Einheitlichkeit des Druckbildes. Trotz Einengung des Variationsmusters wurden in einem noch offenen Normsystem die regionalen Züge nicht ganz beseitigt. Zuvor waren obd. Varianten gelegentlich (Einfluss einer obd. Vorlage) aufgenommen oder dauerhaft (als höherwertig eingeschätzte Formen) integriert worden, doch blieb der (o)md. Grundcharakter der Wittenberger Druckersprache erhalten. Wenn Autor/Vorlage und Drucker verschiedene Schreibsysteme aufwiesen, kamen Interferenzen zustande. Doch in der Regel rangierte der Einfluss des Druckers vor dem des Autors. Gegenüber der Wittenberger örtlichen Geschäftsschreibe zeichnete sich die Druckersprache durch eine geringere Zahl von Varianten und größere Konsequenz bei ihrer Handhabung aus. Dagegen konnte sie im Vergleich zur kursächsischen Kanzleisprache in Wittenberg, die häufig einen einheitlicheren Schreibstandard und eine größere Öffnung für obd. Varianten aufwies, nicht die alleinige Führungsrolle beanspruchen, obwohl sie diese durch größere Verbreitungsmöglichkeit und ein breiteres Themenspektrum an Wirksamkeit und Vorbildlichkeit allmählich zu übertreffen begann (*Zum Sprachwandel* 1987, 21–100; 1992, 15–117;

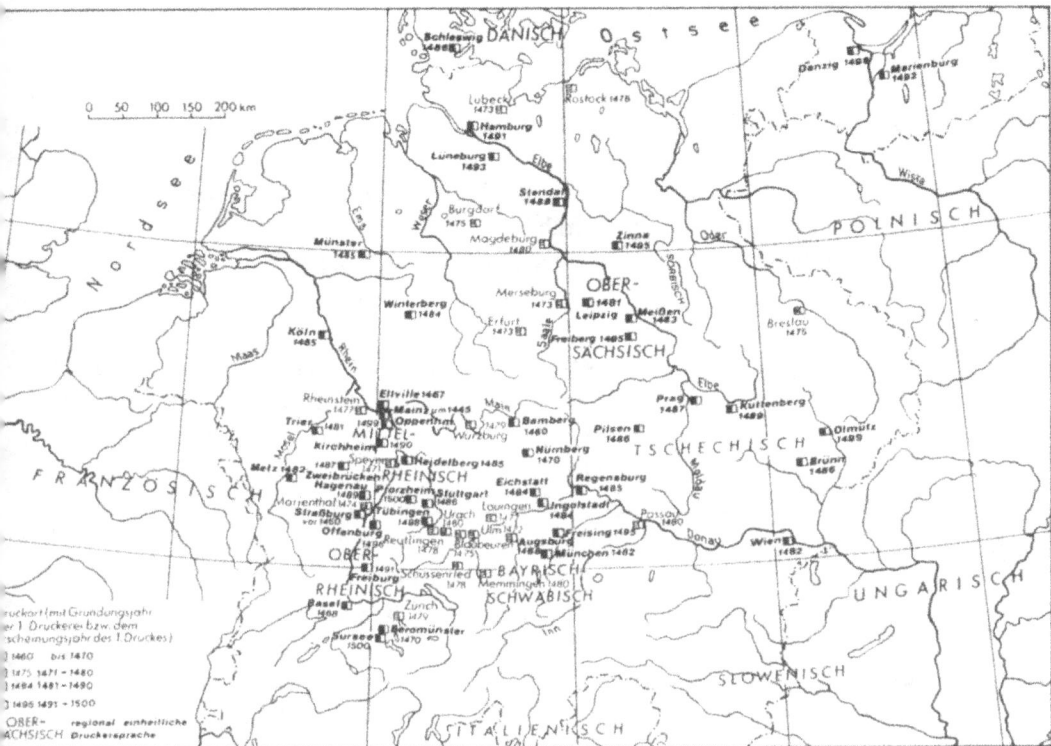

Abb. 22: Die Verbreitung des Buchdrucks während der Frühdruckzeit (bis 1500) (aus: Atlas zur Geschichte, Bd. 1, Gotha/Leipzig 1973, S. 52)

Kettmann 2003). Wenn sich solche Feststellungen auch nur mit Einschränkungen verallgemeinern lassen, muss der Drucker der frnhd. Zeit dennoch als eine Vermittlungsinstanz zwischen Autor und Publikum betrachtet werden, die nicht nur den Text materiell zugänglich machte, sondern auch häufig durch Vereinheitlichung und Funktionalisierung auf dem Weg einer Bearbeitung, die er selbst durchführte oder durchführen ließ, das kulturelle Einverständnis herstellte (dazu Leipold 1978).

Die Bemühungen um verlässliche Texte, besonders im Rechtswesen, in den Naturwissenschaften und im kirchlichen Bereich, sowie um die Reduzierung des Variationsmusters bestätigen, dass der Buchdruck in hohem Maße zur Textsicherung beigetragen hat.

Literatur:

Bachmann (1909); Brandis (1984); Corsten (1983); Dachs/Schmidt (1974); Dauner (1898); Eisenstein (1979); Engelsing (1973); Fujii (1991; 1993); Giesecke (1980; 1990a; b; 1992; 1994); H. Grimm (1965); Haebler (1925); Hartweg (1982; 1985a; 1995; [2]2000); Haubold (1914); Hirsch ([2]1974); Hoffmann (2003); Huffines (1974); Kluge ([5]1918); Kettmann (1996a; 1996b; 2003); Kreutzer (1984); Leipold (1978); Lülfing (1964/65); Maas (1985); Meiß (1994); Milde/Schuder (1988); v. Polenz (1989; 1991; [2]2000); Schildt (1992); Schirokauer (1951); Schütt (1908); Schwitalla (1983; 1999); Stopp (1978; 1979; 1980); H. Wolf (1980; 1984); N.R. Wolf ([2]2000); *Zum Sprachwandel* (1987; 1992).

4.5. Geschriebene und gesprochene Sprache

Aufgrund der Schwierigkeit, Mündlichkeit im schriftlich Überlieferten aufzuspüren, kommt man bei Aussagen über die gesprochene Sprache der frnhd. Zeit kaum über Vermutungen hinaus. So bleibt zum Beispiel bei Aufzeichnungen von Predigten, Verhörprotokollen oder von Luthers Tischreden unsicher, wie weit die Wiedergabe des gesprochenen Worts originalgetreu erfolgt ist. Deshalb erscheint frnhd. Sprachhistoriographie in Forschung und Darstellung noch weitgehend als Geschichte der Schriftlichkeit. Das Verhältnis von Oralität und Literalität findet allerdings stärkere Berücksichtigung in neueren Untersuchungen (s. Betten ²2000).

Im Vergleich zum Mittelalter ist in frnhd. Zeit ein wesentlicher Wandel im Verhältnis von geschriebener und gesprochener Sprache zu verzeichnen. Vorlesen, Rezitieren und Gesang sind wichtige Bestandteile der mhd. Literatur, die sich durch Mündlichkeit auszeichnet und sich vor allem an das Ohr wendet, was auch die bedeutende Funktion des Reims erklärt. An der „Beschleunigung der Entwicklung zu einer ‚Syntax für das Auge‘" (Betten ²2000, 1655) lassen sich Prozesse der fortschreitenden Verschriftlichung in der Textgestaltung erkennen. Durch das Vordringen des ‚stummen Lesens‘ vom 14. Jh. an wird die Rezeption der Literatur stärker Angelegenheit des Auges des individuellen Lesers. Während bei der Dominanz des Laut- bzw. Vorlesens der (Vor)leser bei der mündlichen Realisierung des Textes über die Möglichkeit des An- bzw. Ausgleichens von Sprachvarietäten verfügte und die Lesevorlage nicht gleichbedeutend war mit zwingender Lautvorlage, wird diese Flexibilität, die auch der Überwindung regional oder sozial bedingter Verstehensbarrieren dienlich sein konnte, durch eine immer stärker festgelegte Sprache allmählich eingeschränkt.

Im ausgehenden Mittelalter und im 16. Jh. wächst die Rolle der Schrift in der Kumulierung und Tradierung von Wissen und Fertigkeiten im Geschäftsleben, in Staat und Recht. Durch das schriftliche Verfügen über akkumuliertes Wissen kann sich theoretisches Wissen ohne Rückkoppelung an unmittelbare Erfahrung selbstständig weiterentwickeln und von praktischem Wissen trennen. Der Rückgang des Wanderhandels zugunsten des sesshaften Handels und die sich damit entwickelnde Handelskorrespondenz, der allmähliche Übergang von der mündlichen zur geschriebenen Prozedur im Gerichtswesen (s. Greule 2001), der im Zusammenhang mit der Verbreitung des römischen Rechts und der Verdrängung der Laien durch Berufsrichter steht, sowie das Anlegen von Archiven sind wichtige Elemente in der fortschreitenden Verschriftlichung des (insbesondere städtischen) Alltags. Der Buchdruck ermöglicht die Beschleunigung des schriftlichen Austauschs und seine Situationsentbindung. Zwar hält sich der Duktus der Mündlichkeit in der häufig angewandten Dialogform der Lehr- und Propagandaliteratur, doch die Eigenständigkeit der Schriftäußerungen erlaubt es fortan nicht mehr, diese nur als Verschriftlichung von zunächst mündlich Vorgetragenem zu betrachten. Mit der Übernahme neuer Funktionen durch die geschriebene dt. Sprache kommt es zu einer Aufwertung der sozialen Stellung der schriftkundigen Fachleute – „Vorn schreiber mus sich biegen / offt mancher stoltzer heldt, [...] Das schreiben ist alleine/ der allerhöchste schatz" (*Ambraser Liederbuch* 1582) –, die auf einen gesicherten, möglichst weiten Kommunikationsradius Wert legen. Der erweiterte Zugang zur Schriftlichkeit erfolgt nicht nur für neue soziale Schichten, sondern mit dem Aufkommen der ‚Altersbrille' auch für neue Altersgruppen.

Diese Entwicklung soll jedoch nicht verschleiern, dass die meisten Menschen der frnhd. Zeit über die Grundstufe des Kommunikationsmittels Sprache, d.h. die Mdaa., nicht hinauskamen. In den dörflichen Verkehrsgemeinschaften bediente man sich der in Ortsmdaa. differenzierten Territorialdialekte. In den durch größere herkunftsmäßige Verschiedenheit ihrer Einwohner gekennzeichneten Städten sind Stadtdialekte das dominierende Kommunikationsmittel. Im Gegensatz zu Frings' These von der bäuerlichen Siedlersprache ist der tiefgreifende sozialhistorische Unterschied zwischen der Sprachentwicklung in der Schicht feudalabhängiger Bauern und in frühbürgerlichen Städten zu betonen. Über den Dialekten bilden sich vielfach geschichtete Umgangssprachen als neue Existenzformen der dt. Sprache heraus (vgl. dazu auch Kap. 3).

Die geschriebenen Sprachen der frnhd. Zeit (Schriftdialekte, Literatursprachen) erscheinen zwar nicht losgelöst von ihrer sprechsprachlichen Basis, sind aber auch nicht ihr Abbild und, was ihr Geltungsareal betrifft, auch nicht deckungsgleich mit Mundartgebieten. In diesem Sinne ist die entstehende nhd. Schriftsprache „kein ‚Interdialekt', keine in dieser Form irgendwie gesprochene mundartliche Ausgleichssprache" (Fleischer 1966, 95). Vgl. dazu Schottel in *Ausführliche Arbeit von der Teutschen HaubtSprache* (1663):

> Die hochteutsche Sprache […] ist nicht ein Dialektus eigentlich, sondern Lingua ipsa germanica, sicut viri docti, sapientes et periti eam tandem receperunt et usurpant.

Sprechsprachliche Elemente oder zumindest solche, die der gesprochenen Existenzform der dt. Sprache nahekommen, sind in bestimmten Textsorten anzutreffen. Die Untersuchungen zur Kanzelberedsamkeit bei Berthold von Regensburg, Meister Eckhart, Tauler, Geiler und Luther sagen jedoch mehr über den Einsatz rhetorischer Mittel (Dialogisierung, Dramatisierung, Anrede, direkte Rede, eingeflochtene kleine Erzählungen, fingierte Einwürfe, Sprichwörter oder sprichwortähnliche Redewendungen) in der Predigtkunst aus als über die eigentliche gesprochene Sprache. Anleitungen für Priester (so U. Surgants *Manuale Curatorum*, 1503) warnen vor extremen Dialektizismen in Liturgie, Gebet und Predigt. Beim Versuch der Bestimmung von Sprachmitteln, die eingesetzt werden, um Allgemeinverständlichkeit in der Agitationsliteratur der Zeit der Reformation und des Bauernkriegs (Streitschriften, Briefe, Dialoge, Predigten, s. Kettmann/Schildt 1978, 21–85) zu fördern, wird sprechsprachlichen Gestaltungsmitteln (Anrede, Frage, Ausruf, wörtliche Rede, syntaktische Ellipse, insbesondere Fehlen der finiten Verbform) ein besonderer Stellenwert zugemessen.

Beispiele:

Hutten, Dialoge (*Gespräch búchlin,* 1521):

> […] sprach ich zu jm: „Confirmirent ir Römer vns teutschen dißer zeyt auch solliche Bischoff? Oder würt der euch mit dem meysten gelt überschüt, am ersten auch darzu geforderd vnd bestätiget?" Antwort er: „ir Teutschen habt doch frey einen iden bischoff zu wolen." Sprach ich: „das ist wol war, sye müssen aber nit Bischoff sein, sye käuffen dann vorhin zu Rom einen mantel. wie mag das dann ein frey wal geheyssen werden? Ja billich möcht man so nit eynes Bischoffs erwelung, sunder ein anzeygung des, der euch gelt zu geben wirdig oder tüglich sey, genennet werden. Darumb gib mir antwort vff ein frage [*Vadiscus,* 67:] … haben sye dreyerley rat funden dardurch

sye gelt von den außlenderen brachten. Erstlich einen ablaßmarckt zugericht/ [...] Ist aber nit ein stat, die von solichen leüten besetzt, geschickt zu einem haupt der kirchen? [...] Als mich bedunckt, ser vnbequäm/

(aus: Kettmann/Schildt 1978, 41)

Syntaktisch-stilistische Studien zur Sprache von Verhörprotokollen aus der Zeit des Bauernkriegs zeigen, dass im Unterschied zur Redewiedergabe der Verhörenden im wiedergegebenen Redeteil der Verhörten sprechsprachliche Elemente, wenn auch nur in geringer Anzahl, festzustellen sind, z.B. im Bereich Lexik/Phraseologie (lexikalische Einheiten, die von der Protokollsprache abweichen):

Zum andern, wurumb ehr geret hab uf der Newen Leuben, *er wult wol daruffe tantze,* wan meiner hern kayner nicht dar wern.

Do hat Heintze Schmet gesagt, du *bosewicht* sitzthu hie, das kerpsel ist alle vol.

Darauf bericht er und sagt, ... und haben gesagt, sie wehren *vorrathen und vorkauft* ...

Auch haben sie gesagt, wan sie ymants von Molhausen uberquemen, ßo wullen sie yme *hende und fuße* abehawen.

Darauf bericht ehr und sagt, men fint *kain heller wert* in seinem haus. Item sie bekent auch, ... sie meinen, sie sei allein, das sich alle *ire schue an sie wullen wuschen.*

Auch hat Liborius Wide gesagt, sie wulten eyne pfarkirchen darauß machen, *wan ein taufel uff dem ander sesse.*

Darauf bericht er und sagt, er wisse nicht, und wan ers weis, *so sall in der teufel oben ausfuren.*

Weiter sagt ehr auch, es habe ein monnich gesagt, wer eine newe testament kaufe, *der kauf ein leiter in den hymmel.*

(aus: Peilicke 1980, 28–31)

Anno 1571 ten den 21. Aprilis Haben Vorgedachte herrn, den gefangenen Chriſtoff Amman, ſo geſtern das hochwirdig Sacrament Empfangen, wider gútlich beſpracht, der Bekhent Ja er hab den Leppolding' Erſchoſſen, darbej ſej Ein fiſcher geweſt, wiß nit wie er heiſſe die von Paſſaẃ Kenten Jn woll, Leppolding' Jmĕ Zúúorr wöllen ein Maúhldaſchen geben, nach ſolchenn der Leppelding' Stettigs vorahn gangen, het er ſager denſelben dúrch den Leib geſchoſſen, vnd viſcher Jne den Entleibten mit der Scheefhacken dúrch den Kopf gehaúen Jtem Sej nit weit von Regenſpúrgk geſcheen, hett wollen baldt nacht werden. Sager het dem Entleibten das weidtmeſſer den Rockh vnd die Púchſen ſo er Jme Zallen ſollen genohmen, der viſch' hab Jne hernach vollendt beraúbt, wiſſe nit was er Jme genohmen, dan Sager daúon gelaúffen ſich beſorget es mochten leúth khomben, ſej dj gantʒe nacht khainner .1. meill gangen, Schier Jm ſchnee verdorben, Jtem wiſſe nit wer den Entleibten von der Paan geſchleipft vnd mitt Schnee Zúgedeckt Jtem wiſſe aúch nit wo d' Petʒſchier Ring hin khomben, dan er habe domals kein Ring bej geſehen, Jtem Ahnfangs wie er mit dem Leppoldinger Aúßtʒogen hab nit Jn willen gehabt, ſo hab Jme aúch der Entleibte vertraúet, das er woll gewúſt das er khein geldt bej Jme gehabt, Alleine da er Jme dj Maúell daſchen geben wöllen, hett der viſch' geſagt wen er mirs Thet, wolt Jch Jne vf dj haúdt ſchieſſen, daraúf habe Sager Zú Negſt bej Rein haúſſen dúrch den leib geſchoſſen vnd viſch' denſelben dúrch den kopff gehaúen, Jtem d' entleibte hett kein kúrtʒe Púchſen bej ſich gehabt, Könne aúch nit wiſſen, weilln er daúon gelaúffen, was Jme d' viſch' genomben, ſej Aber gúth Zú Achten. das derſelb dj Lange Púchſen vnd was er gehabt genohmen haben múſſe, Jtem AlſPalden er daúon gelaúffen vnd ſie beede als ſager vnd fiſch' von Einand' khomben, het er Jne fiſchern ſeindt Nit mehr geſehen

(Aus dem Geständnis des Christoff Ammann, *Egerer Urgichtenbuch,* aus: Frnhd. Lesebuch 1988, 62–63)

Auch der Vergleich der Textfassung eines Schreibers mit niedrigem Ausbildungsstand mit der ge-druckten Version desselben Textes eröffnet einen Zugang zum Verhältnis ‚geschriebene/gesprochene Sprache' (Vgl. 4.4.3.). Ähnliches gilt für die Gegenüberstellung der selbstständig übersetzten Bibelzi-tate aus Luthers und Zwinglis Predigten, die sich an alle Schichten von Zuhörern wandten, und des zusammenhängenden Übersetzungstextes der Luther- oder Zürcher Bibel, die größere regionale Reichweite anstrebten. So lassen sich z.B. simulierte Gesprochenheit bei den Tempuskategorien (al-ternatives Perfekt zum Präteritum), verdeutlichende Doppelungen – *den nüwen win oder most; nüw testament oder ee; Bereytend oder rüstend* –, regional determinierte Lexik (vgl. 10.2.), geringere Lexemdichte bei Komposita und Ableitungen sowie die weniger anspruchsvolle Abfolge ‚Dominie-rendes – Dominiertes' beim attributiven Genitiv – *die hüser der witwen / der wittwen heuser; der sun des menschen / des menschen ßon* – in Zwinglis Bibelzitaten feststellen (Schenker 1977). Relative Mundartnähe im lexikalischen Bereich ist bei ‚niedrigen' Quellengattungen z.B. Urbaren, die nur eine ‚eng-lokale' Reichweite anstrebten und von Nicht-Berufsschreibern angefertigt wurden, zu erwarten (vgl. Kleiber/Kunze/Löffler 1979).

Ebenfalls als im Zusammenhang mit der zunehmenden Bedeutung der schriftlichen Kom-munikation stehend ist die Gewinnung zusätzlicher sprachlicher Mittel zu sehen, die zum Ausdruck bringen, was Intonation, Gestik und Mimik in der mündlichen Kommunikation leisten. So ist z.B. die erhebliche Zunahme des Gebrauchs von Modalwörtern im 16. Jh. zu werten. Neben den mhd. bereits üblichen *fürwahr, leider, vielleicht* steigt textsortenbedingt der Einsatz von Modalwörtern wie *eigentlich, freilich, gewißlich, wahrlich, wohl* erheblich, der von *allerdings, doch, ja, natürlich, sicherlich, ohne Zweifel* etwas seltener (*Zum Sprachwandel* 1987, 385–431).

Entgegen der gängigen Auffassung, die Luthers Ausspruch „Ich rede nach der Sechsischen cantzley [...]" (vgl. 4.3.2.) auf seine Schriftlichkeit bezieht, deutet v. Polenz (1986, 185) die Aussage des Re-formators als Bekenntnis zu seinem nationalsprachlichen Bestreben, beim Deutschreden gegenüber überregionalem Publikum regionale Dialekte zu meiden, indem er sich in Lautung und Flexion nach dem Vorbild der im Reich angesehenen Kanzleischreibe seines Landesherrn richte; dies müsse eine relativ schriftnahe Sprechnorm auf niederdeutscher (mansfeldisch-wittenbergischer) Artikulationsbasis gewesen sein.

Auch bei zeitgenössischen Autoren wie F. Frangk (*Orthographia* 1531) und in Ickelsamers Lautiermethode werden orthographische und orthoepische Bestrebungen in Zusammenhang gebracht.

Die Expansion einer schriftnahen Sprechsprache ist nicht nur als Rückwirkung des im Frnhd. dominie-renden Graphemsystems auf das Phonemsystem zurückzuführen. Sie ist ebenfalls Folge bildungspoli-tischer Maßnahmen, die in den Schulordnungen der vom ‚verstaatlichten Protestantismus' geprägten Anstalten zum Ausdruck kommen, besonders nach dem Augsburger Religionsfrieden von 1555. Die dort praktizierten Buchstabier-, Lautier-, Syllabier- und Singübungen, das Lautlesen und Auswendig-lernen sowie das Schultheater ermöglichten auch – und nicht nur im nd. Bereich – die Markierung der sozialen Distanz zur Sprache des ‚Pöbels'. Das zur Prestige-Sprachnorm aufgestiegene ‚Meißnisch' (während Luther unter ‚sächsisch/Sachsen' das Kurfürstentum Sachsen-Wittenberg verstand, verlager-te sich später der kulturelle Schwerpunkt Sachsens nach Leipzig/Dresden) darf nicht als osächs. Um-gangssprache gewertet werden. Es ist vielmehr – ausgehend von Luthers religiös-akademischem An-liegen – durch Lautungstendenzen gekennzeichnet, die sich an den hd. Schriftnormen orientieren. Die dadurch erreichte Wirkung eines sozialen Schibboleths verdeutlicht v. Polenz mit der Formel vom ‚protestantischen Soziolekt' (im Gegensatz zu J. Grimms ‚protestantischem Dialekt'). Das Gefälle zwischen Anspruch und Wirklichkeit führte jedoch zur Infragestellung und schließlich zur Abwertung des meißnischen Vorbilds. Die bereits vor der preußischen Expansion einsetzende positive Einschätzung der norddt. Schriftlautung – Bödiker schreibt 1698 „Ein gebohrener Niedersachse / Märker / Pommer / Westphaler/ Braunschweiger / u.s.w. kan die Hochdeutsche Sprache am reinsten außsprechen / besser als die Oberländer" – führt v. Polenz zum Schluss, dass dies Ausdruck des Normendenkens einer Sprachpolitik sei, die nicht „eine primär preußische des 18. Jh., sondern [...] eine protestantisch-bürgerliche im frühabsolutistischen Mittel- und Norddeutschland" (1986, 198) darstelle.

Aufgabe:

In den *Vernünftigen Tadlerinnen* (1725) bietet Gottsched im fingierten Brief eines Leipziger Mädchens ein Beispiel der osächs. Umgangssprache. Analysieren Sie die sprachlichen Merkmale dieses Textes.

Werdeste Frau muMe,

Mir han lange uf en Schraiben aus den lieben Halle kewart, mit kraussen schmerzen. Maine MAma Möchte kärne wissen Ab se och Noch fain kesund sain se kummen Jo keen Eenzich mohl här, un Mir han Ihn doch nischt übels getan. Mir sind hieben noch Alle wolloff nur Der kleene Pruter ist en pissgen Mallate, sonst wirter schon Lange trübben kewesen sain. Mir laipzsche jumfern sind in kraußer kofahr, Weil der daud vaur etliche wochen so stharck unter se kummen, das ihr flucks zwee uff emahl gestorben eens is auch Braut Worden, und ich soll zur hochzich geyen, aber de maMa well Mer keene naie hadrichähne machen lassen, das hah ich wohl kesaht. hat se nich en wäsen drübber gehat, aber ich mache mir Nischt draus lipstes Frau müMgen Schraib se doch en baar zailen an de maMa, denne daß wird sie uf andre getancken bringen, Ich ha diesse nacht Nich waul keruht drimme tüt mir der kop wey und ich kan nischt mehr schraiben. Atge dausentmahl atge Meiner hauchgeerdesten Frau muMe

kehaurschamste tienerin
N.N.

P.S. Es kummen klech pay ihn trübben solch Schriften raus die von waibsen Gemacht werden, Ich ha eens Gelesen aber es doocht mit alldem heele nischt. Die Menscher müssen keenen Spinn Rocken oder Stricke Nateln han, se han sich och emahl übersch putzen Muckiret, ich möcht Kärne wissen ab se in halle im blaußen und schwarzen hehmte in de Kirche geyn. Was wörden de Pursche nich schäckern.

(aus: H. Becker, *Sächsische Mundartenkunde*, Dresden o.J. (= 1937), 126f.;
H. Becker/ G. Bergmann, Halle/S. 1969, 146)

Literatur:

Ágel (1999); Bäuml (1993); Becker (1937); Becker/G. Bergmann (1969); Besch (1983a; 1983b); Betten ([2]2000); Bremer (1985); Erben (1962; 1975); Fleischer (1966); Gauger (1994); Giesecke (1980); Greule (2001a); Grubmüller ([2]1998a; [2]1998b); Henzen ([2]1954); Kleiber/Kunze/Löffler (1979); Kettmann/Schildt (1978); Kleiber (1965; 1986); Kunze (1975); Löffler (1972); Mattheier ([2]2000); Peilicke (1980); v. Polenz (1986); Reichmann (2004); Schenker (1977); Spriewald (1990); Weithase (1961); Wenzel (1995); *Zum Sprachwandel* (1987).

4.6. Das Textsortenspektrum des Frnhd.: Tradition, Variation, Innovation

Angesichts der Multidimensionalität der Kriterien liegen in der Forschung recht heterogene Vorschläge zur Typologisierung frnhd. Texte vor, die im Vergleich zu den mhd. eine quantitativ stark gewachsene Überlieferung darstellen, und dies nicht nur aufgrund der zeitlich und institutionell (Bibliotheken, Archive) günstigeren Erhaltungsbedingungen. Wenn bei der weiterhin gering verbreiteten Lesefähigkeit ein vorsichtiger Umgang mit dem Begriff ‚Explosion' geboten scheint, so ist doch zweifelsohne ein Quantensprung hinsichtlich der Menge und der Differenzierung der Textsorten zu verzeichnen. Scharfe Abgrenzungen sind bei dieser Fülle nur selten möglich, und häufige Überschneidungen machen eine präzise Einordnung schwierig. Dabei kann die Textsorte nur als vermittelnde Ebene zwischen dem Einzeltext und der abstrahierenden, komplexitätsreduzierenden Ebene verstanden werden. Eine Textsorte sollte nicht isoliert, sondern nur im Gesamtspektrum betrachtet werden. Unter den zu berücksichtigenden Kriterien sind die zeitgenössischen Bezeichnungen, der Öffentlichkeitsgrad, die Medienart, der Aufbewahrungsort, die kommunikative Situation, die Textherkunft, -intention und -funktion, die Produktions- und Rezeptionsbedingungen sowie die ein grobes Raster bietenden ‚Sinnwelten' mit den Bereichen Alltag, Institutionen, Religion, Wissenschaft (Kästner/Schütz/Schwitalla [2]2000), die mehrfache Überlappungen aufweisen, zu erwähnen. Neben den textexternen Faktoren könnten auch korpusbasierte, mit relevanten sprachlichen Merkmalen operierende, in der Stilanalyse erprobte quantitative Vorgangsweisen zur Ermittlung von Textsorten beitragen (Ziegler 2002). Bei der funktional, medial, thematisch, formal vielschichtigen und breitgefächerten Heterogenität der Texte und ihrer unübersehbaren Distribution und Gebrauchsweisen verbietet sich das Anstreben einer vollständigen Erfassung. Hinzu kommt der hypothetische Charakter der Rekonstruktion der Formen der Oralität.

Das Anschwellen der Textproduktion verläuft keineswegs linear: Erst am Ende des Siebenjährigen Krieges wird, wenn man sich auf die Frankfurter und Leipziger Messverzeichnisse stützt (Stopp 1978), der Stand der muttersprachlichen Buchproduktion von 1618 wieder erreicht.

Hauptmerkmal der Periode ist die wachsende Bedeutung der Prosa. Mit ihr verbinden sich, z.B. in Prosaauflösungen der höfischen Epik, eine Tradition der rhetorisch-poetischen Elemente und ganz allgemein ein Übergang zur nüchternen gegenständlichen, expositorischen Formulierung, die auch den Anspruch des Strebens nach Wiedergabe der Wahrheit und Effizienz erhebt, die mit Reimerei und gebundener Rede nicht vereinbar sind, wie Wittenwiler es im *ring* cum grano salis zum Ausdruck bringt: *Ir habt gereimet und geticht: / Chluogen sach wil reimens nicht; / Wer mag ein disputieren / Mit gmessner red florieren?* (3519–3522).

Über die Textsorten ist ein Zugang zu den Kommunikationsbedingungen und -bedürfnissen möglich, die ihrer Produktion zugrunde liegen. Die unterschiedliche Distribution sprachlicher Varianten in den einzelnen Textsorten, die den kommunikativen Absichten bzw. Bedürfnissen von Textproduzenten bzw. -rezipienten entspricht und Sprachhandlungssituationen reflektiert, kann Hinweise auf Aspekte des Sprachwandels liefern (*Zum Sprachwandel* 1987; Steger [2]1998). Der wachsende Bedarf an Information und Verbreitung von Wissen, der mit den herkömmlichen Mitteln der Mündlichkeit nicht mehr befriedigt werden konnte, die steigende Zahl der Schriftkundigen und der Ausbau einer profanen Schriftkultur, der Buchdruck und seine Folgen (Veränderung der Tradierungsprozesse und der Distributions- und Rezeptionsweisen in einem erweiterten Kommunikationsrahmen, neue Autor-Adressatenrelation, schnellere Rückkopplung und beschleunigter Informationsfluss), die Verschriftlichung von Kultur- und Alltagsleben sowie die Beteiligung breiterer Schichten an überregionalen religiösen und soziopolitischen Auseinandersetzungen führten zu einer generellen Ausweitung der Textproduktion. Die Veränderungen in den Textsortenfeldern spiegeln die gesellschaftlichen und kommunikativen Wandlungen in den verschiedenen Funktionsbereichen wider. Überlieferte Textsorten verschwanden, wurden weitergeführt, modifiziert, neue eingeführt, und das langsame Zurücktreten des Lat. sowie die Vermehrung der Übersetzungen erweiterten das Spektrum.

Im privaten und öffentlichen Alltagsleben und seiner gesellschaftlichen, wirtschaftlichen und politischen Organisation wird der Textsortenfächer beträchtlich erweitert, so z.B. im privat-familiären Bereich: Ratgeber aller Art, Haushalts- und Rechnungsbücher, Privatbriefe, Güter- und Bücherverzeichnisse, Nachlassinventare, Tage- und Familienbücher, kompendienartige Hausbücher, wie Wein-, Koch-, Kräuter- und Arzneibücher für Mensch und Tier. Auf die Bürokratisierung und Juridifizierung der Territorien- und Gemeindeverwaltung sind zahlreiche Textsorten zurückzuführen: Urbare, Urkunden, Protokolle, Bescheide, Bekanntmachungen, Testamente, Prozessakten, Rechtssammlungen, Rechts- und Polizeiverordnungen, Erlasse, Beschwerden, Einnahme- und Ausgabeinventare, Register, öffentliche Korrespondenzen, Briefsteller, Formularbücher u.a.m. Die Veränderungen in Handel und Gewerbe haben die Produktion einer Anzahl von informierenden und handlungsanleitenden Fach- und Sachtexten bewirkt: Berg-, Feld-, Garten-, Pelzbücher, Tischzuchten, Bauernpraktiken, Berufs- und Handwerksliteratur (*artes mechanicae*), Verträge, Handelskorrespondenzen, (doppelte) Buchführung, Werbeanzeigen, Sortimentsverzeichnisse und Messkataloge. Im höfischen Bereich entstanden Jagd-, Turnier- und Fechtbücher sowie Anleitungen zum standesgemäßen Umgang.

Eine besondere Erweiterung erfuhr die Textproduktion im Bereich des Nachrichtenwesens, dessen Entwicklung eine wachsende Beteiligung breiterer Schichten an Information, religiöser und soziopolitischer Meinungsbildung und an einer z.T. durch Zensur eingeengten, die großen Kontroversen der Zeit verarbeitenden Kommunikationskultur ermöglichte. Zu den Prognostiken, Kalendern, Flugschriften zu aktuellen Ereignissen und zur Liedpublizistik kamen später die ‚Neuen Zeitungen' (Kästner 1992), um 1600 die erste Wochenzeitung und danach verschiedene periodische Schriften. Der Brief erweiterte seinen Funktionsbereich.

Im religiösen Bereich, der breite Überlappungsfelder mit dem Alltagsbereich und der Dichtung aufwies, fanden die großen Strömungen und Bewegungen (Mystik, Devotio moderna, Reformation, Gegenreformation, Pietismus) und die entsprechenden Frömmigkeitsformen ihren Niederschlag in tradierten und neuen Textsorten: geistliches Spiel, Legenden, Bibelübersetzungen, Plenarien, Erbauungsliteratur, theologische Traktate, Predigten, Katechismen, Gebet- und Gesangbücher, Flugschriften, Bekennerlieder, protestantisches Schul- und Jesuitendrama, Ars moriendi, Totentanz, Trost- und Sterbebüchlein, Teufelsliteratur u.a.m.

Im 16. Jh. emanzipierten sich verschiedene Wissenschaftszweige weiter von der Theologie und formten sich deutlicher zu selbstständigen Disziplinen aus, was zu einer fortschreitenden Textsortendifferenzierung führte. In diesem Bereich wurde trotz weiterer Dominanz des Lat. das Spektrum der dt. Texte sowohl durch Übersetzungen philosophischer, historio-geographischer, naturwissenschaftlicher und juristischer Ausschnitte des antiken Lehrwissens (z.B. Ptolemäus), als auch durch dt. Kompilationen aus Altem und Neuem (z.B. S. Frangk, S. Münster) erweitert. Geschichtsschreibung, Kartographie, Kosmographie und Medizin differenzierten besonders stark ihr Textsortenfeld. Populärwissenschaftliche Texte, Schul-, Wörter- und Lehrbücher sowie Vokabularien erfuhren ebenfalls eine wachsende Produktion.

Im Bereich der Dichtung wurden mittelalterliche Formen und Gattungen weitergeführt (Ritterroman, Heldenepik), wenn auch oft unter Verwischung oder Aufgabe ihrer Prinzipien und Grenzen (z.B. Erweiterung durch Prosafassungen): neue Inhalte und neue Formen traten auf; Neue Inhalte wurden in alten Formen aufgenommen und alte Inhalte in neue Formen eingelagert. In der Kleinepik koexistierten mittelalterliche Tradition (Schwank, Versnovelle) mit Übersetzungen, z.B. aus dem Ital., die traditionelle Spruchdichtung mit neuen Gattungen der didaktischen Dichtung. Antike Textsorten wurden durch die Humanisten eingeführt. Auf der Bühne waren nach- bzw. nebeneinander Fastnachtspiel, Schuldrama und Haupt- und Staatsaktion sowie die traditionellen Gattungen vertreten. Meistersang, Verssatire, zeitkritische politische und religiöse Literatur (mit einer besonders in der Zeit der Reformation, des Bauernkriegs und der Gegenreformation gewaltigen Flugschriftproduktion), dt. sog. Volksbücher, bürgerliche Prosaromane, Schäfer- und heroisch-galante Barockromane u.a.m. trugen zur Erweiterung des Textsortenspektrums bei. Im Zeichen der wachsenden Säkularisierung reduzierten sich die Überschneidungsfelder der Dichtung im religiösen Bereich.

Literatur:

Bentzinger (1969; 1973); Beyer (1994); Brandt (1981/1988); Fritz/Straßner (1996); Giesecke (1991); Kästner (1992); Kästner/Schütz/Schwitalla (^{2}2000); Kettmann (^{2}1985); Kleiber (1986); Meier (2002); Moeller (1983); Moeller/Stackmann (1996); J.D. Müller (1994); Reichmann/Wegera (1988); Seidensticker (2001); Skála (2001); Steger (^{2}1998); Stopp (1978); Wimmer (1985); Ziegler (2002); *Zum Sprachwandel* (1987).

4.7.   Deutsch vs. Latein

4.7.1.   Die Humanisten: zwischen klassischer Latinität und deutschem Sprachpatriotismus

Der vermittlungs- und kommunikationssichernde Exostandard Lat. ersetzt im Heiligen Römischen Reich Dt. Nation den fehlenden überdachenden autochthonen Mindeststandard.
Daher hat die Volkssprache zunächst nur eine subsidiäre Funktion, die Lat. voraussetzt,
zumal Dt. für bestimmte Textsorten noch keine oder nur begrenzte Muster ausgebildet hat.
Vor allem die römische Kirche pochte auf die Vermittlungssicherheit des Unveränderlicherkeit garantierenden Lat., mit dem sie ihren Universaltiätsanspruch legitimierte. Ihre defensive Haltung – es ging dabei auch um ihr Auslegungsmonopol und ganz allgemein um die
Einschränkung der Verbreitung von Wissensliteratur – begründete sie, z.B. gegenüber neuen
Frömmigkeitsbewegungen, die den Zugang zur Heiligen Schrift in der Volkssprache verlangten, mit deren mangelnder Fülle im Ausdruck und daher unzutreffenden, die Wahrheit
gefährdenden Übersetzungen.

Der Humanismus strebte als gesamteuropäische Bildungsbewegung die Wiederbelebung
des klassischen Altertums in seinem Eigenwert und nicht nur als integrierter Bestandteil der
christlichen Bildung an. Er entwickelte ebenfalls starke national-patriotische Impulse, die in
Deutschland – analog zur Neuentdeckung und Hochschätzung der römischen Vergangenheit
in Italien – ein lebhaftes Interesse an der ältesten Nationalgeschichte hervorrief, man denke
etwa an die Auffindung der *Germania* des Tacitus. Dieses neue Geschichtsbewusstsein, das
z.B. die wissenschaftlichen Arbeiten eines Beatus Rhenanus anregte, führte zur nationalen
Begeisterung, die ihre Legitimation auch in der imperialen Würde in der Nachfolge Roms
fand: Die Humanisten machten vor den Staatsrechtlern den vom ‚heiligen Romischen rych
der Duytschen nacion' (1474) abgeleiteten Erbanspruch geltend. Eine der radikalen Übersteigerungen hinsichtlich der dt. Vergangenheit und Sprache findet sich im sog. *Oberrheinischen Revolutionär*, einer Reformschrift aus dem frühen 16. Jh., in der Adam als „tuscher
man" erscheint, die Herkunft von ‚alemannisch' aus „all Manns" abgeleitet wird und Dt. als
die erste Sprache und die der Endzeit bezeichnet wird: „tusche die erst sproche ist. Vnd wirt
vff dz lest alle sprochen abthun: Vnd dz wort Christi erfüllen. Ein glub: Ein Hirt: Ein Stal:
Ein Herd: Ein sproch durch die gantze welt". Damit vergleichbar ist auch die von dem Lexikographen Dasypodius vollzogene Identifikation Deutschlands mit dem deutschsprachigen
Raum – „Germania das gantz Teutsch land so weit die Teutsche spraach gehnt" – (vgl. dazu
die Polemik Wimpheling/Murner über die nationale Zugehörigkeit des Elsass), die ebenfalls
für S. Franck gilt: „Dann Teutsch landt oder Germania wirt ictzt so weit rechnet, so weit
Teutsch zung, sie sei gůt oder böß, weret und geredt würdt" (*Germaniae Chronicon* II[a]; zit.
bei Rosenfeld [3]1974, 462).

Zwar gab die humanistische Bewegung über das mittelalterliche Kirchenlat. hinaus dem
‚gereinigten' Lat. eine neue und verstärkte Legitimität als europäische Bildungs- und Wissenschaftssprache. Doch dies schloss das sprachpflegerische Interesse (inklusiv die wissenschaftliche Beschäftigung) für die Volkssprache nicht aus (vgl. auch Dantes *De vulgari
eloquentia* 1305). Fischart, der die Absicht hatte, ein etymologisches Werk zu verfassen –

Solcher wörtter gedenk ich ain ganz Namenbuch oder Lexikon an tag zugeben, gleichwol anderer gestalt, namlich, das andere sprachen vil meher solche wörtter von der ältesten Teutschen sprach noch von der Babylonischen Zerrüttung her haben, wie dan solches ain ieder, so die E t y m o l o - g i a s lesen wird, soll bekennen, vnd auch hie in Erklärung diser ist zusehen –,

und der sich gegen die Mode der fremden Vornamen wandte, betonte die patriotische Komponente seines sprachpflegerischen Strebens:

Keyn groeser zierd dem Vatterland mag widerfaren, dann so man seine Sprach übet, schmucket, herfür mutzet, auffnet vnd excoliret (*Ehezuchtbüchlein*).

Während das 15. Jh. eher eine Art Symbiose zwischen Dt. und Lat. aufwies und relativ niedrige Schranken Grenzüberschreitungen zwischen den beiden Sprachen ermöglichten, kam es bei den Humanisten, die den sorglosen Umgang mit dem Lat. kritisierten, zu einer deutlicheren Trennung, wobei die Rückwendung auf die autoritative Sprachform gleichsam den Blick für Eigenart und -wert schärfte. Die humanistischen Wörterbuchautoren versuchten, selbst wenn die lexikographische Praxis hinter dem deklamatorischen Sprachpatriotismus weit zurückblieb, die Möglichkeiten des Dt. zu demonstrieren und seinen Wert zu legitimieren. Die Schweizer Frisius und Cholinus (1541) hoben das Dt. über das Griech. und Lat.; Henisch führte sein Alter auf den Turmbau von Babel zurück, und der nd. Lexikograph Chyträus (1582) fand es an Eleganz und Reichtum allen anderen europäischen Sprachen überlegen. Erasmus' Vorbild folgend, bekundeten die Humanisten auch aktives Interesse – so Bebel – für dt. Sprichwörter und Redensarten.

Die zur Schärfung des Sprachbewusstseins führende Auseinandersetzung mit der Sprachkonzeption L. Vallas förderte im dt. Humanismus sowohl das Aufkommen dt. sprach- und kulturpatriotischer Bestrebungen, z.B. im geographischen und historischen Bereich, als auch eine Belebung der lat. Textproduktion und der Edition griech., lat. und hebr. Werke (s. Prijs 1964). „Das humanistische Spezifikum bestand darin, den sprachlichen und intellektuellen Standard der Antike als Diskursnorm zu akzeptieren, durch Studium aufzuarbeiten und literarisch zu imitieren bzw. kreativ fortschreibend anzueignen" (Knape [2]2000, 1673). In Deutschland verflachte die vorwiegend in religiöse, didaktische und patriotische Bahnen gelenkte Bewegung z.T. in polyhistorischen Aktivitäten, zumal der aus der Antike hergeleitete universalistische Anspruch durch die Randstellung der heidnischen Komponente geschmälert wurde – die christliche *pietas* überwog gegenüber der antiken *sapientia*. Die Betonung des lehrhaft-sittlich-erzieherischen Moments geschah auf Kosten des ästhetischen Prinzips der Renaissance. Dabei wurde allerdings Vergils Ethos der *pietas*, die zugleich aus Pflichtbewusstsein und Religiosität besteht, und der *providentia*, deren man sich durch Pflichterfüllung würdig erweist, als Wegweiser übernommen, z.B. bei S. Brant. Mit der Lateinschule (s. Hartweg 1984b) als Hauptvektor in Unterricht sowie lat. und dt. Schultheater erreichte der Humanismus allerdings eine gewisse Breite. Das lat.-griech. Vorbild lieferte im lexikalischen und morphosyntaktischen Bereich viele Entlehnungen und Lehnprägungen sowie den Anstoß für Standardisierungs- und Kodifizierungsmuster, die aber erst später aus der Heterozentrierung herausgeführt wurden. Als Quelle der Wortschatzbereicherung kann Lat. und Griech. als entwicklungsbestimmendes Adstrat gelten. Durch „die gelehrte, auf die Überdachung durch das Eurolat. und das Eurogriech. zurückgehende Wortbildung" als „Resultat der sprachextern bestimmten Entwicklung des 16. Jh.s und der in Renaissance und Humanismus dominierenden Sprachauffassung, die in der Übernahme von lat. und griech. Morphemen und der (Re-)Aktivierung der Möglichkeiten des Mlat. eine treffliche Möglichkeit für den Ausbau der Volkssprachen erkannte" (Chr. Schmitt, [2]2000, 1069), konnte der antike Fundus der *artes liberales, mechanicae* und *occultae* in diese integriert werden.

Mit neu entworfenen Vertextungsstrategien in den didaktischen polemisch-satirischen (s. Hess 1971), oratorischen, agitatorisch-propagandistischen Bereichen und in der rhetorisch überformten Kunstprosa – das böhmische ‚humanistische Vorspiel' ist von Burdach und Bernt allerdings überbewertet worden (s. dazu 3.3.) – hat der Humanismus wesentlich zum Ausbau der Buchfähigkeit der dt. Sprache beigetragen. Damit hat er für das Fortleben antiker Formen als Erbe über das Mittelalter hinaus gesorgt (s. E.R. Curtius: Europäische Literatur und lateinisches Mittelalter, 1948), aber auch über seine Rückbesinnung auf die antike Kultur Interesse für altdt. Sprachdenkmäler gezeigt. Er war mentalitätsgeschichtlich prägend: er „verschafft dem Gegensatz *gebildet* vs. *ungebildet* sozial- und kulturgeschichtliche Priorität und ermöglicht damit zu einem Teil sozialpsychologisch den deutschen sprachhistorischen Sonderweg eines nationalsprachlichen Standardisierungsprozesses in den Termen eines bildungsbürgerlichen Deutschen" (Lerchner 2001, 592).

In diesem Zusammenhang gilt es auch, die Haltung der dem Humanismus verpflichteten Lexikographen zum Fremdwort als Interpretament in lat.-dt. Wörterbüchern hervorzuheben. Während das *Vocabularius Ex quo* Erläuterungen wie ‚*Cappa* ein kap; *Elementum* ein element; *Calamare* [...] ein kalmar' bot, vermied Dasypodius homophone Entlehnungen und übertrug damit das lat. ‚puritas'-Prinzip auf das Dt. Während die spätmittelalterlichen Vokabularien ohne Bedenken die Sprachen mischten – der Kontakt dt.-lat. ist stärker ausgeprägt als der Kontrast –, sah der Sprachpatriotismus der Humanisten in der Vermengung eine Gefährdung der Integrität und Identität der Volkssprache, deren Rang es nicht erlaubte, beim mit Universalanspruch ausgestatteten Konkurrenten Lat. Anleihen zu machen. Insofern kann die Entwicklung von den Vokabularien des Mittelalters zu den Wörterbüchern des 16. Jh.s als Austausch der Paradigmen betrachtet werden (vgl. Grubmüller 1986a, 246–261; 1988; 1989; 2001).

Im allgemeinen beurteilten die Humanisten die Übernahme von Fremdwörtern unterschiedlich. Der Historiker Meisterlin sah darin einen Gewinn und lässt Rudolf von Habsburg die Meinung vertreten,

daß die teutsch zung genugsamlich auß der latein und römischen zungen wort hett, dass man darin mocht allerley hendel begreifen; wann wo sie mangel het gehabt an worten, were sie gepessert und erfült auß andern.
(aus: Rosenfeld [3]1974, 415)

Niklas v. Wyle nahm eine vorsichtig, Reuchlin eine schroff ablehnende Haltung ein. Luther bemühte sich besonders in der Bibelübersetzung um eine sehr zurückhaltende Anwendung des Fremdwortes (Kettmann/Schildt 1978, 341–439).

Die Humanisten sahen es als Pflicht und Aufgabe an, die neuen Bildungswerte einem breiteren, des Lat. unkundigen Publikum ‚zu gemainem nutz' zu vermitteln. Dies geschah u.a. auf dem Weg der Übersetzung antiker, neulat. und ital. Autoren. Zwar fanden einige, dass eine Verdeutschung gleichsam einer Verkürzung der antiken Inhalte gleichkomme, doch die meisten sahen darin eher eine Form der Aneignung zugunsten der eigenen Kultur und einen Modus zu deren Emanzipation.

Luther befand im *Sendbrief vom Dolmetschen* (1530): „die Lateinischen buchstaben hindern aus der massen seer gut deudsch zu reden". Die Zensuredikte des Erzbischofs von Mainz Berthold von Henneberg (1485, 1486), die auch den Handel, z.B. auf der Frankfurter Messe, mit Übersetzungen kirchlicher und wissenschaflticher Schriften zu unterbinden versuchten, wurden mit der Unfähigkeit der dt. Sprache begründet, das antike Schrift- und Gedankengut rein und klar wiederzugeben. Der volkstümliche und sprachvirtuose Murner, der seine *Aeneis*-Übertragung mit der Behauptung pries, Vergil sei dadurch „von latynschem todt in tütsches leben erquicket worden" (Rosenfeld [3]1974, 413), begründete seine Ablehnung der ‚dt. Messe' folgendermaßen:

So nun drü Haupt- und gereguliet sprachen zů dem dienst gottes verordnet sein – Hebreisch, Kriechisch, Latinisch – und wir latiner seind, sollen wir billich die latinische sprach zů der messen; bruchen [...] unnd nicht zů Tütsch sol mess gehaltten werden uß der ursachen, das sich die Barbarischen sprachen offt verendern unnd spöttlich oder verächtlich lautet, der sprachen zů den götlichen emptern sich gebruchen, die wir zu menschlichen und deglichen hendlen reden und üben.

(aus: Kluge [5]1918, 8f.)

Zahlreiche Klagen über die mangelnde Wertschätzung der Deutschen für ihre Sprache finden sich bei den Humanisten, so bei V. Boltz:

Das ist das alt gifft und pestilentzisch übel, das wir Tütschen nie vil acht auff vnser mutterspraach gehabt haben, wie sie gepflanzt vnd auffgebracht werd, die ja gleich jr facundiam vnd zier so wol hat, als andere spraachen.

und bei S. Franck (1538):

Es ist kein volck, es bleibt bei seiner spraach und kleydung, dunckt sich der gemeyd sein, und rhümpt sich deren, wil auch das mans darbey erkenn. Allein die Teutschen verleugnen ire spraach und kleydung und geen in frembder seltzamer mummerey herein. (aus: Rosenfeld [3]1974, 415f.)

Obwohl Schriftsteller wie Bebel, Hutten und Murner es zuweilen als ‚descensus' empfanden, dt. zu schreiben, taten sie dies mit Begeisterung, so Hutten:

> Latein ich vor geschriben hab,
> Das was ein Yeden nicht bekandt.
> Jetzt schrey ich an das vatterlandt,
> Teutsch nation in irer sprach,
> Zu bringen dißen sachen rach.

(aus: Rosenfeld [3]1974, 461)

Die Orientierung der Humanisten an der klassischen Antike wirkte sich auch im Bereich der Personennamen aus. Zu älteren latinisierten Eigennamen (*Molitor*/*Müller*, *Piscator*/*Fischer*, *Textor*/*Weber*) kamen neue durch Übersetzung aus den klassischen Sprachen (*Agricola*/Bauer, *Faber, Fabricius*/Schmied, *Melanchthon*/Schwarzerd) oder durch Anfügung einer lat. Endung (*Schottelius, Buschius, Friederici*) hinzu. Im Bereich der Rufnamen, wo der Protestantismus die katholischen Heiligennamen durch Namen aus dem Alten Testament und neue christliche Namen (*Gotthold, Gottlieb, Fürchtegott*) ersetzte, waren auch Entlehnungen aus der Antike zu verzeichnen: *August(us), Julius, Claudius, Livia, Achilles*.

Die Beschäftigung mit den klassischen Sprachen zeitigte Einflüsse auf die dt. Sprache besonders auf lexikalischer Ebene (vgl. 10.4.), zeigte aber auch Wirkung im Bereich der Grammatik (vgl. 4.2.), der Sprachtheorie und -geschichtsschreibung sowie der Edition altdt. Texte (Otfrid, Wulfila, Williram). Auf diesen Gebieten taten sich u.a. Beatus Rhenanus, Aventinus, Vadianus, Lazius, Gesner, Bibliander u.a. hervor. Als unangefochtene Autorität galt bis ins 18. Jh. Beatus Rhenanus, der in seinem historischen Werk *Rerum Germanicarum libri tres* (1531) verschiedene sprachhistorische und -theoretische Fragestellungen (Ursachen und Auswirkungen der Veränderung von Sprachen, dt. Stammesnamen und Mdaa., Eigenarten des Dt., historische Wortforschungen an dt. Eigen- und Ortsnamen) verfolgte.

Frühe Anregungen zur Geschichte des Dt. und allgemein sprachwissenschaftlicher Art (Sprachveränderungen und ihre Ursachen, Periodisierung, Etymologie, Sprachenverwandtschaft) kommen aus der Schweiz. Als deutliche Abkehr vom Mittelalter, wenn auch noch stark von religiösen Vorstellungen vorgeprägt, erweisen sich die Werke der Schweizer Theodor Bibliander (*De ratione communi omnium linguarum et literarum commentarius*, Zürich 1548) und Conrad Gessner (*Mithridates*, Zürich 1555; *Präfatio [...]* = Vorrede zu J. Maalers *Teütsch Spraach*, Zürich 1561), die eine „sprachtheoretische Epochenschwelle" darstellen (M. Peters 2002, 113). Hier finden sich Ansätze zu den Fragen des Sprachwandels, der Sprachverwandtschaft, der Stellung der Volkssprachen und der Dialekte. Bibliander versucht die Vorurteile zu entkräften, die zur Vernachlässiung der Muttersprache und ganz allgemein zur Verachtung der zu Unrecht als barbarisch verschrieenen Volkssprachen führten. Um sie zu rehabilitieren, bescheinigt er ihnen eine eigene Systemhaftigkeit. Als Endziel betrachtet er die Wiederherstellung einer ‚Weltsprache' anstelle der Vielzahl der Sprachen, deren Existenz er als Sündenstrafe interpretiert. Sprachen- und Religionseinheit unter der Führung eines einzigen Hirten – eine Vorstellung, die auch im *Oberrheinischen Revolutionär* zum Ausdruck kommt – sind Biblianders Endzweck.

Gessner ist bestrebt, Dt. mit den drei alten gelehrten Sprachen in Parallele zu setzten, und er ist bemüht, die bisherigen Erkenntnisse und Beobachtungen über Verschiedenheiten und Ähnlichkeiten der europäischen Sprachen in ihrer Verwandtschaft und Genealogie zusammenzutragen. Die germanischen Dialekte nehmen aufgrund ihres hohen Alters – ein Sohn Noahs gilt für ihn als der Gründer des germanischen Volks – und ihrer weiten Ausbreitung eine besondere Stellung in der Sprachenhierarchie ein. In diesem Zusammenhang ist das von ihm mehrmals angeführte Lexikon der vier Sprachen von Sigismund Gelenius zu erwähnen (*Lexicon Symphonum, Quo quatuor linguarum Europae familiarum, Graecae scilicet, Latinae, Germanicae ac Sclavinicae concordia consonantiaque indicatur*, Basel 1537), in welchem Dt. und Slaw. gleichberechtigt neben den gelehrten Sprachen Griech. und Lat. in der Perspektive einer ‚wunderbaren' Verwandtschaft stehen.

Sprachwandel betrachtet Gessner als Sprachverfall (*corruptio*, *depravatio*), der durch lexikographische Aufzeichnungen verhütet werden kann. Als Hauptgründe dafür sieht er externe Faktoren wie Sprachkonakt und -vermischung (Einwanderung, Reichsbildung), sowie Entwicklungen beim Generationenwechsel. Unter den drei ‚heiligen Sprachen' (*in cruce consecratae*) ist Hebr. als älteste (*lingua prima et antiquissima*) rein und unverdorben. Reinheit und Alter sind die Kriterien für seine Rangordnung. Innerhalb einer Sprachgruppe unterscheidet er zwischen den reinen (*elegantiores*) und verdorbenen (*crassiores*) Idiomen.

Was die vorzüglichste und am wenigsten verdorbene betrifft, schwankt er zwischen der eigenen Schweizer obd. Sprache, die er auch als dt. Gemeinsprache (*communis Germanica lingua*) bezeichnet, der Leipziger wegen Luther, der Augsburger und der Basler. Gröber ist Schwäb. und am gröbsten jedoch Bair. (*crassissima*), besonders in Österreich.

Mit der Aufklärung findet der besonders vom Humanismus geprägte Prozess einen vorläufigen Abschluss. Nachdem die ahistorischen bzw. geschichtsfremden, spekulativen, zuweilen mythisierend und stark religiös eingefärbten Fragestellungen nach dem (göttlichen) Ursprung der menschlichen (Ur)sprachen, die eng mit dem Monopol bzw. der Vorrangstellung der drei ‚heiligen‘ Sprachen verknüpft waren, und Dt. in den Hintergrund gedrängt hatten, kam es im Rahmen einer kulturpatriotischen und säkularisierenden Emanzipationsbewegung zu einer durch die humanistische Tacitus-Rezeption geprägte „nationale Rückverlängerung des Deutschen in die Stammesgeschichte der Germanen" (Sonderegger [2]1998, 420). Die dem Lat. und Griech. ebenbürtige und dem Frz. sogar überlegene, weil „unvermischte" „Ur-", „Haupts-" und „Heldensprache" Dt. sei mit ihren „Stammwörtern" und Wortbildungsmitteln eine der Wirklichkeit der Dinge besonders nahe Sprache.

4.7.2. Deutsch-lateinische Mischsprache/Sprachmischung

Der schweiz. Geschichtsschreiber Tschudi tadelte das Fremdwörterunwesen, das er mit der Einführung des römischen Rechts in die Kanzleien in Zusammenhang brachte (1538):

> Und so nun tütsche spraach zů eigner gschrifft gebracht, ouch aller dingen worten an iro selbs volkommen gnůg ist, so wöllend yetz die tütschen Cantzler, ouch die Consistorischen schryber uns wider zů latin bringen, können nit ein linien one latinische wort schryben, so sy doch der tütschen genůg hettend, machend, das menger gemeiner man, so kein latin kan, nit wissen mag, was es bedüt, oder wie ers versten soll, wöllend also unser tütsch, so ein erliche spraach ist, verachten, bruchind ouch ettwa wälsche wort, so doch all ander spraachen die unser nit ansehend; daruß kompt, das nach und nach man nit weißt, was tütsch ist. In den alten tütschen find man kein latin, sonders alles tütscher worten, allein die nüwen Cantzler sind so naswyß [...] mischlend also latin und tütsch under einandren; were nützer gar latin oder gar tütsch. (aus: Socin 1888, 290)

Die von Tschudi verurteilte Praxis führt in die Nähe der dt.-lat. Mischsprache, der ‚Barbarolexis‘: Dt. Elemente werden in einen lat. Kontext aufgenommen oder lat. Wendungen fließen in den dt. Satzrahmen. Sie fand Verwendung in der Literatur (mit komischer, ironischer, kritischer oder polemischer Absicht, z.B. in der ironisch-grotesken Kommentierung der lat.-dt. Mischdichtung durch die makkaronische Literatur im *Pasquillus uf den protestirenden Krig* (1546): „[...] Spes erat in Bauris auflauffos machere doctis / Protulit ad Spiesos rustica turba feros"). Während die makkaronische Dichtung den Effekt geistreich-komischer Unterhaltung ausübt – z.B. mit der lat. Flektierung dt. Wörter –, kann die spontane dt.-lat. (seltener dt.-griech.) Mischsprache als Sondersprache der Gelehrten gelten, bei denen Lat. nicht wirklich als Fremdsprache aufgefasst und gehandhabt wird.

Aufgrund der bei Gelehrten gängigen Zweisprachigkeit entstanden Kommunikationssituationen, in denen dt. und lat. Sprachteile gemischt wurden. Code-Switching/Sprachwechsel trat innerhalb des Satzes auf, durch das Einschalten einzelner Wörter und durch Mischsätze, deren Sprachzugehörigkeit (lat. oder dt.) sich nach dem satzgründenden Prädikat richtete.

Terminologiezwang, Notwendigkeit des Zitierens für das lat. Element, besondere Bildhaftigkeit und affektgeladene Aussprüche für das dt. können das Umschalten begründen. Als Ursache für den Sprachwechsel zwischen Haupt- und Gliedsätzen und zwischen ganzen Sätzen könnten darüber hinaus die adressatenbezogene Notwendigkeit des Übersetzens bzw. Paraphrasierens lat. Zitate (Sprachwechsel zwischen Anführungssatz und direkter Rede) und vielleicht die größere Eignung des Lat. für hypotaktische Konstruktionen mit Konditional- und Temporalsätzen angeführt werden. Obwohl der Sprachwechsel im mündlichen Bereich bei Gebildeten als gesichert gelten kann, wird er von der Forschung kontrovers beurteilt, je nach dem Authentizitätsgrad, der den überlieferten Nachschriften zu- bzw. abgesprochen wird. Die bei Predigtnachschriften aufgrund des schnellen Nachschreibens entstehende Mischung ist eindeutig auf den Gebrauch der im Lat. besonders reichlich vorhandenen Abkürzungen und Siglen zurückzuführen, die es dem Nachschreiber erlauben, besser dem Fluss des Redens zu folgen, so dass dabei eine Art ‚Telegrammstil‘ entsteht; vgl. folgendes Beispiel aus Rörers Nachschrift einer Lutherpredigt:

> S. 334: *quia* unser herr Gott hat *eam* mussen anders machen ... *quod scilicet in sua senectute, quae* verdorret, *quae non* sol safft kriegen, *non ut* jungs meidlin, das thut sie, *et est* wunderzeichen, *sed quad deus per eius* leib thut. Er wunderzeichen, *quod fit* stum, *et nato filio,* das must auch lautber werden.... *Ista est prophetia, quod* sol stimmen und setzen zeit *futuri Messiae.* ... *quando meus filius* gros *et* kan mans erbeit thun, *fiet praedicator et talis, qui* hard fur dem herrn her ghe, ...
>
> (aus: Stolt 1964, 261)

Mehr oder weniger ausgebildete Zweisprachigkeit des Empfängers bestimmt den Sprachwechsel in Briefen. In der von Bugenhagen bezeugten Sprachmischung Luthers beim Gebet (1527) – „Claris verbis nunc latine nunc germanice, nunc deum patrem nunc Christum dominem invocantem" – sind die dt. Einsprengsel auf besondere Gefühlsintensität zurückzuführen.

> *Domine,* mein allmechtiger Gott, *quam libenter fudissem sanguinem pro tuo verbo ... tu es Deus vitae et mortis.* Mein allerlibster Gott, du hast mich in die sach gefurtt, du weist, das es dein warheit und wort ist; *ne glorifica inimicos ... putabam fore, ut ego pro tuo nomine sanguinem funderem,* aber ich bins nicht werdt. *Fiat voluntas tua. Tu scis, quod...*
> Mein lieber Gott und Vater, bin ich untertzeitten leichtfertig mitt worten gewest, *tu scis, quod feci ad discutiendum maerorem infirmae carnis meae, non mala conscientia.*
> *Domine, si vis me in lecto mori, fiat voluntas tua. Maluissem fundere sanguinem, sed tamen Ioannes Evangelista,* der auch ein gutt starck buch wider den bapst geschrieben hatt, *sic mortuus est secundum tuam voluntatem.*   (WA-TR, Bd.3, aus: Stolt 1969, 433)

Die Nachschrift der Tischreden Luthers lässt offen, was bei dem lat. Element auf effektiven Sprechakten beruht und was dem Wunsch nach Kürze zuzuschreiben ist.

Vgl. Luthers Ausspruch (1540) nach dem Bericht von Mathesius:

> Weil ich jung war, da war ich gelertt, vnd sonderlich, ehe ich in die *theologia* kam, da gieng ich mitt *allegoriis, tropologiis, analogiis* vmb vnd machte lauter kunst; wenns jtzt einer hette, er hilts vor eitell heiltumb. Ich weiß, das ein lauter dreck ist, den nuhn hab ichs faren lassen, vnd diß ist mein letzte vnd beste kunst: *Tradere scripturam simplici sensu,* denn *literalis sensus,* der thuts, das ist leben, trost, krafft, lehr vnd kunst inen. Das ander ist narren werck, wie wol es hoch gleist.
>
> (WA-TR, Bd. 5, 56)

4.7.3.   Die Rolle der Übersetzung

Bei der Herausbildung und Entwicklung der dt. Literatursprache stellte die Übersetzertätig-
keit, vorwiegend aus dem Lat., aber auch aus anderen europ. Sprachen, eine bedeutende
kommunikative Herausforderung, eine wichtige Triebkraft, einen Katalysator und gleichzeitig einen angemessenen Prüfstein für die multidimensionale Ausdrucksfähigkeit des Dt. dar.
Übersetzungen dienten als Experimentierfeld für spracherneuernde bzw. -erweiternde Bemühungen oder wirkten normbestätigend und -stabilisierend und dokumentieren darüber
hinaus epochentypische Verstehensmuster.

   In der frühen Neuzeit galten Cicero, Horaz und Hieronymus als legitimierende Autoritä-
ten, auf die sich Übersetzer, wenn auch häufig rein stereotyp, zur Rechtfertigung ihrer Ar-
beitsweise beriefen. Sie werden in rechenschaftsberichtartigen Formeln beansprucht, die im
Frühhumanismus explizite Aussagen zu Übersetzungsprinzipien enthalten. Ausgebildete
Übersetzungstheorien sind erst im 17./18. Jh. zu verzeichnen.

   Übereinstimmung zwischen theoretischer Aussage und effektiver Praxis ist keineswegs
immer gegeben, so z.B. bei Brants Cato-Übersetzung (1508). Auch lassen sich gegensätzli-
che Übersetzungshaltungen – adaptierend, ver- bzw. eindeutschend vs. transferierend, ver-
fremdend – nicht immer in Reinkultur ausmachen. Im dt. Frühhumanismus hält Niklas von
Wyle die Analogübersetzung für die geeignetste, und er folgt dem Grundsatz,

> daz in der latinischen Rhetorick wenig [...] zu zierung und hofflichikait loblichs Gedichts diende
> zu finden ist, daz nit in dem tütsche ouch stat haben und zu zierung sölicher tütscher gedichten als
> wol gebrucht werden möchte, als in dem latine,   (aus: v. Polenz [9]1978, 95)

eine Praxis, die Aventinus 1526 verurteilt:

> [...] in dieser Verteutschung brauch ich mich des alten lautern gewöhnlichen jedermann verstendi-
> gen teutsches; dan unser redner und schreiber, voraus so auch latein künnen, biegen, krümpen un-
> ser sprach in reden und schreiben, vermengens felschens mit zerbrochen lateinischen worten, ma-
> chens mit großen umbschwaifen unverständig, ziehens gar von ihrer auf die lateinisch art mit
> schreiben und reden, das doch nit sein sol, wan ein ietliche sprach hat ir aigne breuch und besunder
> aigenschaft.   (aus: v. Polenz [9]1978, 95)

Der latinisierende Stil des Niklas von Wyle, der in seinen Translationen größtmögliche
Wörtlichkeit und nicht Verständlichkeit für den ‚gemeinen Mann' anstrebt und sich vorwiegend an die *litterati* als Adressaten wendet, steht Albrechts von Eyb – er habe übersetzt „nit
als gar von worten zu worten, wann das gar verständlich wåre, sunder nach dem synn vnd
mainung der materien, als sy am verstendlichsten vnd besten lauten mügen" (Koller [2]1998,
221) – und Heinrich Steinhöwels Methode gegenüber, der Verständlichkeit den Vorrang gibt,
was „frei interpretierende [...] Nachschöpfung" rechtfertigt (Koller ebd.; s. Dicke 1994):

> das ich dan in diser meyner translacion auch an etlichen orten getan vnd ettwann etliche wort hab
> gelassen czů loffen oder abgebrochen czů merer verständnusz den lesenden menschen disz bůches.
> des ich mich will entschuldiget seyn ausz dem yetz gemelten spruch oracy flacci.

Während im 14. und 15. Jh. Dt. als Schriftsprache immer breitere Lebens-, Sach- und Fach-
bereiche abdeckt, und dies z.T. mit Hilfe der übersetzenden bzw. bearbeitenden Aneignung
fremder Vorlagen, geschieht das „keineswegs auf Kosten der lat. Schriftlichkeit" (Henkel

1988, 2), die sich weiterhin ausweitet, und nicht nur auf konkurrierende Felder, obwohl „Übersetzungen wie Schreiben in der Volkssprache [...] ihrem Anspruch nach stets auch eine Art Aufklärung, ein Abbau bestehender wissenssoziologischer Schranken" sind (Kleinschmidt 1982, 426). Dabei dürfen bei aller Emanzipation der Volkssprache als Schriftsprache Relativierungstendenzen nicht übersehen werden: Im Frankfurter Messekatalog von 1600 sind 700 lat. und 292 dt. Titel verzeichnet (s. Kühlmann 1989). Neben der Spannung zwischen lat. Kunst- und dt. Volksdichtung gilt für die Sprachkultur, dass „für humanistisches Bewußtsein in einem selbstverständlichen Sinn nur die Frage nach einer Kultivierung der lateinischen Sprache" relevant war und der Schritt „zur Kultivierung des eigenen Gegenwartsdt. in grammatischer Theorie und literarischer Praxis [...] an der Schwelle des 16. Jh.s alles andere als selbstverständlich" war (Hellgardt, 1993, 168f.; nach Koller [2]1998, 220). Im 16. Jh. ist der Übergang von der Sprache der Gelehrten und der Kunstdichtung in die der Ungebildeten und Ungelehrten noch häufig „unter dem Aspekt des Descensus, die Übersetzung aus der Volkssprache ins Lat. unter dem des Ascensus zu betrachten" (Hess 1971, 56f.; nach Koller [2]1998, 222).

Das Übersetzungsverfahren des Umschreibens (‚vmbrede') für eine ‚ungelehrte' Leserschaft bedeutet „Popularisierung der Vorlage in sprachlich-stilistischer und inhaltlicher Hinsicht" (Koller [2]1998, 222), ein Gefälle, das Murner nicht am Eigenlob seiner *Aeneis*-Übersetzung hindert.

Die mittelalterlichen und frühneuzeitlichen Adaptionen sowie die bearbeitenden Prosaauflösungen mhd. Epen der höfischen Literatur aus frz. Quellen wirken weniger tiefgreifend als die Bearbeitungen aus den lat. Im religiös-theologischen Bereich besteht zwar „Polarität von lateinischer Wissenschaft und volkssprachiger Seelsorge" (Hasebrink, 1992, 371f.; nach Koller [2]1998, 217f.), was aber für Meister Eckhart, Seuse oder Geiler keine einseitige Festlegung auf ein Idiom bedeutet.

Im Bereich der Kompilation und Bearbeitung lat. Vorlagen kann der deutschsprachige Raum als führend gelten. Die „intensive Hilfestellung des Lat." (Wehrli 1980, 818) findet ihren Niederschlag in der „Erweiterung und Differenzierung des Begriffs- und Wortinventars und der Syntax des Dt." (Koller [2]1998, 218).

Die für das dt. Mittelalter konstitutive lat.-dt. Zweisprachigkeit setzt sich im Humanismus fort, während der Ablösungsprozess des Lat. durch das Dt. gleichzeitig verstärkt einsetzt. Die alles überragende Übersetzungsleistung des 16. Jh.s, Luthers Dt. Bibel – Sonderegger bezeichnet die mhd. und mnd. Übersetzungen als Experimentier- und Verbreitungsphase ([2]1998, 252) –, hat wesentlich zur Geltung der hd. Schriftsprache und zur Verdrängung der nd. beigetragen. Im *Sendbrief vom Dolmetschen* (1530) werden zum ersten Mal reflektierende Übersetzungsprinzipien ausführlich formuliert. Dabei dürfen die vorlutherischen Übersetzungen mit ihrer engen Anlehnung an das Lat. auf keinen Fall als Ergebnis übersetzerischen Unvermögens abgewertet werden (s. Kirchert 1979).

Die keineswegs geradlinig verlaufende Entwicklung gipfelt zunächst bei Opitz und Schottel. Die Spannung zwischen lat. Kunst- und dt. Volksdichtung ist bei Balde noch spürbar und wird erst von Opitz abgelöst. In der Vorrede zu seinen *Teutsche[n] Poemata* (1624) schreibt er, dass er die Vollwertigkeit der dt. Sprache – „vnserer Sprache Glückseligkeit" – durch seine Dichtungen unter Beweis stellen will:

Solches auch desto scheinbarer zumachen/ hab ich einen zimlichen theil dieses Büchlins auß fremden Sprachen vbersetzen wollen; daß man auß gegenhaltung derselben die Reinigkeit vnd Zier der vnseren besser erkennen möchte.

Im *Buch von der deutschen Poeterey* (1624) und im *Aristarchus sive de contemptu linguae Teutonicae / Aristarchus wider die verachtung Teutscher Sprache* (1617) spricht er von der Übersetzung als einer guten Art der Übung. Dies entspricht auch Schottels Forderung, dass „die Wortreiche Sprache auch recht kunstreich werde". Bei ihm erfahren die dt. grammatischen Regeln ihre Rechtfertigung nicht mehr aus der lat. Grammatik und Rhetorik, sondern aus der Eigengesetzlichkeit der dt. Sprache, die nun das ganze Spektrum vom Alltag bis zu komplexen wissenschaftlichen Sachverhalten abdeckt, und aus dem Usus der als Vorbild geltenden dt. Autoren. Erwähnt sei auch die Übersetzungstätigkeit der Pietisten im 17. und 18. Jh., die im Bereich des Ausdrucks der Gefühle verstärkend an die Barocksprache anschließt.

Bei allen Unterschieden, z.B. hinsichtlich der Idiotismen, vertreten Breitinger und Gottsched die prinzipielle Übersetzbarkeit zwischen Sprachen. Angesichts der Reichhaltigkeit der dt. Sprache ist es nicht notwendig, fremde Redensarten „nachzuäffen", während für Breitinger für den Übersetzer das „harte Gesetz" gelte, „daß er niehmals die Freyheit nehmen wolle, von der Grundschrift, weder in Ansehung der Gedanken, noch in der Form und Art derselben, abzuweichen" (1740; nach Koller [2]1998, 224) – ein Ansatz, der von Herder weitergeführt und in der Homer-Übersetzung von Voß umgesetzt wird.

Der Wechsel der Sprache bei der Übersetzung der wissensvermittelnden Literatur in die Volkssprache erweitert deren Rezeptionsraum und eröffnet für bis dahin von bestimmten Bereichen ausgeschlossene Benutzerschichten geheime oder tabuisierte Wissensgebiete. Ein Beispiel für die Aneignung solchen Wissens durch Frauen des städtischen Bürgertums und des Adels bietet die Übersetzung der *Secreta mulierum* und der *Trotula* durch Johannes Hartlieb, der lateinunkundigen Hebammen und Patientinnen über den Weg der sprachlichen Festlegung der Fachterminologie gynäkologische und sexualkundliche Informationen dezent und verständlich zugänglich macht (Bosselmann-Cyran 1985). Durch Übersetzung von Fachtexten erfährt die Universitätsmedizin zwar eine Konkurrenz, aber es wird gleichzeitig eine Verständnisbrücke und fachlicher Austausch zwischen ärztlicher Theorie und Praxis der weisen Frauen errichtet.

4.7.4. Die Ablösung des Lateins durch das Deutsche

Die allmähliche Ablösung des Lat. durch das Dt. war ein langwieriger und vielschichtiger Prozess. Lat. blieb noch für lange die internationale Sprache der Wissenschaft, des Rechts, der römischen Kirche, der Diplomatie und z.T. der Literatur: Der europäische Erfolg des Brantschen *Narrenschiffs* und die zahlreichen Adaptionen gingen auf die lat. Bearbeitung des J. Locher (*Stultifera navis*) zurück; Dürers dt. theoretische Schriften wurden ins Lat. übertragen und in Paris gedruckt; Lat. war und blieb auch die standardisierte Bezugsgröße, mittels welcher die dialektalen Variationen im Dt. überwunden werden konnten: Die Befürchtung, wegen regionaler Besonderheiten nicht verstanden zu werden, führte Zwingli dazu, beim Marburger Religionsgespräch (1529) das Lat. vorzuziehen. Dt. reden war noch

lange an den höheren Schulen verpönt, auch während der Pausen; es wurde ‚unzüchtigem'
Verhalten gleichgestellt und entsprechend bestraft: Die erste Schulordnung der Straßburger
Hohen Schule (1538) schrieb vor: „Die teutsch reden bey yrn mitschulern, die sollen ge-
scholtten werden; so sy das offtermals thun, sollen sy dest mehr gestrafft werdenn". Im
Schultheater lösten nur allmählich dt. Aufführungen die lat. ab. Die Mehrzahl der erhaltenen
Lutherbriefe ist lat. abgefasst. 1518 machten die dt. Titel 10% der in Deutschland gedruckten Produktion aus, 1570 30%. Sie überwogen erst ab 1681 (in der Jurisprudenz ab 1752). In
der Zeit von 1611–1620 war die Zahl lat. verfasster Bücher noch fast doppelt so hoch wie
die der dt. 1740 waren es nur noch 40%, aber 63% der philosophischen und etwa 80% der
philologischen Werke. Doch nicht nur in der Jurisprudenz und der Universitätsgelehrsam-
keit, sondern auch als Statussymbol im Universitätsalltag behielt Lat. in Deutschland noch
lange eine starke Position (Pörksen 1986).

Die vorreformatorischen Bewegungen des Spätmittelalters hatten sich bereits durch Bemühungen ausgezeichnet, die Heilige Schrift in der Volkssprache zugänglich zu machen.
Die Reformation brachte mit dem Grundgedanken der durch den eigenen Zugang zur Bibel
in dt. Sprache auch für den lateinunkundigen Laien möglichen selbstständigen Glaubenser-
fahrung einen bedeutenden Verdeutschungsschub im religiösen Schrifttum, eine Tendenz,
die sich z.T. auch die kath. Gegenreformation zunutze machte.

Wie Luther bemühte sich auch Müntzer um die Verwendung der dt. Sprache im Gottesdienst. In der Vorrede zu seiner *Deutsch-Euangelisch Messze* (1524) wandte er sich gegen
den beinahe magischen Missbrauch des Lat.:

> Es wird sich nicht lenger leiden, daß man den lateinischen worten wil eine kraft zuschreiben, wie
> die zaubrer thun, und das arme volgk vil ungelarter lassen aus der kirchen gehen dan hyneyn, so ye
> Got gesagt hat […], das alle auserwelt von Got gelert werden sollen […] Drum hab ich zur besse-
> rung nach der Deutschen art und musterung, ydoch in unvorrugklicher geheym des heyligen geists
> vordolmatzscht die psalmen, mehr nach dem sinne dan nach worten.

Wichtige Etappen im Übergang zur Volkssprache im Bereich der Wissenschaften sind
Schriften wie Dürers *Unterweisung der Messung* (1525), der *Spiegel der Arzny* (1518) von
Fries, *Die große Wundarznei* (1536) des Paracelsus, Francks historische und kosmographi-
sche Werke *Chronica, Zeytbůch vnd geschycht bibel* (1531), *Weltbuch: spiegel vnd bildtniß
des gantzen erdbodens in vier bücher, nemlich in Asiam, Aphricam, Europam vad Americam
gestelt. Auch etwas von new gefunden welten vnd Inseln* (1534) und *Germaniae Chronicon* (1538), sowie Fuchßpergers *Ain gründlicher klarer Anfang der natürlichen und rechten
Kunst der waren Dialectica* (1533). In seinem *Teutschen Lehrmeister* veranschaulichte
Schuppius (1610–1661), Professor für Geschichte und Beredsamkeit und nebenher Prediger
in Marburg, später Hauptpastor in Hamburg, die Problematik des langwierigen Ablösungsprozesses folgendermaßen:

> Es ist die Weißheit an keine Sprach gebunden/ warumb solte ich nicht in Teutscher Sprache eben
> so wol lernen können/ wie ich GOTT erkennen/ lieben und ehren solle als in Lateinischer? War-
> umb solte ich nicht so wol in Teutscher Sprache lernen können/ wie ich einem Krancken helffen
> könne/ auf Teutsch/ als auff Griechisch oder Arabisch? Die Frantzosen und Italiäner lehren und
> lernen alle Facultäten und freye Künste in ihrer Mutter=Sprache. (s. Telle 1979)

Im Gefolge der Reformation kam es auch zu Neuerungen im Universitätswesen: in Marburg entstand 1527 die erste Universität ohne päpstliches Privileg als protestantische Landesuniversität. Die Territorien nutzten diesen Aufschwung zur Hebung der Ausbildung ihrer Beamtenschaft in der Phase der Entstehung des frühmodernen Staates. Paracelsus hatte bereits 1527 medizinische Vorlesungen in dt. Sprache in Basel gehalten: „daß die arzney in Erkantnus des gemain man komme, und die wahrheit dürffe nur gut Teutsch reden", doch erst im letzten Viertel des 17. Jh.s (Kaspar Stieler 1679 in Jena, Thomasius 1687 in Leipzig) wurde Dt. als Vorlesungssprache häufiger. Diese Praxis setzte sich dann in der ersten Hälfte an den Hochschulen und am Ende des 18. Jh.s an den Jesuitenschulen durch.

Hinsichtlich der Entwicklung der Volkssprache zur Hochsprachlichkeit und im Verhältnis zur mhd. Literatursprache ist die Übersetzung aus dem Lat. wesentlich für die „durchgängige, schriftsprachliche Gestaltung der Prosa" (R. Müller 1991, 73), was sogar zur Setzung eines Epochengrenzmerkmals für das (Früh)nhd. führt:

„Wenn man den historischen Prozeß als Gewinn der Hochsprachlichkeit der Volkssprache anstelle des Latein mit ständigem Zuwachs an Funktionstüchtigkeit erkennt, dann ist das Neuhochdeutsche kaum eine Sprache in Fortsetzung der mittelhochdeutschen Dichtung, der mittelhochdeutschen Literatursprache und ihrer syntaktisch-stilistischen Möglichkeiten, vielmehr zeigt sich die Emanzipation einer neuen Sprache vom Latein. Insofern wäre für die Entstehung der Sprache, die wir Neuhochdeutsch nennen, viel stärker eine Ablösungsgeschichte vom Latein zu betonen."   (ebd., 73)

Die Durchsetzung der dt. Schriftsprache ist daher weitgehend mit der Destandardisierung des Lat. verwoben. Der Emanzipationprozess erreichte sein vorläufiges Ziel im 16., seinen definitiven Abschluss erst im 18. Jh., zumal in Deutschland die Hofsprache bei der definitorischen Festlegung der Nationalsprache nicht als zentrale Identifizierungskomponente fungieren konnte.

Dieser nicht nur in kognitiv-kommunikativer Perspektive zu betrachtende Prozess ist auch stark symbolisch befrachtet, da er Zugehörigkeitsmerkmale für das sog. Sprachvolk entwickelt, das nicht so sehr politisch, sondern als ethnisch-kulturell definierte Abstammungsgemeinschaft im Vordergrund steht. Hier war die Volkssprachenideologie der Reformation und ihrer Vorläufer zwar entscheidend, da aber im Zeitalter des Territorialabsolutismus keine Staatsnation entstand, Lat. und Frz. als soziales Disziplinierungs- und Distanzierungs- sowie Herrschaftsmittel fungierten, aber nicht die Rolle eines Identifikationsmusters spielen konnten, wurde der Besinnungsprozess erst mit Herder und Humboldt abgeschlossen.

Um den angeblich lähmenden Widerstand des Lat. zu brechen, nimmt Egenolff eine offensive, konfessionell-polemisch gefärbte Haltung ein (1720, [2]1735), wenn er die Hauptstoßrichtung seiner Angriffe auf diese Sprache lenkt. In ihr sieht er den Machtanspruch und die Machtmittel der ‚Clerisey' und den Ursprung des Vorurteils und der Verachtung, die schließlich zur Ausrottung der ‚unausgeputzten' (Volks)sprachen führen soll. Zwar hat die römische Eroberung die Vorstellung vorbereitet, dass Lat. als notwendige „Lauff=Báncken oder Lauffwagen" die kinderähnlichen Volkssprachen stützen müsse und „Gerichts= und andere Hándel" nur lat. vorgetragen werden könnten, aber im Wesentlichen sei es ein „Glaubens=Articul [...] im Pabstthum", um bequem „die Unwissenheit der Layen und des gemeinen Volcks zu unterhalten, und zu vermehren" (2, 250f.). Daher auch der Glaubensartikel, dass Lat. die Sprache im Paradies sei, dass nur ein lat. verrichtetes Gebet erhört werde und deshalb Dt. das sicherste Wahrzeichen für Heiden und Ketzer sei: „wer nur Teutsch redete, verdiene dadurch das Fege=Feuer, oder gahr die Hôlle" (2, 266). Hier und nicht in der angeblich „ungeschickten Teutschen Sprache" (2, 265) liege die wahre Ursache der Vorurteile gegen sie: „den Teutschen [fehlte es] nicht an Vermögen, sondern an Willen [...], ihre Sprache durchgehends zu erheben" (2, 271f.). Anstatt „die schönsten und besten Jahre der ersten Jugend mit allzumûhsamer Erlernung der Lateinischen Sprache zu[zu]bringen, und also diejenige Zeit vorbey streichen [zu] lassen" (2, 268), fordert Egenolff seine Zeitgenossen auf, die von Leibniz aufgezeigten Möglichkeiten des Dt., dem „leere Worte da nichts hinter und gleichsam nur leichter Schaum mûßiger Gedanken" (2, 273) fremd seien, zu nutzen.

Für Leibniz gab es eine gewisse Komplementarität innerhalb der lat./frz./dt. Dreisprachigkeit: Lat. setzte die europaweite humanistische verbindliche Tradition der wissenschaftlichen und literarischen Kommunikation in der Gelehrtenrepublik und in der Kunst fort, der sich auch das Reich mit seinem universalen Anspruch verpflichtet fühlte; Frz. vertrat auch die absolutistisch-territoriale, barocke adlige Standes- und Hofkultur sowie mit Dt. die modernisierende Souveränitätskonzeption.

Literatur:

Bosselmann-Cyran (1985); Dahl (1962); Dicke (1994); Eckel (1978); Egenolff (1720; [2]1735); Feudel (1970); Grubmüller (1967; 1986a; 1989; 1990; 2001); Hartweg 1984b); Hasebrink (1992); Hellgardt (1993); Henkel (1988); Hess (1971); Hoffmann (1980); Kettmann/Schildt (1978); Kirchert (1979; 1984); Kleinschmitt (1982); Kluge ([5]1918); Knape (1985; [2]2000); Koller ([2]1998); Krüger (1955); Kühlmann (1989); Lerchner (2001); R. Müller (1991); M. Peters (2002); v. Polenz ([9]1978); Pörksen (1986; 1994); Prijs (1964); Ristow (1965); Rössing-Hager (1985); Rosenfeld ([3]1974); Chr. Schmitt ([2]2000); Socin (1888); Sonderegger ([2]1998); Stolt (1964; 1969); Telle (1979); *Vocabularius Ex quo* (1988; 1989; 2001); *Vocabularius optimus* (1990); Wehrli (1980); *Zum Sprachwandel* (1987).

4.8. Deutsch vs. Französisch

Nach einer ersten Phase der Dominanz, die sich in den zahlreichen Entlehnungen der höfischen Fach- und Sondersprache niederschlägt und die im 15. und 16. Jh. etwas verebbt, erreicht das Frz. im 17. mit dem Alamodewesen und im 18. Jh. erneut Vorbildfunktion. Der mittelalterliche frz. Anspruch einer *Translatio studii* als Gegenstück zur religiös-staatspolitischen *Translatio imperii* des Reichs wird unter Louis XIII und Louis XIV weiter entwickelt und nimmt als Sprache der *République des Lettres* (vgl. Klopstocks ‚Gelehrtenrepublik') neue Form an. In der Diplomatie und den gelehrten Körperschaften, im gebildeten gesellschaftlichen Umgang besonders bei Frauen, ist Frz. dominant; für die Kommunikation mit dem Gesinde bleibt Dt. übrig. Diese Situation, die für Friedrich II. auch einen Unterschied im Gelehrsamkeitsniveau widerspiegelt, gipfelt in der Preisfrage der Berliner Akademie zum Thema der Universalität des Französischen (1782), das nunmehr die Nachfolge der römischen Latinität angetreten hat. Fast beiläufig, im Vergleich zu seinen Angriffen auf das Lat., verwirft Egenolff ([2]1735; 1720) die „Einmischung frembder (vor allem welscher) Wörter" wie auch das Vorurteil, „wie unverständige Teutsche noch ietzo im Sprûch=Wortsagen, ein eintziges Französisches Wort den ganzen Menschen ziere". So habe „zu unserer Zeit [...] Ludewich der 14de in Frankreich der Teutschen Sprache mehr geschadet, als ehemals Mônche und Pfaffen" (2, 284ff.). Gegen die „Verächter und Feinde der Teutschen Sprache" (2, 286), die „nicht nur an Hôfen" ihr Unwesen treiben, gegen die Missgunst „unverständiger Franzosen, die die Teutsche Sprache lieber, nach dem Ausspruch Carls des Vten zu einer Pferde=Sprache machen wolten" (1, 51), gegen die unbesonnenen ‚Teutsch= Verderber' verlangt Egenolff, dass Dt. von „Schlacken und Unreinigkeit" gesäubert werde. Und er wünscht sich, dass ein „Ober=Haupt der Teutschen Nation den Vorsatz nimmt, zu befehlen und darüber zu halten, daß die fremden Wôrter in öffentlichen Schrifften mûssen weggelassen werden" (2, 287).

Trotz dieser überzogenen Behauptungen kann von einer wirklichen Gefährdung des Dt. durch das Frz. nicht die Rede sein. Als Vorbild wirkte es durchaus im Sinne einer ‚Polirung' des Dt. Es war auch zugleich Mittel zur sozialen Distanzierung und zur Abgrenzung von Herrschaftsfunktion einerseits gegenüber den Untertanen, andererseits symbolisch gegenüber der Reichsebene, die an Lat. und Dt. festhielt. Insofern ist die demonstrative Konnotation landesfürstlicher Hoheit durchaus präsent. In bestimmten Kreisen bestand eine Art Dreisprachigkeit Dt./Lat./Frz. mit situationsbedingter Umschaltung. Das Frz. kann allerdings als Verzögerungsfaktor bei der Ablösung von Lat. als Wissenschaftsprache durch Dt. betrachtet werden.

Das dt. Sprachgemeinschaftsbewusstsein bezog sich vor allem auf die Reichsideologie, die in Ermangelung einer konkret sprachpolitisch agierenden Staatlichkeit lediglich eine virtuelle Überdachung der sich ausdifferenzierenden funktional-stilistischen Sprachvarianten darstellte. Im Unterschied zu Deutschland griff in Frankreich die zentrale Staatsmacht über Jahrhunderte regelnd und lenkend in die Sprachentwicklung ein: Man denke an die Spracherlasse von Louis XI (1461–1483), Charles VIII (1490), Louis XII (1510), François Ier (1533, 1535) und besonders dessen Ordonnanz von Villers Cotterêts (1539), die im Rahmen der Vereinfachung der Gerichtspraxis und der Französisierung der Verwaltung die Sprache des Königs gegen Lat. und die Regionalsprachen durchsetzte, sowie an das sprachimperialistische Programm zur Stabilisierung der Herrschaft in neu eroberten Gebieten des königlichen Beraters Claude de Seyssel (Chr. Schmitt 1988).

Im dt. Bereich sind es im Wesentlichen die Diskurswelten einer privaten bürgerlichen Öffentlichkeit und gelehrter Kreise, die den Vereinheitlichungs- und Standardisierungsprozess vorantreiben. Dies geschieht vornehmlich in der Stadt, wo sich bürgerliche Laienkultur entfaltet, mit Trägern, die nicht selten zugleich in den Bereichen Dichtung, Schule, Verwaltung und Recht tätig sind. Städtische Netzwerke bewirken den interregionalen Kultur- und Sprachtransfer. Die spätmittelalterliche und frühneuzeitliche Stadt stellt in sprachlicher Hinsicht ein Novum dar, sowohl im Vergleich zur kleinräumigen, lokal-mundartlich strukturierten dörflichen Kommunikationsgemeinschaft als auch zum adelsgeprägten hochmittelalterlichen Mhd. In ihr vollziehen sich durch Zuwanderung Mischungs- und Ausgleichsprozesse im Bereich der volkssprachlichen Mündlichkeit, die in das Umland hineinströmen.

Mit seinen bahnbrechenden Universitätsvorlesungen in Leipzig und Halle wagte Thomasius mit Dt. als Redesprache die Ablehnung des Lateinzwangs. Dies war nicht ausdrücklich gegen das Frz. gerichtet, da er durchaus das frz. Ideal des weltläufigen ‚honnête homme' als nachahmungswürdig empfahl. Mit der Übersetzung und Bearbeitung gelehrter lat. Werke wurde Frz. zum Vektor der Bildung für ein lateinunkundiges Lesepublikum. Erst später wurde es seines Mehrwerts als Prestige-Idiom entkleidet.

Literatur:

Baum (^{2}2000); Egenolff (^{2}1735; 1720); Chr. Schmitt (1988).

5. Sprachnorm und Variation

Aufgabe:
> Lesen Sie die sechs Textausschnitte (S. 124f.) aufmerksam durch. Achten Sie dabei auf die sprachlichen Unterschiede zwischen den Texten.

Bereits bei oberflächlicher Betrachtung der verschiedenen Daniel-Übersetzungen fällt außer den zahlreichen Abweichungen zum nhd. Sprachgebrauch eine starke Variation insbesondere bei den verwendeten Schriftzeichen (Graphien) auf. Doch nicht nur beim Vergleich der Texte miteinander, sondern auch innerhalb eines Textes zeigt sich eine gewisse Uneinheitlichkeit, die dem heutigen, orthographisch sensibilisierten Leser regellos erscheint. Entsprechend wurden Qualifikationen der frühneuhochdeutschen Schriftlichkeit wie ‚ungeregelt‘, ‚willkürlich‘ oder ‚verwahrlost‘ auch in der wissenschaftlichen Diskussion lange tradiert. Erst die neuere Forschung hat deutlich gemacht, dass diese scheinbare Unordnung in Wahrheit durchaus erkennbaren und beschreibbaren Regeln und Prinzipien unterliegt. Diese Regelhaftigkeit ist jedoch nicht mit unserem modernen Normbegriff fassbar, da – wie in Kap. 2–4 gezeigt wurde – eine allgemein verbindliche geregelte Schriftsprache im heutigen Sinne noch nicht existiert. Die Regeln entspringen vielmehr mehr oder weniger landschaftsgebundenen Schreibtraditionen und Vorschriften von Kanzleien, Schreibstuben, später Offizinen, deren Norm zutreffend mit dem Begriff ‚Usus‘ bezeichnet wurde, d.h. „Norm, die innerhalb eines festen Rahmens relativ viele Möglichkeiten variierender Realisierung erlaubt" (Hans Moser 1977, 145).

Diese regionalen Schreibsprachen sind nicht isolierte Kommunikationssysteme, sondern stehen miteinander in vielfältigem Kontakt. Sprachkontakt bedingt gegenseitige Beeinflussung (Interferenz), wobei das jeweils als ‚höherwertig‘ angesehene System (etwa eine großräumigere Schreibsprache, eine bedeutendere Schreibstube oder eine strukturelle Überlegenheit) in der Regel das Gebende und das als ‚geringerwertig‘ angesehene das Nehmende ist. Übernahmen (Transferenzen) sind um so leichter möglich, wenn die Norm der aufnehmenden Varietät nicht zwingend ist, sondern als mehr oder weniger verbindlicher Usus verstanden wird.

Die zu beobachtende Variation hat verschiedene Ursachen, die entweder einzeln oder kombiniert wirksam werden können:

(1) Regional bedingte Variation: Den verschiedenen Schreibsprachen und Schreibergewohnheiten liegen unterschiedliche mundartliche Gegebenheiten zugrunde (vgl. 2.2.1), die in der Schriftlichkeit ihren Niederschlag finden.

(2) Sozial bedingte Variation: Verschiedene Schreiber der gleichen Region orientieren sich beim Schreiben – je nach sozialer Herkunft und Ausbildung – mehr oder weniger an ihrer regionalen Sprache.

C   =   Claus Crancs Prophetenübersetzung (ca. 1350) omd.

IN deme dritten iare des riches ioachimis, des kuniges von iuda, quam nabuchodonosor der kunig zu iherusalem vnd belac di. ²Vnde der herre gab in sine hant
ioachim, den kunig iude, vnd ein teil des geveses des huses des herren. Vnd daz
vurte er mit im in daz lant sennaar in daz hus sines gotis vnd truc daz gevese
in daz tresilhus sines gotis. ³Do sprach der kunig zu assanes, deme probste sinir
knaben, daz er invurte von den israhelischen kindirn vnd von kuniclichem same
vnd kindir der vrechen, ⁴an den kein missemal were, schone an irem gestalt,
gelart an aller wisheit, gewarsam an kunst, getreisirit an zucht, vnd di do mochten sten in deme pallas des kuniges, vnd lerete di chaldaischen buchstaben vnde
zunge. ⁵Vnd der kunig satzte en ire kost alle tage von siner spise vnd von sinem
wine, do von er tranc, daz man si zoge dri iar vnd daz si darnach stunden vor
des kunigis angesichte.

W   =   Ludwig Hätzers und Hans Dencks Wormser Prophetenübersetzung (1527)

IM dritten jar des reichs Joiakim des künigs aus Juda / kam NebucadNezar
der künig von Babel gen Jerusalem vnd belegert sie / ²vnd der Herr gab jm
Joiakim den künig aus Juda in seinen gewalt / sampt ettlichen gefessen des hauß
Gottes / die er hin weg in das land Sinear / in seines Gottes hauß füret / vnd sie
da in die schatzkamer seines Gottes bracht.
³Do redt auch der künig mit Aspenas dem obersten kåmerling / er solt jm
ettliche der kindern Jsrael / die von küniglichem somen vnd von fürsten hie
weren / bringen / ⁴knaben an denen keyn fål wer / sonder hübsch von gestalt /
klůg inn aller weißheyt / künstlich vnd verstendig / die da daugten in des künigs
Sal zů stehen / vnnd zů lesen / vnd Chaldeische sprach zů leren. ⁵Solchen bestimpt der künig von seiner eygnen speiß / vnd wein den er selbs tranck / tågliche
pfrůnd / das man sie daraus also drei jar auffziehen solt / das sie darnach vor dem
künig stehen môchten.

L   =   Martin Luthers Danielübersetzung (1530) omd.

IM dritten iar des reichs Joakim des Kôniges Juda / kam NebucadNezar der
Kônig zu Babel fur Jerusalem / vnd belegert sie. ²Vnd der HERR vbergab
yhm Joakim den Kônig Juda / vnd etlich gefesse aus dem hausse Gottes / die lies
er furen yns land Sinear ynn seines Gottes haus / Vnd thet die gefesse / ynn seines
Gottes schatzkasten.
³Vnd der Kônig sprach zu Aspenas seinem obersten kemerer / Er solte aus den
kindern Israel / von koniglichem stam vnd herrn kinder welen / ⁴knaben die
nicht gebrechlich weren / Sondern schone / vernunfftige / weise / kluge / vnd
verstendige / die da geschickt weren zu dienen ynn des Kôniges hofe / vnd zu
lernen Chaldeische schrifft vnd sprache / ⁵Solchen verschaffte der Kônig was
man yhn teglich geben solt von seiner speise / vnd von dem wein / den er selbs
tranck / das sie also drey iar aufferzogen / darnach fur dem Kônige dienen solten.

M = Johann Mentelins Straßburger Bibeldruck (1466); Vorlage ca. 100 Jahre älter

IN dem dritten iar des reichs ioachim des kúniges iude nabuchodonosor der
kúnig der babilonier der kam zů iherusalem vnd vmblegt sy: ²vnd der herr
antwurt ioachim den kúnig iuda in sein hende vnd ein teyl der vase des hauses
des herren vnd er trůg sy aus in das land sennaar in das haus seins gotz: vnd die
vas trůg er in das haus des schatzes seins gotz. ³Vnd der kúnig sprach zů affanad
dem fúrgesatzten seiner keuschen das er einfůrt die kinder von den súnen israhel
vnd von kúniglichem samen vnd der lantgraffen ⁴in den do were kein flecke
schones bildes vnd gelert in aller weysheit vnd *[gelert in aller]* fúrsichtig in der
weysheit vnd gelert in der zucht: das sy mochten sten in dem palast des kúnigs:
das er sy lere die bůchstaben vnd die zunge der chaldeer. ⁵Vnd der kúnig schickt
in die leipnarunge von seinen speysen durch einen ieglichen tag: das sy wurden
gefůret ·iij· iar von dem wein von dem er selber tranck: vnd dornach stůnden
in der bescheud des kúnigs.

Z = Züricher Prophetenübersetzung (1529)

IM dritten Jar des Ryches Joiakim des küngs vss Juda / kam NebucadRázar der
künig von Babel gen Jerusalem / vnd belágeret sy: ²vnd der HERR gab jm
Joiakim den künig vss Juda in sinen gwalt / sampt etlichen gschirren des huss
Gottes / die er hinweg in das lannd Sinear / in sines Gottes huß fůret / vnnd sy
da in die schatzkamer sines Gottes bracht. ³Do redt ouch der künig mitt Aspenas
dem obersten kámerling / er sólte jm etliche der kinderen Israels / die von küniglichem somen vnnd von fürsten hie wárind / bringen / ⁴knaben an denen kein
fál wáre / sonder hüpsch von gestalt / klůg in aller wyßheyt / künstlich vnd
verstendig / die da daugten in des künigs Sal zů ston / vnd zů lásen / vnd Chaldeische spraach zů leeren. ⁵Sólichen bestimpt der künig von siner eignen spyß
vnnd wyn den er selbs tranck / tágliche pfrůnd / das man sy daruß also drü jar
vfziehen sólte / das sy darnach vor dem künig ston móchtind.

E = Johann Ecks Bibelübersetzung (1537) Augsburg

IM driten jar des reichs Joachim: des künigs Juda / kam Nabuchodonosor der
künig Babylonis in Hierusalem vnd belegert sie: ²vnd der herr gab in sein
hand Joachim den künig Juda / vnd ain tail der gschüer des herren hauß / vnd
er trůgs hin / in das land Sennaar / in das hauß seins gots / vnd bracht die ge-
schür in das schatz hauß seins gots: ³Vnd der künig sprach zů Asphenetz dem
obersten der kámerling / das er bráchte von den kindern Israel / vnd von küniglichem samen / vnd der fürsten kinder / ⁴in welchen kain mackel wár / schön
von gstalt / vnd gelert in aller weißhait / gscheid in der kunst / vnd gelert in der
zucht / die móchten stan in des künigs pallast / auf das er sie lehrte die geschrift /
vnd zungen der Chaldeer:⁵ Vnd der künig hat jhn verschaft vnderhaltung / jeden tag von seiner speiß vnd wein / von dem er tranck / das sie drei jar aufer-
zogen / darnach stünden vor des künigs angsicht.

Synoptischer Text des Propheten Daniel in sechs deutschen Übersetzungen des 14. bis 16. Jahrhunderts. (Aus: Vom Spätmittelhochdeutschen zum Frühneuhochdeutschen [...]. Hrsg. v. Hans Volz. Tübingen 1963, 2–5 (= Dan. I,1–5)).

(3) Durch die Textsorte bedingte Variation: Ein Schreiber kann sich in Abhängigkeit von der Textart (etwa deren Öffentlichkeitsgrad) mehr oder weniger an seiner gesprochenen Sprache orientieren. Verschiedene Textarten unterliegen zudem unterschiedlichen Konventionen.

(4) Durch Sprachveränderung (sprachhistorisch) bedingte Variation: Sprachliche Veränderungen, sei es durch Wandel der zugrunde liegenden regionalen Varietät, sei es durch Kontakt mit anderen Varietäten oder durch die Übernahme einer anderen Varietät, bedingen Variation in der Schriftlichkeit. Der Ausgleichsprozess innerhalb der frnhd. Schreibsprachen bedingt durch zunehmenden Kontakt auch kleinräumig orientierter Schreibtraditionen mit benachbarten oder bereits überregional wirksamen (z.B. der kaiserlichen Kanzlei) in einzelnen Landschaften zunächst eine (vorübergehende) Vergrößerung des Variantenbestandes.

(5) Individuelle Variation: Ein Schreiber kann sich vorhandener Varianten in unterschiedlichem Maße bedienen. Er kann sich auf eine festlegen (lassen) oder verschiedene selbst im gleichen Text in unterschiedlichem Maße einsetzen. Dabei kann sich der Anteil einer jeden Variante innerhalb eines Textes sequenzweise ändern (vgl. Hoffmann 1983/84).

6. Graphemik

Grundlage frühneuhochdeutscher Graphemsysteme ist das im Ahd./Mhd. erweiterte lateinische Alphabet, das den ‚kommunikationssichernden Rahmen' bildet. Während der Kernbestand weitgehend stabil ist, findet sich Variation in erster Linie bei den Digraphien (etwa der graphischen Wiedergabe von Diphthongen und Affrikaten). Hier verlaufen auch die wesentlichen Prozesse im Bereich der Graphemik. Hauptentwicklungen im Verlauf des Frnhd. sind 1. die distributionellen Festlegungen von frei variierenden Graphien, 2. die (Neu)Funktionalisierung funktionslos gewordener Graphien, 3. die Durchsetzung der konsequenten Bezeichnung des Umlauts, 4. die Reduktion der Variantenvielfalt bei den digraphischen Repräsentationen von Diphthongen und Affrikaten, 5. die Entwicklung der Großschreibung und 6. die Entwicklung der Interpunktion.

6.1. Festlegung von Distributionen
(V. Moser 1.1 § 12–15)

(1) Im Frnhd. repräsentieren einige Graphien sowohl Vokale als auch Konsonanten. Während diese Zeichengruppen zu Beginn des Frnhd. noch frei variierend verwendet werden, bilden sich im Verlauf der Epoche – z.T. regional begrenzte – feste Distributionsregeln heraus.

⟨i – j – y⟩

⟨i⟩ und ⟨j⟩ werden im 14. und besonders häufig im 15. Jh. frei variierend verwendet (*jar ~ iar, irren ~ jrren* etc.). Seit dem 15. Jh. setzt sich allmählich eine Trennung der beiden Graphien nach ihrer Stellung in einem Wort durch: ⟨j⟩ wird zunehmend nur initial und ⟨i⟩ zunehmend medial und final verwendet (oft ungeachtet eventueller Präfixe) (*jar*, aber *geiagt; jrren*, aber *bis*). Von der Mitte des 17. Jh.s an wird durch den Einfluss der Reformorthographen zunächst in md. Drucken, dann zunehmend auch andernorts zwischen ⟨i⟩ für den Vokal und ⟨j⟩ für den Konsonanten unterschieden.

⟨y⟩ entsteht – neben der direkten Übernahme aus dem Griechisch-Lateinischen – aus der Kombination von ⟨i + j⟩ (Ligatur ⟨ij ~ ẏ⟩). ⟨y⟩ konkurriert bereits im 14. Jh. sowohl mit ⟨i⟩ als auch mit ⟨j⟩ (*yamer, såyen, kynd, ym, dyeb*) und hält sich medial bis ins 17. Jh. Im Alem. und – weit geringer – im Mfrk. sind ⟨i⟩ und ⟨y⟩ vom 15. Jh. an vorübergehend tendenziell graphisch unterschieden: ⟨i⟩ (< mhd. *i*), ⟨y⟩ (< mhd. *ī*) (vgl. V. Moser 1.1 § 18).

⟨u – v – w⟩

⟨u⟩ und ⟨v⟩ werden ebenfalls sowohl zur graphischen Wiedergabe des Vokals *u* als auch des Konsonanten *f* verwendet. Früher und konsequenter als im Falle von ⟨i, j⟩ werden beide Zeichen jedoch nach ihrer Distribution unterschieden: ⟨v⟩ steht in der Regel initial und ⟨u⟩ medial und final, jeweils sowohl für den Vokal als auch für den Konsonanten (*vns*, aber *darumb; vater*, aber *zuuor*). Von der Mitte des 17. Jh.s an findet unter dem Einfluss der Reformorthographen eine allmähliche Trennung von Vokalgraphie ⟨u⟩ und Konsonantengraphie ⟨v⟩ statt. Als initiale Majuskel hält sich ⟨V⟩ auch über das 17. Jh. hinaus. In dieser Position repräsentiert ⟨V⟩ häufig auch *ü* (*Vbel*). ⟨w⟩ (Rib. bis zum 16. Jh. auch ⟨uu⟩) wird seit dem 14. Jh. zuweilen zur Repräsentation des Vokals *u* verwendet (*zwcht, zw*); häufig belegt ist die Verwendung von ⟨w⟩ als zweitem Bestandteil bei digraphischer Schreibung der Diphthonge /ao/ und /oe/ (⟨aw, ảw, ow, ew⟩ etc.).

(2) ⟨s – ſ – ß⟩ (V. Moser 1.1 § 30, Anm. 16)

⟨s⟩ und ⟨ſ⟩ sind bereits im Mhd. distributionell weitgehend festgelegt: ⟨s⟩ findet sich weitestgehend nur final, ansonsten – gelegentlich auch final – steht ⟨ſ⟩. Im Frnhd. steht zunehmend in finaler Position ausschließlich ⟨s⟩ u.ä.

⟨ß⟩, entstanden aus der Ligatur von ⟨ſz⟩, repräsentiert ursprünglich stl. *s*. Durch die zeitweise weitgehende lautliche Verschmelzung von sth. und stl. *s* (vgl. 7.4.3.) verliert ⟨ß⟩ seine lautliche Grundlage und kann fakultativ in allen Positionen mit ⟨ſ⟩, ⟨ſſ⟩ und ⟨s⟩ variieren. Erst im 16. Jh. bildet sich eine neue Verteilung von ⟨s⟩ und ⟨ß⟩ heraus.

6.2. Funktionalisierung und Neufunktionalisierung von Graphien

(1) Bezeichnung vokalischer Länge (V. Moser 1.1 § 6–11)

Zur Bezeichnung der relativen Länge eines Vokals dient seit dem 14. Jh. besonders im Obd. die bereits im Ahd. bekannte Vokalverdopplung (⟨ee, aa⟩, selten ⟨ii, oo, uu⟩). Im Md. finden sich Vokalverdopplungen unter obd. Einfluss häufiger erst im 16./17. Jh. Die beiden anderen nhd. Dehnungszeichen (⟨e⟩ und ⟨h⟩) können diese Funktion erst übernehmen, nachdem sie ihren ursprünglichen Lautwert verloren haben. ⟨e⟩ ist neben ⟨i⟩ (⟨y⟩) zunächst nur im Md. (besonders Wmd.) Dehnungszeichen (z.B. *jaer, rait;* heute noch in Orts- und Familiennamen wie *Soest, Troisdorf, Voigt* etc.). Nach der md. Monophthongierung von *ie* (vgl. 7.2.2.) wird das funktionslos gewordene ⟨e⟩ neu funktionalisiert zum Dehnungszeichen von *i*, während es nach anderen Vokalen als Dehnungszeichen schwindet. ⟨i⟩ verliert seine Funktion als Dehnungszeichen. Im Obd. wird ⟨e⟩ erst im 17. Jh. unter md. Einfluss zum Dehnungszeichen von *i*. *h* erscheint bereits im 12. Jh. im Md. gelegentlich als Dehnungszeichen, setzt sich aber erst im 16./17. Jh. nach Verlust seines ursprünglichen Lautwertes durch.

(2) Bezeichnung vokalischer Kürze (V. Moser 1.1 § 28–31)

Doppelkonsonanz dient im Frnhd. nicht mehr der Bezeichnung konsonantischer Länge, sondern zunehmend der Markierung der relativen Kürze des vorangehenden Vokals. Doch dieses Bezeichnungssystem wird im gesamten Frnhd. nicht konsequent genutzt bzw. eingehalten. Doppelkonsonanz tritt auch in anderen Umgebungen auf (z.B. *wortte, teuffell, ratt, volck* etc.). Umgekehrt kann nach kurzem Vokal auch einfache Konsonanz stehen; alte Doppelkonsonanz wird ebenfalls häufig zu einfacher Konsonanz verkürzt.

6.3. Durchsetzung der Umlautbezeichnung
(V. Moser 1.1 § 16; Gr. d. Frnhd. III § 77ff.; Frnhd. Gr. § L8)

Der Umlaut wird zwar seit dem Ahd. lautlich realisiert, seine konsequente Bezeichnung durch eigene Schriftzeichen erfolgt jedoch nur im Falle des sog. Primärumlautes. Die Bezeichnung der übrigen Umlaute unterbleibt z.T. bis ins Frnhd. Diese Nichtbezeichnung von Umlauten, eine konservative Eigenschaft der Orthographie, führt zu komplizierten Verhältnissen, da eine lautliche Konkurrenz ‚umgelautet vs. nichtumgelautet' durch eine graphische Konkurrenz ‚bezeichneter Umlaut vs. nichtbezeichneter Umlaut' überlagert wird.

Die Bezeichnungen des Umlauts entwickeln sich landschaftlich verschieden, und zwar im Obd. weit früher als im Md. Als Umlautsbezeichnungen wurden keine neuen Zeichen eingeführt, sondern vorhandene Vokalzeichen modifiziert; sie wurden entweder mit anderen Vokalzeichen – zumeist $^{(e)}$, seltener $^{(o,\ v,\ i,\ a)}$ – überschrieben oder mit anderen Diakritika versehen (˝ ″ ‘ ` ^ ˇ), wodurch eine starke Variation von Umlautzeichen entsteht.

Im 14. Jh. werden im Md. nur die Umlaute von *a* (⟨e⟩) und – soweit diese nicht monophthongiert werden (vgl. 7.2.2.) – von *ou ~ au* (⟨eu⟩) bezeichnet. Im Obd. – mit Ausnahmen im Ohalem. – ist das System zur Bezeichnung der Umlaute bereits ausgebaut, wobei besonders im Bair. eine Vielzahl von Bezeichnungsvarianten belegt ist. Sog. Primär- und Sekundärumlaute werden im Bair. und Schwäb. tendenziell graphisch unterschieden (⟨e⟩ für Primärumlaut, ⟨â ~ ä⟩ u.ä. für Sekundärumlaut).

Im 15. Jh. wird die Umlautsbezeichnung in Teilen des Wmd. durchgeführt. Im Obd. variieren die Zeichen ⟨â⟩ und ⟨e⟩ zumeist frei; der diphthongische Umlaut zu *uo* wird tendenziell graphisch vom monophthongischen Umlaut unterschieden (⟨û⟩ vs. ⟨ü⟩).

Im 16. Jh. wird die Umlautbezeichnung im Omd. und im Rib. durchgeführt. Gegen Ende des Jh.s deutet sich bereits ein weitgehend einheitliches Bezeichnungssystem im gesamten Sprachraum an. Die Variante ⟨â⟩ hat sich gegenüber konkurrierendem ⟨e⟩ nahezu vollständig durchgesetzt. Im 17. Jh. ist das System zur Bezeichnung der Umlaute weitgehend einheitlich: Alle Umlaute werden durch übergeschriebenes $^{(e)}$ bezeichnet; andere Varianten sind selten. Bei initialer Majuskel wird ⟨e⟩ nachgestellt. Mit der Aufgabe der diphthongischen Schreibung hat sich ⟨û⟩ auch im Obd. als Umlautszeichen für umgelautetes *u* durchgesetzt. Bei initialem *ü* (⟨v ~ V⟩) fehlt die Umlautsbezeichnung bis ins 17. Jh. Somit gelten ⟨â ~ Ae, âu, û, ô ~ Oe⟩ als Umlautzeichen.

6.4. Variation und Reduktion von Varianten im Bereich der Digraphien

(1) Digraphische Wiedergabe von Diphthongen (V. Moser 1.1 § 19–26)

Die (alten und neuen) Diphthonge *ou, oü, ei; au, eu, ei* (vgl. 7.2.1.) werden durch Digraphien wiedergegeben. Hier wird das Zusammenspiel mehrerer Ursachen für die Variation besonders deutlich. In der verwirrenden Vielfalt der graphischen Wiedergabe der Diphthonge etwa lassen sich mindestens drei Arten der Variabilität ausmachen:

1. *öu* (⇐ mhd. *öu*) und *eu ~ äu* (⇐ mhd. ⟨*iu*⟩ /*ǖ*/) verschmelzen zum Nhd. hin in der Standardsprache zu /oe/. Da die Mundarten diese Verschmelzung nur in Ausnahmefällen durchführen, bleiben die *öu*-Schreibungen noch längere Zeit in Gebrauch, und zwar hauptsächlich im Alem.

Die gleiche Ursache führt zur Unterscheidung der ⟨*e*⟩- und ⟨*a*⟩-Formen (vgl. V. Moser 1.1 § 23), die allerdings im Verlauf des Frnhd. in eine grammatisch-etymologische Unterscheidung übergeht: *äu* steht zunehmend als morphologischer Umlaut von *au* (⟨*au*⟩).

2. die in 6.1. vorgestellte Varianz von ⟨*u, v*⟩ und ⟨*w*⟩ als zweitem Bestandteil der Digraphie (zur Verwendung s. V. Moser 1.1 § 22).

3. die individuellen bzw. usuellen Versuche der genaueren graphischen Wiedergabe des zugrunde liegenden Lautwertes des Diphthongs durch Diakritika bei den ⟨*eu*⟩- und ⟨*oi*⟩-Formen bzw. die Art (Punkte, Ligatur, übergeschriebene Vokalzeichen) und der Ort (auf dem ersten oder auf dem zweiten Bestandteil oder auf beiden Bestandteilen der Digraphie) der Umlautsbezeichnung bei den ⟨*au*⟩- und ⟨*ou*⟩-Schreibungen.

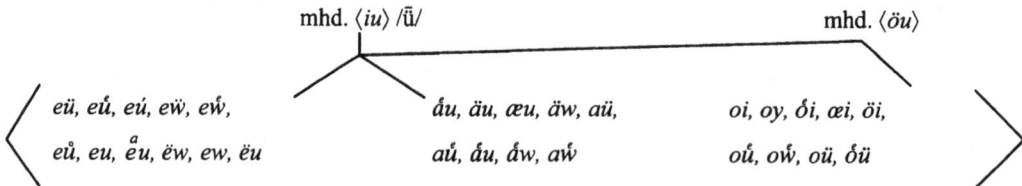

Diese starke Variation beschränkt sich jedoch weitgehend auf Handschriften und frühe Drucke. Im Verlauf des Frnhd. werden die Varianten reduziert. Im 17. Jh. sind bereits überwiegend einheitlich ⟨*äu*⟩ (morphologischer Umlaut von *au*) und ⟩*eu*⟩ belegt.

(2) Affrikaten (V. Moser 1.1 § 29, 39f.)

Die schriftliche Repräsentation der Affrikaten zeigt besonders in frühen Handschriften eine starke Variation: ⟨*tz, cz, tcz, tzc, czz, czc, zcz, czcz, czzc*⟩ etc., ⟨*pf, ph, pff, ppf, ppff, phf, pfh, fph*⟩ etc., ⟨*kh, ckh, kch, chk, gkch, gkh*⟩ etc. In Drucken werden die Affrikaten zumeist relativ einheitlich wiedergegeben: ⟨*tz*⟩ bzw. ⟨*cz*⟩, ⟨*pf*⟩ (selten ⟨*ph*⟩) und ⟨*kh*⟩.

6.5. Entwicklung der Großschreibung
(V. Moser 1.1 § 5; Frnhd. Gr. § L3)

Zur Kennzeichnung von Absätzen bzw. Anfängen von Strophen (Versen) werden Groß-
buchstaben (Majuskeln) bis ins 14./15. Jh. verwendet. Den Majuskeln kommt wie im Mhd.
anfangs neben der Funktion als Lesehilfe noch die Funktion als Schmuckinitiale zu. Doch
bereits im 15. Jh. wird zunehmend der Satzbeginn durch Majuskeln gekennzeichnet. Endgültig setzt sich die satzinitiale Großschreibung in Drucken im Verlauf des 16. Jh.s (2. Viertel)
durch. Die Kennzeichnung eines Sprecheinsatzes in einem längeren Satz durch Majuskeln
ist dagegen rückläufig.

Daneben erhält die Großschreibung die Funktion der Hervorhebung einzelner Wörter.
Seit dem 13. Jh. – nach vereinzelten früheren Ansätzen – werden zunächst Eigennamen,
später Titel (*Babst, Kayser* etc.), Kollektivbegriffe (*Christ, Mensch*) und sog. nomina sacra
(allen voran *Gott*) zunehmend mit wortinitialer Majuskel versehen. Das Prinzip der Hervorhebung erlaubt es jedoch, alle Substantive durch Majuskel herauszuheben, so dass im 15.
und 16. Jh. grundsätzlich jedes Substantiv groß geschrieben werden kann. Im 17. Jh. ist
dieser Prozess so weit fortgeschritten, dass Grammatiker die Großschreibung aller Substantive zu fordern beginnen (Johann Becherer 1596, Stephan Ritter 1616, Johannes Girbert
1653). Bei zunehmender Verwendung von Majuskeln werden Hervorhebungen und ggf.
Differenzierung durch Großschreibung weiterer Buchstaben eines Wortes vorgenommen
(*GOtt, GOTT, HErr* etc.). Die frühere Funktion der Kennzeichnung von Absätzen oder Neu-
einsätzen wird häufig durch ein neues Zeichen – die Alinea (¶) – wahrgenommen.

Vom 15. Jh. an wird auch die Großschreibung bestimmter Adjektive üblich; insbesondere
solche Adjektive werden mit initialer Majuskel versehen, die von Eigennamen, Titeln oder
Kollektivbegriffen abgeleitet sind (*Lutherisch, Kayserlich, Christlich* etc.).

6.6. Entwicklung der Interpunktion und Kürzelzeichen
(V. Moser 1.1 § 2 u. 3; Frnhd. Gr. § L4/L5)

Die Interpunktion ist im Frnhd. noch wenig bzw. anders als im Nhd. geregelt. Die Satzzei-
chen Punkt (.) und Virgel (/) dienen im 14./15. Jh. noch weitgehend der optischen Kennzeichnung von Lesepausen.

Der Punkt (tief- oder hochgestellt) dient vom 15. Jh. an zunehmend der Kennzeichnung
des Satzendes. Die Virgel, zunächst ebenfalls Markierung für Lesepausen, wird seit dem
16. Jh. zur Kennzeichnung von Teilsätzen bzw. Satzteilen verwendet. Hier konkurriert sie
mit der Kleinform (‚Comma‘), die sich gegenüber der Langform zur Kennzeichnung von
Teilsätzen zum Nhd. hin durchsetzt.

Bis ins 16. Jh. hat der Strichpunkt (; ‚Periodus‘) eine dem Punkt vergleichbare Unterteil-
ungsfunktion und stellt auch späterhin eine Alternative zum Punkt dar. Im 17. Jh. erhält er
eine Gliederungsfunktion ähnlich der des Kommas.

Das Fragezeichen (?, ⸮, < u.ä.) findet, obgleich es von Beginn des Frnhd. an bekannt ist,
erst seit dem 16. Jh. häufigere Verwendung. Noch jünger als die Verwendung des Fragezei-

chens ist die des Ausrufezeichens. In seiner heutigen Form ist es seit dem 16. Jh. belegt und wird zunächst unter dem Begriff ‚Verwunderungszeichen' (Gueintz), später zur Kennzeichnung von Ausrufen als ‚Ausruffungszeichen' (Ratke) verwendet.

Der Doppelpunkt mit ursprünglich allgemeiner (teil-)satztrennender Funktion erhält seit Gueintz die heute übliche Ankündigungsfunktion.

Eine Besonderheit des Frnhd. stellen die zahlreich verwendeten, heute auf den Gebrauch des Abkürzungspunktes reduzierten sog. Kürzelzeichen dar.

Das am häufigsten verwendete Kürzelzeichen im Frnhd. ist – neben dem Abkürzungspunkt (im Frnhd. auch als Doppelpunkt) – der sog. Nasalstrich (⁻ oder ~ über einem Vokal oder Nasal), der für ein *n*, seltener ein *m* steht (*segē, deñ* etc.; bei *vñ* für *-nd*, bei *vm̃* für *-mb* oder *-mm*). Besonders in Hss., seltener in Drucken, wird ein hoch- bzw. nachgestelltes *r*-Kürzel (' ˢ) verwendet, das für *r* bzw. *er* steht (*ja', wasse', kind'n, v'altet, od'* etc.). Zu weiteren seltener verwendeten Kürzelzeichen s. V. Moser (a.a.O.); Grun (1935; 1966); Capelli (1985); Dülfer/Korn (1986).

Aufgaben:

1. Beschreiben Sie die Distribution von ⟨*i – j – y*⟩ in den Daniel-Texten M und L, S. 124f.

2. Suchen Sie alle Wörter mit Majuskeln aus den sechs Texten und ordnen Sie diese nach den in Abschnitt 6.5. vorgeführten Gesichtspunkten. Achten Sie dabei auf die zeitliche Abfolge der Texte.

Literatur:

Besch (1981); *Deutsche Orthographie* (1989); Garbe (1984); Glaser (1985); Grubmüller (1985); Höchli (1981); Horn (1894); Kaempfert (1980); Malige-Klappenbach (1955); Michel (1959); Moulin (1990); Schulze (1967); Stolt (1990); Stopp (1976; 1980); Walz (1989); W.R. Weber (1958); Wegera (1996); N.R. Wolf (1985). Beispiele graphematischer Systembeschreibungen: Bürgisser (1988); Fleischer (1966); Glaser (1985); Koller (1988); Hans Moser (1977); Piirainen (1968); Sandberg (1983); Steffens (1988); Stockmann-Hovekamp (1991); Straßner (1977); *Studien zum Frühneuhochdeutschen*, 47–160, N.R. Wolf (1975); *Zum Sprachwandel* 1987, 21–100.

7.   Phonemik

7.1.   Schriftzeichen und Laut

Für die Erforschung der frnhd. Lautverhältnisse gilt dasselbe wie für alle historischen Sprachstufen: Die historische Phonologie stützt ihre Aussagen ausschließlich auf schriftliche Quellen. Die Wiedergabe eines Lautzeichens durch ein Schriftzeichen ist konventionell (usuell) festgelegt, wobei sich die beiden Systeme in der Regel nicht in einem 1:1-Verhältnis (ein Laut = ein Schriftzeichen) befinden. Im Verlauf der Sprachgeschichte können sich beide Systeme je nach ihren spezifischen Bedingungen verändern und sich so zusätzlich voneinander entfernen (oder wieder annähern). Lautwandelprozesse finden meist mit einer gewissen zeitlichen Verzögerung ihren Niederschlag in der Schrift.

Da es nicht möglich ist, aus dem Schriftbeleg alleine das zugrunde liegende Phonem zu bestimmen, wird dieses durch Rekonstruktion erschlossen. Dabei werden Vergleiche mit der Gegenwartssprache, insbesondere den rezenten Mundarten angestellt. Außerdem werden Reimverhältnisse, Fehlschreibungen und – quasi im Negativverfahren – hyperkorrekte Bildungen herangezogen. Die Rekonstruktion muss sich dabei auf Aussagen zu distinktiven Einheiten und Merkmalen beschränken und (tunlichst) auf Aussagen zum tatsächlichen Lautwert einer Graphie verzichten.

Bei Aussagen zu Lautwandelerscheinungen ist der konservative Zug der Orthographie zu beachten. Während Veränderungen auf der Lautebene nicht sofort in der Schriftlichkeit erkennbar sind, also in der Regel zeitlich früher ablaufen, als sie beobachtet werden können, kann umgekehrt leichter von graphischen Veränderungen auf zugrunde liegende lautliche Veränderungen geschlossen werden.

So stellt sich bei zahlreichen Lautwandelprozessen, deren Ausgangs- und Endstand bekannt sind, die Frage, ob dem auf der Schreibebene zu beobachtenden Wandel tatsächlich ein bzgl. Raum und Zeit analog verlaufender Lautwandel entspricht oder ob es sich um einen bereits früher vollzogenen Lautwandel handelt, der lediglich in einem Teilgebiet graphischen Niederschlag fand und dessen graphische Realisation sich mit einer gewissen Verzögerung ausbreitete (vgl. dazu besonders die Diskussion über die Diphthongierung). Dieser stark hypothetische Charakter sowohl der Rekonstruktion historischer Lautgegebenheiten als auch der Lautwandelprozesse ist bei den Ausführungen in den folgenden Abschnitten mit zu bedenken.

7.2. Vokalismus der Stammsilben
(Frnhd. Gr. § L11–L34)

Da es einerseits kein allgemein gültiges frnhd. Phonemsystem gibt, andererseits keine vollständige Übersicht über alle – auch kleinräumig gültigen – Phonemsysteme existiert, werden im Folgenden die Hauptprozesse dargestellt, die vom mhd. zum nhd. Stand führen und die im Frnhd. ablaufen.

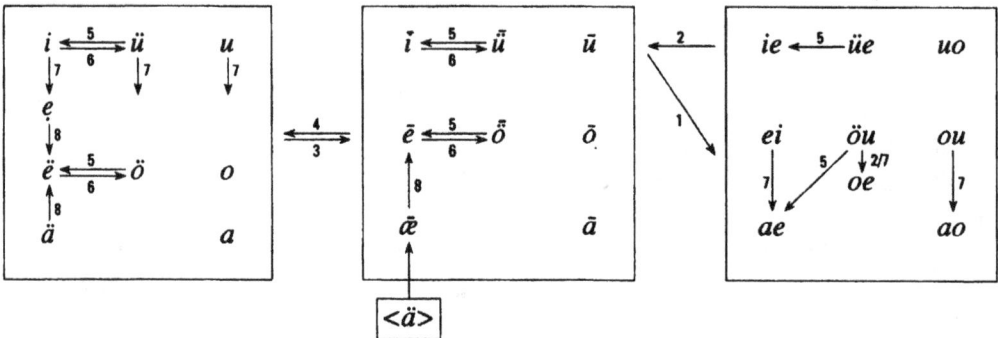

Abb. 23: Übersicht über die Vokalentwicklungsprozesse vom Mhd. zum Nhd.

Prozesse:

1 Diphthongierung	5 Entrundung
2 Monophthongierung	6 Rundung
3 Dehnung	7 Senkung
4 Kürzung	8 *e*-Verschmelzung

7.2.1. (Neuhochdeutsche) Diphthongierung
(V. Moser 1.1 § 77 u. 79; Frnhd. Gr. § L31)

Die mhd. langen Vokale *ī, ū* und *ǖ* (⟨*iu*⟩) werden zum Nhd. hin zu den Diphthongen ⟨*ei*⟩ (/ae/), ⟨*au*⟩ (/ao/) und ⟨*eu ~ äu*⟩ (/oe/) verschoben: *mîn niuwes hûs > mein neues Haus*.

Der Lautwandel ‚Diphthongierung', dessen Ursachen bisher nicht zufriedenstellend geklärt sind, geht zurück auf das Spätahd. Die ersten schriftlichen Belege finden sich im 12. Jh. in Kärnten und Südtirol. Heute umfasst das mundartliche Diphthongierungsgebiet nahezu den gesamten hochdeutschen Sprachraum. Im Alem., im größten Teil des Thür., im Niederhess. und Rib. fand der Lautwandel nur in finaler Position und im Hiatus statt.

Umstritten ist, ob die Verbreitung des Lautwandels von Südost nach Nord erfolgte (Monogenese) oder ob es sich bei der Diphthongierung um eine parallele Entfaltung handelt (Polygenese), wobei sich lediglich deren Verschriftung im Deutschen von Süd nach Nord durchsetzt. Direkt beobachtbar ist für uns lediglich die Entwicklung der digraphischen Schreibung.

Aufgabe:

Beschreiben Sie, was die Abb. 24 darstellt. Problematisieren Sie den im Bildtitel verwendeten Begriff der ‚Diphthongierung'.

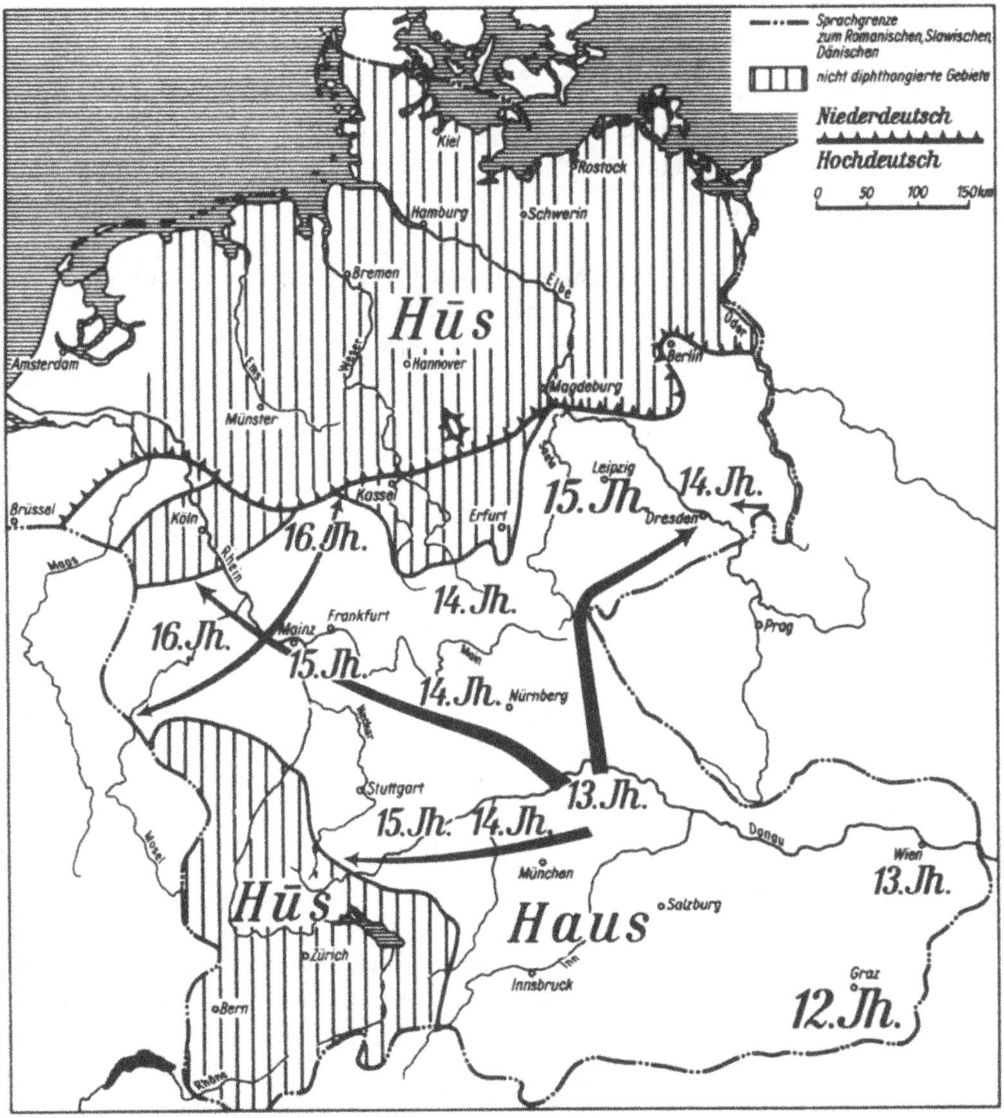

Abb. 24: Entwicklung der neuhochdeutschen Diphthongierung nach der schriftlichen Überlieferung (nach K. Wagner
bearbeitet von H. Protze) (aus: Kleine Enzyklopädie Deutsche Sprache. Hg. v. W. Fleischer u.a. Leipzig 1983,
613)

Die digraphische Schreibung umfasst 1300 bereits den gesamten bair. Sprachraum. Im
14. Jh. breitet sie sich im Ofrk. aus. Im 15. Jh. umfasst sie bereits das Schwäb., Teile des
Rhfrk. und des Omd. (Osächs. und Teile des Thür.). Im 16. Jh. erreicht die Digraphie das
Moselfrk. (zu den rezenten Mdaa. s. Wiesinger 1983a). In den Gebieten, in denen der Lautwandel nicht bzw. nur ansatzweise durchgeführt wurde, wurden die neuen Digraphien aus
dem Diphthongierungsgebiet im Laufe des 16. Jh.s in die Schriftsprache übernommen. Im
Nd. werden die neuen Diphthonge mit der hd. Schriftsprache übernommen. Die folgende

Tabelle zeigt den jeweiligen ungefähren prozentualen Anteil der digraphischen Schreibungen in Zeit und Landschaft.

%	Bair.	Ofr.	Schw.	Böhm.	Sfr.	Omd.
10	1200	1300	1450	—	1500	1475
50	1275	1375	1475	1425	—	1500
90	1350	1425	—	—	—	—

Abb. 25 (aus: Lindgren 1961, 48)

In der nhd. Standardsprache fallen die neuen Diphthonge mit den aus mhd. *ei, oü, ou* zu nhd. /ae/, /oe/ und /ao/ gesenkten Diphthongen zusammen. In Mundarten mit durchgeführter nhd. Diphthongierung bleiben jedoch die Diphthonge verschiedener Herkunft so gut wie überall unterschieden; z.T. werden die Diphthonge auch weiterentwickelt (monophthongiert) (vgl. Russ 1982, 161ff., Szulc 1987, 132). Im Bair. (und in geringerem Maße im Schwäb.) werden im Frnhd. in den Schreibsprachen ⟨ai ~ ay⟩ (⇐ mhd. *ei*) und ⟨ei ~ ey⟩ (⇐ mhd. *ī*) zumeist unterschieden. Im Md. wird mhd. *ū* ⟨iu⟩ vor *w* zu *u* und dann diphthongiert zu *au.* Daher steht in frnhd. Texten etwa *grawlich* neben *greulich;* im Nhd. etwa noch *kauen* neben *(wieder)käuen.*

7.2.2. (Neuhochdeutsche oder Mitteldeutsche) Monophthongierung
(V. Moser 1.1 § 81; Frnhd. Gr. § L32)

Die mhd. Diphthonge *ie, uo* und *üe* werden zum Nhd. hin zu den langen Vokalen /ī/ ⟨ie⟩, /ū/ und /ǖ/ verschoben: *liebe guote brüeder > liebe gute Brüder.*

Der Lautwandel ‚Monophthongierung' erfolgt seit ca. 1100 im Md. (Omd., im größten Teil des Rhfrk., in der Osthälfte des Ofrk. und im Böhm.). Das Obd. führt eine Monophthongierung nur in einigen wenigen Fällen durch (z.B. *nimmer, immer);* ansonsten bleiben die Diphthonge (außer Nordbair.) erhalten (mit Abschwächung des zweiten Bestandteils zu /ə/ u.ä.).

Das Monophthongierungsgebiet ist heute nicht so geschlossen wie das Diphthongierungsgebiet. Im Nbair., Nürnberg., Oberhess. und Teilen des Mslfrk. ist die ursprüngliche Monophthongierung einer neuerlichen Diphthongierung gewichen (vgl. u.a. Wiesinger 1983a). Im Rib., Nordhess., Westthür. und dem größten Teil des Nd. wurde die ahd. Diphthongierung nicht durchgeführt. Daher stehen hier bereits im Mhd. anstelle der Diphthonge *ie, uo* und *üe* die langen Monophthonge *ē, ō* und *œ.*

Die Entwicklung der neuen monographischen Schreibung ist nur schwer zu verfolgen, da ⟨e⟩ nach der Monophthongierung von *ie* zumeist als Dehnungszeichen erhalten bleibt (vgl. 6.2.) und da *uo, üe* z.T. noch längere Zeit als ⟨ů⟩ ohne entsprechenden Diphthongwert beibehalten werden. ⟨ů⟩ und ⟨ǔ⟩ stehen überdies häufig nicht nur für den Diphthong, sondern auch für den Umlaut von *u,* während umgekehrt der Diphthong auch durch einfaches ⟨u⟩ wiedergegeben werden kann. Im Obd. bleiben die digraphischen Zeichen z.T. bis ins 17. Jh. erhalten, vom Ende des 16. Jh.s an findet jedoch ihre allmähliche Verdrängung unter md. Einfluss statt.

7.2.3.   Dehnung (V. Moser 1.1 § 49; Frnhd. Gr. § L34)

Mhd. kurze Vokale in sog. offener Tonsilbe (= Silbe, die auf einen Vokal endet) werden gedehnt. Die Dehnung erfolgt auch in sog. geschlossener Tonsilbe bei Einsilblern, besonders vor Liquid und Nasal und vor *r*+Dental. In etymologisch verwandten Wörtern und im Ablautsystem erfolgt gelegentlich quantitativer Ausgleich (vgl. 8.2.7.). Bei zweisilbigen Flexionsformen von Substantiven wird die Dehnung auf einsilbig (geschlossenen) Nom./Akk. übertragen: mhd. *tac, tages* /tak – tagəs/ → /tak – ta: gəs/ → nhd. /ta:k – ta: gəs/.

Die Dehnung unterbleibt regelmäßig vor /ʃ/ ⟨*sch*⟩ und /χ/ ⟨*ch*⟩, zumeist vor *m+er, el, en* und vor *t*, häufig vor *m* und vor *er*, z.B. *Hammer, Himmel, Vetter, Ritter* etc. Nicht gedehnt wird vor alter Doppelkonsonanz, da hier keine offene Silbe vorliegt. Der Lautwandelprozess ‚Dehnung‘ beginnt wohl in frmhd. Zeit im md. Nordwesten und lässt sich im Md. um ca. 1200, im Obd. (ohne das Alem.) im 14. Jh. belegen. In der frnhd. Schriftlichkeit ist die jeweilige Bewertung der Vokalquantität schwierig, da die Längenbezeichnungen nur unvollständig und unregelmäßig verwendet werden.

Mundartlich ist die Dehnung z.T. weitergehend durchgeführt, z.T. haben sich mehr Ausnahmen erhalten als in der Standardsprache.

7.2.4.   Kürzung (V. Moser 1.1 § 50; Frnhd. Gr. § L35)

Mhd. lange Vokale werden vor mehrfacher Konsonanz (Doppelkonsonanz und einigen Konsonantenverbindungen, etwa Nasal, Velar, *r*+Konsonant) und vor /χ/ oder /χt/ gekürzt, so mhd. *hât, jâmer, dâhte;* nhd. *hat, Jammer, dachte* etc.). Bei zusammengesetzten Wortformen wird der Stammvokal eines Bestandteils häufig gekürzt, etwa *viertel* oder *Hochzeit*. Regelmässig tritt die Kürzung bei den Nebensilbenvokalen in Derivationssuffixen ein (z.B. *-lîch* > *-lich*). Bei mehrsilbigen Lexemen auf *-er, -el* und *-en* tritt Kürzung häufig auch vor einfacher Konsonanz ein. Von der Kürzung sind z.T. auch die aus den mhd. Diphthongen *ie, uo* und *üe* entstandenen neuen Monophthonge (vgl. 7.2.2.) betroffen.

Der Lautwandelprozess ‚Kürzung‘ ist jedoch nicht konsequent durchgeführt. Er beginnt etwa um die Mitte des 12. Jh.s im Md. und erlangt im Omd., Ofrk. und Niederhess. seine größte Verbreitung. (Zu den rezenten Mdaa. s. Wiesinger 1983b.)

7.2.5.   Entrundung (V. Moser, 1.1 § 65; Frnhd. Gr. § L36)

Die mhd. gerundeten Vokale *ö, œ, ü, ū* (⟨*iu*⟩) werden im hochdeutschen Sprachraum entrundet (vgl. Karte 58.1 in Wiesinger 1983c), d.h. sie fallen mit den vorderen ungerundeten Vokalen *e, ē, i, ī* zusammen. Der Diphthong *oü* wird zu *ei*, nhd. /ae/, *üe* zu *ie*. Der Lautwandelprozess ‚Entrundung‘ ist Mitte des 12. Jh.s vereinzelt im Bair. belegt. Die Reimverhältnisse im Omd. sprechen jedoch für eine polygenetische Entwicklung. Im 16. Jh. lassen sich Belege aus dem gesamten hochdeutschen Sprachgebiet außer Ofrk./Nürnberg. und Halem. buchen.

Obgleich dieser Lautwandel den größten Teil des hochdeutschen Sprachgebietes umfasst und in diesem Gebiet recht konsequent durchgeführt wurde, sind nur verhältnismäßig wenige Lexeme mit durchgeführter Entrundung in die nhd. Standardsprache eingegangen, so etwa mhd. *küssen, sprützen, bül(e)z, nörz, stroüfen, eroügnen, stiuʒ, spriuʒen* – nhd. *Kissen, spritzen, Pilz, Nerz, streifen, ereignen, Steiß, spreizen* und einige andere (vgl. Penzl 1969, 87) (Zur frnhd. Schriftlichkeit s. unter 7.2.6.).

7.2.6.   Rundung (V. Moser 1.1 § 66 und 75; Frnhd. Gr. § L36)

Die mhd. ungerundeten vorderen Vokale *e, ē, i, ī* und der Diphthong *ie* werden in bestimmten lautlichen Umgebungen labialisiert, so *e > ö* nach /v/ ⟨w⟩ und vor /ʃ/ ⟨sch⟩ oder Labial; *i > ü* nach /v/ ⟨w⟩ und vor /ʃ/ ⟨sch⟩ oder Nasalverbindungen.

Der Lautwandelprozess ‚Rundung' tritt – abgesehen von einem vergleichbaren Prozess im Nd. – im Obd. (Schwäb., Alem., Ofrk.) auf, jedoch keineswegs konsequent. Eine größere Bedeutung hat die Rundung lediglich im Alem. seit dem 13. Jh. erlangt, wo sie weit über das ansonsten übliche Maß hinausgeht. Einige Lexeme mit Rundung sind in die nhd. Standardsprache eingegangen, so mhd. *helle, swern, zwelf, wirde, flistern, vinf, triegen* – nhd. *Hölle, schwören, zwölf, Würde, flüstern, fünf, (be)trügen* (vgl. Penzl 1969, 87).

In der frnhd. Schriftlichkeit werden die beiden vorderen Vokalreihen aufgrund der jeweiligen zugrunde liegenden mundartlichen Gegebenheiten und aufgrund der Unsicherheit im Gebrauch der Vokalzeichen seit dem 14. Jh. stark vermischt. So finden sich besonders im Obd. etwa Belege wie *kerb, werter, schned, gresser, minster, unglick, yber, verkinden, tyfel, frint, kreitz, freyd* etc. und entsprechend gegenläufige Bildungen wie *hŏr* (*Heer*), *gŏn* (*gehen*), *bŏsser* (*besser*), *lŏdig* (*ledig*), *schüff, stoyn* (*Stein*), *heulig* (*heilig*) etc. Vom 16. Jh. an werden auch in obd. Drucken die Vokalreihen sorgfältiger unterschieden, doch noch im 17. Jh. finden sich besonders im Wmd. und Schles. Vertauschungen. Die zahlreichen Rundungen im Schwäb./Alem., die als sog. ‚Überrundungen' meist zu den hyperkorrekten Bildungen gestellt werden, sind wohl eher als eigenständige Lautentwicklung und weniger als bloßer Reflex auf die Entrundung anzusehen. Noch im 17. Jh. sind Belege wie *ŏpffel, schwŏster, frŏmd, gsŏll, zwüschen, befünden, wüssen, müschen* etc. keine Seltenheit im Alem. In anderen Landschaften sind solche Belege von der zweiten Hälfte des 16. Jh.s an selten.

7.2.7.   Senkung (V. Moser 1.1 § 69ff.; Frnhd. Gr. § L33)

Mhd. *i, u* und *ü* werden im Md. besonders vor Nasal, aber auch vor *l, r* + Konsonant zu *e, o* bzw. *ö* gesenkt. In einigen Fällen werden die gesenkten Vokale zusätzlich gedehnt (vgl. 7.2.3.).

Die Senkung ist im 12. Jh. bereits im Hess. und Mfrk. belegt, im 13. Jh. im Thür., Osächs. und weiten Teilen des Rhfrk. Im 14./15. Jh. ist die Senkung im gesamten Md. belegt, doch werden diese Formen im 16. Jh. unter obd. Einfluss wieder weitgehend aus der Schriftlichkeit verdrängt. Dennoch sind einige Lexeme mit gesenktem Vokal in die nhd. Standardsprache eingegangen, so etwa mhd. *sunne, sun, münech, künec* → nhd. *Sonne, Sohn, Mönch, König* etc. (vgl. Penzl 1969, 88).

Die mhd. Diphthonge *ei* und *ou* werden im Obd. (nicht im Alem.) zu /ae/ und /ao/ gesenkt; der mhd. Diphtong *öu* (Umlaut zu *ou*) wird – dort wo er nicht zu /ae/ entrundet wird –

zu /oe/ teilgesenkt. Im Md. und Ofrk. werden diese Diphthonge – als Fortsetzung der im Ahd. einsetzenden Monophthongierung – ebenfalls monophthongiert. (Zu den rezenten Mdaa. s. Wiesinger 1983d.)

Seit dem 16. Jh. setzt sich zunehmend ⟨ei⟩ unter Aufgabe der alten Differenzierung (s. 7.2.1.) durch. ⟨ou⟩ und ⟨öu⟩ sind zu Beginn des Frnhd. im Bair. bereits weitgehend durch ⟨au⟩ bzw. ⟨eu⟩ verdrängt. Im Schwäb. halten sich die alten Zeichen bis ins 15. Jh.

Die graphische Konkurrenz von ⟨eu ~ åu⟩ wird infolge des sog. etymologischen Prinzips zugunsten von ⟨åu⟩ (als Repräsentant des Umlauts von au) entschieden (vgl. 6.3.). Im Alem. werden die neuen Digraphien erst im 16. Jh. übernommen. Im Md., wo sie an die Stelle der Monographien treten, werden die Digraphien dann aus dem Obd. übernommen. Insgesamt finden die alten md. Monophthonge nur geringen Niederschlag in der frnhd. Schriftlichkeit, so etwa *cleder, sten (Stein), hobt, ogen, bom, fra, bam, ach* etc.

7.2.8. *e*-Verschmelzung (V. Moser 1.1 § 70f. und 76; Frnhd. Gr. § L12/L19/L20)

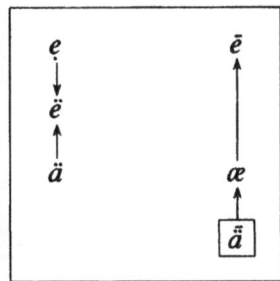

Abb. 26

Den fünf verschiedenen mhd. *e*-Lauten (geschlossenes *ẹ* wie in *geste*, *ë* wie in *hërze*, *ä* wie in *mägede*, *ē* wie in *lēren* und *œ* wie in *swœre*) stehen in der nhd. Standardsprache noch drei gegenüber: kurzes *ε*, langes *ē* und *ā*.

Der Prozess der *e*-Verschmelzung ist nicht nur ein lautlicher Prozess, sondern beruht auf mehreren Faktoren. Im Md. gibt es bis zum 16. Jh. nur ein ⟨e⟩-Zeichen, dem wohl auch nur eine *e*-Qualität entsprach (aufgrund einer Senkung von *ẹ > ë*).

Die von Moulton (1961) angenommene zweistufige Hebung der vorderen Kürzen *ä* nach *ë* und dann nach *ẹ* hat bereits Sanders (1972) bezweifelt. Eine weitere, ebenfalls von Moulton (ibid.) vorgetragene Möglichkeit einer Reihensenkung (von *e ö o* zu *ẹ ǫ̈ ǫ*) scheint wahrscheinlicher, und zwar um so mehr, wenn man bedenkt, dass im Md. auch die oberen Vokale *i, ü* und *u* gesenkt wurden, wodurch möglicherweise eine Kausalität entstand.

⟨ä⟩ erscheint im Md. kaum vor dem 16. Jh., da hier der Sekundärumlaut nicht bezeichnet wird. Im Obd. werden ⟨e⟩ für Primärumlaut und ⟨å ~ ä⟩ für Sekundärumlaut tendenziell getrennt. Diese Unterscheidung weicht jedoch im Verlauf des Frnhd. zunehmend einer weitgehenden Funktionalisierung von ⟨å ~ ä⟩ zum morphologischen Umlaut von *a*, so dass die ehemalige Differenzierung (*geste* vs. *månner*) graphisch verwischt wird. Dieses funktionalisierte Umlautzeichen wird dann in das Md. übernommen.

In den Mdaa. bleiben mehrere (2 bzw. 3) Öffnungsgrade die Regel (vgl. Wiesinger 1983e, bes. Karte 54, 1, S. 1067; Russ 1982, 144ff., bes. 145; Hinderling 1978). Die Festlegung auf nur eine Lautqualität von *e* in der Standardsprache erfolgt erst durch die normative Festlegung der Aussprache (Bühnenaussprache) im 19. Jh. Noch um die Mitte des 19. Jh.s findet sich die Unterscheidung von ‚hohem *e*' und ‚tiefem *ë*'.

Der Lautwandel der Hebung von mhd. *œ* zu nhd. *ē* ist mundartlich nur in einem Teilgebiet des Md. durchgeführt (Südhess., Pfälz. und Teile des Omd.). Im übrigen Gebiet bleibt die Differenzierung in der Regel erhalten. Der Vokal *ā* des nhd. Vokalsystems geht jedoch nicht auf mhd. *œ* zurück, sondern hat Entsprechungen in mhd. *œ, ä, ë* und *e* (vgl. Russ 1982, 155; Hinderling 1978). Die lange Zeit vertretene These, dass dieses *ā* sekundär durch ‚Sprechen nach der Schrift' entstanden sei, wobei besonders die Wirkung des funktionalisierten Umlauts *a > ä* betont wird, ist in dieser strikten Form nicht haltbar. Vielmehr spielen hier auch die mundartlichen Gegebenheiten eine Rolle, nämlich die alte und im Obd. und Teilen des Md. durchaus erhalten gebliebene Differenzierung von *ē* und *ā*.

7.3. Vokalismus der Nebensilben
(Gr. d. Frnhd. I, 1 – I, 3; Frnhd. Gr. § L38–L41)

Die Vokale der unbetonten Nebensilben werden zunächst zu /ə/ abgeschwächt und graphisch zu ⟨e⟩ uniformiert und schließlich in weiten Bereichen synkopiert bzw. apokopiert. Als Ursache (oder als Anstoß für diesen Prozess wird die Festlegung des Akzentes auf die erste Silbe (Wurzelsilbe) im Germ. (exspiratorisch) angesehen. „Es dürfte also gerade im Bereich des schwachtonigen Vokalismus eine Sache der Sprachökonomie sein, daß die aufzubringende Artikulationsenergie in Richtung auf den Zentralvokal verringert wurde" (N.R. Wolf 1981, 61; vgl. auch die bei Ronneberger Sibold (1989) unter dem Stichwort ‚Akzentfestlegung' aufgeführte und kommentierte Literatur).

Auch wenn man diesem Erklärungszusammenhang nicht folgen will, bleiben die beobachtbaren Fakten:

1. Abschwächung der Nebensilbenvokale durch Phonemzusammenfall und durch Uniformierung in der Schrift;
2. Apokope und Synkope-Prozesse bei den abgeschwächten Nebensilbenvokalen;
3. die Auswirkungen dieser Prozesse auf das deutsche Flexionssystem (vgl. dazu unter 8.).

7.3.1. Uniformierung der Nebensilbenvokale

Der Prozess der Uniformierung verläuft bis ins 17. Jh. nach Landschaften und nach grammatischen Phänomenen unterschiedlich. So ist die Graphie ⟨i⟩, die in einzelnen Landschaften (so besonders im Thür.) zeitweilig dominant wird, in der Form der 1./3. Sg. (*sollti*) im Wobd., in *-er* (*manchir*) und *-es* (*gotis*) im Omd. und im Superlativsuffix *-est* im gesamten Sprachgebiet bis ins 16. Jh. belegt. Die Graphie ⟨o⟩ ist in *-ent* (*mohtont*), *-et* (*verzwiflot*) und im Superlativsuffix (*ältost*) im Wobd. bis ins 15. Jh. belegt. Die Graphie ⟨*u*⟩ ist besonders lange in der Form des Part. Präs. *-ende* (*wartunde*) belegt, im Obd. bis ins 17. Jh.

Einen Sonderfall stellt ahd. ⟨*iu*⟩ dar, das im Obd. von der Reduktion verschont blieb. Der ahd. Diphthong *iu* wird zum Mhd. hin zu /ü:/ monophthongiert. Als Flexiv der Adjektivflexion (Nom./Akk. Pl. Neutr. und Nom. Sg. Fem.) wird ⟨*iu*⟩ im Fränk. (Md.) bereits im Ahd. (9. Jh.) von ⟨*u*⟩ über ⟨*o*⟩ und ⟨*a*⟩ zu ⟨*e*⟩ (*goutiu > guotu > guota > guote*) abgeschwächt. Im Obd. dagegen hält sich ⟨*iu*⟩ bei gleichzeitiger gelegentlicher Ausdehnung auf den Akk. Sg. Fem. und Nom. Pl. Mask./Fem. bis in die 2. Hälfte des 15. Jh.s (vgl. Gr. d. Frnhd. VI §§ 44–46).

Die Vereinheitlichungsprozesse verlaufen bei Präfixen anders als im Nachton, wo zusätzlich zwischen Flexiven, Derivationssuffixen und Stammnebensilben-*e* unterschieden werden muss.

Die Vokale der Präfixe entwickeln sich über eine *i*-Phase (9./10. Jh.) zu ⟨*e*⟩, allerdings sind auch hier Reste alter Schreibung bis in die Frühneuzeit belegt. ⟨*i*⟩ in *bi-* (*bisitzen*) schwindet im 14. Jh., in *int-* (*intbrant*) im 15. Jh. und in *ir-* (*irlaubt*) im 16. Jh. ⟨*o*⟩ in *vor-* (*vorachten*) und ⟨*u*⟩ in *zu-* (*zustört*) halten sich bis ins 16. Jh. Die Vokale der Präfixe werden jedoch (außer in *be-* und *ge-*) nicht zu /ə/ weitergeschwächt, sondern behalten ihre *e*-Qualität (/ɛr-, fɛr-, tsɛr-, ɛnt-/, aber /bə-, gə-/).

Bei den Vereinheitlichungsprozessen im Nachton muss zwischen Flexiven, Derivationssuffixen und dem Stammnebensilben-*e* unterschieden werden. Während die Vokale der Flexive und der Stammnebensilben zu ⟨*e*⟩ vereinheitlicht werden, bleiben die vollen Vokale in den Derivationssuffixen überwiegend erhalten (*-heit, -lich, -schaft, -ung(e), -ig, -isch*). Eine Abschwächung findet sich nur beim md. Diminutivsuffix *-chen* (< *-chîn*), im Ableitungssuffix mhd. *-er* (< *-œre*) und im heute nicht mehr produktiven Suffix *-en* (< *-în*; z.B. *güldin*). In allen anderen Fällen ist der volle Vokal bewahrt. In Fällen, in denen im Mhd. eine Schwächung eingetreten ist, wie im Falle von *-ec, -eclich, -echeit, -eht, -esch*, setzt sich die volle Form im Frnhd. wieder durch: *-ig* im 15. Jh., *-iglich/-igkeit* im 17. Jh. und *-icht* im 18. Jh. Die im Mhd. nicht mehr produktiven vokalischen Ableitungssuffixe, wie *-i, -o, -eo, -i*, werden zu ⟨*e*⟩ abgeschwächt und in der Folgezeit durch deutlichere Konkurrenten wie *-heit, -er, -lich* u.a. ersetzt (*sconi > schoene > Schönheit, ziari > ziere > zierlich* etc.).

Fleischer (1966, 78ff.) weist hier auf die nicht konsequente, aber dennoch tendenzielle systematische Trennung von Flexiven und Derivationssuffixen hin (etwa besonders deutlich bei dem fem. Movierungssuffix *-in* vs. Flexiv *-en*).

Bei den Flexiven dagegen halten sich die graphischen Varianten von ⟨*e*⟩, so ⟨*i*⟩ (*-i, -in, -int, -ist*) besonders im Md. und Wobd., ⟨*o*⟩ und ⟨*a*⟩ (*-ont, -ost, -ot, -ote; -an, -ant*) im Wobd., ⟨*u*⟩ (*-unde*) und ⟨*a*⟩ in (*-at*) im Oobd. z.T. bis ins 16., vereinzelt bis ins 17. Jh.

7.3.2. Synkope (Frnhd. Gr. § L39)

Die konsequente Weiterentwicklung der Abschwächung der Nebensilbenvokale ist deren gänzliche Tilgung, durch Synkope (= Ausfall von *-e-*) in Präfixen und Endungen und Apokope (= Abfall von Endungs-*e*).

Die Synkope in den Präfixen *be-*, *ge-* wird in den obd. Mdaa. meist generell durchgeführt. In die nhd. Standardsprache sind nur einige z.T. auch im Md. synkopierte Formen eingegangen, so mhd. *gelücke, geloube, gelîche, genâde, beleiben* > nhd. *Glück, Glaube, gleich, Gnade, bleiben* etc.

Für die Synkope in den Endungen gelten eine Reihe von fördernden wie auch hemmenden Faktoren, so die lautliche Umgebung, die Silbenzahl des Stamms, die Funktionalität des jeweiligen Flexivs, die – allerdings im Frnhd. nur schwer zu bestimmende – Silbenlänge; bei den Verben darüber hinaus der Wechsel des Stammvokals gegenüber dem Infinitiv (*gesendet*, aber *gesandt*). Die verschiedenen Flexionsendungen sind unterschiedlich stark von der Synkope betroffen. Bei den Substantiven tritt sie selten bei *-er* und *-ens*, häufig bei *-es* und *-en* auf, bei den Verben seltener bei *-en* und häufig bei *-et*. Allgemein gelten folgende Verteilungsregeln für die syllabische (*e*-haltige) und die asyllabische (*e*-lose) Variante:

– Wie im Mhd. und Nhd. steht die *e*-lose Variante fast ausnahmslos nach *e*.
– Bei mehrsilbigen Lexemen auf *-er*, *-el*, und *-en* steht die *e*-lose Variante bei *-(e)s* bereits nahezu immer und bei *-(e)n* (Substantive) und *-(e)t* (Verben) zumeist.
– Die *e*-haltige Variante ist nach Dental (einschließlich ⟨s⟩ /s/ /z/, ⟨sch⟩ /ʃ/ u.a.) nur selten obligatorisch. Zumeist besteht jedoch eine Bevorzugung der *e*-haltigen Variante. Daneben steht die *e*-lose Variante häufig bei *-(e)s* (Substantive), *-(e)t* (Verben), gelegentlich bei *-(e)n*.
– Ansonsten sind beide Varianten bei *-(e)s* weitgehend fakultativ. Bei *-(e)n* steht bereits immer – außer gelegentlich nach vokalischem Stammauslaut und bei einsilbigen Lexemen nach Nasal oder Liquid – die *e*-haltige Variante; bei *-(e)t* (Verben) überwiegt die *e*-lose Variante nach vokalischem Stammauslaut, nach ⟨h⟩, ⟨ch⟩ /χ/ und bei einsilbigen Lexemen nach Liquid.

Im Stamm wird *-e* bei mehrsilbigen Lexemen in zweiter Silbe häufig getilgt, so mhd. *maget, obez, dienest, houbet* > nhd. *Magd, Obst, Dienst, Haupt* etc. In Fällen wie mhd. *segenen, ordenen, atemen* > nhd. *segnen, ordnen, atmen* unterbleibt die Tilgung dann in der Regel in den Flexionsendungen.

7.3.3. Apokope (Frnhd. Gr. § L40)

Die Apokope ist im Gegensatz zur Synkope kein rein graphisch-lautliches Phänomen, da die Verteilung von *-e* und getilgtem *-e* (*-ø*) erhebliche Auswirkungen auf die Morphologie hat. Die Apokope verläuft in den verschiedenen grammatischen Kategorien und Ausprägungen so unterschiedlich, dass ein allgemeiner Apokopierungsgrad – so wie er von Lindgren (1953) ermittelt wurde – nur sehr bedingt gültig ist.

%	Bair.	Ofr.	Schw.	Obal.	Ndal.	Böhm.	Rhfrk.	Omd.
90	1200	1300	1300	1325	1325	1350	1400	—
50	1275	1375	1375	1400	1425	1400	1425	—
10	1375	1425	1425	1425	1450	—	—	—

Abb. 27: Prozentualer Anteil der Apokope (nach Lindgren 1953, 178)

Die *e*-Apokope betrifft beim Substantiv das Plural-*e*, den Gen./Dat. Sg. und Gen. Pl., bei den Verben die 1. Sg. Präs./Prät. Ind./Konj., 2. Sg. Prät. Ind., 3. Sg. Präs. Konj., 3. Sg. Prät. Ind./Konj. und Imp. Sg.

Apokope tritt außerdem bei den Suffixen mhd. *-unge, -inne, -lîche, -nisse* und *-ære* > nhd. *-ung, -in, -lich, -nis, -er* ein und nach Fortis, Liquid, Nasal, Langvokal oder Diphthong, so mhd. *spæte, vorhte, hërze, reine, meie, lære* etc. > nhd. *spät, Furcht, Herz, rein, Mai, leer* etc., nicht aber etwa in *Drache, Gnade, trübe* etc. (vgl. Penzl 1969, 88f.).

Die *e*-Apokope hat das gesamte Obd. und den größten Teil des Md. erfasst. Lediglich das Omd. hat *e* weitgehend erhalten. In der frnhd. Schriftlichkeit setzt sich das *e* seit dem 16. Jh. ausgehend vom Omd. in den meisten Fällen wieder durch.

Aufgaben:

1. Erläutern Sie anhand der nhd. Diphthongierung den monogenetischen und den polygeneti-schen Standpunkt. Lesen Sie dazu Lüdtke (1968).
2. Suchen Sie aus dem folgenden Textstück (Reisen und Gefangenschaft Hans Ulrich Kraffts. Hg. v. K.D. Haszler. Stuttgart 1861, 181f.; Text Hs. schwäb. 1616) alle Schreibungen heraus, die direkt oder indirekt auf ‚Entrundung‘/‚Rundung‘ zurückgehen bzw. auf Unsicherheit im Umgang mit gerundeten und ungerundeten Vokalen basieren:

Donnerstags 29 Martzj Abends vmb vesper Zeitt khomen vier spilman, zwen mit Schalmeien, einer mit einer grössern pfeiffen, der viertt mit einer hörbauckhen dem Aga für das Hauß, machtten ein grosß vnlieblichs getümel vngeschlachtter Musica, wölches den Türckhen vnd auch dem Aga wol gefüel, daß er vom Hauß her vnder gehtt vnd sich sampt drey seinen fürnemsten Officier In hof für die thür sötztt. DarIber, Als Ich gehörtt, nitt wenig erschrocken, Insorgen, man werde mitt mir den passion spülen. Bald khompt des hauptman Ölttester Schlauo, der Mor, dössen Ich hieuor gedacht, schleußt mein Losamentt Auff, wincktt mir, als soltte Ich mit Ime hinaus gehn; [...], Sobald Ich des hellen tags Ansichtig worden, thett mir die helle so wehe In Augen, daß mir solche gleich mit Was-ser Ibergangen, dern keins kundt vffthun, dan mich geduncken, sy stecken mir voller Messerspit-zen. Der hauptman Mörckts, sagtt, man soltt mich Nidersötzen.

7.4. Konsonantismus (Frnhd. Gr. § L43–L80)

Die nachfolgende Übersicht zeigt die wichtigsten Lautwandelprozesse vom Mhd. zum Nhd. im Bereich des Konsonantismus. Von den z.T. großräumig ablaufenden Prozessen haben nur wenige in vollem Umfang ihren Niederschlag in der nhd. Standardsprache gefunden.

7.4.1 (Binnenhochdeutsche) Lenisierung (V. Moser 1.1 § 138, 143, 149)

Im zentralen Teil des hochdeutschen Sprachgebietes sind die stl. Fortes *p, t* und *k* im Zuge der Konsonantenschwächung zu sth. *b, d, g* lenisiert (Aufhebung der Stimmhaftigkeitsrelati-on, vgl. Szulc 1987, 158f.). Lediglich *k* bleibt initial vor Vokal erhalten. Im Bair. findet initial ebenfalls Neutralisierung der Opposition statt, während medial die Opposition gere-gelt nach der Vokallänge erhalten bleibt.

Die Ausgangslage und der Entwicklungsgang sind bei den verschiedenen Plosiven recht unterschiedlich.

b – p: Die Lenisierung von *p* betrifft nur wenige Lexeme, da *p* in dem größten Teil des Lenisierungsgebietes zu *pf* verschoben ist. In den Prozess der Lenisierung von *p* wird auch das im Obd. durch die zweite Lautverschiebung entstandene *p* (aus westgerm. *b*) einbezo-

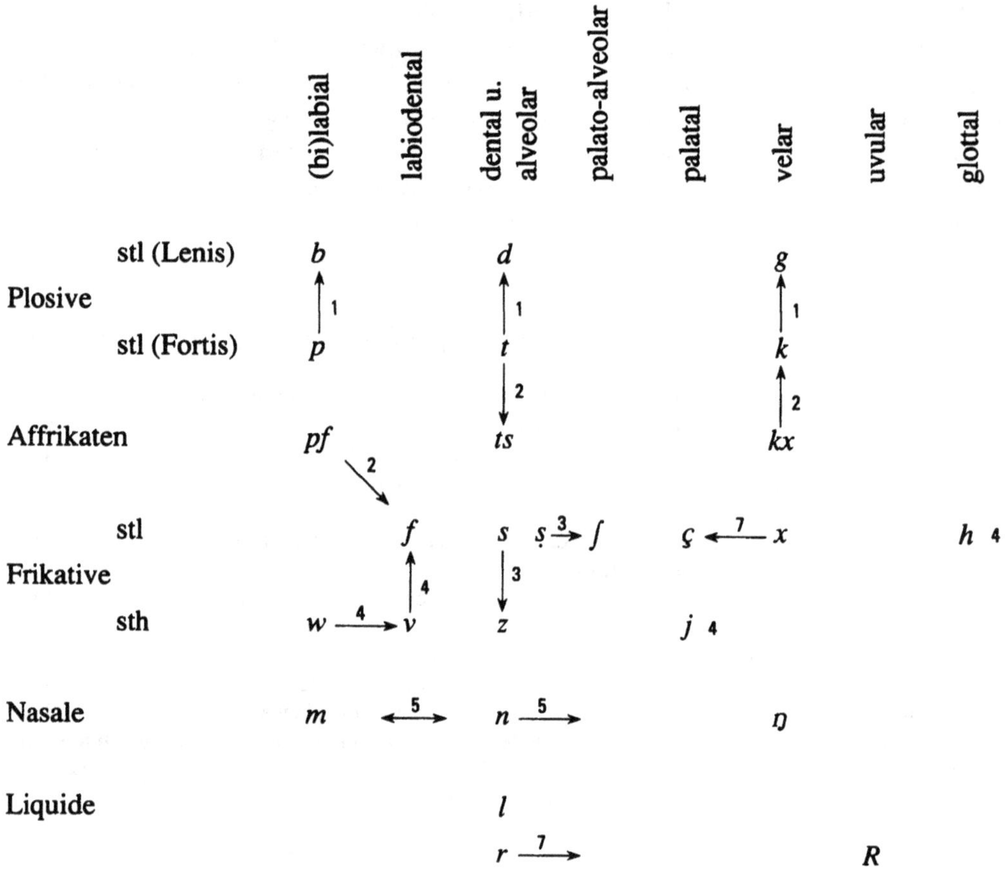

		(bi)labial	labiodental	dental u. alveolar	palato-alveolar	palatal	velar	uvular	glottal
Plosive	stl (Lenis)	b		d			g		
	stl (Fortis)	p ↑1		t ↑1			k ↑1		
Affrikaten		pf		ts ↕2			kx ↑2		
Frikative	stl		f ↑4	s ṣ $\xrightarrow{3}$ ʃ ↑3		ç $\xleftarrow{7}$ x			h 4
	sth	w $\xrightarrow{4}$ v		z		j 4			
Nasale		m $\xleftrightarrow{5}$		n $\xrightarrow{5}$			ŋ		
Liquide				l					
				r $\xrightarrow{7}$				R	

Abb. 28 (zu 1 s. 7.4.1, zu 2 s. 7.4.2, zu 3 s. 7.4.3 etc.)

gen. In bair. Texten des 14./15. Jh.s (und aus den angrenzenden Gebieten um Nürnberg und Augsburg) finden sich noch häufig Belege wie *pach, pott, prvnn, pringen, prauchen, plůt, plat* etc. In md. Texten sind außer hyperkorrekten Bildungen oder Fremdwörtern mit *p* einige nd. Formen wie *pökeln, plunder* etc. belegt, die auch in die nhd. Standardsprache eingegangen sind.

Die teilweise Assimilation von *b > p* vor Dental (mhd. *ambet, houbet, ab(b)et* etc. > frnhd. *ampt, haupt, Apt* etc.) bei gleichzeitiger *e*-Synkope (vgl. 7.3.2.) läuft der Lenisierung entgegen, kann sich aber nur in wenigen Lexemen zum Nhd. hin durchsetzen (etwa nhd. *Haupt*).

d – t: das Verhältnis von *d* und *t* zeigt landschaftlich recht unterschiedliche Entwicklungen. Im Obd. tritt Lenisierung im 14. Jh. auf, im Omd. erst im 15./16. Jh. Im Halem. wird die Opposition Fortis vs. Lenis bewahrt (bzw. wieder aufgebaut). Im Wmd. ist die Fortis nicht heimisch, da hier die Verschiebung von germ. *d* zu ahd. *t* nicht durchgeführt wurde. Im Obd. – besonders Wobd. – wirkt der Wandel *d > t* vor *r* und gelegentlich vor Vokal der Lenisierung entgegen, so in Belegen wie *traube, traben, trey, treschen, teutsch, tausend, tocht,* von denen einige in die nhd. Standardsprache eingegangen sind.

g – k: k ist insgesamt selten; obd. wird es als Resultat der 2. Lautverschiebung im Spät-ahd. bereits wieder zu *g.* Ansonsten ist im Obd. initial z.T. noch die Affrikata *kχ* erhalten (vgl. 7.4.2.). Md. ist *k* initial vor Konsonant medial und final, omd. auch initial vor Vokal zu *g* lenisiert. Seit dem 14. Jh. finden sich Belege wie *volg, margt* etc.

Obgleich die beiden Zeichenreihen grundsätzlich getrennt gehalten werden, besteht auf-grund weitgehender Neutralisierung der lautlichen Opposition und der teilweise gegenläufi-gen Prozesse eine relative Unsicherheit im Gebrauch der Plosive durch die gesamte frnhd. Schriftlichkeit hindurch. In der nhd. Standardsprache, die die Opposition Fortis vs. Lenis verlangt, sind keine regelhaften Beziehungen von mhd. Fortis und nhd. Lenis oder umge-kehrt zu verzeichnen, sondern lediglich Entsprechungen, die (mehr oder weniger zufällige) Ergebnisse des Selektionsprozesses darstellen. Der Wandel zum Nhd. betrifft in erster Linie *t* und *d,* weniger *p* und *b* und kaum *k* und *g.*

7.4.2. Entwicklung der Affrikaten
(V. Moser 1.1 § 139, 144, 149; Frnhd. Gr. § L58/L59)

t > ts ⟨z ~ tz⟩: Im Wmd. und Obd. wird initial /t/ vor /v/ ⟨w⟩ zur Affrikata /ts/ ⟨z⟩ verschoben. Im Omd. steht hier /k/. Der Lautwandel beginnt im Obd. bereits in mhd. Zeit; im Md. ist /k/ vor /v/ ⟨w⟩ im 14. Jh. belegt. In die nhd. Standardsprache sind teils obd./wmd., teils omd. Formen eingegangen, so etwa mit /ts/: *zwingen, Zwerg, Zwerchfell, zwängen* etc., mit /k/ ⟨qu⟩: *Qualm, Quirl, Quark, quer, quengeln* etc.

kχ > k: Die ursprünglich im Obd. weit verbreitete Affrikata *kχ* ist im Mhd. bereits rück-läufig. Im 14. Jh. findet sie sich lediglich im Mbair., Südbair. und Halem. Nach dem 14. Jh. schwindet sie auch im Mbair., doch sind Schreibungen ⟨ch, kch, chk, kh⟩ initial hier noch bis ins 16. Jh., in Handschriften bis ins 17. Jh. belegt. Der exakte Lautwert ist jedoch nicht im-mer eindeutig, da ⟨kh⟩ auch für aspiriertes /k/ stehen kann.

pf > f: Im Verlauf des 15. Jh.s setzt sich in der Schriftlichkeit ⟨pf⟩ auch in Gebieten ohne zugrunde liegende Lautverschiebung durch. Im Omd. wird *pf* weiter verschoben zu /ff/, was nur geringen Niederschlag in der frnhd. Schriftlichkeit findet (*das funt*). Medial und final, besonders nach Liquid, ist /p/ ⟨p (pp)⟩ im Md. weitgehend bewahrt. Einige Lexeme ohne Verschiebung sind auch in die nhd. Standardsprache aufgenommen, so *Knüppel, klappern, strampeln, stolpern* etc.

7.4.3. Entwicklung von *s* (V. Moser 1.1 § 146f.; Frnhd. Gr. § L52–L54)

Mhd. *s* wird initial vor Konsonant im gesamten hd. Sprachraum zum Palato-alveolar /ʃ/ verschoben. Dieser Lautwandel, der wohl im 13./14. Jh. ausgehend vom Alem. abläuft, wird begünstigt durch den im Mhd. bereits apikalen Charakter des alten aus dem Germ. stam-menden *s* /ş/, das dem neuen durch die hochdeutsche Lautverschiebung aus *t* entstandenen prädorsalen *ʒ* /s/ in Richtung auf eine palato-alveolare Artikulation weicht.

Dass dies nur vor Konsonant und nicht auch vor Vokal geschieht, kann damit erklärt werden, dass gleichzeitig ein neues /ʃ/ (aus *s+k*) vor Vokal, vor *r*+Vokal und final nach Vokal entsteht, das eine weitere Verschiebung von /s/ verhindert bzw. überflüssig macht.

Graphisch findet der Lautwandel vor *l*, Nasal und *w*, nicht aber vor *p* und *t* Ausdruck, so etwa mhd. *swimmen, slange, smelzen, snîden, spil, stein* > nhd. *schwimmen, Schlange, schmelzen, schneiden* aber: *Spiel, Stein.* Die Wiedergabe von /ʃ/ durch ⟨sch⟩ in diesen Positionen ist bereits im 13. Jh. belegt, bleibt bis ins 15. Jh. jedoch selten und setzt sich erst ab der Mitte des 16. Jh.s endgültig durch. Die Schreibung ⟨sch⟩ vor *p* und *t* ist im Frnhd. gelegentlich belegt, so *geschprochen, schpill, schtall* etc.

In anderen Positionen ist der Lautwandel /s/ > /ʃ/ auf Mdaa. beschränkt. Am weitesten geht dieser Prozess im Schwäb./Alem. Die räumlich weiteste Verbreitung hat der Lautwandel /s/ > /ʃ/ nach *r* erfahren, der sich im 14./15. Jh. im gesamten hochdeutschen Sprachgebiet nachweisen lässt. In die nhd. Standardsprache wurden nur wenige Lexeme mit verschobenem /ʃ/ aufgenommen, so *Kirsche, Hirsch, morsch, Bursche, Kürschner* etc. gegen *Vers, Ferse, Mörser, erst, Wurst* etc.

Die sonstige Entwicklung von mhd. *s* und *ʒ* (germ. *t*) ist schwer zu verfolgen, da der phonetische Charakter der beiden Zeichen im Mhd. nicht sicher bestimmbar ist. Angenommen wird, dass *s* sth. und *ʒ* und die Geminaten *ss, ʒʒ* stl. realisiert wurden. Im Nhd. wird initial vor Vokal und medial nach langem Vokal/Diphthong sth. /z/, ansonsten stl. /s/ artikuliert, geschrieben ⟨s, ss, ß⟩. In der Regel entspricht mhd. *s* nhd. sth. /z/, und mhd. *ʒ, ss, ʒʒ* nhd. stl. /s/. In einigen Fällen mit sekundären Entwicklungen (nach Nasal bei gleichzeitiger Synkope) so mhd. *bineʒ* nhd. *Binse* und nach Vokal (nhd. *kreisen*) entspricht mhd. *ʒ* nhd. /z/. Umgekehrt entspricht mhd. *s* nhd. /s/ im Auslaut und einigen anderen Fällen, so *vlies, verlies* etc. Im Großteil der hochdeutschen Dialekte sind die mhd. *s*-Laute (nicht verschobenes *s* und *ʒ, ʒʒ, ss*) wahrscheinlich bereits im 13./14. Jh. zu stl. /s/ zusammengefallen. Graphisch werden sie jedoch in frnhd. Schriftlichkeit im Obd. weitgehend und im Md. in der Mehrzahl auseinandergehalten. Die graphische Opposition wird vom 17. Jh. an allmählich wieder verbindlich eingeführt (vgl. 6.1.(2)).

7.4.4. Entwicklung von *w – j – h*
(V. Moser 1.3 § 131f., 137, 2a und 148; Frnhd. Gr. § L50/L55/L57)

Mhd. *w, j* und *h* erfahren in den verschiedenen Mdaa. z.T. tiefgreifende Veränderungen, die jedoch nur in wenigen Fällen in die nhd. Standardsprache eingehen. Lediglich die Veränderung der Distribution der drei Laute ist in der Standardsprache vollzogen.

Initial bleiben *j* und *h* weitgehend erhalten. Der bilabiale Frikativ /w/ wird zum labiodentalen Frikativ /v/ verschoben, der an die Stelle des initial bereits im Mhd. zu stl. /f/ verschobenen labiodentalen Frikativs /v/ tritt.

In medialer Position wird *w* (außer nach Liquid) getilgt. Im Nhd. finden sich nur *ewig, Löwe* und nd. *Möwe*; vgl. dagegen mhd. *triuwe, vrouwe, snêwes, êwe* > nhd. *Treue, Frau, Schnees, Ehe* etc. Nach mhd. *ā* wird *w* besonders in den md. Mdaa. zu *u* vokalisiert (mhd. *brâwe* > nhd. *Braue*) und bildet zusammen mit *a* einen Diphthong /ao/, der mit *au* /ao/ (aus mhd. *û* und *ou*) verschmilzt bzw. mit diesem weiter verändert wird. Dieser Prozess lässt sich in der frnhd. Schriftlichkeit aufgrund der allgemein üblichen Schreibung ⟨w⟩ für ⟨u⟩ in der Digraphie ⟨au⟩ (vgl. 6.1.) jedoch nur schwer beobachten.

Medial nach Liquid wird die Opposition *w* vs. *b* seit dem Spätmhd. aufgehoben. Obgleich mediales *w* und *b* im größten Teil des Nd. und im Mfrk. zum Labiodental /v/ und im Hd. vom Südmslfrk. an zum sth. bilabialen Frikativ /w/ verschmelzen (zu den genauen Grenzen s. Schirmunski 1962, 302ff., bes. 304), setzt sich in der Schriftsprache *b* durch, so etwa mhd. *varwe, swalwe, mürwe* > nhd. *Farbe, Schwalbe, mürbe*. Die Schreibungen mit ⟨*w*⟩ schwinden zuerst im Bair. und Schwäb., bleiben im Nalem. teilweise bis ins 16. Jh. und im Halem. bis ins 17. Jh. erhalten.

h schwindet intervokalisch im Frnhd. (es wird heute nur ‚bühnensprachlich‘ gefordert). Graphisch bleibt ⟨*h*⟩ als Dehnungszeichen erhalten (vgl. 6.2.(1)).

j schwindet intervokalisch nach langem Vokal oder Diphthong (‚bühnensprachlich‘ z.T. als /h/ realisiert), so etwa mhd. *blüejen, kræjen, sæjen* > nhd. *blühen, krähen, säen*. In der nhd. Standardsprache erscheint es nur noch in nd. Wörtern wie *Boje* etc. (vgl. Penzl 1969, 90).

7.4.5. Assimilation/Dissimilation (Frnhd. Gr. § L72/L73)

Von Assimilations- bzw. Dissimilationsprozessen sind insbesondere die Nasale und Liquide betroffen.

Plosive nach Nasalen gleicher Artikulationsstelle werden an diese zunächst in medialer Position, später analog dazu auch final assimiliert, so *mb* > /m/ ⟨*mm*⟩, *nd* ⟩ /n/ ⟨*nn*⟩ ~ /ŋ/, /nŋ/ > /ŋ/. Die Assimilation *mb* > *mm* wird in die nhd. Standardsprache übernommen, so *kumber, lamp* > *Kummer, Lamm* etc. Die Assimilation /ŋg/ > /ŋ/ ist mdal. nicht überall durchgeführt und wird auch umgangssprachlich nicht in jeder Region realisiert, was in der Forschungsdiskussion zu kontroversen Beurteilungen des velaren Nasals geführt hat (zu den rezenten Mdaa. s. Russ 1982, bes. Karte 9, 106). In der nhd. Standardsprache ist die Assimilation und die damit verbundene Phonemisierung von /n/ durchgeführt. Die Assimilation von *nd* > /n/ ⟨*nn*⟩ bzw. zu der gutturalisierten Form /ŋ/ findet sich nur in einigen Mdaa. Sie ist nicht in die Standardsprache eingegangen.

n wird vor labialem Plosiv häufig zu *m*, so etwa in mhd. *anbôჳ, enbor, enpfinden* > nhd. *Amboss, empor, empfinden* etc. Vor labiodentalem /f/ setzt sich in der Standardsprache aber *n* durch, so *fümf, vernumft* etc., in der nhd. Standardsprache *fünf, Vernunft* etc.

Eine besondere Form der Assimilation stellt die sog. Ekthlipsis dar. Nach Synkope von *e* zwischen gleichen bzw. ähnlichen Konsonanten werden diese häufig verschmolzen bzw. assimiliert, so in der Flexion, etwa im Gen. Sg. *hauses* > *hauss* ~ *haus*, oder in der 3. Sg. Präs. Ind. *redet* > *redt* ~ *ret* ~ *red*.

Der Prozess der Dissimilation ist seltener und weniger regelmäßig. Insbesondere bei gehäuftem Auftreten von Nasalen bzw. Liquiden in einem Lexem werden *r* oder *n* durch *l* bzw. *l* durch *r* oder *n* ersetzt, so etwa in mhd. *prior* > *priol, samenen* > *samelen, pfellel* > *pfeller, klobelouch* > *knobelouch, kliuwel* > *kniuwel* etc. (vgl. Penzl 1969, 93).

7.4.6. *t*-Epithese (V. Moser 1.3., § 130, 5)

Nach finalem *n* bzw. *s* (außer in Flexiven) wird häufig ein *t* angehängt (*t*-Epithese). In einigen Fällen ist dieses *t* in die nhd. Standardsprache eingegangen, so etwa mhd. *mân(e), nieman, ieman, irgen, allenhalben, eigenlîche, sus, palas, obez* > nhd. *Mond, niemand, jemand, irgend, allenthalben, eigentlich, sonst, Palast, Obst* etc.; desgleichen in dem Ableitungssuffix *-ich* > *-icht* (*Habicht*) und in anderen vereinzelten Fällen wie *saf* > *Saft*. Nicht in die Standardsprache eingegangen sind Fälle wie *anderst, dennocht* etc.

Die *t*-Epithese ist bereits im 13. Jh. schriftlich belegt und tritt verstärkt im 14. Jh. auf.

7.4.7. Lautprozesse ohne graphischen Niederschlag in der neuhochdeutschen Standardsprache (V. Moser 1.3 § 150)

Einige Prozesse bleiben auf lautlichen Wandel beschränkt und finden keinen oder nur geringen Niederschlag in der Schriftlichkeit. So wird initial bilabiales /w/ zum labiodentalen /v/ ⟨w⟩ ohne graphische Veränderung. Mhd. wohl alveolares /r/ erhält eine uvulare Variante, die sich in der nhd. Standardsprache weitgehend durchsetzt. Der velare Nasal /ŋ/ ist im Mhd. in der Position vor gutturalem Plosiv *g*, *k* noch Allophon von /n/. Zum Nhd. hin wird der velare Nasal phonemisiert, indem *g* teilweise an *n* assimiliert wird (vgl. 7.4.5. und Szulc 1987, 161). Der palato-velare Frikativ /χ/ ⟨ch ~ h⟩ erhält zum Nhd. hin ausgehend vom Md. eine palatale Variante. In der nhd. Standardsprache sind beide Varianten komplementär distribuiert (zu den rezenten Mdaa. s. Russ 1982, Karte 7).

Nur vorübergehenden Niederschlag in der frnhd. Schriftlichkeit findet der Lautwandel /χ/ ⟨ch⟩ zu /k/ vor *s*. Während sich im 14./15. Jh. besonders im Bair. Belege mit ⟨g⟩ und im Nalem. und Omd. mit ⟨c, k⟩ und ⟨x⟩ finden (*wagsen, waxen, fucs* etc.), ist die Lautfolge /ks/ in der nhd. Standardsprache graphisch als ⟨chs⟩ gewahrt.

Im Nd. und Teilen des Hd. ist /χ/ an nachfolgendes *s* assimiliert (*ossen, assel, wesseln* etc.) (vgl. Russ 1982, 95ff.).

Aufgaben:

1. Prüfen Sie bei folgenden Lexemen anhand von Lexers Mhd. WB, ob der nhd. Plosiv jeweils auf mhd. Fortis oder Lenis zurückgeht: *Damm, Duft, Gebärde, dunkel, Dienst, Dach, Docht, Dunst, Dom, Dieb, Dürre, Dampf, deutsch, Dotter, Dorf, dulden, Schildes; tosen, Ton, Traum, treten, tragen, Tier, Teil; Papst, Pech, prüfen, Perle, Pulver, polieren, picken, Papier, Priester.*

2. Lokalisieren Sie den folgenden Textauszug von ca. 1450; ordnen Sie ihn unter Berücksichtigung aller Abschnitte zur Phonemik einer der unter 2.2.1. genannten Großlandschaften zu.

Wann es waren zwo erber Frawn von Ofen, zwo witib zu I͏ᵉren gnaden kommen. Die [and] ain hies die SubenLinderInn, die ander hies dy Zawzehinn, vnd heten zwo Ammen mit in bracht, die ain was hefAm, das ander was die am, die das kind neren solt mit den prusten, vnd diselb am het ír kind auch mit bracht, das was auch ain Sun, Wann es mainen die weisen, es sei die milch pesser von der fraůn, die ainen Sun bringt denn von ainer tochter. Vnd dieselbigen frawn solten mit íren gnaden geczogen scin gen Prespurgkch vnd solten ir da gephlegen haben in den kindelpeten, Wann nach der rayttung solt ir gnad noch ain wochen getragen haben. Ob die raittung gefĕllet het oder ob es sůst gots willen was, Wann hiet ir gnad desselbigen nachts nicht gepert, So wĕr ir gnad des morgens auf gesessen frů auf die fart, wann die wĕgen waren all geladen, vnd das hofgesind was alles berait. Da ich mit der edeln KungInn also redat, do ward mîr îr gnad sagen, wie sie dy fraun von Ofen gepetten hieten in ainer wannen, vnd wie ir nach dem pad gar swêr wer worden. Do hueb ich die hûl auf vnd wolt Si plasse sehen. Do sach ettliche warczaichen, Dar an ich wol erkant, daz es von dem kind gepern nicht verr was. Vnd die fraun von Ofen, die lagen hin vor dem Markcht, aber wir heten dennoch ain hefAm bei vns, die hies Margret, dy het Graf Hannsinn von Schawnberg meiner frawn gnaden zu geschikcht, vnd solt gar ain gûte sein, als es dann was.

(Die Denkwürdigkeiten der Helene Kottannerin 1439–1440.
Hrsg.v. Karl Mollay. Wien 1971, 19)

Literatur:

v. Bahder (1890); Besch (1961; 1967); Fleischer (1966; 1967); Herrlitz (1970); Hinderling (1978); Jellinek (1898; 1906); Key/Richardson (1972); Kohrt (1985); Lessiak (1933); Lindgren (1953; 1961); Lüdtke (1968); Moulton (1961); Paul (1884); Penzl (1968a; 1968b; 1969; 1974); Reis (1974); Sanders (1972); Schulze (1967); Simmler (1983); Stopp (1976); N.R. Wolf (1985); ausführlich Russ (1982), Szulc (1987).

8.   Morphologie

8.1.   Substantivflexion
(Gr. d. Frnhd. III / Frnhd. Gr. § M1–M30)

8.1.1.   Voraussetzungen und Übersicht über die wichtigsten Prozesse

Aufgabe:

> Überlegen Sie, bevor sie weiterlesen, welche Auswirkungen die Vereinheitlichung der Nebensilbenvokale zu *e* seit dem Ahd. auf die Flexion der Substantive hat. (Die Lösung ergibt sich aus der nachfolgenden Darstellung.)

(1) Die Numerusunterscheidung wird in weiten Teilen abgebaut oder stützt sich auf das zur Distinktion zwar ausreichende, aber durch weiteren Abbau (Apokope) gefährdete Nebensilben-*e*:

ahd.				mhd.			
	hirti	vs.	*hirta*		*hirte*	vs.	*hirte*
	fater	vs.	*fatera*		*vater*	vs.	*vater(e)*
	gëba	vs.	*gëbā*		*gëbe*	vs.	*gëbe*
	gast	vs.	*gesti*		*gast*	vs.	*geste*
	kraft	vs.	*krefti*		*kraft*	vs.	*krefte*
	tag	vs.	*taga*		*tac*	vs.	*tage*

(2) Numerus- und Kasusinformation sind nicht mehr in einem Flexiv gekoppelt (Portmanteau), sondern beide Informationen werden getrennt. Der Sg. ist hinsichtlich des Numerus unmarkiert.

(3) Die Morphemgrenze verschiebt sich (ahd. *gëb-a* vs. *gëb-u* > mhd. *gëbe-ø* vs. *gëbe-ø*), sodass der Nom. Sg. und der Nom. Pl. bzgl. des Kasus unmarkiert sind.

Die Entwicklung der Substantivflexion im Frnhd. ist durch drei wichtige Tendenzen gekennzeichnet:

(a) Die Kasusunterschiede werden durch verschiedene Prozesse wie *e*-Apokope, Analogiebildungen bzw. Tilgungen weiter nivelliert, d.h. die flexivische (synthetische) Unterscheidung tritt zurück gegenüber einer analytischen mit Hilfe von Substantivbegleitern (Artikel u.a.).

(b) Die Numerusunterscheidung Sg. vs. Pl. erhält eine neue deutliche Profilierung durch Ausbau der Pluralkennzeichnung, insbesondere durch die Prozesse der Ausdehnung des -*er*-Pl., der regelmäßigen Bezeichnung des Umlauts und der Profilierung des -*en*-Pl. durch Tilgung des -*en*-Kasusflexivs im Sg. der Fem.

(c) Die substantivische Kategorie ‚Genus' wird wie im Mhd. und Nhd. nicht durch Flexive, sondern analytisch durch den Substantivbegleiter ausgedrückt. Das Genus eines Substantivs hat jedoch Einfluss, indem es die Verteilung der Flexive und damit die Klassenzugehörigkeit eines Lexems steuert.

Lesehinweis:

Lesen Sie vorbereitend für die nächsten Abschnitte Hotzenköcherle (1962).

8.1.2. Kasusnivellierung und Genuszuweisung (Gr. d. Frnhd. III § 37ff.)

(1) Zum besseren Verständnis des Nachfolgenden seien die Paradigmen des normalisierten Mhd. angeführt.

Mhd.		1	2	3	4	5
Sg.	Nom.	*tac- ø*	*gëbe-ø*	*kraft-ø*	*bote-ø*	*hërze-ø*
	Gen.	*tag-es*	*gëbe-ø*	*kreft-e*	*bote-n*	*hërze-n*
	Dat.	*tag-e*	*gëbe-ø*	*kreft-e*	*bote-n*	*hërze-n*
	Akk.	*tac-ø*	*gëbe-ø*	*kraf-ø*	*bote-n*	*hërze-ø*

1 = mask./neutr. *a/ja*-Stämme, mask. *i*-Stämme, *iz/az*-Stämme, Wurzelnomen, *ter*-Stämme
2 = *ô*-Stämme
3 = fem. *i*-Stämme
4 = mask./fem. *n*-Stämme
5 = neutr. *n*-Stämme

Abb. 29

(2) Die genusgesteuerte Veränderung bei den Singularparadigmen betrifft insbesondere die mhd. Paradigmen 3 und 4. Nach 3 flektieren im Mhd. die fem. *i*-Stämme. Durch *e*-Apokope wird das Kasus-*e* im Gen. und Dat. getilgt; außerdem wird die Funktion des Umlauts zur Kasusdistinktion aufgegeben. Dieser Prozess betrifft zwar nur eine relativ kleine Lexemgruppe, er ist aber insofern strukturell bedeutsam, als dem Umlaut nunmehr in der Substantivflexion ausschließlich die Funktion der Numerusunterscheidung zukommt und als solche dem Prinzip der deutlichen Numerusunterscheidung folgt. Das Sg.-Kasus-*e*, das bereits im Mhd. rückläufig ist, ist im 14. Jh. noch relativ häufig in jenen Landschaften belegt, die noch nicht vom Prozess der Apokope betroffen sind (vgl. 7.3.3.). Im 15./16. Jh. ist -*e* nur noch vereinzelt belegt. Umlaut des Stammvokals ist vom 14. Jh. an ebenfalls selten (*Stede, crefte, megde*).

(3) Nach Paradigma 4 flektieren im Mhd. Mask. und Fem., Neutr. flektieren nach 5. Diese Gruppe wird zum Nhd. hin weitgehend aufgelöst und die Lexeme zum überwiegenden Teil in andere Paradigmen überführt. Alle Fem. werden mit den fem. Substantiven der *ô*-Stämme (Paradigma 2) verschmolzen. Im Zuge dieser Verschmelzung sind zwei Entwicklungen möglich, die im Frnhd. beide in unterschiedlichem Maße genutzt werden: entweder Tilgung der -*(e)n*-Flexive im Sg. oder analoge Übertragung des Flexivs der obliquen Kasus auf den Nom. Sg.:

Mhd.	mögliche Entwicklungen Frnhd.		Nhd.
zunge	*zunge-ø* oder	*zungen-ø*	*Zunge-ø*
zunge-n	*zunge-ø*	*zungen-ø*	*Zunge-ø*
zunge-n	*zunge-ø*	*zungen-ø*	*Zunge-ø*
zunge-n	*zunge-ø*	*zungen-ø*	*Zunge-ø*

Aufgabe:

Es wird deutlich, dass sich zum Nhd. hin die erstgenannte Möglichkeit durchgesetzt hat. Überlegen Sie, welche Konsequenzen die Durchführung der anderen Form des Ausgleichs für die Substantiv-flexion gehabt hätte.

Lösung:

Bei einer großen Zahl von Lexemen hätte eine Verschiebung der Lexemgrenze stattgefunden. Ein solcher Ausgleich durch Analogiebildung wäre dem Prinzip der Numerusprofilierung zuwiderge-laufen (Sg. *Zungen* vs. Pl. *Zungen*). Durch die Tilgung aller *-(e)n*-Flexive im Sg. jedoch wurde die klare Numerusunterscheidung mit *-en*-Pl. ausgebaut.

Die zweitgenannte Form des Ausgleichs ist jedoch im Frnhd. besonders im Obd. realisiert. Umgekehrt verläuft die Tilgung von *-en* im Sg. nur langsam. Noch im 18. Jh. finden sich in der Schriftlichkeit zahlreiche Belege mit *-en*-Kasus im Sg.

(4) Auch bei den Mask. gibt es die beiden Möglichkeiten der Entwicklung, doch ist die Umgruppierung hier durch das stabile *-(e)s*-Flexiv nicht so einfach wie bei den endungslo-sen Fem. Ein Teil der mhd. schwachen Mask. wechselt direkt zum Paradigma 1, d.h. die Endungen *-en* werden getilgt und im Gen. ein *-(e)s* angehängt (und ggf. im Dat. ein *-e*). Ein anderer Teil bildet im Nom. Sg. analog zu den obliquen Kasus ein *-(e)n* aus und fügt im Gen. ein *-s* an. Im Gegensatz zu der Entwicklung bei den Fem. bleibt diese Gruppe zum Nhd. hin weitgehend erhalten, z.T. sogar auf Kosten einer deutlichen Numerusunterschei-dung, so etwa Sg. *Galgen* – Pl. *Galgen*, ebenso: *Balken, Pfosten, Schlitten, Tropfen* etc. Andere haben im Pl. Umlaut erhalten und damit eine Numerusunterscheidung, so etwa *Gar-ten – Gärten, Kasten – Kästen, Magen – Mägen, Bogen – Bögen* etc. (vgl. Boiunga 1890, 71f.; Solms/Wegera 1982, 266).

Eine relativ kleine Gruppe von Lexemen hat im Nhd. im Nom. Sg. eine variierende Stammform, d.h. neben den Formen mit *-en* auch Formen auf *-e* (*Funke* neben *Funken*; hierzu gehören *Glaube, Haufe, Name, Same, Schade, Wille, Buchstabe, Friede, Gedanke*). Die Formen mit *-e* haben entsprechend einen *-ns*-Gen. Im Frnhd. finden sich seit dem 13./14. Jh. aufgrund von Übergangslösungen auch andere Lexeme mit *-(e)ns*-Gen., so *Für-stens, Tyrannens, Blutzeugens, Löwens, mynschens, Herzens* etc. Solche Belege finden sich bis in die erste Hälfte des 18. Jh.s.

(5) Von den vier mhd. Lexemen, die nach dem mhd. Paradigma 5 flektieren, wechseln *ôre* und *ouge* zu Paradigma 1, *wange* wird fem. (2) und lediglich das Lexem *hërze* bildet eine Mischform ähnlich den Mask. des Typs *Funke* etc. aus.

Der umgekehrte Wechsel von Paradigma 2 nach 4 findet nicht statt; von Paradigma 1 nach 4 wechseln *hirte, held, christ, heide, rabe* und *scheffe*.

(6) Im Zuge der Kasusnivellierung werden auch die wenigen verbliebenen Kasusendungen (der Mask./Neutr.) z.T. getilgt. Das Dat.-*e* unterliegt dem umfassenden Prozess der *e*-Apokope (vgl. 7.3.3.). Es wird bis zum 16. Jh. im Obd. nahezu ganz, im Wmd. weitestgehend und im Omd. ansatzweise getilgt. Seit dem 16. Jh. nimmt die Verwendung des Dat.-*e* vom Omd. ausgehend wieder zu, wird jedoch nicht obligatorisch.

(7) Auch das relativ stabile Gen.-*s* kann im Frnhd. gelegentlich fehlen, so besonders nach Dental und bei mehrsilbigen Lexemen auf -*er*, -*el* und -*en*, so *des Elendt, Ritter, gelid, leben* etc. Im Oschwäb./Bair. ist der *s*-Schwund auch in anderen lautlichen Umgebungen im 14./15. Jh. häufig.

(8) Die drei mhd. Pluralparadigmen, die sich durch drei verschiedene Genitivformen unterscheiden, fallen zum Nhd. hin zusammen.

		I	II	III
Pl.	Nom.	*tag-e-ø*	*wort-ø-ø*	*gëbe-ø-ø*
	Gen.	*tag-e-ø*	*wort-ø-e*	*gëbe-ø-ø*
	Dat.	*tag-e-n*	*wort-ø-en*	*gëbe-ø-n*
	Akk.	*tag-e-ø*	*wort-ø-ø*	*gëbe-ø-ø*

III = *ô*-Stämme
II = neutr. *a/ja*-Stämme, *iz/az*-Stämme
I = alle anderen

Abb. 30

-*(e)* tritt im Gen. Pl. als Kasusflexiv nur bei den neutralen *a*-Stämmen und *iz/az*-Stämmen (-*er*-Pl.) auf. Dieses -*(e)* schwindet durch Apokope oder wird indirekt durch Ausbildung des -*e*-Pl. bei dieser Lexemgruppe durch Verschiebung der Stammgrenze des Pluralstamms zum Bestandteil des Stamms (mhd. *wort*: Nom. Pl. *wort-ø*, Gen. Pl. *wort-ø-e* > nhd. *Wort*: Nom. Pl. *Wort-e-ø*, Gen. Pl. *Wort-e-ø*). Somit fällt dieses Pluralmuster mit dem Pluralmuster I zusammen.

-*(e)n* tritt im Gen. Pl. als Kasusflexiv im Mhd. nur bei den *ô*-Stämmen auf. Auch hier schwindet das Kasusflexiv indirekt durch Übernahme von -*(e)n* in den Nom./Akk., wodurch -*(e)n* zum Numerusflexiv wird (mhd. *gëbe*: Nom. Pl. *gëbe-ø*, Gen. Pl. *gëbe-n* > nhd. *Gabe*: Nom. Pl. *Gabe-n-ø*, Gen. Pl. *Gabe-n-ø*). Im Frnhd. ist -*(e)n* als Kasusflexiv des Gen. Pl. jedoch nicht auf Fem. beschränkt, sondern tritt auch bei Mask. und Neutr. auf.

Das Kasusflexiv -*(e)n* im Gen. Pl. tritt besonders im Obd. und hier speziell im Alem. auf. Im 16. Jh. führt dies zu einer nahezu 100%-igen Durchsetzung des -*(e)n* im Gen. Pl. aller Genera (analog zum Dat. Pl.), die z.T. bis ins 18. Jh. besteht. In den übrigen Landschaften fällt auch dieses Paradigma mit I zusammen. Die im Mhd. ansatzweise vorhandene Differenzierung der Pluralparadigmen nach dem Genus ist im Nhd. aufgegeben, so dass der Pl. heute in der Standardsprache genusindifferent ist. Eine hier mögliche strikte Trennung nach dem Genus wurde nicht genutzt.

8.1.3   Numerusprofilierung (Gr. d. Frnhd. III § 63ff.)

(1) Zwischen den Flexivinventaren des normalisierten Mhd. und des standardisierten Nhd. hat sich – abgesehen vom Pl.-*s* – nichts verändert. Für den Ausbau der deutlichen Numerusunterscheidung durch deutliche Kennzeichnung des Pl. werden keine neuen Flexive geschaffen oder fremde herangezogen, sondern bereits vorhandene Möglichkeiten verstärkt genutzt. Der Ausbau verläuft nicht geradlinig und gleichmäßig, und bei den verschiedenen Flexiven recht unterschiedlich.

Aufgabe:

> Überlegen Sie, bevor sie weiterlesen, welche mhd. Flexionsklassen besonders stark verändert werden, wenn der Pl. deutlich gekennzeichnet wird (vgl. die Übersicht unten). Bedenken Sie dabei, dass das Pl.-*e* dem Prozess der *e*-Apokope unterliegt. Die Lösung ergibt sich aus der nachfolgenden Darstellung zu den einzelnen Numerusflexiven.

Pluralflexive	mhd. Flexionsklassen
-*er* (Uml.)	*iz/az*-Stämme
-*ø* (Uml.)	neutr. *a*-Stämme, *ja*-Stämme, *ô*-Stämme, Wurzelnomen, -*ter*-Stämme
-*e* (Uml.)	mask. *a*-Stämme, mask./fem. *i*-Stämme
-*(e)n*	*n*-Stämme

(2) Die Entwicklung des -*e*-Pl. verläuft im Md. und Obd. unterschiedlich. Im Md. und z.T. auch im Els. wird das Pl.-*e* im 13./14. Jh. analog zum Pl.-*e* der mask. *a*- und *i*-Stämme auch auf die Neutr. der *a*-Deklination übertragen (mhd. Sg. *dinc* – Pl. *dinc* > frnhd. Pl. *ding-e*). Analog zu den mehrsilbigen Lexemen auf -*er*, -*el* und -*en*, die den Pl. im Md. überwiegend (noch) mit -*e* bilden (*vogel-e*, *feder-e*, *wagen-e* etc.), wird auch die Gruppe der Verwandtschaftsnamen auf -*ter* mit Pl.-*e* gebildet (*veter-e*, *suster-e*, *bruder-e* etc.), sowie darüber hinaus auch die relativ kleine Gruppe mit -*er*-Pl., die bereits deutlich numerusdistinktiv ist (*kinder-e*, *claider-e* etc.).

Im Obd. dagegen hat sich seit dem 13. Jh. vom Bair. ausgehend die *e*-Apokope soweit durchgesetzt, dass diese analoge Entwicklung nur in Ausnahmefällen stattfindet und ansonsten das -*e* in allen Positionen mehr oder weniger stark apokopiert wird. Die *e*-Apokope des Pl.-*e* hat sich im 14. Jh. bereits im gesamten bair. und schwäb. Raum durchgesetzt und ist im Ofrk. weitgehend verbreitet. Im 16. Jh. hat sie ihren größten Umfang erreicht: Sie umfasst nun den gesamten obd. und wmd. Raum und ist im Omd. z.T. eingeführt. In der 2. Hälfte des 16. Jh.s zeichnet sich vom Omd. her jedoch die Wende ab. Im Osächs. hat sich das Verhältnis von -*e* und -*ø* bereits soweit stabilisiert, dass die Apokope nicht weiter greift. Von hier dehnt sich nun in der Folgezeit das flexivische -*e* zunächst im Md. und in Teilen des Obd. und im 18. Jh. schließlich auch im restlichen Obd. (und im Rib.) wieder aus.

Die *e*-Apokope hat den Prozess der Numerusprofilierung entscheidend beeinflusst. Neben den ursprünglich numerusunbezeichneten Lexemen (etwa *wort*) wechselten aufgrund der *e*-Apokope auch zahlreiche Lexeme, die ursprünglich durch -*e* numerusunterschieden waren, zu Gruppen mit anderen Numerusflexiven über. Bei einigen dieser Lexeme konnte sich im 17./18. Jh. wieder der ehemalige -*e*-Pl. durchsetzen und den zwischenzeitlich in einzelnen Landschaften ausgebildeten neuen Pl. verdrängen; so wurde aus *Stück-er* wieder *Stück-e*, aus *Künig-en* wieder *König-e*, aus *Tåg-ø* wieder *Tag-e* etc. Mundartlich blieben die apokopierten Formen jedoch erhalten und mit ihnen besonders im Obd. die zwischenzeitlich ausgebildeten Pluralformen. Bei mehrsilbigen Lexemen auf *-el, -er* und *-en* wird auch in der Standardsprache das *-e* getilgt.

(3) Der *-er*-Pl. umfasst im normalisierten Mhd. vergleichsweise wenige Lexeme (u.a. *blat, ei, huon, lamp, rint, rîs, rat, tal*). Andere Lexeme – zunächst nur ehemals starke Neutr. ohne Numerusunterscheidung – verwenden diese Pluralform nur gelegentlich. Im 14./15. Jh. wird die Zahl der Lexeme mit *-er*-Pl. stetig erhöht. Außerdem werden nun auch einige Maskulina mit *-er*-Pl. gebildet. Im Verlauf des 16. Jh.s hat sich der *-er*-Pl. bereits gegenüber konkurrierendem *-e-* oder unbezeichnetem Pl. weitgehend durchgesetzt. Nur wenige Lexeme, die später regelmäßig mit *-er*-Pl. gebildet werden, zeigen noch ausschließlich oder überwiegend andere Bildungen (*-ø* bzw. *-e*). Bis ins 18. Jh. sind einzelne Formen mit *-e* belegt, die später in der Standardsprache *-er*-Pl. haben, und umgekehrt einige mit *-er*-Pl., die später wieder *-e-* Pl. annehmen, doch handelt es sich bei diesen z.T. um Fälle, die auch in der nhd. Standardsprache noch als Dubletten vorhanden sind, so *Lande* vs. *Länder, Liechte* vs. *Liechter, Worte* vs. *Wörter, Orte* vs. *Oerter* etc.

(4) Der *-(e)n*-Pl. behält seine gewichtige Bedeutung bei, erfährt aber im Verlauf des Frnhd. eine stark genusorientierte Umbesetzung. Bei den Fem. wird das Kasusflexiv *-(e)n* des Dat. und Gen. Pl. auch in den Nom. und Akk. übernommen. Gleichzeitig bzw. darauf folgend werden die Kasusflexive der ehemals schwachen Fem. getilgt (vgl. oben (3)), sodass die ehemaligen ô/jô-Stämme und die schwachen Fem. zusammenfallen, wobei *-(e)n* zum beherrschenden Numerusflexiv der Fem. wird.

Die im Mhd. nur die Lexeme *hërze, ôre, ouge* und *wange* umfassende Gruppe der Neutr. mit *-(e)n*-Pl. erfährt im Frnhd. eine vorübergehende Ausweitung. Mit *-(e)n*-Pl. sind etwa auch *ding-en, wort-en, werk-en, gesicht-en, element-en, geschwer-n* etc. belegt. Zum Nhd. hin wird die Gruppe jedoch wieder reduziert auf *Herz, Auge, Ohr, Hemd, Bett, Ende, Leid* und die Fremdwörter *Interesse, Statut, Insekt*.

Die Mask. mit *-(e)n*-Pl. werden im Verlauf des Frnhd. stark reduziert. Nur wenige mhd. stark flektierte Mask. erhalten den *-(e)n*-Pl.; diese wenigen Lexeme erhalten *-(e)n* auch in den Sg.-Kasus. Umgekehrt werden aber z.T. umfangreiche Lexemgruppen, die im Mhd. schwach gebildet werden, mit anderen Pluralflexiven versehen, so mit *-e*-Pl., wie *Mond, Star, Stern, Leichnam* etc., mit *-e*-Pl. und Umlaut des Stammvokals, wie *Frosch, Fuchs, Abt, Bischof, Hahn, Herzog* etc., oder bleiben hinsichtlich des Numerus unbezeichnet, wie *Adler, After, Besen, Käfer* etc.

(5) Der aus dem Frz. entlehnte *s*-Pl. ist im Frnhd. noch ohne größere Bedeutung. Er tritt erst Ende des 17. Jh.s vereinzelt, verbreiteter dann im 18. Jh. auf, so *Generals, Offiziers, Battaillons* etc. Deutsche Lexeme mit *s*-Pl. wie *Jungens, Kerls, Fräuleins, Mädchens* etc. sind nd. Bildungen, die in die nhd. Standardsprache insbesondere durch Vermittlung des Md. eingegangen sind.

(6) Die sprachhistorische Entwicklung des morphologischen Plural-Umlauts ist eng an die Entwicklung des graphischen Phänomens der Umlautbezeichnung gebunden. Dabei ist die Streitfrage, ob einem unbezeichneten Stammvokal ein gesprochener Umlaut zugrunde liegt und so der geschriebene, nicht als Umlaut markierte Stammvokal lediglich unbezeichnet ist,

oder ob es sich um einen auch in der gesprochenen Sprache nicht umgelauteten Stammvokal handelt, zunächst irrelevant. Ein aus welchen Gründen auch immer nicht als Umlaut markierter Stammvokal hat auf der Schreibebene keine distinktive Funktion. Eine Aussage zur Entwicklung des morphologischen Umlauts ist nur zu Texten sinnvoll, in denen der Umlaut bezeichnet wird. Dabei zeigt sich, dass der morphologische Umlaut als Prinzip nach der Einführung der Umlautbezeichnung in einer Landschaft relativ rasch konsequent gehandhabt wird. Belege, die nach der Durchführung noch unbezeichnet sind, können nur schwer beurteilt werden.

Der morphologische Plural-Umlaut tritt zusammen mit dem -er-Pl. immer dann auf, wenn der Stammvokal umlautfähig ist. Nach Durchführung der Umlautbezeichnung in einer Landschaft gibt es hierzu jeweils nur wenige Ausnahmen. Aufgrund der e-Apokope geht die Kennzeichnung des Pl. durch Umlaut in den Mdaa., besonders in den obd., weiter. Entsprechend finden sich in der frühneuhochdeutschen Schriftlichkeit Belege wie *wälde, tôr, tâg, wâgen*, etc. Solche Formen halten sich in obd. Texten bis ins 18. Jh.

Der Umlaut des Stammvokals ist im Frnhd. auch mit dem Pluralflexiv -(e)n kombinierbar, so etwa *Nâmen, mütern, Krâfften, eppeten, dôrnen* etc. Doch die Zahl solcher Bildungen ist begrenzt und insbesondere auf das Obd. und Wmd. beschränkt.

Der Umlaut des Stammvokals bei den Neutr., der im Mhd. auf ehemalige *iz/az*-Stämme beschränkt ist, wird im Frnhd. auch auf andere Neutr. übertragen, so *Spitâle, länd, pölster, bröte* etc. In der nhd. Standardsprache sind nur noch *Flöße* und *Klöster* erhalten.

Lesehinweis:

Lesen Sie die beiden Aufsätze Stopp (1974) und Werner (1969).

Aufgabe:

Interpretieren Sie die Karte S. 158 (aus Besch 1967, 254); lesen Sie dazu auch den Text a.a.O., 255f.

Literatur:

Ahlsson (1965); Besch (1967, 240ff.); Boiunga (1890); *Grammatik des Frühneuhochdeutschen* III; Gürtler (1912/13); Hotzenköcherle (1962); Lindgren (1953); Møller (1937); Molz (1902; 1906); Öhmann (1924); Pavlov (1995); Polzin (1903); Rauch (1991); Shapiro (1941); Solms/Wegera (1982); Suchsland (1968); Wegera (1985a); Woronow (1967).

158

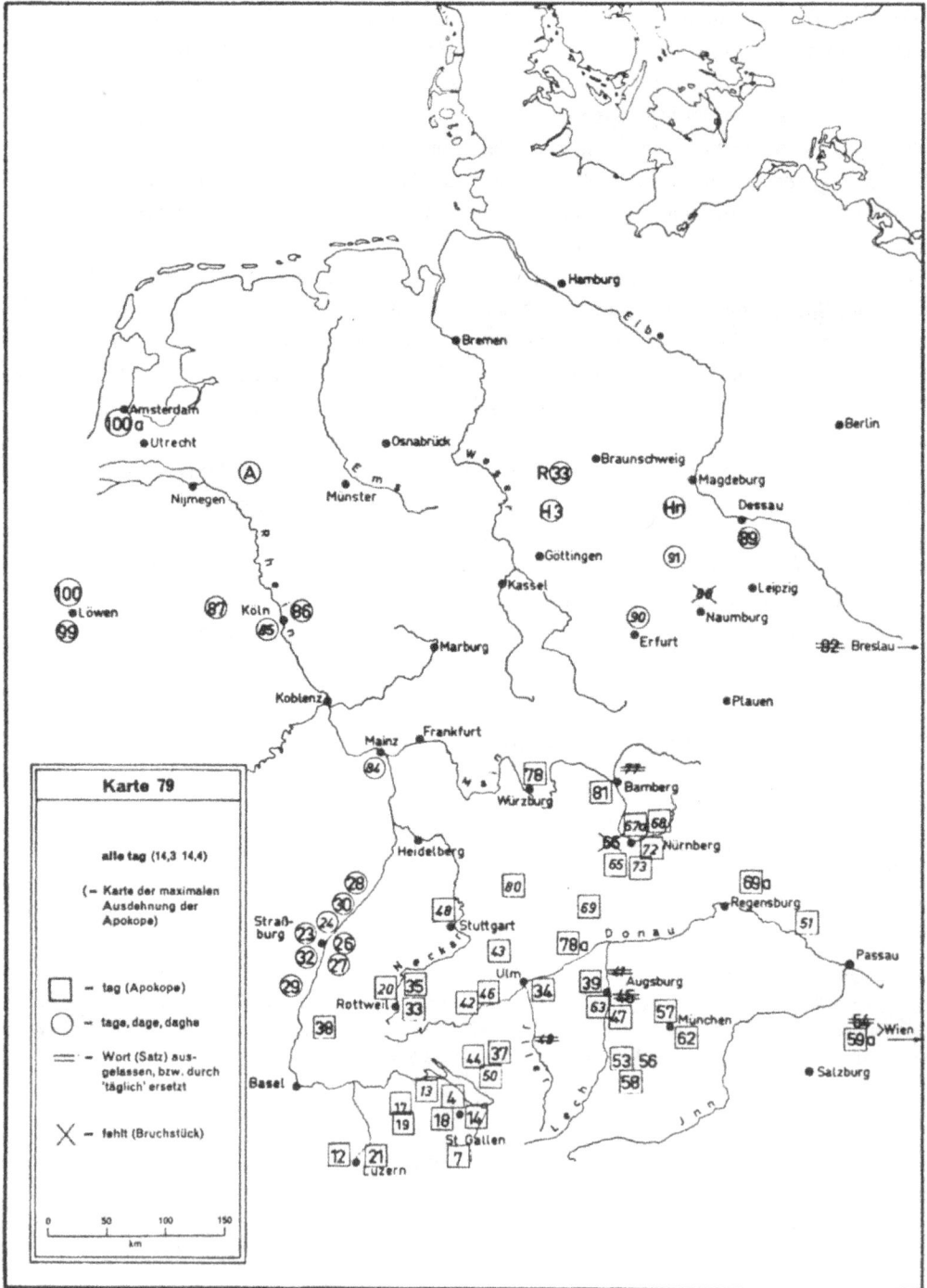

Abb. 31

8.2. Verbflexion

(Gr. d. Frnhd. IV; Frnhd. Gr. § M78–M151)

8.2.1. Voraussetzungen und Überblick über die wichtigsten Prozesse zum Nhd.

Aufgabe:

> Überlegen Sie, bevor Sie weiterlesen, welche Auswirkungen die Vereinheitlichung der Nebensil-
> benvokale zu *e* seit dem Ahd. auf die Flexion der Verben hat. (Die Lösung ergibt sich aus der nach-
> folgenden Aufzählung.)

(1) Die Flexionsendungen der verschiedenen Klassen der mhd. schwachen Verben fallen
zusammen. Lediglich eine Unterscheidung von zwei Gruppen nach dem Präteritalsuffix (*-t-*
oder *-et-*) und die besondere Gruppe der Verben mit sog. Rückumlaut sind (zunächst) erhalten.

(2) Die flexivischen Unterschiede der Kategorie ‚Modus‘ werden bei den schwachen Verben
ganz und bei den starken Verben teilweise aufgehoben. Lediglich die 3. Sg. Präs. (*-et* vs. *-e*)
und – zunächst – die 3. Pl. Präs. (*-ent* vs. *-en*) sind noch unterschieden.

(3) Bei den starken Verben gehen die Informationen, die im Ahd. durch den vollen Neben-
silbenvokal vermittelt werden, stärker auf den Stammvokal über.

Im Verlauf des Frnhd. unterliegen das Flexionssystem der Verben und die Klassifikation
folgenden Entwicklungsprozessen:

(a) Die durch verschiedene Dentalsuffixe unterschiedenen Gruppen schwacher Verben werden zusammengefasst und die Verteilung von einfachem und erweitertem Dentalsuffix neu
geregelt. Die Verben mit sog. Rückumlaut werden bis auf wenige Reste den übrigen schwachen Verben durch Vokalausgleich angeglichen.

(b) Damit kann die sog. schwache Verbflexion zur Hauptflexion der deutschen Verben werden. Eine große Zahl von ehemals stark flektierenden Verben wird zum Nhd. hin schwach.
Neue Verben flektieren in aller Regel schwach; die Zahl der starken Verben wird vom Mhd.
zum Nhd. zudem durch Lexemschwund zusätzlich reduziert.

(c) Die Präterito-Präsentia werden den schwachen Verben teilweise oder vollständig angeglichen.

(d) Die Kategorie ‚Modus‘ wird zunächst weiter nivelliert und schließlich neu aufgebaut.
Z.T. geschieht dies durch Verwendung ehemals präteritaler Konjunktivformen auch im Präs.
(Aufhebung der Tempusunterscheidung). Häufiger jedoch wird – besonders bei schwachen
Verben – der Konj. mit *würde* umschrieben.

(e) Die Kategorie ‚Person‘ wird durch Ausgleich der 1./3. Pl. flexivisch weiter nivelliert.

(f) Das Ablautsystem der starken Verben wird verändert. Die Kategorie ‚Numerus‘ wird
durch Ausgleich des Stammvokals im Prät. vollständig oder teilweise nivelliert, wodurch
eine schärfere Tempusprofilierung erreicht wird. Die 2. Sg. Prät. Ind. wird an die Flexions-
weise der übrigen 2. Sg. (*-(e)st*) angeglichen. Im Sg. Präs. entstehen durch teilweise Anglei-

chung des Stammvokals der 1. Sg. Präs. an den des Pl. neue Oppositionen innerhalb des Sg. zwischen der 1. Sg. und der 2./3. Sg.

(g) Die athematischen Verben (außer *sein*) werden entweder den übrigen Verben teilweise angeglichen oder schwinden.

(h) Die Infinita werden (weitgehend) vereinheitlicht.

(i) Die analytischen Bildungen nehmen zu. Im Obd. wird das Prät. in gesprochener Sprache nahezu gänzlich durch Perfektumschreibungen gebildet. Das Futur I (*werden* + Inf.) breitet sich aus.

8.2.2. Vereinheitlichung der schwachen Verben und Ausbildung der schwachen zur regulären Flexion

Im Mhd. gibt es noch zwei Gruppen schwacher Verben: 1. Verben, die das Prät. mit einem erweiterten Präteritalsuffix (*-et-*) bilden (z.B. *lob-et-e, leb-et-e* etc.); 2. Verben, die das Prät. mit einem einfachen Präteritalsuffix *-t-* bilden und ggf. Wechsel des Stammvokals aufweisen (z.B. *teil-t-e, brann-t-e* etc.). Diese beiden Gruppen werden zum Nhd. hin weitgehend zusammengefasst:

(1) Die Verteilung von *-e-* und *-ø-* im Präteritalsuffix wird zum Nhd. hin phonologisch nach der lautlichen Umgebung geregelt, so dass es heute nur noch ein Dentalsuffix *-(e)t-* (mit geregelter *-e/-ø-*Verteilung) gibt.

Aufgabe:

> Klären Sie mit Hilfe einer Grammatik der nhd. Standardsprache, wie die *-e-/-ø-*Verteilung im Präteritalsuffix *-(e)t-* in der nhd. Standardsprache geregelt ist.

Die Entwicklung dieser Umverteilung von *-e-/-ø-* von einer noch stark von der Quantität des Stammvokals geprägten lexemabhängigen zu einer rein phonologischen Distribution verläuft im Frnhd. zunächst über eine Vermischung der historischen Gruppen: Lexeme mit erweitertem Dentalsuffix verlieren *-e-* häufig durch Synkope, während umgekehrt Lexeme mit ursprünglich einfachem Dentalsuffix ein *-e-* erhalten, so *theil-et-e, geweih-et-e, neig-et-en, schick-et-e, glaub-et-en* etc. Der Ausgleich begünstigt zunächst die *e*-haltige Variante. Im 16. Jh. ist die *e*-haltige Variante z.T. weit stärker als die *e*-lose vertreten. Im 17. Jh. sinkt die Zahl der Belege mit *-e-* wieder, ohne dass jedoch bereits eine klare lautliche Regelung besteht.

(2) Die mhd. umfangreiche Gruppe der Verben mit sog. Rückumlaut (vgl. Stårk 1912, 6) wird bis auf wenige Reste den schwachen Verben durch Ausgleich des Stammvokals angeglichen. Dieser Prozess, der bereits im Mhd. beginnt, vollzieht sich insbesondere im 15./16. Jh., doch ist bei einigen besonders häufig verwendeten Verben noch im 17. Jh. ein Wechsel belegt, so etwa bei *satzten*. Bei den Stammvokalen außer *e* ist die Entwicklung des Vokalausgleichs schwer zu beobachten, da die Umlautbezeichnung sich erst allmählich durchsetzt. Fehlender Ausgleich in Texten mit durchgeführter Umlautbezeichnung ist relativ selten.

Im Nhd. sind lediglich noch 6 Lexeme mit sog. Rückumlaut gebräuchlich, so *senden* : *sandte*, *wenden* : *wandte*, *brennen* : *brannte*, *kennen* : *kannte*, *nennen* : *nannte*, *rennen* : *rannte*, wobei *senden* und *wenden* auch Formen ohne Wechsel haben (*sendete*, *wendete*).

(3) Den mhd. rund 375 stark flektierten Verben (vgl. Solms/Wegera 1982, 267ff.) stehen im Nhd. nur noch rund 178 (inklusive *gehen* und *stehen*) gegenüber. Die Bestandsveränderung ergibt sich vor allem durch einen lexikalischen Schwund (etwa 111 Verben) sowie die Übernahme in die schwache Flexion (etwa 80 Verben). Dabei zeigt sich häufig, dass neben der starken Flexion schon im Mhd. auch die schwache Flexion gebraucht sein kann (z.B. *gîgen*) oder aber neben dem mhd. starken Verb ein ausdrucksseitig geschiedenes, semantisch aber weitgehend synonymes mhd. schwaches Verb existiert (z.B. das starke Verb *gîlen* neben dem schwachen Verb *geilen*). Nur in ganz seltenen Fällen wird bei einer solchen Konstellation zum Nhd. hin die starke Formenbildung zur Regel, so *gelîchen*, *laden*, *wîsen*. Noch seltener ist der Wechsel einer mhd. ausschließlich schwachen Flexion zu einer nhd. nur starken Flexion (*dingen*, *preisen*). Bei *fragen*, *schallen*, *stecken* ist die starke Flexion im Nhd. auf das Prät. beschränkt, z.B. *stecken* im Prät. *stak*, im Part. II aber *gesteckt*. Durch die Veränderungen erlangt die Klasse der schwachen Verben im Lexikon, bezogen auf den Grundwortschatz, einen prozentualen Anteil von über 90% (95,3% nach August 1975).

Doch die starken Verben können auch für das Nhd. nicht als Ausnahmen angesehen werden, da sie im Grundwortschatz nach Ausweis der Glottochronologie anteilmäßig mit 37:19 überwiegen (vgl. August 1975, 257ff.). Der Wechsel von mhd. starker zu nhd. schwacher Flexion betrifft in dieser Gruppe u.a. *bellen*, *schneien*, *spalten*; untergegangen ist *quëdan*.

Der Wechsel der starken Verben zur schwachen Flexion bzw. ihr Schwinden vollzieht sich bis ins 18. Jh. Dabei geht die Entwicklung z.T. regional weit über den Stand der nhd. Standardsprache hinaus; so sind etwa *gleichte* (neben *glich*), *gehaizzt*, *verliehrten*, *ruffete*, *gerüfft*, *scheydeten* (neben *schieden*), *gehebt*, *sinckete*, *quellte*, *scheinte* etc. belegt. Umgekehrt sind starke Bildungen zu ehemals schwachen Verben weit seltener, so *gespiesen* (neben *speiset*), *strieff* (neben *strafte*). Das Verb *beginnen* zeigt im Sg. zahlreiche schwache Varianten, so *begonde*, *beginte*, *begunde* neben *began*; der Pl. Prät. ist im Frnhd. schwach flektiert.

8.2.3.   Angleichung der Präterito-Präsentia (Frnhd. Gr. § M135–M145)

Die Präterito-Präsentia werden den schwachen Verben entweder vollständig oder teilweise angeglichen. Dies geschieht durch Ausgleich der 2. Sg. Präs. (*t > st*), der Entwicklung bzw. Durchsetzung eines schwachen Part. Prät. und in einigen Fällen durch Ausgleich des Stammvokals (*gunnen > gönnen*; *tugen > taugen*); *turren* schwindet im Frnhd.

Part. Prät. Formen sind mhd. nur von *(be)durfen*, *gunnen* und *wizzen* belegt. Das Part. Prät. von *gunnen* lautet *gegunnen* neben *gegunnet*. Im Frnhd. werden zu den übrigen Part. Präs.-Formen schwache Part. Prät.-Formen gebildet, so *gemacht* (*zu mugen*), *gesalt*, *gemust* und *getarst* etc. Zu *gunnen* setzt sich das schwache Part. Prät. durch, so *gegunt*, *gegönnet*. Der Ausgleich des Stammvokals erfolgt im Frnhd. z.T. weiter gehend als er in die nhd. Standardsprache eingegangen ist, so *wißte, wistu, gewist, gekönt* (besonders im Obd.). Z.T. findet sich der Ausgleich bereits im 14. Jh. (*tawgent*), doch noch im 17. Jh. sind Belege ohne Ausgleich nicht selten (*tügen*).

8.2.4.   Entwicklung der Modusunterscheidung

Die Kategorie ‚Modus‘ ist im Frnhd. aufgrund der Uniformierung der Nebensilbenvokale kaum noch funktionstüchtig ausgeprägt.

Im Präs. werden nur noch bei der 3. Sg./Pl. Konj./Ind. flexivisch unterschieden. Bei den starken Verben besteht im Sg. noch in einigen Fällen ein Vokalwechsel, der jedoch im Verlauf des Frnhd. durch partiellen Ausgleich eingeschränkt wird (*ich nime* vs. *ich neme*). Die Unterscheidung in der 3. Pl. (*-ent* vs. *-en*) schwindet im Verlauf des Frnhd. ebenfalls.

Im Prät. sind der Ind. und der Konj. bei den schwachen Verben vollständig zusammengefallen; bei den starken Verben besteht im Sg. ein Unterschied in den Endungen, der jedoch im Verlauf des Frnhd. durch weitgehende Apokope des *-e* in der 1./3. Sg. Konj. und durch Entwicklung einer *-st*-Endung im Ind. ebenfalls nivelliert wird. Lediglich der Vokalwechsel (Umlaut bei umlautfähigem Stammvokal) dient im Prät. der starken Verben als Unterscheidungsmerkmal.

Dieser nahezu völligen Auflösung der Kategorie ‚Modus‘ durch Nivellierung wird durch neue Modusunterscheidungen entgegengewirkt. Dies geschieht einmal durch Aufhebung der Tempusunterscheidung im Konj., d.h. ehemalige präteritale Konjunktiv-Formen werden sowohl präsentisch als auch präterital verwendet (*ich heiße* vs. *ich hieße* oder *ich hieß* vs. *ich hieße*). Die zweite Möglichkeit, den Konj. auszudrücken, ist die analytische Bildung mit *würde*, die seit dem 14. Jh. häufiger verwendet wird und sich im 16. Jh. gegenüber Bildungen mit *sollte* und *wollte* durchsetzt.

8.2.5.   Ausgleich der 1./3. Pl. Präs. Ind. (Gr. d. Frnhd. IV § 74ff. / Frnhd. Gr. § M94)

Die mhd. Pluralendungen der 3. Pl. Präs. Ind. *-(e)nt* werden zum Nhd. hin der 1. Pl. *-(e)n* angeglichen. Im Frnhd. gibt es jedoch regional unterschiedliche Ausgleichsmöglichkeiten, die sich nicht nur auf die 1./3. Person beschränken, sondern auf den gesamten Pl. ausgedehnt werden. Im Obd., besonders im Alem., und in Teilen des Wmd. entwickelt sich ein sog. Dentalplural (*-(e)nt* in allen drei Personen), der mit dem mhd. Muster *-(e)n, -(e)t, -(e)nt* konkurriert. Bereits im 14. Jh. ist die *-(e)nt*-Form im Els. und Schwäb. die dominierende Form. Im Mbair., Ohalem., Hess. und Ofrk. beschränkt sich die *-(e)nt*-Endung weitgehend auf die 2./3. Pl. Präs. und ist auch hier selten dominant, sondern konkurriert mit *-(e)t* bzw. *-(e)n*, während die 1. Pl. in der Regel *-(e)n* lautet. Im Omd. dagegen bleiben die 1./2. in ihrer ursprünglichen Form erhalten, und *-(e)nt* weicht bereits der *-(e)n*-Form. Vom 15. Jh. an ist im Omd. das nhd. System *-(e)n, -(e)t, -(e)n* weitgehend gültig, vom 16. Jh. an auch im Mbair., Hess. und Ofrk. Das Alem. und Schwäb. erreichen den nhd. Stand (mit seltenen Abweichungen) erst im 17. Jh.

Der Ausgleich nach *-(e)n* in allen Positionen ist weit seltener. Er ist im Rib. im 16. Jh., im Els. im 15./16./17. Jh. und im Halem. im 15. Jh. belegt. Somit stehen im Frnhd. grundsätzlich vier Flexionsmöglichkeiten zur Verfügung, von denen sich die Omd. zum Nhd. hin durchsetzt:

1. Pl.	*-(e)nt*	*-(e)n*	*-(e)n*	*-(e)n*
2. Pl.	*-(e)nt*	*-(e)nt*	*-(e)t*	*-(e)n*
3. Pl.	*-(e)nt*	*-(e)nt*	*-(e)n*	*-(e)n*

8.2.6. Angleichung variierender Personalendungen im Singular
(Frnhd. Gr. § M88–M92)

1. Sg. Präs.: Im Wmd. und Halem. ist die Endung *-(e)n* seit dem 12. Jh. zunehmend belegt, sie ist häufig im 15. und 16. Jh. und findet sich noch bis ins 18. Jh.

2. Sg. Präs.: Im Mhd. steht besonders im Wmd. *-(e)s* gegen *-(e)st* im übrigen Gebiet. Dieses *-(e)s,* das später auch teilweise auf die 2. Sg. Prät. der starken Verben ausgedehnt wird, gilt im 14. Jh. im Rib. nahezu ausschließlich, im Thür. und Hess. überwiegend und ist im Osächs. gelegentlich vertreten, kaum jedoch in obd. Texten. Im 15. Jh. ist es – außer im Rib., wo es noch überwiegt – zumeist der *-(e)st*-Form gewichen.

8.2.7. Ausgleich im Stammvokalismus der starken Verben
(Gr. d. Frnhd. IV, 84ff. / Frnhd. Gr. § M97–M133)

(1) Ausgleich im Präteritum

Bei den starken Verben wird in den historischen Ablautreihen I-V der qualitative bzw. quantitative Ablaut zwischen Sg. und Pl. Prät. ausgeglichen und so den Verhältnissen in den Reihen VI und VII angeglichen. Durch diese teilweise Nivellierung des Numerusunterschiedes wird eine schärfere Profilierung des Tempusunterschiedes Präs. vs. Prät. erreicht.

Es lassen sich prinzipiell drei Typen des Ausgleichs unterscheiden:

(a) Der Prät. Sg.-Vokal wird zum Tempusvokal des Prät. (so in den Klassen II und III außer *werden* und *schinden* und den unter (c) genannten Ausnahmen).

(b) Der Prät. Pl.-Vokal wird zum Tempusvokal des Prät. (so in Klassen I, IV, V und *werden, schinden*).

(c) *o* wird als Tempusvokal für Sg. und Pl. übernommen.

Zu (a): Klasse II

		mhd.			nhd.		
	Inf.	1./3. Sg. Prät.	1./3. Pl. Prät.		Sg. Prät.	Pl. Prät	
IIa	(*triefen*)	*trouf*	*trufen*		*troff*	*troffen*	IIa
	(*biegen*)	*bouc*	*bugen*	IIa+IIb	*sott*	*sotten*	
IIb	(*bieten*)	*bôt*	*buten*		*bog*	*bogen*	IIb
	(*sieden*)	*sôt*	*suten*		*bot*	*boten*	

Zunächst wird die in der historischen Lautentwicklung begründete Klassenspaltung in IIa und IIb aufgehoben; dies geschieht nach Ansätzen im Mhd. bis ins ausgehende 14., dann vor allem im 15. Jh., doch sind ou-Belege auch später noch vertreten. Mit der nhd. Dehnung (vgl. 7.2.3.) erfolgt eine neuerliche Spaltung der Klasse nach der jeweiligen Lautquantität, d.h. die ehemalige qualitativ bestimmte Klassenteilung wird durch eine quantitativ bestimmte ersetzt, wobei die jeweiligen Lexemgruppen nicht identisch sind. Zur neuen Klasse IIb gehören alle diejenigen Lexeme, bei denen die Dehnung eintrat, doch ist dieser Prozess nur bedingt nachvollziehbar, da eindeutige graphische Dehnungssignale selten und wenig konsequent gesetzt sind.

Die Herausbildung eines einheitlichen Vokals zeigt zunächst Ausgleichsbestrebungen in alle Richtungen (sowohl nach *ou* (*zougen*) als auch nach *u* (*zug*) und *o* (*zogen*)). Die letztlich entscheidende Entwicklung nach *o* setzt im Md. ein, die im Wmd. und Thür. durch die Senkung *u > o* gestützt wird. Im 14. und 15. Jh. erfasst sie den gesamten md. Raum, während obd. noch die *u*-Formen dominieren. Im beginnenden 17. Jh. hat der Ausgleich auch im Obd. stattgefunden, obgleich *u*-Formen auch im 17./18. Jh. erscheinen. Besonders lange halten sich die *u*-Formen beim Verb *ziehen*.

		mhd.			nhd.	
Klasse III	(*binden*)	*bant bunden*	→	*band banden*		

Der Ausgleich findet im Frnhd. tendenziell zunächst sowohl nach *a* (besonders wobd.) als auch nach *u* (oobd. und md.) statt (*sprung, stund, schwumm*). Der Prozess des Ausgleichs beginnt im 15. Jh. und ist auch im 17. Jh. noch nicht entschieden. Zum Nhd. setzt sich der Ausgleich nach *a* durch, doch noch im 18. Jh. ist obd. *u* verbreitet.

			mhd.				
Zu (b): Klasse I		(*rîten*)	*reit*	*riten*	Ia	*ritt*	*ritten*
	Ia	(*swîgen*)	*sweic*	*swigen*		*schwieg*	*schwiegen*
	Ib	(*zîhen*)	*zêh*	*zigen*		(*ver*)*zieh*	(*ver*)*ziehen*

Die Klassenspaltung in Ia und Ib, die bereits im Mhd. gelegentlich aufgehoben ist (*leich, gedeich* etc.), wird bis zum 15. Jh. durch Übertritt aller Lexeme nach Ia aufgehoben. Die Aufhebung liegt zeitlich vor dem Ausgleich des Numerusvokals im Prät., wobei jedoch im 15. Jh. besonders im Schwäb. bereits *i* auftaucht (*verzig*). Die Ausgleichung des Numerusablauts setzt im 15. Jh. ein und ist im 17. Jh. vollzogen. Zum Nhd. hin wird die ehemalige Klasse I jedoch (wie auch Klasse II) neuerlich gespalten, und zwar ebenfalls aufgrund der nhd. Dehnung. Gedehnt wird *i* – mit wenigen Ausnahmen – im Stammauslaut oder vor stammschließendem *b, g, d, n, h* und *s* (vgl. nhd. *schrie, blieb, mied, schien, lieh, wies* etc.), während *i* in anderen Umgebungen meist kurz bleibt.

		mhd.			nhd.	
Klasse IV und V	(*nëmen*)	*nam*	*nâmen*	→	*nahm*	*nahmen*
	(*gëben*)	*gap*	*gâben*		*gab*	*gaben*

Der Ausgleich in IV und V lässt sich in seinem zeitlichen Ablauf kaum verfolgen, da die Quantität nur selten graphisch bezeichnet wird.

werden erhält im Prät. die Formen *wurde, wurden* neben heute noch belegtem *a* (*ward*); *schinden* erhält im Prät. *schund, schunden.*

Zu (c): Aus den mhd. Klassen III, IV, V und VI wechselt eine Anzahl Lexeme ihren Präteritalvokal zu einheitlichem *o.* Hierzu zählen aus Klasse III: *glimmen, klimmen, quellen, schwellen, schmelzen, melken, erschallen* (*schëllen*); aus Klasse IV: *scheren, löschen, flechten, fechten, dreschen, rächen*; aus Klasse V: *weben, gären, wiegen, bewegen* (aus *wëgen*), *pflegen*; aus Klasse VI: *heben* und *schwören.*

(2) Angleichung von Sg. und Pl. Präs. (Gr. d. Frnhd. IV § 140ff.)

Ein Ausgleichsprozess von Vokalalternanten von Sg. und Pl. findet in Klasse II und in *kommen, rufen, schallen, schaffen, hauen, scheren, pflegen, bewegen, weben* statt (mhd.: *schir(e), schir(e)st, schir(e)t, schërn, schër(e)t, schërn*; nhd.: *schere, scherst, schert, scheren, schert, scheren*). Zunächst läuft in Klasse II jedoch eine gegenläufige Entwicklung ab. Im Obd. wurde der Vokal im Sg. Präs., im Md. der der 2./3. Sg. Präs. diphthongiert (*iu* /ǖ/ > *eu*), während der Pluralvokal monophthongiert wurde (*ie* > *ie* /ī/) (*geusst : giessen*). Solche nicht ausgeglichenen Formen mit Diphthong halten sich bis ins 18. Jh. (*kreucht, fleucht* etc.).

Hinsichtlich des mit dem Pluralvokal übereinstimmenden Vokals der 1. Sg. Präs. in Klasse IIIb, IV und V (mhd.: *gibe, gibest, gibet,* nhd.: *gebe, gibst, gibt*) ist nicht mit letzter Sicherheit geklärt, ob es sich um einen partiellen sprachinternen analogen Ausgleich handelt, oder ob hier bereits eine ältere lautlich bedingte Alternation im Sg. vorlag. Große (1988) konstatiert letzteres zumindest für das Md. (vgl. dazu Gr. d. Frnhd. § 148 (4), bes. Anm. 4).

(3) Angleichung der 2. Sg. Prät. (Gr. d. Frnhd. IV § 99 / Frnhd. Gr. § M107)

Der Stammvokal der 2. Sg. Prät. weicht von den Stammvokalen der 1./3. Sg. ab. Dieser Vokalwechsel, der die Klassen I-VI betrifft, wird zum Nhd. hin ausgeglichen.

Im 14. Jh. ist die alte Opposition partiell noch erhalten, so *litte, kôm, fure* etc. Der Ausgleich findet überwiegend im Laufe des 15. Jh.s statt, doch bleiben Formen ohne Ausgleich vornehmlich in Klasse III z.T. bis ins 18. Jh. erhalten.

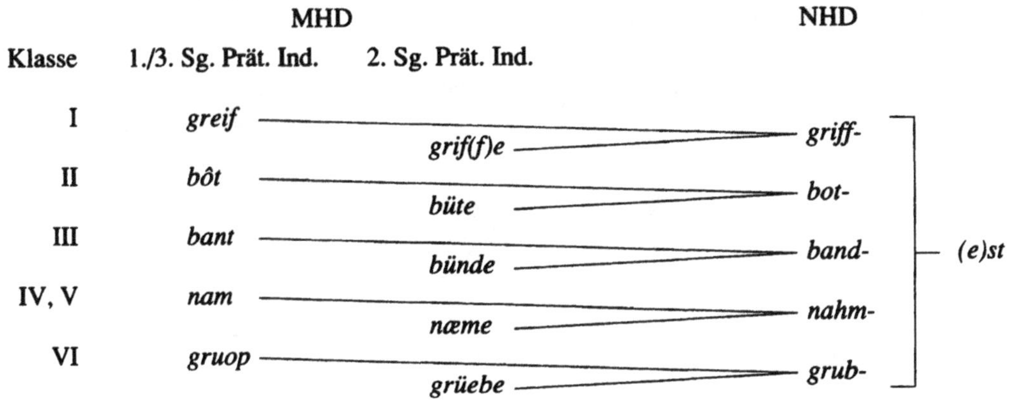

	MHD		**NHD**
Klasse	1./3. Sg. Prät. Ind.	2. Sg. Prät. Ind.	

Klasse		
I	*greif*	*grif(f)e*	*griff-*
II	*bôt*	*büte*	*bot-*
III	*bant*	*bünde*	*band-*
IV, V	*nam*	*næme*	*nahm-*
VI	*gruop*	*grüebe*	*grub-*

(e)st

Abb. 32 (nach Solms 1984, 111)

Der Ausgleich ist eng an die Entwicklung der -(e)st-Endung in der 2. Sg. Prät. gebunden, die sowohl eine Angleichung an die schwache Flexion als auch an die Flexion des Präs. bewirkt und so die Endung der 2. Sg. Ind. vereinheitlicht. Diese neue deutliche Personalendung erleichtert den Ausgleich des Stammvokals im Sg. Prät., dessen Alternation nun redundant geworden ist.

Diese Entwicklung ist zu Beginn des Frnhd. im Obd. bereits weitgehend abgeschlossen. Gelegentlich ist hier bis ins 16. Jh. jedoch eine Variante mit -t- (du erhůbdt) belegt. Diese -t- Variante tritt vermehrt im 15. Jh. im Alem. auf und wird erst im 16. Jh. durch -(e)st ersetzt. Im Ofrk. dagegen konkurriert die -e-Endung noch im 16. Jh. mit -(e)st. Im Md. ist die -e- Variante bei starken Verben bis zum 15. Jh. vertreten, und zwar häufiger im Omd. als im Wmd. Die Variante -(e)s überwiegt dagegen bis ins 16. Jh. gegenüber -(e)st, das sich aber in der Folgezeit auch hier rasch durchsetzt.

8.2.8. Angleichung der infiniten Formen
(Gr. d. Frnhd. IV § 80ff. / Frnhd. Gr. § M84–M87)

Das Part. Prät. wird im Frnhd. nicht immer mit ge- gebildet. Im Gegensatz zum Mhd. werden nicht nur die perfektiven Verben *werden, kommen, finden, treffen, bringen,* sondern auch eine Reihe anderer häufig ohne ge- gebildet. Diese Formen finden sich bis ins 18. Jh., so *brochen, truncken, bunden, czogen, bissen* etc.

Die Endung des Infinitivs ist normalerweise -(e)n. Im Thür./Ofrk. – seltener in den übrigen Gebieten – ist der Infinitiv auf -e mit Tilgung des -n belegt. Diese mundartliche Erscheinung bleibt weitgehend jedoch auf das 14. Jh. begrenzt und tritt im 15. Jh. nur noch gelegentlich auf.

Literatur:

Alm (1936); Besch (1967, 296ff.); Bittner (1996); Chirita (1988); Gießmann (1981); Granmark (1933); *Grammatik des Früneuhochdeutschen* IV; Nordström (1911); Stårk (1912); Stopp (1977); Strömberg (1907); Theobald (1992); Wegera (1985a); Werner (1965a); *Zur Ausbildung der Norm* V; Beispiele systemischer Darstellungen zur Verbalflexion einzelner Denkmäler: Graser (1977); Hoffmann (1979); Thoursie (1984).

8.3. Adjektive

8.3.1. Flexion (Gr. d. Frnhd. VI / Frnhd. Gr. § M31–M56)

Die Adjektivflexion unterscheidet sich von der Flexion der Substantive und Verben dadurch, dass es keine Flexionsklassen gibt. Alle Adjektive können determinierend bzw. indeterminierend – traditionell als starke bzw. schwache Flexion bezeichnet – verwendet werden. Die Flexive unterscheiden sich dabei nur in einigen Fällen von dem Stand der nhd. Standardsprache.

1. Starke Flexion

		Mask.	Neutr.	Fem.
Sg.	Nom.	*gut-(e)r/gut-ø*	*gut-(e)s/ gut-ø*	*gut (e) > (-iu)/ gut-ø*
	Akk.	*gut-(e)n*	*gut-(e)s/ gut-ø*	*gut-(e) > (-iu)/ gut-ø*
	Dat.	*gut-(e)m(e)*	*gut-(e)m(e)*	*gut-(e)r(e)*
	Gen.	*gut-(e)s > (-en)*	*gut-(e)s > (-en)*	*gut-(e)r(e)*
Pl.	Nom.	*gut-(e)*	*gut-(e) > (-iu)*	*gut-(e)*
	Akk.	*gut-(e)*	*gut-(e) > (-iu)*	*gut-(e)*
	Dat.	*gut-(e)n*	*gut-(e)n*	*gut-(e)n*
	Gen.	*gut-(e)r*	*gut-(e)r*	*gut-(e)r*

2. Schwache Flexion

		Mask.	Neutr.	Fem.
Sg.	Nom.	*gut-(e)*	*gut-(e)*	*gut-(e)*
	Akk.	*gut-(e)n*	*gut-(e)*	*gut-(e)n > (-e)*
	Dat.	*gut-(e)n*	*gut-(e)n*	*gut-(e)n*
	Gen.	*gut-(e)n*	*gut-(e)n*	*gut-(e)n*
Pl.	Nom.	*gut-(e)/-n*	*gut-(e)/-n*	*gut-(e)/-n*
	Akk.	*gut-(e)/-n*	*gut-(e)/-n*	*gut-(e)/-n*
	Dat.	*gut-(e)n*	*gut-(e)n*	*gut-(e)n*
	Gen.	*gut-(e)n*	*gut-(e)n*	*gut-(e)n*

Abb. 33

Aufgrund der weitgehenden Nivellierung der Kasusmarkierungen und der völligen Aufgabe der im Ahd. partiell vorhandenen Genusmarkierung bei den Substantiven gehen die Kasus- und Genusinformationen innerhalb der Nominalphrase weitgehend bzw. im Falle des Genus ganz auf die übrigen Konstituenten über – auf die Formklasse Artikel und die Adjektive. Die wenigen Veränderungen in der Adjektivflexion lassen sich diesem Aspekt unterordnen.

(1) Die mhd. (obd.) Flexionsendung *-iu* im Nom. Sg. Fem. und Nom./Akk. Pl. Neutr. ist im 14. Jh. noch häufig bis überwiegend, im Schwäb. und Alem. vereinzelt noch bis ins 15. Jh. belegt (Varianten: *ú, ew, ev, i*). Ansonsten ist *-iu* zu *-e* abgeschwächt.

Im Md., seltener im Obd., haben sich im Dat. Sg. Mask./Neutr. der starken Flexion die ehemaligen Endungen *-eme* bis ins 14. Jh. erhalten, wobei häufig das erste *-e-* synkopiert wird, so etwa *grosseme* neben *grossme* etc. Im Alem. ist der Dat. Sg. *-em* z.T. durch *-en* ersetzt.

(2) Der bei den Substantiven in der Regel ausreichend markierte Gen. Sg. Mask./Neutr. wird in der Adjektivflexion von *-(e)s* zu *-(e)n* verändert und fällt so mit der schwachen Variante zusammen. Diese Entwicklung ist bereits im 15. Jh. belegt, *-(e)n* setzt sich jedoch erst im 17. Jh. durch, und *-(e)s*-Formen sind vereinzelt noch im 18. Jh. belegt.

Der Akk. der Fem. auf *-(e)n* (schwach) wird dagegen zum Nhd. hin durch den Akk. mit *-e* ersetzt. Die Entwicklung verläuft hier regional recht unterschiedlich. Während im Rib. bereits im Mhd. ausschließlich die *e*-Variante verwendet wird, setzt der Prozess im Obd. erst im 14. Jh. ein. *-(e)n*-Formen halten sich bis ins 16. Jh.

Eine scheinbar gegenläufige Entwicklung stellt der sog. *n*-Abfall im Nom./Akk. Pl. der Adjektive nach bestimmtem Artikel dar (*die gute Christen, die große Hoffnungen* etc.). Dass die Numerusmarkierung am Adjektiv wenig ausgebaut ist, hängt sicher auch mit der Tendenz der Numerusprofilierung in der Substantivflexion zusammen (vgl. 8.1.3.), was zur Folge hat, dass innerhalb der Phrase bereits eine ausreichende Kennzeichnung des Plurals besteht. Doch der Umstand, dass diese im Frnhd. zunächst noch weiter abgebaut wird und die *n*-Tilgung gerade im 17. Jh. im Obd., wo die Numerusmarkierung der Substantive noch erheblich gestört ist, so stark verbreitet ist, hat zu verschiedenen Erklärungsversuchen geführt. Trojanskaja (1976) nimmt eine differenzierte Verursachung für den *n*-Abfall an und vertritt damit einen vermittelnden Standpunkt, der für Landschaften mit mundartlicher *n*-Tilgung eine mundartliche Beeinflussung der Schriftsprache annimmt, für Landschaften ohne mundartliche *n*-Tilgung (wie weite Teile des Omd. und Nd.) dagegen Überreste (echter) starker Formen. Zum Nhd. setzen sich gemäß der übergeordneten Tendenz in der Standardsprache nicht die *n*-losen, sondern die im Omd. bereits im Frnhd. weitestgehend gültigen *n*-haltigen Formen durch.

Aufgabe:

Beantworten Sie folgende Fragen:

Wenn alle Adjektive nach beiden Flexionsmustern flektiert werden können, wonach richtet sich die Verwendung des jeweiligen Musters? Wie ist die Verwendung im Nhd. geregelt?

Die Verwendung der starken bzw. schwachen Flexion ist im Nhd. abhängig vom Grad der Markiertheit der Nominalphrase. Die starken (pronominalen) Formen stehen nach unbestimmtem Artikel im Nom. Sg. aller Genera, im Akk. Sg. der Fem./Neutr. und bei fehlendem Artikel. Die schwachen Formen stehen nach bestimmtem Artikel und flektierten Formen von *ein* (*ein guter Mann, der gute Mann, eines guten Mannes, guter Mann* etc.).

Die Herausbildung der Verteilung der jeweiligen Flexionsformen im Frnhd. unterliegt der Tendenz zur stärkeren grammatischen Funktionalisierung der Adjektivflexion.

(1) Im Frnhd. sind flexionslose Formen noch in attributiver Stellung belegt. Während sie bei Fem. im 15. Jh. lediglich im wobd. Raum noch gelegentlich belegt sind und bei Mask. ebenfalls weitgehend auf das 14. Jh. begrenzt bleiben, spielen die unflektierten Formen bei den Neutra in Teilen (Omd. und Ohalem.) bis ins 18. Jh. eine erhebliche Rolle. *-es* überwiegt erst im 17. Jh.

(2) Häufig kommt es zu redundanten Markierungen, sog. Polyflexion (vgl. Trojanskaja 1972), indem starke Formen auch nach bestimmtem Artikel oder flektierten Formen von *ein* erscheinen, so *des gudes lebennes, diesem erzähltem Rath, zu einer vollkommener jugend.*

Der umgekehrte Fall, dass schwache Formen nach unbestimmtem Artikel stehen, ist nur im Rib. heimisch und in den übrigen Landschaften nur vereinzelt belegt.

Für die Verwendung der Flexion bei mehreren aufeinanderfolgenden Adjektiven nennt Trojanskaja (1972) eine Reihe von Regeln und Handhabungen. In der Mehrzahl wird bei mehreren Adjektiven das dem Substantiv am nächsten stehende stark und das/die andere(n) schwach gebildet, so *dem aller/hôhesten zeitlichem Guthe;* aber auch der umgekehrte Fall ist nicht selten belegt, so *mit dem erschrócklichem grossen Bauche.* Bei nachgestelltem adjektivischem Attribut steht zumeist die unflektierte Form, doch sind auch flektierte Formen durchaus möglich.

8.3.2. Komparation der Adjektive
(Gr. d. Frnhd. § 129–135 / Frnhd. Gr. § M53–M56)

(1) Die regelmäßige Komparation erfolgt mit Hilfe der Suffixe *-er* (Komparativ) und *-(e)st* (Superlativ).

(2) Bei einsilbigen Adjektiven (selten bei mehrsilbigen) mit einem *a, o,* oder *u* (selten einem *au*) als Stammvokal kann dieser zusätzlich umgelautet werden. Der Umlaut ist auf einen – nach Durchführung der Umlautsbezeichnung – relativ regelmäßig umgelauteten Kernbestand von rund 30 Adjektiven beschränkt, der weitgehend dem nhd. Stand entspricht. Daneben können jedoch alle einsilbigen (häufiger auch mehrsilbige) Adjektive mit umlautfähigem Stammvokal gelegentlich umgelautet auftreten. Ein Großteil dieser Bildungen ist jedoch selten oder singulär.

(3) Die Bildung mit Hilfe von Suppletivformen (Komparativ/Superlativ werden aus einem anderen Stamm gebildet als der Positiv) ist im Frnhd. beschränkt auf *gut, lützel, michel/viel, übel.* Die Formen *minner/minnest* (zu *lützel*) werden seit dem 15. Jh. zunehmend zur Komparation von *wenig/gering* genutzt und konkurrieren (rückläufig) mit den regulären Komparationsformen zu *wenig/gering.* Die Formen *me(h)r/meist* (zu *michel*) werden seit dem 15. Jh. zunehmend zur Komparation von *viel* festgelegt. Die Lexeme (und damit die Positivformen) *lützel* und *michel* schwinden aus der Schriftsprache. Die Formen *wirser/wirsest* (zu *übel*) sind nur noch in Restformen konkurrierend mit *übler/übelst* vertreten.

Literatur:

Grammatik des Frühneuhochdeutschen VI; Trojanskaja (1972); s. auch Demske (2001); zu den hier nicht thematisierten Bereichen der Flexion der Pronomina und Numeralia s. Jeitteles (1893/1894), Leupold (1909), Stulz (1902), Walch (1990). Ausführlich: *Grammatik des Frühneuhochdeutschen* VII; Frühneuhochdeutsche Grammatik § M57–M77.

9. Syntax

9.1. Probleme der Syntaxforschung

Aufgabe:

Vergleichen Sie den folgenden frnhd. Text aus dem Jahre 1360 mit seiner lateinischen Vorlage. Versuchen Sie, aus dem Vergleich ein Forschungsproblem der frnhd. Syntax zu formulieren.

do beten wir dich an, woren got und menschen Jesum Christum, und gelawben und bekennen dich got zu vater haben und von dann kunftig zu sein einen rihter in dem end der werlt und warten des, das du rihten wirdest die lebendigen.

ibi te deum verum et hominem Jesum Christum adoramus et credimus confitentes te patrem habere Deum: indeque te venturum iudicem in fine saeculi exspectamus, ut iudices vivos.
(aus: Die pseudoaugustinischen Soliloquien in der Übersetzung des Bischofs Johannes von Neumarkt. Hrsg. v. A. Sattler, Graz 1904, 84)

Mehr als alle anderen Bereiche der Grammatik unterliegt die Syntax den Bedingungen von Gattung/Textsorte und den Gegebenheiten der jeweiligen Vorlagen. Es ist offenkundig, dass gebundene Sprache etwa hinsichtlich der Wortstellung häufig eine andere Syntax erfordert als Prosatexte. Weit komplizierter ist die Beurteilung syntaktischer Erscheinungen, die auf das Lat. zurückgeführt werden können, wobei das Lat. durch ‚unbeholfene Translatzer' in Form einer Wort-für-Wort-Übertragung direkt oder durch mehr oder weniger bewusste Nachahmung der lat. Syntax durch die lateinkundige und häufig lat. kommunizierende Bildungsschicht (allen voran die Humanisten) übernommen wurde. Einige eindeutig lat. Bildungen, die (vorübergehend) Eingang in die deutsche Schriftlichkeit fanden wie etwa AcI-ähnliche Konstruktionen (vgl. das obige Beispiel) oder das participium conjunctum (*hor mich rufenden aus diesem groszen mer*), sind noch relativ problemlos dem lat. Einfluss zuzuschreiben. In anderen Fällen, wie etwa bei der Wortstellung, ist der Nachweis schwieriger, und entsprechend ist der lat. Einfluss in der Forschungsdiskussion umstritten.

Der lat. Einfluss ist jedoch nur ein möglicher Faktor der Sprachentwicklung im Bereich der Syntax. Daneben werden auch innersprachliche strukturelle Faktoren genannt. Eine vielversprechende Möglichkeit bietet die strukturell-typologische Erklärung des Wandels in der Syntax von einer eher zentrifugalen (Abfolge: regierender Ausdruck (Zentrum) – abhängiger Ausdruck) zu einer eher zentripetalen Wortordnung (Abfolge: abhängiger Ausdruck – regierender Ausdruck), wie sie vor allem von v. Polenz (1978, 96f.), Weber (1971) und Hartmann (1969) vertreten wird. Eine Reihe von Prozessen im Bereich der frnhd. Syntax, die bisher isoliert erschienen, ließen sich hier einordnen und fänden eine Erklärung; doch ist bisher das Bedingungsgefüge der einzelnen Faktoren nicht geklärt.

Die folgende Skizze versucht, die Ergebnisse der Forschungsliteratur ohne Anspruch auf Vollständigkeit in eine Entwicklungslinie zu bringen:

Die Ausdehnung der Schriftlichkeit in Verwaltung und öffentlichem Leben und der damit verbundene Übergang vom Hörverstehen zum Leseverstehen (vgl. Nyholm 1981, 59f.) schafft die Voraussetzung für eine Reihe von sprachlichen Entwicklungsprozessen. Während mündliche Sprechakte den Beschränkungen der jeweiligen Situation und insbesondere des Fassungsvermögens seitens des Hörers unterliegen, kann in der Schriftlichkeit dem (wachsenden) Bedürfnis nach Differenzierung Rechnung getragen werden. Dies führt insbesondere in der Kanzleischreibe – und von da aus in andere Bereiche der Schriftlichkeit übergehend – zu einer Reihe von sprachlichen Expandierungen, sowohl im Bereich der Nominalgruppe (Attributerweiterung) als auch im Bereich des Verbalkomplexes.

Durch die Zunahme des Satzumfangs wird eine straffere kommunikationssichernde Regelung der Wortfolge notwendig (vgl. Hammarström 1923, Fleischmann 1973, 193), die tendenziell zur sog. zentripetalen Wortfolge führt (oder diese begünstigt):

> Wir können also den Strukturwandel im deutschen Satzbau, der die Ausbildung des erweiterten Attributs in der Zeit um 1600 ermöglicht hat, definieren als Veränderung der Verteilung von zentripetaler und zentrifugaler Wortfolge zugunsten der zentripetalen, die nun bei der Beziehung des attributiven Adjektivs oder Partizips zum übergeordneten Substantiv und bei der Beziehung des Prädikats zu den ihm untergeordneten Satzgliedern fast ausschließlich Gültigkeit erhält.
>
> (Weber 1971, 135)

Damit lässt sich auch das Ansteigen der Sätze mit (vollständigen) Rahmen (s.u. 9.5.) erklären (vgl. Weber 1971, 133; v. Polenz 1978, 97).

Diese Prozesse werden begleitet durch das Anwachsen der die Rahmenbildung fördernden Periphrase des Präteritums (s.u. 9.6.) und die Umstrukturierung bzw. semantische Profilierung des Systems der Konjunktionen (s.u. 9.8.). Unklar bleibt, ob die Zunahme des Perfektgebrauchs eine der Voraussetzungen oder nur eine Folge der stärkeren Rahmenbildung ist oder ob sie – aus anderen Gründen entstanden (vgl. 9.6.) – nur als vorhandene Möglichkeit genutzt wird.

Dem Lat. wird bei all diesen Prozessen ein gewisser Einfluss zugesprochen, der entweder durch direkte Übernahmen (etwa Partizipkonstruktionen) oder als bloßes Vorbild eher indirekt wirksam wird. In diesem Sinne ist die von Admoni für das erweiterte Partizipialattribut geprägte und von der jüngeren Forschung für andere Bereiche der Syntax bestätigte Formel (vgl. etwa Schulze 1975, 194ff.) noch immer gültig:

> Aber dieser Einfluß [i.e. der lat., d. Verf.] ist nicht als eine Aufzwingung gewisser dem deutschen Satzbau ferner oder sogar feindlicher Formen zu verstehen, sondern als Ansporn zur Entwicklung von Formen und Fähigkeiten, die im deutschen Sprachbau potentiell enthalten waren.
>
> (Admoni 1964, 324)

9.2. Ausbau der Nominalgruppe
(Frnhd. Gr. § S1ff.)

(1) Die Nominalgruppe ist im Frnhd. durch zunehmende Erweiterung gekennzeichnet. Diese erfolgt durch Neben- bzw. Unterordnung von zusätzlichen Gliedern. Die Nebenordnung ist dabei zu einem hohen Prozentsatz zweigliedrig: *mit frumē vñ mit boßem wirt erfult das hauß*. Kettmann in *Zur Ausbildung der Norm* I (1976, 346 und 374) gibt diese mit 83,9% aller mehrgliedrigen für den Zeitraum 1470–1530 und 83% für den Zeitraum 1670–1730 an. Drei- und mehrgliedrige sind dagegen seltener (*vnd alle werlt ys in ehebreckerie vnreinicheiden vnde horerye versoppen*).

Die Reihung betrifft in erster Linie Objekte, danach Attribute, Adverbialbestimmungen, Subjekte und Prädikate. Gereiht werden Substantive (64%/65,1%), dann Adjektive (16%/21,8%) und Verben (13,3%/9,3%) (vgl. Kettmann a.a.O., 406).

(2) Stark erweitert werden auch die Adjektiv- und Partizipialattribute (vgl. etwa Weber 1971). Seit dem 15./16. Jh. erscheinen erweiterte Attribute häufiger in der Urkundensprache (*vil stede und lande in Deutschen und Welschen landen deme riche zugehorende*).

Nach 1600 ist das erweiterte Attribut in der Kanzleisprache fest verankert und wirkt von da aus auf die übrige Rechts- und Geschäftssprache, dagegen ist in anderen Bereichen der Schriftlichkeit die Erweiterung nicht so stark ausgebaut. Sowohl die Verwendung der erweiterten Attribute als auch die durchschnittliche Zahl der Glieder nimmt zu (vgl. Weber 1971, 216ff. und 128ff.).

In der 2. Hälfte des 16. Jh.s tauchen auch andere Formen mit hoher Frequenz auf, wie etwa Präpositionalgefüge (*neben unserm auf diesem Reichs-Tag aufgerichteten Kayserlichen und des H. Reichs Abschied*).

9.3. Stellungswechsel des adnominalen Genitivs
(Frnhd. Gr. § S42–S44)

Das Genitivattribut (adnominaler oder attributiver Genitiv) wird zunehmend postnominal verwendet (*Schein der Sonne*). Pränominale Stellung (*der sunnen schein*) ist im Frnhd. durchaus noch üblich, doch ist die bereits in der mhd. Prosa überwiegende postnominale Stellung im Einfachsatz (vgl. Prell 2001, 197ff.) um 1500 dominierend und nimmt bis ca. 1700 noch zu. Durch diesen Stellungswechsel wird eine deutliche strukturelle Trennung von adnominalem Genitiv und Kompositum erreicht: *der sunnen schein > der Sonnenschein* vs. *der Schein der Sonne*.

Nach Fritze (*Zur Ausbildung der Norm* I, 1976, 458) entwickelt sich die Stellung des Genitivattributs folgendermaßen:

	postnominal	pränominal	andere Konstruktionen (hier ohne Bedeutung)
1470–1530	53%	27%	20%
1670–1730	64%	25%	11%

Der Anteil der post- bzw. pränominalen Variante ist regional leicht unterschiedlich. Nach Fritze (ebd.) beträgt der Anteil der postnominalen Variante um 1500 63,8% im Omd., 55,1% im Nd., 50,6% im Wmd., 52,6% im Wobd. und 47% im Oobd. Weit gewichtiger ist der Einfluss der Textart auf die Verwendung der jeweiligen Variante, wobei jedoch die recht unterschiedliche semantische Besetzung in den verschiedenen Textarten eine Rolle spielt. So beträgt der Anteil des postnominalen Genitivs um 1500 in der Fachprosa und in Flugschriften, in denen der inhaltliche Typ ,Zugehörigkeit von Person oder Sache, Ort oder Zeit zu etwas oder jemand' mit über 74% stark überwiegt, während er in chronikalischen Texten, in denen der inhaltliche Typ ,Zugehörigkeit zu einem Bereich' der beherrschende ist, nur 20,5% beträgt.

Von relativ geringer Bedeutung sind in der frnhd. Schriftlichkeit noch die besonders in der heutigen Umgangssprache üblichen Ersetzungen des Genitivattributs durch einen (eigentlich verstärkenden) possessiven Dativ (im Frnhd. auch Genitiv): *dem Vater sein Haus*. Von größerer Bedeutung dagegen sind die auch in rezenten Mdaa. üblichen Ersetzungen des Genitivattributs durch ein Präpositionalgefüge (*von* + Dativ: *das Haus von/vom Vater*) dessen Anteil im Verlauf des Frnhd. jedoch – besonders in festen Wendungen – stark rückläufig ist.

9.4. Ausbau des Verbkomplexes
(Frnhd. Gr. § S251–S257)

Der Verbkomplex nimmt im Laufe des Frnhd. ebenfalls an Umfang zu. Grundsätzlich kann er bis zu 5 verbale Bestandteile umfassen:

[hat] getan	eingliedrig (Ellipse)
soll tun	zweigliedrig
hat tun wollen	dreigliedrig
hat tun lassen wollen	viergliedrig
hätte bleiben lassen können zu tun	fünfgliedrig

Der Anteil der einzelnen Komplexe ist nach Schieb (*Zur Ausbildung der Norm* I, 1976, 60 u. 134) (ohne die mehrgliedrigen Ellipsen):

Zahl der Glieder	1 (Ellipsen)	2	3	4	5
1470–1530	18.108	303	5.114	475	13	—
	(100%)	(1,7%)	(28,2%)	(2,6%)	(0,07%)	
1670–1730	6.934	38	2.492	659	28	1
	(100%)	(0,5%)	(35,9%)	(9,5%)	(0,4%)	(0,01%)

Die Normalform eines Komplexes besteht aus zwei, seltener drei Bestandteilen; vier Bestandteile sind mit 41 Belegen eine Randerscheinung, und der Beleg mit fünf Bestandteilen ist im Korpus unikal. Der Anteil der verbalen Komplexe insgesamt nimmt gegenüber Einzelverben (eingliedrige Volltypen) zu (32,8% > 46,6%); die Anzahl der Glieder nimmt ebenfalls zu.

Mögliche Kombinationen bestehen aus ,verbum finitum + Infinitiv', ,verbum finitum + Part. Prät.', ,verbum finitum + Infinitiv mit *zu*'. Bei den zweigliedrigen sind die Kombinationen ,verbum finitum + Part. Prät.' und ,verbum finitum + Infinitiv' etwa gleich häufig belegt. Der Gebrauch der Kombination ,verbum finitum + Infinitiv mit *zu*' steigt an (6,7% > 14,1%).

Die Abfolge der verschiedenen Bestandteile des verbalen Komplexes am Ende eines Gliedsatzes schwankt im Frnhd.:

retts du, daz wir supplicirn solten
wenn man uns kont pringen zu der ewangelischen freyheit.

Besonders die Stellungsvarianten ,infinite + finite Verbform' und ,finite + infinite Verbform' konkurrieren miteinander. Diese Variation, die sich in den rezenten Mdaa. erhalten hat, ist in der frnhd. Schriftlichkeit noch stark ausgeprägt. Weber (1971, 132) gibt für die in der nhd. Standardsprache nicht mehr übliche Abfolge ,finitum + infinitum' für das 14. Jh. 28%, für das 15. Jh. 20%, für das 16. Jh. 22% und für das 17. Jh. 8% an.

9.5. Entwicklung der Verbstellung und Rahmenbildung
(Frnhd. Gr. § S237–S259)

(1) Die Anfangsstellung des finiten Verbs im aussagenden Hauptsatz war im klassischen Mhd. nahezu geschwunden (vgl. Prell 2001, 64ff.); sie wird besonders im 15./16. Jh. verstärkt wieder realisiert, und zwar besonders bei Verba dicendi. Neben einem Einfluss des Lat. ist hier auch ein Einfluss der gesprochenen Sprache wahrscheinlich. Mundartlich und umgangssprachlich hat sich diese Stellung bis ins Nhd. erhalten, etwa beim Erzählen von Witzen nach dem Muster: *Sagt der X zum Y.*

Im sog. Nachsatz wird die Anfangsstellung zur Regelstellung (*als er nach Hause ging, fiel er hin*). Nach und in Hauptsatzreihen konkurriert die Stellungsvariante ,Personalpronomen + finites Verb' (*wir sind*) mit der umgekehrten Stellung (Inversion: *sind wir*) bis ins 18. Jh. (vgl. R.P. Ebert 1978, 38f.).

Zweitstellung des finiten Verbs im aussagenden Hauptsatz ist bereits im Ahd. weitgehend durchgeführt. Die häufig belegte Spätstellung im Mhd. und Frnhd. unterliegt zumeist den Bedingungen der gebundenen Sprache.

Die Endstellung des Verbs im abhängigen Gliedsatz ist im Ahd. bereits bekannt, wird aber erst im 15./16. Jh. stärker genutzt. ·

(2) Eine der wichtigsten Erscheinungen innerhalb der deutschen Syntax ist die Ausbildung des Satzrahmens (Satzklammer). Im Hauptsatz wird der prädikative Rahmen durch Zweitstellung des finiten Verbs und das Auseinanderrücken mehrerer zusammengehöriger Glieder des Verbkomplexes erreicht, wobei die finite Verbform immer in Zweit- bzw. Erststellung und die infiniten Formen durch Endstellung gekennzeichnet sind. Im Nebensatz stehen infinite und finite Verbformen am Ende. Die Klammer wird hier durch den Verbkomplex in Endstellung und die einleitende Konjunktion (bzw. das Relativpronomen) gebildet. Bzgl. der Satzklammer lassen sich drei Typen von Sätzen unterscheiden:

1. Sätze mit voll ausgebildetem Rahmen (*die pfaffen Können Nie ohne Zanck bleiben*);
2. Sätze mit einem partiell ausgebildeten Rahmen (*durch die steinrotsche wurden sie erloist des dots*);
3. Sätze ohne Rahmen (fehlender Rahmen trotz vorhandener Möglichkeiten) (*er wart erkant an synen grossen deten*).

Im Verlauf des Frnhd. nehmen die Sätze mit vollständigem Rahmen zu, während Sätze mit partiellem Rahmen abnehmen und Sätze mit fehlendem Rahmen zur seltenen Ausnahme werden:

	voller Rahmen	partiell ausgebildeter Rahmen	fehlender Rahmen
1470–1530:	68,1%	22,4%	9,4%
1670–1730:	81,4%	17,9%	0,8%

(vgl. Schildt in: *Zur Ausbildung der Norm* I, 1976, 271)

R.P. Ebert (1980) belegt aus Nürnberger Quellen eine stilistisch und sozial bedingte Variation: Der vollständige Rahmen ist im 15./16. Jh. häufiger in der Kanzleisprache als in anderen Quellen belegt, und selbst innerhalb der Kanzleisprache lässt sich Variation in der Verwendung des Satzrahmens hinsichtlich der Textart beobachten.

Bisherige Erklärungen des Phänomens der Rahmenbildung bieten noch keine letzte Klarheit. Admoni führt die Herkunft auf die gesprochene Umgangssprache zurück. Schildt (*Zur Ausbildung der Norm* I, 1976) findet dies bestätigt aufgrund des hohen Anteils an vollständigen Rahmen in den Flugschriften des 15. und frühen 16. Jh.s, wo er einen starken Einfluss der gesprochenen Sprache vermutet. Dem widerspricht R.P. Ebert (1980), dessen Befund anhand von Briefen aus Nürnberg (1300–1600) zeigt, dass gerade die Gruppe der Schreiber mit niedriger Ausbildung und entsprechend großer Nähe zur gesprochenen Sprache die geringste Zahl an vollständigen Rahmen aufweist, während sich die höchste Rate bei den universitär Gebildeten findet.

Zum Nebensatz, wo die Ausbildung des Rahmens mit der Endstellung des Verbs bzw. verbalen Komplexes verknüpft ist, finden sich noch weitere Erklärungsversuche. Die Endstellung des finiten Verbs steigt seit dem 15. Jh. stark an und ist im 17. Jh. weitestgehend fest. In der Entwicklung geht die Kanzleisprache voran (vgl. Hammarström 1923). Seit Behaghel (1892) wird die Entwicklung der Endstellung im Nebensatz und die damit verbundene Rahmenbildung auf lat. Einfluss zurückgeführt (Maurer 1926, Biener 1959). Dem ist mit guten Argumenten mehrfach widersprochen worden. Fleischmann (1973) verweist auf die für den in Frage kommenden Zeitraum wichtige lat. Grammatik Melanchthons (1572), in der nicht die Endstellung des Verbs, sondern die Abfolge Subjekt – Verb (also Zweit- oder Mittelstellung) verlangt wird. Stolt (1964) schließt lat. Einfluss aufgrund von Auszählungen bei Luther aus. In Luthers Tischreden überwiegt die Endstellung des Verbs in den deutschen (*daß*-)Sätzen (72%); dagegen finden sich nur 27% bei den lateinischen (*quod-, ut-, ne-*)Sätzen, während die Zweitstellung überwiegt. Hartmann (1969), der die Verbstellung frnhd. Bibelübersetzungen untersucht, findet die deutschen Endstellungsbelege unabhängig von der lateinischen Vorlage.

V. Polenz (1978), Weber (1971) und Hartmann (1969) nehmen eine typologische Umstrukturierung von einer zentrifugalen zu einer zentripetalen Wortfolge an, d.h. der Nebensatz wird zunehmend auf das Prädikat hin zentriert. Die Begründung dafür wird mit dem Hinweis auf die Besonderheit des Nebensatzes „als Einheit und doch gleichzeitig als Teil eines größeren Gebildes" (Hartmann 1969, 193) gegeben (ähnlich bereits Hammerström 1923, 202). Vgl. auch Braunmüller (1982, 34); Prell (2001, 218ff.).

9.6. Präteritumschwund und Ausbreitung periphrastischer Formen (Frnhd. Gr. § S164)

Die deutsche Sprache tendiert im Verbbereich – wie auch in anderen Bereichen der Morphologie – von einer eher synthetischen zu einer eher gemischt synthetisch-analytischen Bauweise. Seit ca. 1300 – häufiger dann seit dem 15. Jh. – werden, besonders im Obd., umschriebene Perfekt-Formen anstelle der synthetisch gebildeten Präteritumformen verwendet. Deren Anteil sinkt rasch und beträgt um ca. 1530 bereits weniger als 50%. Dieser wohl aus der Mündlichkeit übertragene Schwund der Präteritalformen, der sich in den Mundarten südlich der sog. Präteritallinie (vgl. Maurer 1926) nahezu vollständig durchsetzt, tritt in der Schriftlichkeit jedoch kaum je vollständig ein und wird wohl unter nd. Einfluss spätestens von der 2. Hälfte des 17. Jh.s an wieder eingeschränkt.

Die Ursache für diesen Schwund ist umstritten. Neben der Erklärung, dass die e-Apokope Auslöser für den Schwund sei, wird u.a. die teilweise Umfunktionierung des Dentalsuffixes (-(e)t-) vom Tempusanzeiger zum Moduszeichen (irrealis) angesehen. Wie das Verhältnis der Ausbreitung der Periphrase, die die Möglichkeit zum Trennen von Verbteilen stärker eröffnet, und der Tendenz zur Rahmenbildung gestaltet ist, ist bisher nicht ausreichend erhellt. Als Voraussetzung für eine Ersetzung des Präteritums durch periphrastische Perfektformen wird der Rückgang der aktionalen Opposition ‚durativ‘ vs. ‚ingressiv‘ im Verbalsystem und die Durchsetzung einer Opposition ‚vollzogen‘ vs. ‚unvollzogen‘ genannt.

9.7. Herausbildung der periphrastischen Futurbildung mit ‚werden + Infinitiv‘ (Frnhd. Gr. § S167–S172)

Ursprünglich ingressiven Wert hat auch die Fügung ‚werden + Infinitiv‘ (‚wird + Infinitiv‘ vs. ‚ward + Infinitiv‘). Dieser schwindet mit der Grammatikalisierung der Fügung im 16. Jh. Die mhd. üblichen Fügungen ‚Modalverb + Infinitiv‘ mit temporaler Bedeutung zum Ausdruck von Zukünftigem überwiegen bis ins späte 15. Jh. gegenüber der Fügung ‚werden + Infinitiv‘. Der quantitative Umschlag erfolgt im 16. Jh.; von da an überwiegt die Fügung ‚werden + Infinitiv‘ mit überwiegend temporaler Bedeutung, während bei den konkurrierenden Formen die temporale Bedeutung stetig rückläufig ist. ‚müssen + Infinitiv‘ ist seit dem späten 15. Jh. kaum noch temporal belegt; ‚sollen + Infinitiv‘ und noch etwas länger ‚wollen + Infinitiv‘ finden sich dagegen noch im späten 17. Jh.

9.8. Profilierung der subordinierenden Konjunktionen

Während die koordinierenden Konjunktionen sich nur unwesentlich verändern, wird das System der subordinierenden Konjunktionen als Mittel zum Ausdruck der Art der jeweiligen Beziehung von Haupt- und Nebensatz im Frnhd. neu gestaltet. Dieser Prozess, in dem Konkurrenten abgebaut und semantische Profilierungen vorgenommen werden, wird zu den sprachgeschichtlich wichtigsten im Frnhd. gezählt (vgl. Erben 1985, 1345). Gemessen daran ist unser Wissen über diesen Prozess erstaunlich gering; deshalb nur ein paar Beobachtungen:

Temporales *als* setzt sich gegen *da~do* und temporales *während* gegen *indem* und *(die)weil* durch. *Wenn* und *wann* (*wande*) haben im Frnhd. sowohl noch Funktion als temporale Interrogativadverbien, wie auch als kausale/konditionale/temporale Konjunktionen. In der nhd. Standardsprache werden die beiden Funktionen formal getrennt; so steht *wann* nur als Interrogativadverb und *wenn* als konditionale (auch temporale) Konjunktion.

ob konkurriert als kausale Konjunktion mit *wenn, wo* und *so*. Als konzessive Konjunktion steht *ob* häufig mit *gleich, schon, wol* neben *wenn gleich, wenn schon, wie wol, so doch*.

daß (seit dem 16. Jh. zunehmend graphisch vom Demonstrativ- bzw. Relativpronomen und Artikel unterschieden) ist seit dem Ahd. semantisch stark belastet. Im Frnhd. tritt es in finaler Bedeutung neben *auff daß* (besonders 15.-18. Jh.) und dem alten Pronominaladverb *damit* auf. In konsekutiver Bedeutung wird zunehmend *so daß* verwendet. *daß* mit kausaler Bedeutung weicht allmählich kausalem *weil*.

9.9. Abbau der doppelten Negation und des proklitischen *en-* (Frnhd. Gr. § S229–S235)

Doppelte bzw. mehrfache Negation mit verstärkend negierender Funktion ist mit abnehmender Tendenz bis ins 18. Jh. in der Schriftlichkeit belegt (vgl. Pensel in: *Zur Ausbildung der Norm* I, 1976).

In den rezenten Mdaa. ist doppelte Verneinung mit negierender Funktion noch üblich.

Die Satznegation erfolgt zu Beginn des Frnhd. bereits weit überwiegend mit Hilfe der Negationspartikel *nicht* (*niht ~ nit ~ nyet* etc.). Pensel (a.a.O.) führt für den Zeitraum 1470–1530 für *nicht* (alleinstehend) durchschnittlich 86,8% an (zwischen 97,7% omd. und 65,1% nd.). Daneben tritt die mhd. Negationspartikel *ne~en-* in der proklitischen Form *en-* in diesem Zeitraum noch alleine auf, und zwar am häufigsten im Nd. (5,4%) und im Wmd. (1,4%), aber auch – wenngleich weit seltener – im übrigen Sprachgebiet einschließlich des Omd. Proklitisches *en-* trägt aber kaum noch alleine die Funktion der Satznegation, sondern in der Regel zusammen mit einer anderen Negationspartikel, zumeist *nicht*. Um 1500 ist *en-* im Obd. weitgehend geschwunden und im Md. noch gelegentlich belegt; lediglich im Nd. findet es sich noch etwas häufiger.

Zum Stellungswandel der Negation s. Donhauser (1996); Demske (2002, 316).

Aufgaben:

1. Überlegen Sie, ob im folgenden Satz das Satzglied ‚*auff dem gantzen erdtreich*' vom Verb *sehn* des Hauptsatzes abhängt oder von den Verben *krymmen* und *wymmen* des Relativsatzes:

   Aber das funffte ist dis das wir vor augenn haben / das auch von eysen ist vnd wolte gern zwingen aber es ist mit kothe geflickt / wie wir vor sichtigen augen sehn eytell anschlege der heycheley die do krymmet vnd wymmet auff dem gantzen erdtreich
   (Thomas Müntzer, Fürstenpredigt; vgl. Kettmann 1971, 260).

   Wie müsste die Wortstellung sein, damit die Abhängigkeiten für uns heute eindeutig sind?

2. Bestimmen Sie bei den folgenden Sätzen aus der Luther-Bibel (Buch Richter) jeweils die Art des Nebensatzes. Geben Sie für Luthers *das* jeweils eine nhd. passende Konjunktion an.
   a) *Ich wil sie nicht vertreiben fur euch, das sie euch zum stricke werden* […] (2,3)

b) Denn sie kamen erauff mit yhrem vieh vnd hutten, wie eyn grosse menge hewschrecken, das widder sie noch yhr Camel zu zelen waren [...] (6,5)

c) Gib deinen son er aus, er muß sterben, das er den Altar Baal zubrochen, vnd den Hayn da bey abgehawen (6, 30)

d) [...] deyn zorn ergrymme nicht widder mich, das ich noch eyn mal rede [...] (6,39)

e) Des volcks ist zu viel das mit dir ist, das ich solt Midian in jre hende geben (7,2)

Lösungshinweis zu 2.: Hermann Menge übersetzt in seiner Bibelübersetzung von 1926 die Stellen folgendermaßen:

a) *Ich werde sie nicht vor euch vertreiben, damit sie euch zum Fallstrick werden;* b) *(sie) kamen, so daß sie selbst und ihre Kamele nicht zu zählen waren;* c) *[...] er muß sterben, weil er den Altar Baals niedergerissen hat [...];* d) *Gerate nicht in Zorn gegen mich, wenn ich nur noch diesmal rede;* e) *Das Volk ist zu zahlreich, als daß ich die Midianiter in ihre Gewalt geben sollte* (vgl. dazu Tschirch 1963, 16).

Literatur:

Admoni (1967; 1972); Askedal (1996); Behaghel (1900; 1923–1932; 1930); Bentzinger (1992); Betten (1987; 1990); Biener (1959); Bogner (1989); Boon (1980/81); Dal (1960); R.P. Ebert (1976; 1978; 1980; 1986; 1998); Erben (1954; 1985); Härd (1981); Hammarström (1923); Hartmann (1969); Kaiblinger (1929/30); Kleiner (1925/26); Lindgren (1957); Lockwood (1968); Ludwig (1967); Maurer (1926); Nyholm (1981); Oubouzar (1974); Prell (1999; 2000); Rieck (1977); Rössing-Hager (1972); Saltveit (1962); Speyer (2001); Vennemann (1974); Wagner (1905); Walther (1982); H. Weber (1971); Zatočil (1959); *Zur Ausbildung der Norm* I, IV u. V. S. auch den Forschungsbericht von Ebert/Erben in: *Frühneuhochdeutsch*, 149–177.

10. Lexik

10.1. Forschungsprobleme

Lange Zeit hatte sich die strukturell orientierte Sprachwissenschaft vorrangig der Graphematik, Phonematik, Morphematik, Syntax und Wortbildung, die für korpusgestützte Untersuchungen leichter fassbar sind, gewidmet und den Wortschatz eher stiefmütterlich behandelt. Eine Darstellung der synchronen Verhältnisse der dt. Lexik vor dem Beginn und während der Ausgleichsvorgänge ist noch zu leisten. Trotz materialreicher Studien, z.B. zu Einzelautoren (s. Luther 4.3.; zu Müntzer, s. Spillmann 1971; 1991), zu einzelnen Textsorten, Geistes- oder literarischen Strömungen (z.B. Kirchenlied, (Ulrich 1969) Pietismus) und wort- bzw. begriffsgeschichtlichen Beiträgen (s. dazu auch Brunner/Conze/Koselleck 1972–1992) lässt sich die Lexikentwicklung in ihrer gesamtsprachlichen Dimension heute noch nicht erschöpfend wissenschaftlich darstellen. Der frnhd. Wortschatz weist im Vergleich zum lexikalischen Inventar der auf einem ‚kanonisierten‘ Textsortenspektrum basierenden ‚Idealsprache‘ Mhd. sowie zum Nhd. eine große Variabilität auf, die erst allmählich durch die Herausbildung von Leitvarietäten reduziert wurde. Diese Erscheinung unterscheidet sich von den Vereinheitlichungsprozessen auf anderen Ebenen der Sprache, die durch die begrenzte Zahl distinktiver Einheiten als relativ geschlossene Systeme erscheinen. Dennoch sind nicht selten im lautlich-morphologischen Bereich gewonnene Erkenntnisse in der aufgrund ihrer geringeren Systemhaftigkeit besonders materialaufwendigen Erforschung der Lexik übernommen worden. Besonders bei der Lexik und deren Inventar ist für generalisierende Aussagen größte Vorsicht geboten. Reichmann weist mit Recht darauf hin (2003, 38), dass für die Zeit vom 15. bis 18. Jh. etwa einige hundert Einzelfalluntersuchungen wortgeschichtlicher Entwicklungen, die dazu oft nur bestimmte Eigenschaften einer Einheit betreffen, einem *FWB*-Inventarumfang von ca. 150 000 Lexikoneinheiten gegenüberstehen, was die Repräsentativität jeder diesbezüglichen Aussage stark beeinträchtigt.

Viele Wortschatzuntersuchungen erschöpfen sich in der Auflistung aufkommender oder absterbender Einzelwörter und mehr oder weniger gesicherter Erstbelege, wobei quantitative Betrachtungsweisen, die Rückschlüsse auf den Geltungsgrad eines Lexems ermöglichen, nur selten berücksichtigt wurden, obwohl diese die Ausnahme- und Idiotismenlastigkeit der anhand von Wörterbüchern zustande gekommenen Studien ausgleichen würden. Nur die wiederholte Übernahme eines Wortes kann nämlich beweisen, dass es in einer Landschaft geläufig ist oder zumindest verstanden wird. Die häufig atomistisch vorgehende historische Wortforschung vernachlässigte zudem die bei der Umgliederung von Wortfeldern wichtigen strukturellen Zusammenhänge, über deren Umfang der quantitative Zugriff Aufschluss geben kann (s. dazu die Benutzungsmöglichkeiten von Indices und Konkordanzen bei Gärtner/ Kühn [2]1998).

Nicht nur der diachronische Vergleich ist erforderlich, sondern auch die Erforschung der Veränderungen innerhalb soziologisch und geographisch abgegrenzter Gebiete in e i n e m Zeitraum. Auch die Grundlage aller Gemeinsamkeiten muss berücksichtigt werden, um das Ausmaß der Variabilität bestimmen zu können. Als erschwerender Faktor bei lexikalischen Untersuchungen kommt noch hinzu, dass, im Unterschied zur Grammatik, die Abweichung von der Norm nicht so streng als Verstoß gegen die z.B. in der Schule angestrebte Sprachrichtigkeit empfunden wurde, so dass weiterhin eine größere Toleranz bzw. Akzeptanz herrschte. Die durch sprachsoziologische und stilistische Abstufungen gesteigerte potentielle Variabilität der Bestandteile des offenen lexikalischen Systems führen zu einer geringeren Systemhaftigkeit der Entwicklungen. Die Konstituierung von Leitvarietäten setzt den Abbau von regional, sozial und funktional-stilistisch bedingten Varianten voraus, wobei die Grenzen zwischen ihnen nicht immer deutlich zu eruieren sind. Dies zeigt das Beispiel der Konkurrenz *minne/liebe* (Besch 1967, 192; 1985, 1796f.; Möllmann 2002), bei dem die Verdrängung von *minne* zunächst rein sprachsoziologisch (Bedeutungsverschlechterung im Spätmittelalter) erklärt wurde. Später wurde diese Deutung differenziert und durch eine regionale, landschaftskombinatorische Dimension erweitert (s. Abb. 34). Der komplexe, langwierige und deshalb der besonders differenzierenden Beurteilung bedürfende Prozess der Normbildung im lexikalischen Bereich umfasst ein vielschichtiges und umfangreiches Material, dessen systematische Sichtung keineswegs abgeschlossen ist. Innovation, Ausgleich, Neustrukturierung, Verdrängung mit teilweisem Fortleben in den Mdaa. (s. z.B. v. Bahder 1925; Kühn/Püschel 1983; Haas 1994), Entregionalisierung werden in den großen lexikographischen Unternehmen des 16. bis 18. Jh.s besonders deutlich, da diese die Selektionsprozesse dokumentieren und zugleich steuernd beeinflussen. Hauptmerkmale des Bedeutungswandels von Lexemen ist die frühneuzeitliche Monosemierung, die Verwendungsvielfalt und Mehrdeutigkeit abbaut und Synonymen- bzw. Heteronymenreduzierung bewirkt. Die Genauigkeit wird gesteigert, indem Randunschärfen beseitigt werden. Dies bewirkt einerseits eine Schrumpfung des Bedeutungsfeldes der Einzelausdrücke, andererseits eine Vergrößerung ihrer Zahl.

Außer den bereits erwähnten Variationsebenen gilt es noch, die aus anderen Sprachen entlehnte Komponente der Lexik, das Individuelle, einem Autor Eigene, das Alte und das Neue zu sichten, wobei eine rein kontrastiv zur Lexik des Nhd. eingestellte Forschungshaltung Gefahr läuft, nur Besonderheiten der Lexik zu buchen und im Frnhd. neu aufkommendes, aber inzwischen geläufig gewordenes Wortgut zu übersehen. Obwohl richtungsweisende Arbeiten und wortgeographisch orientierte Einzeluntersuchungen, z.B. im Bereich der Standes- und Berufsbezeichnungen (*Zur Ausbildung der Norm* II 1976) oder für bestimmte Textsorten (z.B. Guchmann 1974; Winkler 1975; Goertz 1977), viele Möglichkeiten aufgezeigt haben, kann die räumliche Verbreitung der frnhd. Lexik nur für eine relativ geringe Anzahl von Wörtern (oder Bedeutungen) als hinreichend gesichert gelten. Außerdem ist die Grundschichtlexik, die möglicherweise über die Masse des Alltagsschrifttums, das in einem Zeitalter der zunehmenden Verschriftlichung entsteht, zu erreichen wäre, noch kaum erschlossen (vgl. dazu Kleiber/Kunze/Löffler 1979 I, 20–34).

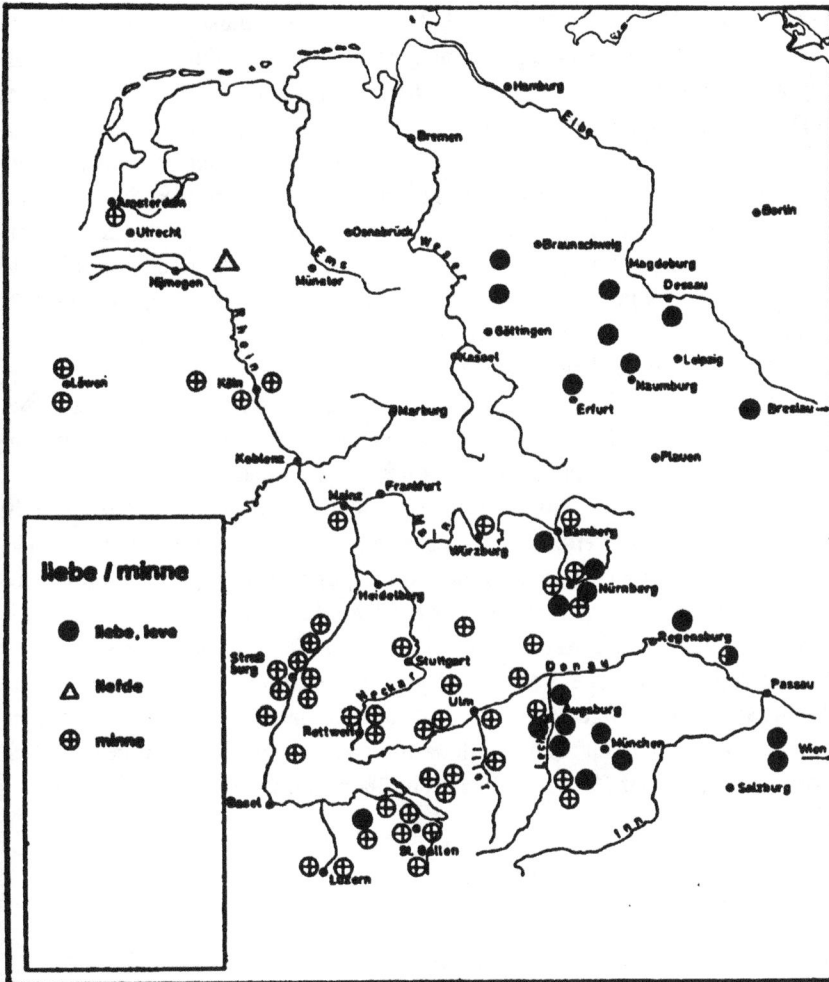

Abb. 34: Die Konkurrenzsituation *minne/liebe* aufgrund der Versionen eines Textes der spätmittelalterlichen Erbauungsliteratur (Besch 1968, 419 = Wegera 1986, 237)

Nach Ising vollziehen sich

> die Ausgleichsvorgänge bei der Herausbildung des schriftsprachlichen deutschen Wortschatzes [...]
> im Sinne eines echten Mischungsprozesses, nicht im Sinne der Übernahme eines in einer einzelnen
> Sprachlandschaft bereits fertig ausgebildeten Bestandes im Wortschatz [...]. Alle deutschen
> Sprachlandschaften einschließlich des Niederdeutschen sind an diesem Mischungs- und Aus-
> gleichsprozeß beteiligt. (1968 I, 136)

In einer allerdings fast ausschließlich auf Wörterbücher gestützten und stark atomistisch
ausgerichteten Untersuchung hatte v. Bahder (1925) einige Selektionsmuster bei Wörtern in
Konkurrenzsituation herausgearbeitet.

Besch hat wichtige Mechanismen und Gesetzlichkeiten der Auswahl und des Ausgleichs
formuliert (1967; vgl. 3.) und die Bedeutung wirkungsmächtiger Schriften (z.B. der Bibel; s.
dazu 4.3; Sonderegger ²1998; Besch 1997) bei der Durchsetzung von Varianten betont. Die

Aufgabe der These einer deutlich umrissenen ‚lexikalischen Musterlandschaft', von der eine
verbindliche Norm auf das gesamte Sprachgebiet ausgestrahlt habe, zugunsten der Vorstellung von der Integration verschiedener regionaler Varianten wird durch die Erkenntnis un-
terstützt, dass im Bereich der Lexik die großräumigen Schriftlandschaften nicht zwangsläu-
fig mit den vorwiegend nach lautlichen Kriterien abgesteckten Gebieten übereinstimmen,
dass also die von der historischen Wortgeographie gekennzeichneten Grenzen die der historischen Laut- und Formenlehre durchkreuzen. So bildet z.B. die Grenze der 2. Lautverschiebung keineswegs eine Barriere, und im 16. und 17. Jh. gelangen zahlreiche norddt. und
mnl. Elemente, die über die geographisch bedingte Terminologie (z.B. Seemannssprache,
Küsten-, Deich- und Gewässerwesen) hinausreichen, in den einheitlichen nhd. Wortschatz.

Bei der Bestimmung der lexikalischen Dominanz- und Konkurrenzverhältnisse im Prozess
der Normenkonstituierung sind die Gewichtungen zwischen den verschiedenen Landschaften
noch vorzunehmen, d.h. dass es noch keine ausreichende Übersicht über den Beitrag der einzelnen Sprachlandschaften gibt und dass der Grad der jeweiligen Übereinstimmung bzw. das
Ausmaß der Abweichungen mit bzw. von der überregionalen Norm noch nicht festgestellt
und quantifiziert worden ist. Ebensowenig gibt es Gesamtuntersuchungen zur Weiterentwicklung der abgedrängten Konkurrenzwörter, zu ihren verschiedenartigen Schicksalen und Existenzformen, z.B. Abstufungen des Wortinhalts, des Anwendungsbereiches oder des Stil-
werts, Weiterleben im Dialekt oder gänzliches Verschwinden. Der Einbezug verschiedener
Textsorten erweitert die geographische Variabilität um eine soziologische Dimension und
zeigt unterschiedliche, auf die jeweilige Schreibschicht zurückführende Realverhältnisse.

Dass regional und sprachschichtenspezifisch determinierte Varianz nicht immer deutlich
zu trennen sind, zeigen die von der *Zürcher Bibel* nicht übernommenen lexikalischen Alter-
nativen zu Luther bei Zwingli:

> *vom abent / von nidergang (der sonnen)* Mt 8,11
> *balcken / tromm* Mt 7,5
> *bedurfft / manglend* Mt 6,8
> *bekennen / antwurten, verjehen* Mt 7,23; 10,32
> *besser / wäger* Mt 5,29
> *tocht / werch oder flachs* Mt 12,20
> *leychter / ringer* Mt 19,24
> *on falsch / einfaltig* Mt 10,16　　　　　　　　　　　　　　　　　　(Schenker 1977, 98f.)

Wechselnde Wortwahl bei durch das lat. Stichwort garantiertem gleichbleibenden Sprachin-
halt in Glossaren, Vokabularien und zweisprachigen frnhd. Wörterbüchern ergibt ein an-
schauliches Bild der Konkurrenzsituation im Ausgleichsprozess. Dabei darf man die Grenze
der Aussagekraft dieser Quellengruppe nicht aus dem Auge verlieren, solange die Überliefe-
rungstradition und die besonders starken Abhängigkeitsverhältnisse noch nicht über Ansätze
hinaus geklärt sind. Bei Bibelübersetzungen (Ising 1968) oder breitgestreuten Texten der
Erbauungsliteratur (Besch 1967; Kunze 1985), bei denen ebenfalls ein gleichbleibendes Be-
zugssystem gegeben ist und Schwankungen auf der Stilebene nicht anzunehmen sind, ist der
Vorlagenzwang zu berücksichtigen. Bei stark realienbezogenen Texten, wie Urbaren, Güter-
oder Zinsverzeichnissen (Kunze 1985; 1989; [2]2003; Williams 1990; Kleiber/Kunze/ Löffler
1979), oder bei Weistümern (Schmidt-Wiegand 1986) sind die für Rechtsquellen charakteri-

stischen funktiolektalen Bindungseffekte mitzuberücksichtigen. Da sie aber nicht über die regionale bzw. lokale Kommunikationsgemeinschaft hinausgehen und keine überregionale Geltung anstreben, lässt sich über sie vielleicht eine gewisse mundartnahe Varietät erschließen.

10.2. Regionale Varianten

Die regiolektale Konkurrenz, die in den heutigen regionalen dt. Umgangssprachen (vgl. Eichhoff 1977; 1978; 1993; 2000) noch weiterlebt, ist eines der offensichtlichsten Merkmale der frnhd. Lexik, von Berthold von Regensburg im 13. Jh. treffend notiert:

> Āne die selben tugent kan nieman behalten werden, unde heizet gedinge eteswa und eteswa heizet es hoffenunge, eteswa heizet es zuoversicht: es heizet in latine spes.

Sie betrifft auch den Grundwortschatz (z.B. *oft/dick(e)*; *stufe/staffel*; *bletz/lappen*; *tauchen/ tunken*; *scheune/scheuer*; *ziege/geiß*; *topf/hafen*; *lippe/lefze*; *hügel/bühel*; *fett/feist*; *ufer/staden* usw., vgl. v. Bahder 1925) und erklärt die Herstellung von Lesehilfen, wie z.B. Petris Glossar zu Luthers Übersetzung des Neuen Testaments. Diese regionale Varianz ist zusätzlich textsortenbedingt und kann je nach Produktions- und Gebrauchssituation der Textsorten (z.B. Urkunden, Urbare, Weistümer, Chroniken, Vokabularien (Kirchert/Klein 1995), Wörterbücher, Texte mit literarischem Anspruch) unterschiedliche Intensität aufweisen.

(1) *scheune/scheuer*

Während Luther *scheune,* aber auch *scheuer* gebraucht, haben die meisten obd. Bibeln *scheuer,* das dem Md. nicht fremd ist, in den ältesten Wörterbüchern bevorzugt und noch von Gryphius, Lessing und Goethe gebraucht wird.

(2) Bezeichnungen für den Pfarrseelsorger: *pfarrer/leutpriester*

Die Heteronyme *pfarrer/leutpriester* stehen im 14./15. Jh. in deutlichem räumlichen Gegensatz (vgl. die Untersuchung von Kunze 1975, 35–76 anhand von Weistümern (1450–1600), Vokabularien (Hss. 15. Jh.), Urbaren und Rödeln (1290–1440), Urkunden (1200–1300), Chroniken der dt. Städte bis 1500, Archivalienauszügen (14./15. Jh.)). Unter dem Druck von ‚außen' (Norden, Osten) und von ‚oben' (*pfarrer* wird zum überregionalen Schriftwort) wird das swdt. *leutpriester* immer stärker zurückgedrängt. Die Reformation beschleunigt den Rückzug des Wortes, indem eine konfessionelle Differenzierung zwischen *pfarrer* (ev.) und *leutpriester* (kath.) stattfindet (vgl. in anderen Gebieten den Gegensatz *pfarrer/pastor*). In der Schweiz, wo sich *leutpriester* am längsten hält, wird das Wort zunächst additiv, zusammen mit anderen Bezeichnungen, gebraucht:

Zwingli:	Das man alte eersame mannen in einer jeden statt zuo bischofen, das ist pfarrern oder lütpriestern machen soll (*Schw. Id.* 5, 857)
	Ein bischof, d.i. ein ufseher oder pfarrer, kilchherr oder lütpriester, die allesammen nach griechischer sprach episcopi, d.i. bischof oder ufseher, genennt werdend.
Basl. Chronik 1528:	Allen pfarreren, lutpriestren und selsorgeren, so in iren (den bernischen) bietten und landschaften worren.
Vadianus (1546):	(Episcopus) welchen wir Teutschen einen pfarrer oder kilchherren nennend und man sie an vil andern orten ouch mit guotem teutsch leutpriester heisst.

186

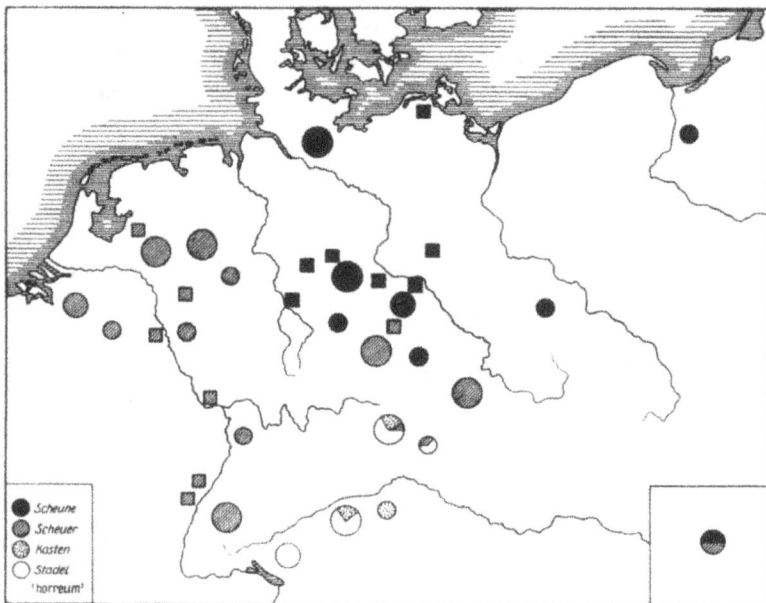

Abb. 35: Auf der Grundlage von Bibelübersetzungen und Glossaren (Ising 1968 II, 27)

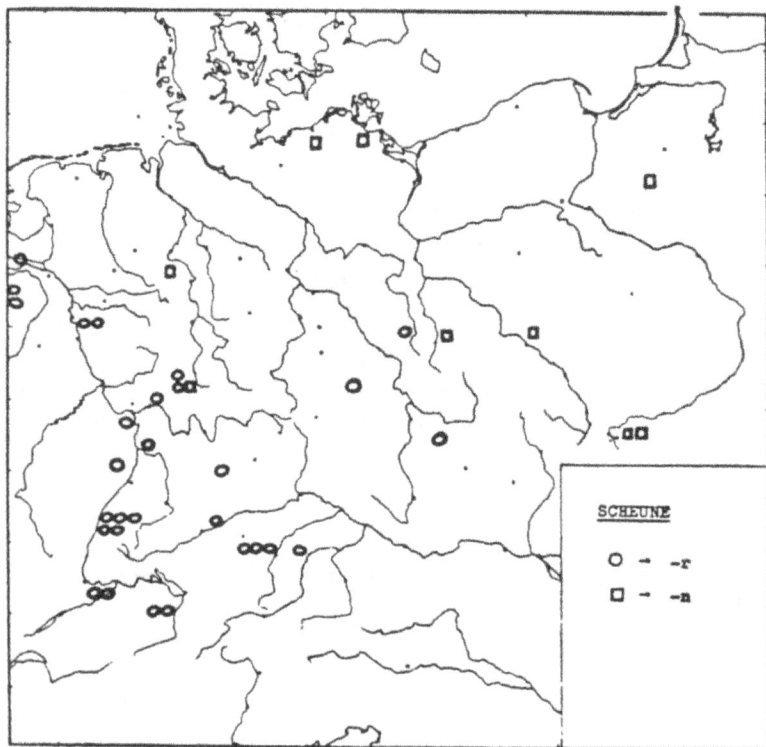

Abb. 36: Auf der Grundlage von Wörterbüchern aus der frnhd. Zeit (Ms. de Smet)

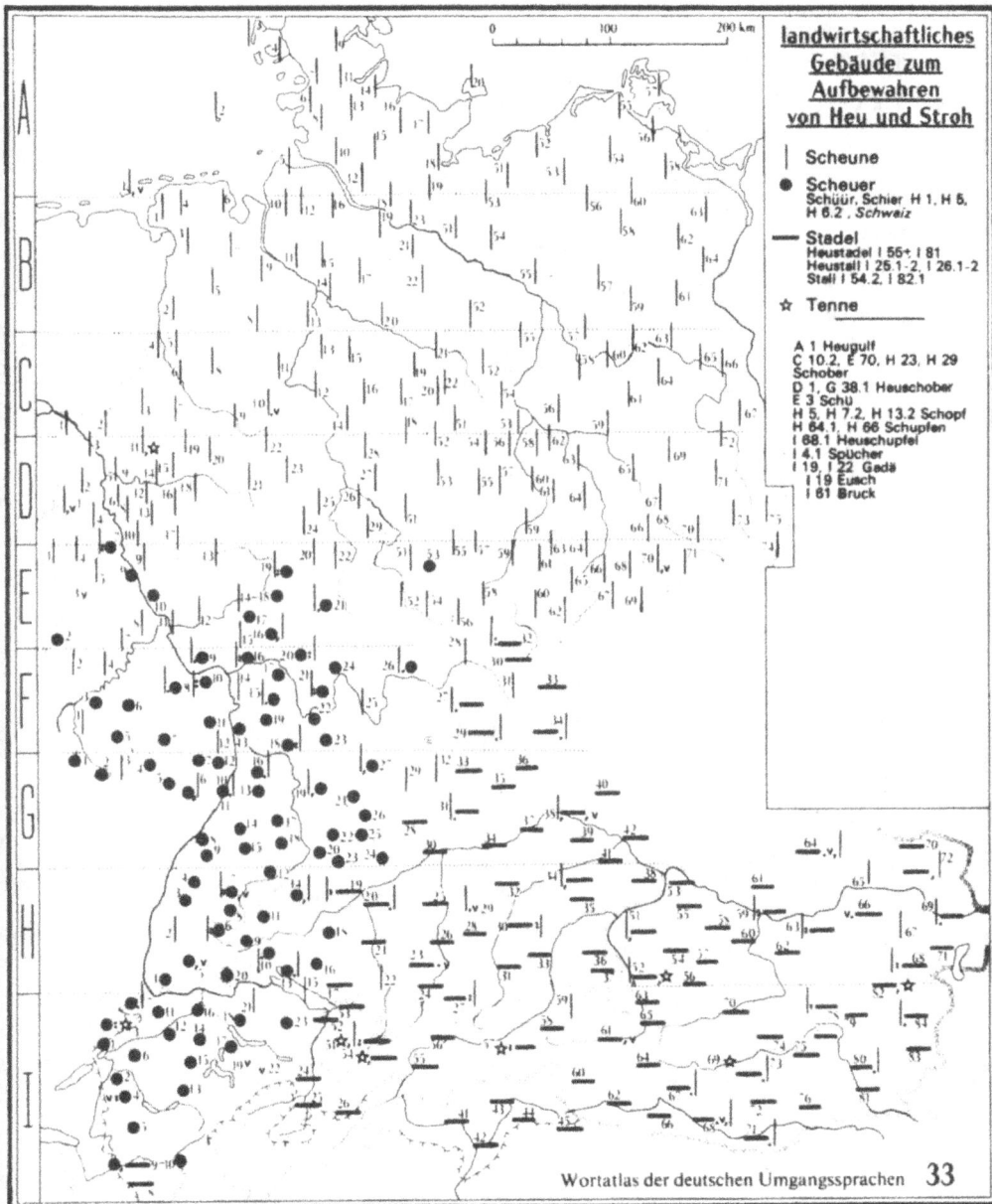

Abb. 37: Landwirtschaftliches Gebäude zum Aufbewahren von Heu und Stroh (aus J. Eichhoff. *Wortatlas der deutschen Umgangssprachen*. Bd. I, Karte 33). Vgl. auch v. Bahder 1925, 10f.; Thür. Wortatlas I, Karte 13, Sudetendt. Wortatlas I, Karte 22.

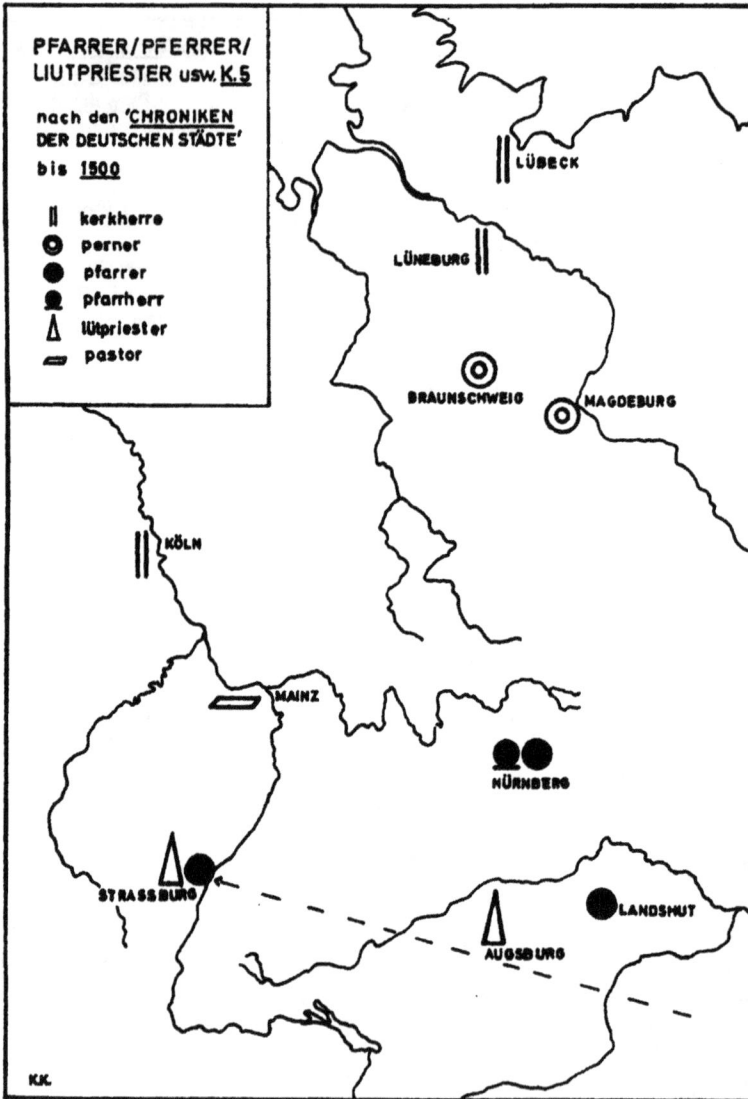

Abb. 38 (Kunze 1975, 54)

Luther, der auch *pastor* kennt, gebraucht vorwiegend *pfarrer* und *prediger* für den ev. Geistlichen. In der Schweiz und im SW ist auch *predikant* geläufig. Das vor der Reformation wertneutrale *pfaffe* erfährt zunehmend einen abwertenden Gebrauch (vgl. Erben [3]1974, 531).

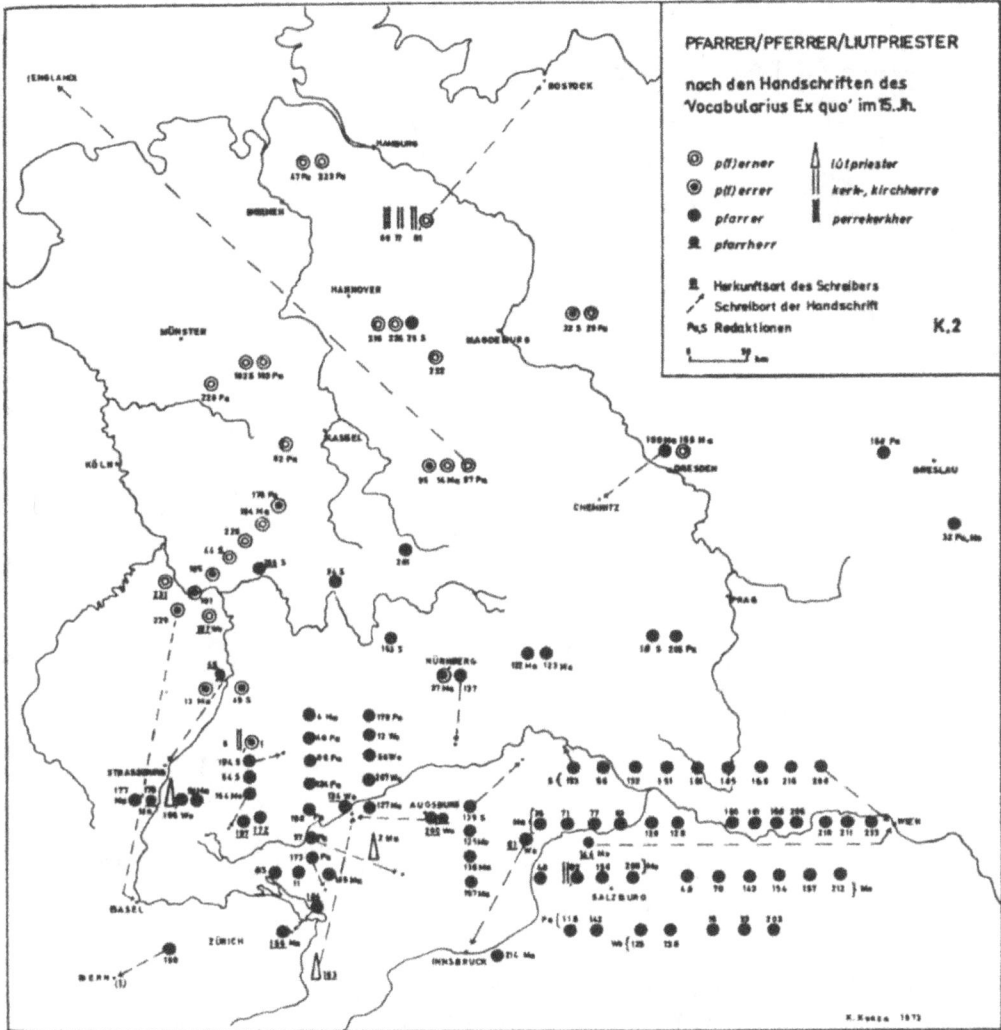

Abb. 39 (Kunze 1975, 43)

(3) Berufsbezeichnungen

Die Handwerkernamen weisen heute noch eine reiche landschaftliche Synonymik auf (so z.B. *Töpfer/Hafner/Pötter; Klempner/Spengler/Blechner; Böttcher/Kiefer/Binder* (Kunze [2]2003, 2816); *Schreiner/Tischler; Wagner/Stellmacher/Radmaker*), die im Frnhd. noch stärker ausgeprägt war. Mit den Bezeichnungen *Fleischer, Metzger, Fleischhauer, Schlachter, Fleischhacker, Knochenhauer, Lästerer, Küter, Metzler, Geisler, Metzinger, Fleischhäckel, Fleischmann* ist die Konkurrentengruppe *Fleischer* eine der am reichsten gegliederten. Im Zeitraum 1470–1530 ist eine relativ deutliche Abgrenzung der jeweiligen Verbreitungsgebiete festzustellen: *Metzger* (wobd.); *Fleischhacker* (oobd., obfr.); *Metzler* (wmd., obfr.); *Fleischer, Fleischhauer* (omd.); *Knochenhauer, Schlachter* (wnd., ond.). Nur

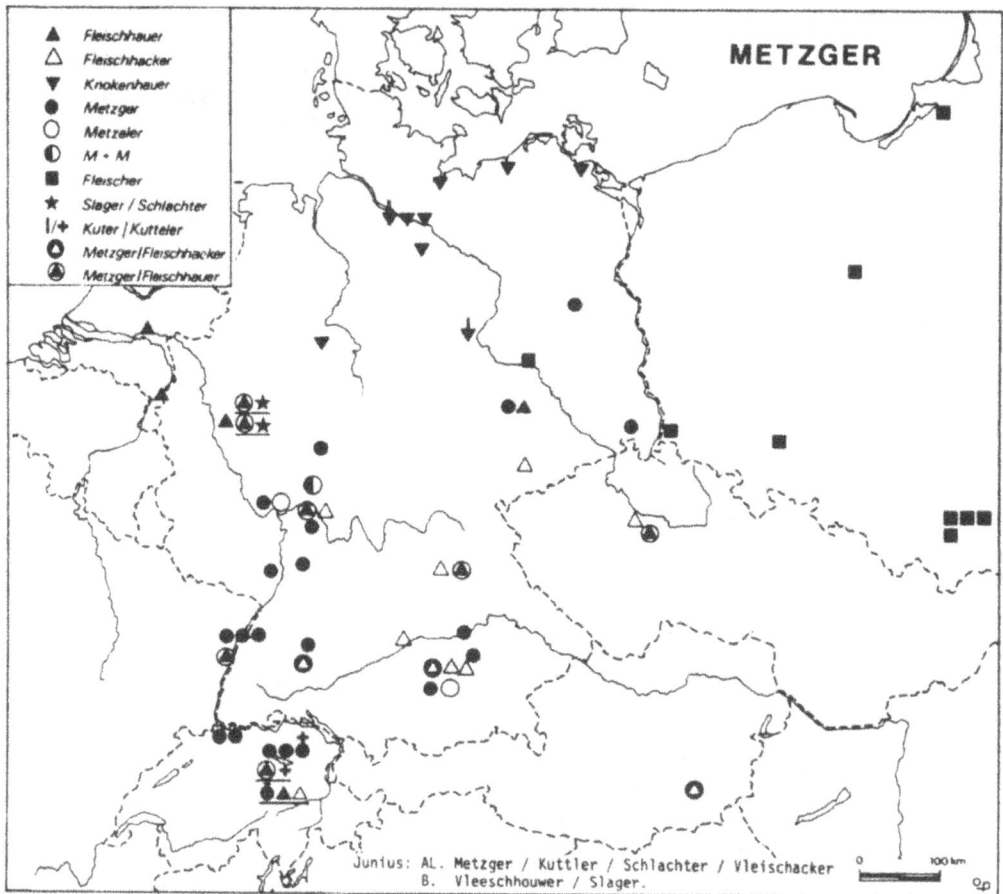

Abb. 40

Fleischhauer ist in fünf Großlandschaften bezeugt. *Metzinger* (els.), *Lästerer* (osächs., evtl. der nicht-zünftige Fleischer), *Fleischhäckel, Fleischmann* (bair.) haben kleinräumige Verbreitungsgebiete. Am Anfang des 18. Jh.s ist eine Vereinfachung der Konkurrenzsituation erreicht mit einer Polarität zwischen *Metzger* (wobd., oobd., wmd.) und *Fleischer* (omd., ond.), die überlandschaftliche Geltung erreicht haben, und *Schlachter* (wnd., ond.). Die übrigen Bezeichnungen sinken in die Mda. ab oder kommen außer Gebrauch (vgl. *Zur Ausbildung der Norm* II 1976, 73–88).

Siehe Karten 3, 4 DWA Bd. 9 (1959), Eichhoff 1977, Karte 19 (= Abb. 41) und die anhand der frnhd. Lexikographie dargestellte Großraumbildung (de Smet 1986b, 70 = Abb. 40).

Das Beispiel der konkurrierenden Bezeichnungen für den ‚unselbstständigen Handwerker nach Abschluss der Lehre' zeigt, dass geographische Differenzierungen sich gelegentlich mit funktional-stilistischen und soziolinguistischen kombinieren. Im Zeitraum 1470–1530 dominiert *Knecht* als geläufigste Bezeichnung. *Geselle* überwiegt nur im Omd., *Knecht* in den anderen Großlandschaften mit Ausnahme des Oobd., wo das Verhältnis ausgeglichen

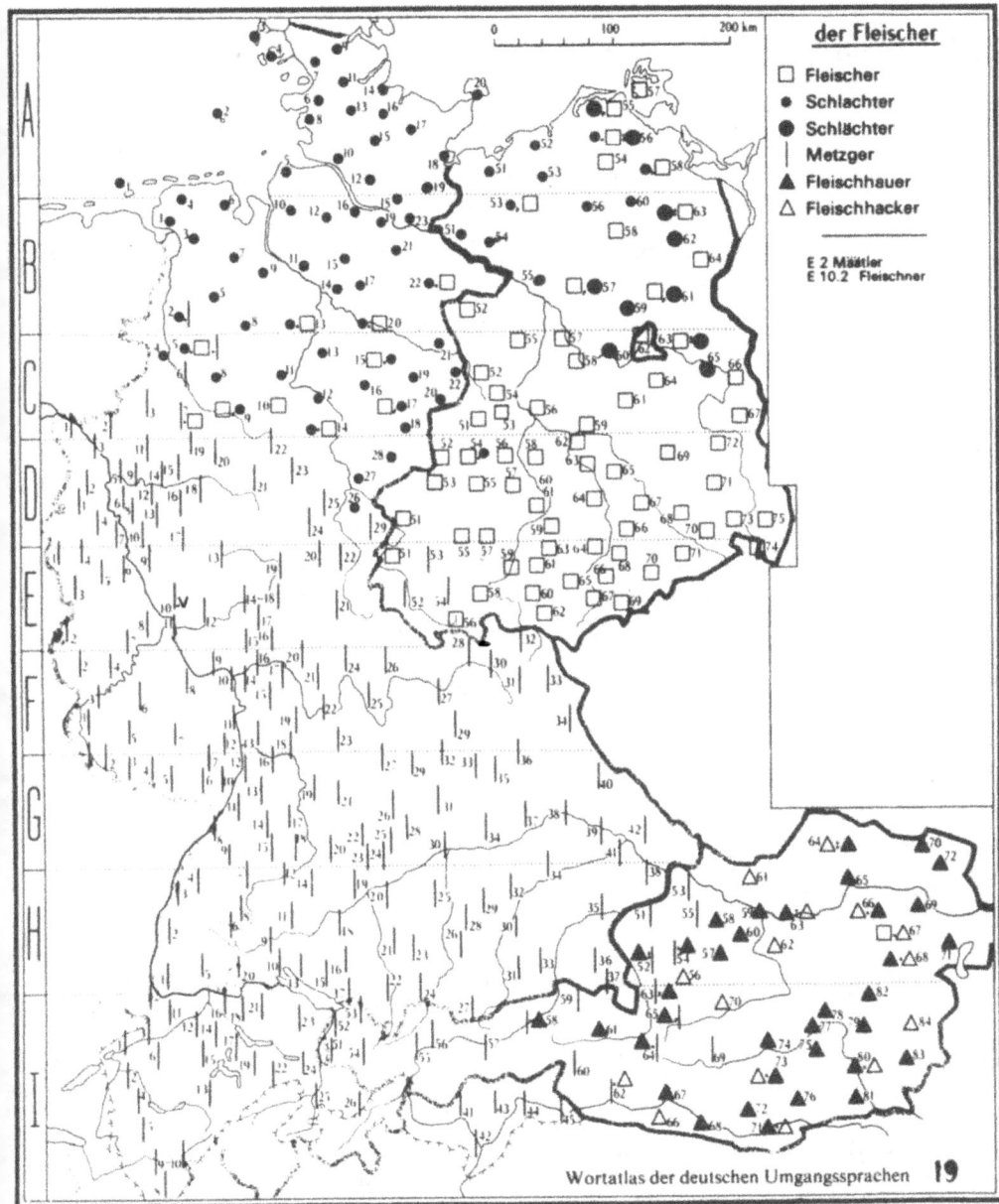

Abb. 41 (Eichhoff 1977, Karte 19)

ist. *Knappe* spielt nur eine untergeordnete Rolle (im Textilhandwerk und im Bergbau). Die berufliche Differenzierung ist für die Konkurrenz *Geselle/Knecht* von großer Bedeutung. Eine unterschiedliche soziale Wertigkeit kommt ebenfalls zum Ausdruck, insofern *Geselle* in Gesellendokumenten und *Knecht* in Zunft- und Stadturkunden dominierten. Diese Differenzierung tritt zwischen 1670–1730 zurück, während das Dominanzverhältnis sich umkehrt: *Geselle* überwiegt in allen Landschaften, während *Knecht* noch besonders im Westen relativ häufig vertreten ist (vgl. *Zur Ausbildung der Norm* II 1976, 121–172).

Aufgaben:

1. „vnd fůgten sich hiemit auff das grůn Bruch, oder auff die Schweitzermatten, die Reinisch Wisen, vnd die Schwåbisch Au" (J. Fischart *Geschichtklitterung*, Straßburg 1575, Kap. 26).

   Versuchen Sie anhand des *DWB* die landschafliche Verwendung von *Bruch, Matte, Wiese, Au* zu präzisieren.

2. Bestimmen Sie den obd.-md./nd. Gegensatz bei den dt. Interpretamenten von *Claua* (Grubmüller 1988 *Vocabularius Ex quo* II C 529) unter Berücksichtigung der sprachlichen Ebenen.

10.3. ‚Vertikalisierung' des Variantenbestandes und Tendenz zur Monosemierung

In der Entwicklung vom Frnhd. zum Nhd. lässt sich, wie Reichmanns Ergebnisse aus den Arbeiten am *Frühneuhochdeutschen Wörterbuch* (*FWB*) es aufweisen, eine Tendenz zur Monosemierung, d.h. zur Verringerung der Zahl der Einzelbedeutungen feststellen.

frnhd. *ablas* (laut *FWB*)

1. ‚Unterbrechung, Aufhören von etw.' [...]
2. ‚bei der Aufgabe eines Gutes zu entrichtende Gebühr'
3. ‚Erlaubnis, Recht [...] zu etw.'

4. ‚Nachlass, Minderung (einer finanziellen Verpflichtung)' [...]; [...]
5. ‚Vergebung der Sünden [...]'
6. ‚Nachlass oder Erlass der Sündenschuld und damit verbunden geglaubter Sündenstrafen [...]'
7. ‚[...] Jahrmarkt, [...] Festtag'
8. ‚finanzielle Ausbeutung [...]'
9. ‚Missbrauchung von jm. [...]'
10. ‚Ablauf, Abfluss, Auslaufenlassen (von Gewässern) als Vorgang/Tätigkeit'
11. ‚Vorrichtung zur Regulierung (von Gewässern), [...]; Staustelle; [...] Wehr'

12. ‚das Ablassen des Weines' [...]
13. ‚Losbrennen, Abfeuern (von Geschützen)'

nhd.-standardsprachlich *Ablass* (laut Duden)

1. ‚Nachlass von [Kirchen]strafen, die von dem Sünder nach seiner Umkehr noch zu verbüßen sind'

2.a ‚das Ablassen' (z.B. von Dampf)
2.b ‚Ablassvorrichtung'

Abb. 42: Semasiologisches Feld von frnhd. *ablas* und nhd.-standardsprachlich *Ablass* (Reichmann in: *Frühneuhochdeutsch*, 354; s. auch: ders. *FWB*, 204–208; 1988a, 151–180; 2003, 29–56)

Die Ausführungen über die regionale Varianz haben den komplexen Charakter der lexikalischen Konkurrenzsituationen herausgestellt und gezeigt, dass sich areale und soziologische Erklärungsmomente des Selektionsprozesses nicht immer klar trennen lassen. Die Arbeiten am *FWB* machen deutlich, dass eingeschränkte räumliche Geltung nicht als der einzige Grund für das Absinken von Wörtern bzw. Bedeutungen in Dialekte oder ihr Verschwinden ist, denn auch Bedeutungen ohne nachweisbar geographische Beschränkung sind von diesem Prozess betroffen. Neben dem Bruch von Texttraditionen durch Untergang von Textsorten und dem Verschwinden von kulturellen oder technischen Bezugsgegenständen sind ebenfalls soziologische Umschichtungsprozesse zu berücksichtigen. So erfahren frnhd. Wortverwendungen mit breiter landschaftlicher Gültigkeit allmählich eine Einschränkung auf Dialekte, in denen sie sich erhalten oder nach bestimmter Zeit verschwinden.

Die zeitgenössischen Zeugnisse über die dt. Sprache – das Wort erscheint nicht selten als Plural – betonen in frnhd. Zeit in der Regel die räumliche Varianz des Dt. und sehen in ihr ein wichtiges Hindernis für die Entstehung einer einheitlichen Sprache. Während im 15. Jh. Niklas v. Wyle noch Ausgleichsbestrebungen als ‚vnnütze endrung' ablehnt und militant für die Gleichwertigkeit der verschiedenen Schreibsprachen eintritt – „vnsers gezüngs, dar mit wir loblich gesündert wären von den gezüngen aller vmblegnen landen" –, und der Autor des Kölner *Schryfftspiegels* (1527) die Notwendigkeit für den Schreiber betont, mehrere landschaftlich gebundene Varianten zu beherrschen – „ouch ander duitsch, dan als man in synk land singet" –, kommt es im Laufe des 16./17. Jh.s zu einer Hierarchisierung der Varietäten. Die von Grammatikern und Lehrbuchautoren besonders geförderte Tendenz benennt höherschichtige Varietäten (Luther, Augsburger Drucke, Reichskanzlei, Abschiede des Reichskammergerichts), spricht ihnen Modellcharakter zu und nimmt Wertungen nach dem Muster ‚gut/schlecht', ‚richtig/falsch' vor. Diese Entwicklung entspricht dem Übergang von einer Situation, in der ohne Überdachung durch eine anerkannte Leitvarietät mehrere Varietäten ohne oder mit nur geringem Prestige-Gefälle nebeneinander koexistieren, zu einer neuen, in der eine ‚Vertikalisierung' des Varietätenspektrums, d.h. eine Schichtung von oben nach unten, vorgenommen wird. In der Ausgangssituation verläuft die deutschsprachige Kommunikation auf der Ebene der grundschichtigen Mda., und die wechselseitigen Beeinflussungen (z.B. in der Phase der großen sprachgeographischen Veränderungen, wie frnhd. Diphthongierung, Monophthongierung, Dehnung in offener Silbe, obd. Apokopierung) vollziehen sich über einen starken horizontalen Varietätenkontakt. Mit der sich im 16./17. Jh. durchsetzenden neuen Bewertungsskala verläuft die Kommunikation, besonders die großräumige, immer stärker mittels höherschichtiger Varianten. Dies hat zur Folge, dass eine starke soziologische Bindung an untere Sprachschichten bzw. Mündlichkeit, d.h. auch Korrelation mit kleinräumiger Kommunikation, die Nicht-Übernahme von Wörtern und Bedeutungen in die höheren Sprachschichten bewirken kann. Trotz fortschreitender Funktionalisierung des Variantenbestandes (z.B. bei *Knecht/Geselle*, *Lefze/Lippe*, *krank/siech*) lebt die regionale Differenziertheit noch lange weiter. Selbst für die neu eingeführte Kartoffel lässt sich im 17./18. Jh. eine reiche Heteronymik (s. Seibicke 1985, 1514) feststellen.

In Fällen der semantischen Umstrukturierung ohne Veränderung des Wortkörpers bildet die Spezialisierung als Mittel der besseren terminologischen Bewältigung der Welt eine wichtige Entwicklungsrichtung. So verengt sich der Bedeutungsfächer von mhd. *varn* („gehen, laufen, reiten, fahren, wandern, ziehen') auf die Fortbewegung mit einem Transportmittel.

Funktionale Spezialisierung durch Reduktion der Zahl der Bedeutungsvarianten ist auch bei Präpositionen wie *an* und *bi/bei* festzustellen. Der Vergleich zwischen ihrer Bedeutungsstruktur in zwei Querschnitten (1300–1400/1500–1600) zeigt, dass diese früher polyfunktionalen Präpositionen Nebenfunktionen aufgeben, die auf andere übertragen werden. Sie gewinnen dadurch ein deutlicheres Profil, ohne völlig monosem zu werden, und erstarrte Fügeweisen bleiben (unproduktiv) erhalten. Bei *an* sind vielleicht auch Veränderungen in der Raumvorstellung (Zwei- bzw. Dreidimensionalität, Aufkommen der Zentralperspektive in der Malerei) zu berücksichtigen.

10.4. Entlehnungen aus Fremdsprachen, aus Fachwortschatz und aus Sondersprachen

Im Zusammenhang mit der fortschreitenden Gewerbe- und Arbeitsteilung und dem ausgeprägten Zunftwesen entstanden im Spätmittelalter Sonderwortschätze. Die Entfaltung der geistlichen Literatur (Predigten, Bibelübersetzungen, Schriften der Mystik, Erbauungsliteratur) förderte die Entwicklung einer philosophisch-religiösen Fachterminologie. Spezialausdrücke, die zunächst auf den Gebrauch unter Fachleuten beschränkt blieben, gelangten später z.T. und häufig in gewandelter Bedeutung in die Allgemeinsprache. Dieser Prozess, der die sprachliche Kommunikation zwischen Kaufleuten, Handwerkern der verschiedenen Berufe und Klerikern voraussetzt, vollzog sich vorwiegend in den Städten und wurde durch verschiedene Fremdwörterschübe begleitet, die sich meist aus wirtschaftlichen Verflechtungen ergaben. Das Eindringen der dt. Schriftsprache in weitere kommunikative Teilbereiche verursacht Wortschatzentwicklungen z.B. im gewerblich-handwerkschaftlichen Gebiet, die besonders im Übergangsbereich vom spätmittelalterlichen Handwerk zur frühneuzeitlichen Wissenschaft bemerkbar sind (Pörksen 1986; 1994). Leibniz lobt in seinen *Unvorgreifflichen Gedanken betreffend Ausübung und Verbesserung der deutschen Sprache* (1678) den dt. Fachwortschatz in „Kunst- und Handwerksachen", in der Terminologie des Bergbaus, der Jagd und der Schifffahrt, der nicht selten als Lehnwörter und -prägungen in skandinavischen und slawischen Sprachen anzutreffen ist (s. dazu v. Polenz [2]2000, 201 ff.).

Mit dem Aufblühen des Handels in den großen südd. Städten wie Augsburg und Nürnberg und in den Hansestädten entstand ein kaufmännischer Sonderwortschatz mit Wörtern wie *abziehen; ausstehen/Ausstände; bestellen; einnehmen/ausgeben; Gesellschaft; Kaufhaus; Handgeld; Schuld/Schuldner; zahlen/Zahlung; abschreiben; Auszug; Kunde; überbieten; Wechsel; Geleite; verfallen; vorschießen; vorstrecken; gestehen* (kosten); *Höker* (Kleinhändler); *Pfandbrief; Unterpfand; verrechnen; Ziel;* (nd.:) *Makler; Stapel; Fracht; Ware; Laken.* Aus der lat. Amtssprache gelangten Wörter wie *quitt; Rente; Datum; Register; Summe; Fazit; Kopie; Privileg* in die Fach- und später in die Allgemeinsprache. Die intensiven Handelsbeziehungen mit den nordital. Städten sowie das Entwicklungsgefälle im Geldgeschäft führten direkt oder mittelbar zu einem Entlehnungsschub besonders im Bereich des Buchhaltungs- und Rechnungswesens: *Bank; brutto; netto; Giro; Faktor; Firma;*

Manko; Muster; Posten; Prokura; Rabatt; Risiko; Sortiment; Skonto; Spedition; Porto; Debet; Kredit; Konto; Bilanz; Kapital; Transport. Über den Levantehandel kamen Handelsgüter und die entsprechenden Bezeichnungen aus roman. und (über roman.) aus orientalischen Sprachen ins Dt., z.B. *Atlas; Damast; Konfekt; Muskat; Safran; Sirup; Spezerei; Spinat; Zimt; Zitrone; Zucker.* Spätere Entlehnungen sind mit dem holländischen Übersee- und Kolonialhandel in Beziehung zu bringen, z.B. *Aktie; Dividende; Lotterie; Niete.*

Die gemeingerm. Grundlage der Sprache der Seefahrt (z.B. *Schiff, Nachen, Segel, Ruder, Bug*) wurde durch Entlehnungen aus dem Mittelmeerraum erweitert, z.B. *Golf; Kompass; Kapitän; Kurs; Barke; Flotte; Marine; Mole; entern; Havarie; Kai; Kajüte.* Mit der wachsenden Bedeutung der Atlantikseefahrt ist die Aufnahme nd. und nl. Fachausdrücke (*Boot; Büse; Düne; Fock; Maat; Matrose*) zu erklären.

Das Buchdruckgewerbe entwickelte ebenfalls einen ausgedehnten Fachwortschatz, z.B. *Buchbinder, -führer; Setzer; verlegen* (= die Kosten vorschussweise auslegen); *Verlag;* Ausdrücke für Setzfehler (*Fliegenkopf; Hochzeit; Leiche; Speck; Spieß; Zwiebelfisch*) und zahlreiche Wörter lat. Herkunft: *Alinea; Autor; Exemplar; Format; Kolumne; Korrektor; Manuskript; Makulatur; Pagina; Type; Folio; Quart; Oktav.*

Aus dem Fachwortschatz verschiedener Berufsbereiche dringen Wörter in die Allgemeinsprache, ein Indiz für ihre wachsende Bedeutung. So z.B. aus der Rechtssprache: *aufschieben; Umstände; überzeugen; handhaft; verantworten;* aus der Jägersprache: *Fallstrick; naseweis; nachstellen;* aus der Bergmannsprache: *Ausbeute; Fundgrube; Raubbau; Stichprobe; fördern; reichhaltig; Schicht; Schlacke.*

Der Wortschatz der Mystik bedeutet eine wichtige Bereicherung der philosophisch-religiösen Fachterminologie, z.B. *Erleuchtung; Eindruck; Einfall; Einfluss; wesentlich; innig; einwirken; entzücken; begreifen; einleuchten; einsehen; wirklich; Eigenschaft; eigentlich; Verständnis* (vgl. dazu Wortbildung 10.5.).

Mit der humanistischen Bewegung und den mit ihr zusammenhängenden Wissenschaften, Künsten und Bildungseinrichtungen sind zahlreiche Fremdwörter unmittelbar aus dem Lat., Griech. und Ital. oder über lat. bzw. ital. Vermittlung ins Dt. gelangt oder durch sie im Dt. geläufig geworden. Durch diese ,Internationalismen‘, die auch andere westeurop. Kultursprachen anreicherten (s. zu den Fragen des sprachgeschichtlichen Vorgangs der Europäisierung, der Europäismen und der europäischen Bezüge des frnhd. Wortschatzes Reichmann [2]1998, 74; D. Wolf [2]2000, 1555), wurde die Menge der verfügbaren Wortstämme stark erweitert (für die Ausweitung des Abstraktbestands vgl. auch Wortbildung 10.5.)

Dazu Beispiele aus den verschiedenen Bereichen:

Schule und Universität: *Gymnasium* (Wimpheling schlug als Übersetzung *Fechtschul,* für ,Lateinlehrer‘ *latinische Fechtmeister,* für ,rudimenta‘ *Ruchwerk* vor!); *Kollegium; Kondiszipel* (Lehnübersetzung: *Mitschüler*); *Scholar; Stipendium; Rektor; Direktor; Kantor; Auditor; Präzeptor; Professor; Bibliothek; memorieren; deklamieren; Terminus; Akademie; Fakultät; Matrikul; Katheder; relegieren; Dissertation.*

Rechtswesen: *Termin; Advokat; Mandat; Syndikus; Delinquent; Faktum; Akte; Formul; denunzieren; Prärogative; protestieren.*

Staatswesen: *Monarch(ie)*; *Potentat*; *Regiment*; *Demokratie*; *Legation*; *Rezess*; *Polizei*; *Rebellion*; *Kopist*; *authentisch*; *Archiv*.

Künste: *Musikant*; *Komponist*; *Kontrapunkt*; *Fuge*; *Instrument*; *Harmonie*; *Perspektive*; *Proportion*; *Architektur*; *Monument* (dazu Verdeutschungen: *Baukunst*; *Gesichtspunkt*).

Philosophie und Psychologie: *Affekt*; *Argument*; *deduzieren*; *demonstrieren*; *Dialektik* (dazu dt. Wörter: *Einbildungskraft*; *Sinnlosigkeit*; *spitzfindig*).

Wissenschaften und Medizin: *Mineral; pseudo-; Quintessenz; Sublimierung; Ventil; Essenz; Extrakt; destillieren; Doktrin; infizieren; Kolik; physisch; Praxis; stimulieren; Anatomie; Arterie; Epidemie; Klistier; kurieren; Medikament; Apotheke; Rezept; Patient; Organ* (Lehnübersetzung: *Schwindsucht* aus griech.-lat. *phtisis*); *addieren; Diagonale; Differenz; Hypotenuse; Minute; multiplizieren; Problem; Proportion; Summe; Rest; Zylinder* (in für breitere Kreise gedachten mathematischen Anleitungen etablierte sich früh eine dt. Terminologie: *abziehen; Dreieck; Durchschnitt; Gerade; herauskommen; übrigbleiben; Viereck; waagerecht*; in der Geometrie und Stereometrie ist Dürers Anteil an der Prägung der Terminologie hervorzuheben: *Achse; Achteck; Ebene; Kegel; Kugel; regelmäßig*); *Aspekt; Horizont* (dt. *Gesichtskreis*); *Mondfinsternis; Sternbild; Atlas; Ozean; Meerbusen*.

Für das Nebeneinander von eingedeutschten Fremdwörtern (*addiren, subtrahiren, Quotient, Quadrat, Punct*) und einheimischem Wortgut (*Wurzel, Zahl, Nenner*) entscheidet sich Chr. Wolff in der mathematischen Fachsprache.

Auf den Einfluss der Kanzleien und der Humanisten ist die allmähliche Durchsetzung der lat. Monatsnamen zurückzuführen. Bereits eingebürgerte Lehnformen wurden dem Lat. wieder angepasst, z.B.: *marmel/Marmor*. (Rosenfeld [3]1974, 399–508).

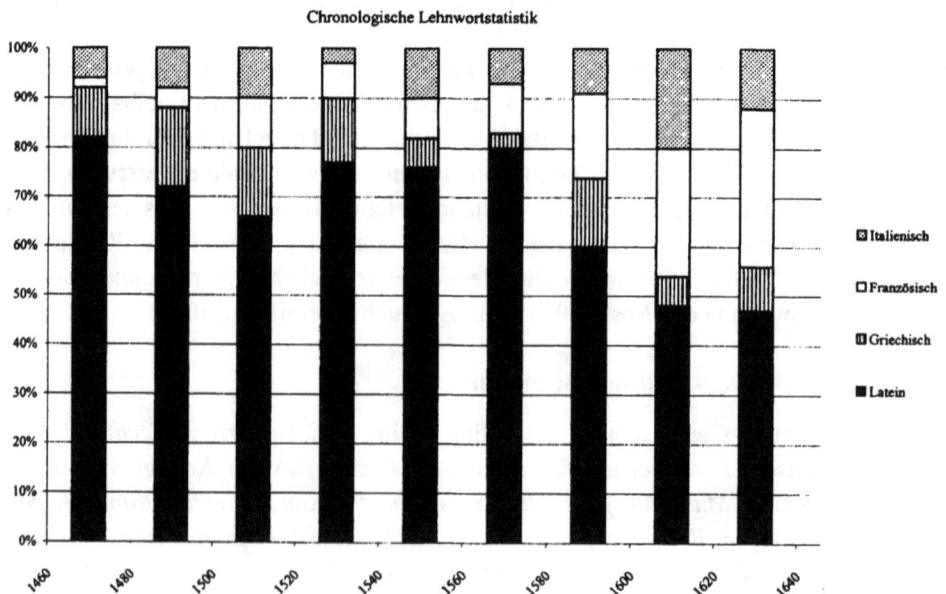

Abb. 43: Prozentsätze der Erstbelege des Deutschen Fremdwörterbuchs nach dem Chronologischen Register, Bd. 7; nach v. Polenz [2]2000, 211 (Hg. Schulz/Basler; IdS).

Rotwelsch

Unter den Sondersprachen des ausgehenden Mittelalters und der frühen Neuzeit nimmt das Rotwelsch eine besondere Stellung ein. Als Gruppensprache mit verhüllendem Charakter hat es die Funktion der Geheimhaltung und ist Ausdruck der sprachlichen Solidarität zwischen den gesellschaftlich Ausgeschlossenen, den Nicht-Sesshaften, den Angehörigen ‚unehrlicher' Gewerbe, mit fließender Grenze zu Gaunern, Betrügern und Räubern (Kleinschmidt 1975). Ihr Hauptmerkmal ist ein Sonderwortschatz – besonders Substantive, die nach bestimmten Wortbildungsmustern entstanden, so z.B. *Flößling* (Fisch), *Flätterling* (Vogel), *Lauschling* (Ohr) –, der durch Aufnahmen aus dem Zigeunerischen und dem Jiddischen angereichert wurde. Umfangreiches rotwelsches Wortgut enthält der kompilatorisch aufgebaute *Liber vagatorum* (um 1510), der eine nd., eine nrhein. und eine nl. Bearbeitung erfuhr und dessen bekannteste Ausgabe 1528 unter dem Titel *Von der falschen Betler buberey* von Luther besorgt und mit einer Vorrede versehen wurde. Vagierende Studenten und Scholaren, die Kontakte mit Fahrenden und Bettlern hatten, übernahmen Bezeichnungen dieser Gruppensprache, und rotwelsche Elemente finden sich in Texten von Verfassern der universitären Sphäre, so z.B. in Brants *Narrenschiff.*

Probe aus dem ‚rottwelsch';

aus: Sebastian Brant: *Narrenschiff.* Basel 1494, hg. v. F. Zarncke Leipzig 1854; Neudr. Hildesheim 1961, 62 (Kap. 63 ‚Von bettleren' V. 37–52)

Zů Basel vff dem kolenbergk
Do triben sie vil bůbenwergk[1]
Ir rottwelsch[2] sie jm terich[3] hand
40   Ir gfůge narung[4] durch die land
Jeder Stabyl[5] ein hörnlüten hatt
Die voppen[6], ferben[7], ditzent[8], gat
Wie sie dem predger[9] gelt gewynn
Der lůg wo sy der joham[10] grym
45   Durch alle schöchelboß[11] er loufft
Mit růbling[12] junen[13] ist syn kouff
Biß er beseuelet[14] hye vnd do
So schwåntzt[15] er sich dann anderswo
Veralchend[16] vber den breithart[17]
50   Styelt er all breitfůß, vnd flughart[19]
Der sie flösßlet[20], vnd lüßling[21] ab schnytt
Grantner[22], klant[23], vetzer[24], fůren mit

Worterklärungen aus: S.A. Wolf: *Wörterbuch des Rotwelschen. Deutsche Gaunersprache.* Mannheim 1956:

1)   *Bube* – Dietrich (aus Draht oder einem Nagel gebogen); Nr. 743.
2)   *Rotwelsch* – Gaunersprache, Sprache der Gauner und Bettler; Nr. 4652.
3)   *Terich* – Land (im Gegensatz zur Stadt); Nr. 988.

4)   *Narunge* – jede Betrügerei; Nr. 3787.
5)   *Stabüler* – Brotsammler, *Stabüll* Krüppel; Nr. 5532.
6)   *voppen* – lügen, betrügen; Nr. 1512.
7)   *ferben* – lügen; Nr. 1292.
8)   *ditzen* – betteln unter dem Vorwand von Krankheit oder von einem für Heilung der Krankheit abgelegten Gelübde; Nr. 1129.
9)   *Brediger* – Bettler; Nr. 677.
10) *Joham* – Wein; Nr. 2313.
11) *schöchern* – sich betrinken und *Schöcherbos* Wirtshaus; Nr. 4832.
12) *Rübeling* – Würfel; Nr. 4573.
13) *junen* – spielen; Nr. 1669.
14) *besefeln* – bescheißen, betrügen; Nr. 5299.
15) *schwänzen* – gehen; Nr. 5233.
16) *alchen* – gehen; Nr. 2027.
17) *Breithart* – Weite, Weg, Straße; Nr. 679.
18) *Breitfuß* – Gans; Nr. 678.
19) *Flughart* – Huhn; Nr. 1500.
20) *flosselen* – ertränken, *flössel* ertränkt; Nr. 1492.
21) *Lußling* – Ohr; Nr. 3152.
22) *Grantner* – Bettler, die schwere Krankheit vortäuschen; Nr. 1897.
23) *Klant* – Betrüger, die unter dem Vorwand unschuldig erlittener Gefängnisstrafen betteln; Nr. 2660.
24) *Vetzer* – Diebe, die das Reisegepäck der Reisenden durch Abschneiden von dem Reisewagen stehlen; Nr. 1367.

10.5. Wortbildung

(1) Als Haupttendenzen der Entwicklung in der Wortbildung können die zunehmende Univerbierung syntaktischer Gruppen zu Komposita (vgl. Erben 1993, 128f.) und die Bildung von Derivaten anstelle von Syntagmen angesehen werden. Dabei wird eine deutliche formale Profilierung angestrebt; dies geschieht durch vollständige oder teilweise Ablösung funktional untauglich gewordener Affixe durch markantere Formen (vgl. Erben 1993, 143). So werden die durch die Uniformierung der Nebensilbenvokale zu *e* funktional untauglich gewordenen ahd. vokalischen Suffixe -*î*, -*o*, -*eo*, -*i* seit dem Mhd. durch funktional tauglichere Konkurrenten wie -*heit*, -*bar*, -*er*, -*lich* u.a. abgelöst.

(2) Substantive

(a) Die Konkurrenz von -*e* und -*heit* lässt sich noch durch das gesamte Frnhd. verfolgen. Während im Verlauf des Frnhd. -*heit* etwa bei *keusche, blöde, sånfte, feuchte, fåule* etc. reguläre Bildung wird, setzt sich in anderen Fällen, in denen im Frnhd. -*heit*-Bildungen belegt sind, -*e* durch, so etwa bei *großheit, Hochheit, kurtzheit, lanckheit, starckheit, stillheit* etc.
   Die Formvarianten -*heit*/-*keit* (< *(e)cheit*) sind im 14./15. Jh. noch abweichend vom Nhd. (und späteren Frnhd.) verteilt; so sind etwa mit dem Suffix -*heit* auch die mehrsilbigen Basen *bitterheit, dancberheyt, eitelheit, unlauterheit, vngehorsamheit* etc. belegt. Seltener ist die Verwendung von -*keit* anstelle von -*heit* bei einsilbigen Basen, so *crankeit, geylkeit, kůschkeit* etc.

Die in der nhd. Standardsprache obligatorische Kombination von *-keit* nach *-ig/-lich* ist erst seit dem 16./17. Jh. üblich. Im 14./15. Jh. überwiegen dagegen die Variante *-cheit* (*hierlicheit, durrecheit* etc.) und die *-g*-lose Form (*festikeit, blôdikeit* etc.).

(b) Die nomina agentis werden seit dem Ahd. zunehmend mit *-er*-Suffix gebildet, doch die Konkurrenz der alten Bildung mit *-(e)* (*< o ~ eo*), das später den Prozessen der *-e*-Apokope und *-e*-Restituierung unterliegt, mit dem jüngeren *-er* (*< œre < āri <* lat. *ārius*) hält bis ins 16./17. Jh. an, so *Fûrsprech – Fûrsprecher, Beck – Bâcker, Barbier – Barbierer* etc. Bei den zahlreichen Neubelegen mit *-er* im Frnhd., wie z.B. *Sakramentirer, Petscher, Testierer, Wort-Krânker, Hochbruntzer, Offizirer, Vorfahrer* etc., ist es nicht immer möglich, Gelegenheitsbildungen von bereits usuellen Bildungen zu unterscheiden.

Der Umlaut des Stammvokals bei nomina agentis auf *-er* wird noch im 17. Jh. abweichend vom Stand der nhd. Standardsprache verwendet, so *Burger, Duckmauser, Verkauffer, Tauffer* etc., aber *Belâgerer, Bierbrâwer, Inwôhner, Widersâcher* etc.

(c) Produktiv ist auch die Bildung der deverbativen nomina actionis, und zwar der Feminina auf *-ung* und der Maskulina mit Tilgung des Infinitiv-*en* und ggf. Ablaut des Stammvokals (*verlegen > verlegung/verlag*). Mit *-ung* werden etwa Formen wie *Abmahlung, Adierung, behagung, Feihung, Herrschung, Lerung* etc. gebildet. Für die maskuline Form der Ableitung belegt Gade (1897) folgenden Zuwachs: 14./15. Jh.: 33; 16. Jh.: 62; 17. Jh.: 104; 18. Jh.: 144. Im 18. Jh. verdrängen die Maskulina häufig die femininen *-ung*-Ableitungen. Gade (1897, 20) nennt *wachsung > wuchs, geniesung > genuß* etc.; z.T. haben sich beide Formen mit semantischer Trennung erhalten, so *reizung : reiz, betrachtung : betracht* etc.

d) Die Grammatikalisierung von *-heit* (*< heit*), *-schaft* (*< scaf/schaft*), *-tum* (*< tuom*) zu Suffixen ist bereits im Mhd. weitgehend abgeschlossen. Im Frnhd. finden sich nur noch gelegentlich Belege für den Gebrauch als selbstständige Substantive (vgl. Erben 1983, 128 zu *-heit*). Dagegen werden im Verlauf des Frnhd. neue Substantive (besonders *Gut, Werk, Wesen, Zeug*) reihenbildend, z.T. erhalten sie suffixähnliche Funktion (Suffixoide, vgl. Erben 1993, 130ff.). Der „gruppenhafte" Ausbau muss wohl erst in das späte 17. Jh. datiert werden (vgl. Erben 1959, 227); frühere Ansätze zeigen sich lediglich bei *-werk* im 16. Jh., so *Goldtwerck, butzēwerck, Bildtwerck, Brôggenwerck*.

(3) Adjektive

(a) A d j e k t i v a b l e i t u n g e n auf *-icht* (*< -echt ~ -et*) sind bereits im Ahd. belegt und im Mhd. recht zahlreich (195) (vgl. Haltenhoff 1904). Die Gruppe der *-iht*-Ableitungen konkurriert von Anfang an mit den *-ig*-Ableitungen. Im Verlauf des Frnhd. nehmen die *-iht*-Belege zu, wobei sie im Md. und Alem. weit stärker als im übrigen Obd. vertreten sind, so *schneeicht, zottecht, stinckicht, steinicht* etc.

Um die Mitte des 18. Jh.s erreicht die Verwendung der *-iht*-Formen vor allem bei md. und alem. Autoren (Bodmer, Gessner, Wieland u.a.) ihren Höhepunkt, um danach relativ rasch aus der Schriftsprache zu schwinden. In der nhd. Standardsprache hat sich *töricht* erhalten, dagegen ist die *-eht*- (bzw. *-et*-)Ableitung in hd. Mundarten vielfach noch üblich.

Die Gründe für die Aufgabe des funktional durchaus tauglichen Suffixes zugunsten von
-ig sind vor allem struktureller Natur (Fleischer 1972, 137; Erben 1993, 143f.). Neben der
lautlichen und semantischen Nähe zu -ig und dem drohenden Zusammenfall mit dem Partizip (wie im Bair.) ist möglicherweise die Homophonie mit dem substantivischen Kollektiv-
suffix -icht (wie *Dickicht, Kehricht* etc.) als Ursache entscheidend gewesen.

(b) Unter den Adjektivsuffixen erweist sich -bar (<-*bære*) im Frnhd. als außerordentlich
produktiv. Flury (1964, 90f.) nennt folgende Zahlen für Neubildungen: 16. Jh.: 122; 17. Jh.:
305; 18. Jh.: 400. Seit dem 15. Jh. nimmt der Anteil der Deverbativa gegenüber den im Ahd.
vertretenen Denominativa deutlich zu und überwiegt seit dem 17. Jh. mit ca. 55% (gegenüber ca. 31% Denominativa) aller Bildungen und ca. 62% (gegenüber ca. 28%) aller Neubildungen. Die erhebliche Zunahme der -bar-Ableitungen vom 16. zum 17. Jh. wird u.a. auf
den Einfluss der franz. Adjektive auf -*able/-ible* zurückgeführt. Die im Frnhd. noch beste-
hende Konkurrenz von -bar insbesondere zu -lich (*undenclich, verkleinerlich, unangreiflich*
etc.) und -sam (*wundersam, ersam, außrichtsam* etc.) wird erst seit dem 18. Jh. eingeschränkt.

(c) Neben den bereits im Germanischen belegten, die Herkunft bezeichnenden Ableitungen
vom Typ *himmlisch, heimisch, heidnisch* nehmen im Verlauf des Frnhd. besonders die Adjektive auf -*isch* zu, die der Bezeichnung der Volkszugehörigkeit und Herkunft dienen, so
Behemisch, Vngarisch, Griechisch, Roemisch, Jsraelitisch etc. Neu kommen im Frnhd.
insbesondere Ableitungen von Namen zur Bezeichnung (zumeist religiösen) Parteigänger-
tums hinzu, so *Hippocratisch, Sophistisch, Jakobinisch, Lutherisch, Hussitisch* etc.; des
Weiteren Ableitungen wie *Juristisch, Astronomisch, Militärisch, Philosophisch, Poetisch,
Pestilenzisch, Metaphorisch* etc.

(4) Verben

(a) Das wichtigste morphologische Verfahren zur Ableitung von Verben ist auch im Frnhd.
mit einem Anteil von ca. 80% die bloße Verbalisierung einer (meist nominalen) Basis: *nar-
ren, fruchten, grünen;* oft reflexiv und/oder kombinatorisch mit Präfix: *sich bequemen; be-
solden, ergänzen; sich erkühnen.* Trotz der diachronen Zunahme der kombinatorischen
Bildungen stellen die präfixlosen Verbalisierungen noch im 17. Jh. die stärkste Gruppe dar
(vgl. Prell/Schebben-Schmidt 1996, 26f. u. passim).

(b) Die im Ahd. noch ausschließlich von Adjektiven abgeleiteten Verben mit -ig-Suffix
werden seit spätmhd. Zeit besonders bei Denominativa produktiv. Die Hauptphase der Entstehung neuer Verben auf -*ig(en)* datiert van Zuiden (1934) in die Zeit zwischen 1250 und
1650; ein deutlich verstärktes Vorkommen lässt sich allerdings erst für die 2. Hälfte des
17. Jh.s feststellen (vgl. Prell/Schebben-Schmidt 1996, 46f.). Die landschaftliche Belegung
der -*igen*-Verben weist das Md. (besonders das Omd.) als Ausgangspunkt der Verbreitung
aus (ebd.; vgl. auch die klare Nord-Süd-Verteilung von *sündigen* (md.) und *sünden* (obd.)
im Material von Besch (1967, 210ff.). Nach dem 17. Jh. erlischt die Produktivität des Suffixes allmählich (vgl. van Zuiden 1934, 219).

(c) Verben mit dem Suffix *-ier(e)n* sind seit dem 12. Jh. in Anlehnung an franz. Verben auf *-er* bzw. *-ier* belegt; ihre Verwendung bleibt jedoch zunächst auf den ritterlich-höfischen Bereich begrenzt. Von Beginn an, stärker dann im Zeitalter des Humanismus und der Reformation, werden Entlehnungen auch aus dem Lateinischen auf *-ieren* gebildet. Vom 14. Jh. an nehmen die Belege zu, und ihre Zahl steigt in den folgenden beiden Jahrhunderten stetig an. Im 17. Jh. ist ein sprunghafter Anstieg zu beobachten mit zahlreichen Verben, die z.T. in der nhd. Standardsprache nicht mehr üblich sind, so *affrontieren, insinuiren, defendiren* etc. (vgl. Prell/Schebben-Schmidt 1996, 33ff. u. passim). Neben Ableitungen von lateinisch-romanischen Stämmen sind Ableitungen deutscher Stämme mit dem Fremdsuffix *-ieren* üblich, so die noch in der gegenwärtigen Standardsprache gebräuchlichen Formen *halbieren, hofieren, buchstabieren, schattieren* etc., aber auch nicht mehr gebräuchliche Formen wie *klosterieren, schlaftrinkelieren, zollerieren, geldpflasterieren* etc.

(5) Die Univerbierung, d.h. die Zusammenziehung syntaktischer Gruppen zu Komposita, und die Bildung analoger Zusammensetzungen stellt eine der Hauptentwicklungstendenzen im Dt. dar und unterscheidet das Dt. diesbezüglich von seinen Nachbarsprachen (vgl. Erben 1993, 128f.). Die deutliche formale Trennung von syntaktischer Gruppe und Kompositum wird zum Nhd. hin u.a. durch Zusammenschreibung von Komposita und – besonders im Falle der sog. uneigentlichen Zusammensetzungen – Nachstellungen des adnominalen Genitiv erreicht (*rechts sachen > Sachen des Rechts* oder *Rechtssachen*). Das ehemalige Genitiv-Flexiv kann dabei zum Fugenzeichen umfunktioniert und als solches auch auf Kompositionen übertragen werden, deren Erstglied den Genitiv nicht mit *-s* oder *-n* bildet (vgl. Erben 1983, 124; ausführlich Pavlov 1972, 94ff.; s. auch *Zur Ausbildung der Norm VI*).

Der Prozess der Univerbierung verläuft häufig von der bloßen Kontaktstellung usueller, aber nicht fester Verbindungen (vgl. Okrajek 1966, passim) über lose (durch Doppel-Bindestrich) verbundene Zusammenschreibungen zu echten Komposita. Solange umfassende Untersuchungen hierzu ausstehen, kann man über das Verständnis der zugrunde liegenden Einheit (Zusammenschreibung, Kompositum) nur spekulieren.

Während bei den sog. eigentlichen Komposita die Zusammenschreibung im 14./15. Jh. überwiegt, ist die Zahl der Zusammenschreibungen von Wortfügungen mit präpositivem Genitiv noch gering. Im 16. Jh. nimmt die Zusammenschreibung der eigentlichen Komposita unter dem Einfluss der häufigen Getrenntschreibung der sog. uneigentlichen Komposita wieder ab. Seit der 2. Hälfte des 16. Jh.s nimmt die Zusammenschreibung beider Gruppen jedoch wieder stark zu (vgl. Pavlov 1972, 94ff.).

Beobachten lassen sich besonders im 17. Jh. neben der (seltener werdenden) Getrenntschreibung (*Schutz Gott, Rechts Sachen, Puls adern, Sauer ampffer Wasser*) zahlreiche Schreibungen mit Doppel-Bindestrich (*Liebes=Ohnmachten, Reichs=verhoertag, Groß=Siegel=Bewahrer, Reichs=Tags Schluß* etc.) bzw. Schreibweisen wie *LandGraff* etc. Auf letztgenannte Weisen werden insbesondere Gelegenheitsbildungen wie *Ober=Vormuenderei* und wohl noch nicht als Lexem empfundene Bildungen wie *Schul=Diener, Schul=Lehrer* etc. gebildet.

(6) Komposita mit Adjektiv als Grundwort werden besonders im 16./17. Jh. beliebt. Sie dienen insbesondere dem Ausdruck der Steigerung vor allem in Anreden, Zueignungen etc.,

so *Grundgútig, hochseelig, großgúnstig;* dabei wirkt *wúrdig* stark gruppenbildend, so *hellwúrdig, schlechtwúrdig, glorwúrdig, hochwúrdig, lobwúrdig* etc. Ähnliche Funktion haben Verbindungen von Substantiv oder Adverb mit Partizip, die entweder getrennt geschrieben oder mit doppeltem Bindestrich verbunden werden, so *glanz=bestrahlt, úbel=riechend, wôl=riechend, welt=gepriesen, hoch=geboren, hôchst=gedacht* etc.

(7) Die Verben werden im Dt. weit seltener mit Hilfe von Suffixen abgeleitet als Substantive und Adjektive, sondern vielmehr mit Hilfe einer „geradezu wortartencharakteristischen Fülle von Präfixen und präfixartig gebrauchten Morphemen" (Erben 1993, 123; s. auch ebd. und Fleischer 1972, 138 zur Entstehung dieses Phänomens; zum Frnhd. Kolde 1964, 38).

Im Frnhd. werden die recht produktiven verbalen Präfixe *miß-, be-, ent-, ver-, zer-* und *er-* z.T. noch abweichend von der nhd. Standardsprache verwendet; so sind u.a. noch belegt: *befleißen, beloben, begaben, beweiben, bebieten, beadeln; entbrechen, entschlagen, entwachen; missehoffen, missestûnden; verdeuten, verdemútigen, verhoffen, verwilden; zerplagen, zerscheitern; erkriegen, ersettigen, ertôten. er-* – seltener *zer-* – konkurriert mit *ver-*, und *ver-* konkurriert zusätzlich mit *be-*, so *verblindet, vergetzen, verdulden, vermort, verzellen, vermantelt, verunruhigt; zernichten, zerstümmelt; erstummen, erdorrt, ersterben, erhungert, erstört* etc. Zur Konkurrenz *ver-* und *be-* vgl. Kolde (1964, 177ff.).

In einer Vielzahl von Fällen ist die einem Präfixverb eigene Semantik in der Frühzeit des Frnhd. auch noch dem Simplex eigen. Mit dem Verlust der entsprechenden Verwendungsweise beim Simplex kann daher von der (partiellen) Aufhebung einer Polysemie des Simplex zugunsten einer ausdifferenzierten und spezifischen Präfixverbsemantik gesprochen werden (vgl. Solms 1989).

Literatur (zu 10.5.):

Bentzinger (1990); Brendel u.a. (1997); Doerfert (1994); Döring/Eichler (1996); Erben (1993); Fleischer (1972; 1980; 1988); Flury (1964); Frisch (1994); *Frühneuhochdeutsch* (89–149); Gade (1897); Götze (1899); Habermann (1994); Haltenhoff (1904); Henzen (1965); Kolde (1964); Leopold (1907); Moser/Wolf (1989); P.O. Müller (1993); Öhmann (1921; 1970); Öhmann/Seppänen/Valtasaari (1953); Okrajek (1966); V.M. Pavlov (1972); Piltz (1951); Prell/Schebben-Schmidt (1996); Rosenqvist (1934); B. Schwarz (1989); Solms (1989); Thomas (2002); Waldherr (1906); Wegera (1985b); Prell/Wegera (2000); van Zuiden (1934); *Zur Ausbildung der Norm* VI. Zur graphischen Entwicklung s. *Grammatik des Frühneuhochdeutschen* I.1, I.3.

10.6. Bedeutungswandel und Wortwahl

10.6.1. Bedeutungs- und Gesellschaftsveränderungen

Mehrere Schlüsselwörter der höfischen Dichtung erfuhren im spätmittelalterlichen Dt. im Zusammenhang mit dem Aufkommen bürgerlicher Verhältnisse tiefgreifende Bedeutungsveränderungen: so z.B. die Standesbezeichnungen *vrouwe/juncvrouwe* (Adel) und die Geschlechtsbezeichnungen *wîp/maget*. Während *wîp* eine Bedeutungsverschlechterung erfährt und das zunächst mit *juncvrouwe* konkurrierende *maget* im Sinne von ‚Dienstmagd' verwendet wird, wird *vrouwe* zur neutralen Geschlechtsbezeichnung, und die Merkmale ‚jungfräulich bzw. Ehelosigkeit' verdrängen bei *juncvrouwe,* besonders bei Mädchen aus dem Bürgertum, das frühere ‚adlige Herkunft'.

Im Zusammenhang mit dem Ab- bzw. Umbau des Bezirks ständischer Wertbegriffe ist ebenfalls die Veräußerlichung des feudal-ritterlichen, nach afrz. Muster entstandenen Kennwortes *hövesch* zu *hübsch* zu betrachten. Von der im Mhd. alle Eigenschaften des Adligen am Hof umfassenden Bedeutung bleibt nur die jenseits der Standeswertung im Feld ästhetischer Bezeichnungen angesiedelte Bedeutung ‚ansprechendes Aussehen' erhalten.

Anhand der spätmittelalterlichen Vokabularien steuert Grubmüller (1986b) den Entwurf historischer Verlaufslinien zur Bedeutungskonkurrenz und -differenzierung von *höfisch, höflich, hübsch* bei und zeigt das komplexe wortgeschichtliche Zusammenspiel der lautgeschichtlichen, morphologischen und semantischen Aspekte sowie der sozialhistorischen Entwicklungen und der ‚sprachlichen Prestigeräume' auf:

1) die als Kennwort der Adelskultur nach dem afrz. *corteis* über das Mnl. vermittelte Lehnprägung *hövesch,* „die den weiten Umkreis höfischer Verhaltensweisen und Erscheinungsformen zwischen kultiviertem Benehmen und sittlicher Würde, Schönheit und Konversationskunst in einem zu bezeichnen hätte, bleibt aus lautgeschichtlichen und lautgeographischen Gründen so nur im Niederdeutschen erhalten (vgl. noch Adelungs Hinweis, II 1224: „noch jezt im Nieders." […]) und geht mit dessen Untergang als Hochsprache dem Deutschen verloren.

2) Das lautgeographische Äquivalent der südlichen Schreibsprache, *hübsch,* verliert mit der Durchschaubarkeit seiner Wortbildungsstruktur auch den Bezug auf den Wertbereich Hof und damit die über das äußere Erscheinungsbild hinausgehenden wertbesetzten Komponenten seiner Bedeutung.

3) Die Lücke, die für die Bezeichnung der dem Hof verdankten Verhaltensregulierungen entsteht, wird – ausgehend vom deutschen Südwesten – durch das Aufgreifen und Favorisieren einer Parallelform, *höflich,* gefüllt, die den institutionellen Bezug noch sichtbar hält; der Bezeichnungsimpuls richtet sich zu diesem Zeitpunkt aber offensichtlich nicht mehr auf den ursprünglichen Bedeutungsumfang, sondern reduziert ihn auf das ‚kultivierte Benehmen'.

4) Mit dieser Reduzierung in der Sache und parallel zur immer weiter wachsenden Bedeutung der Städte und vor allem der städtischen Intelligenz (der Gelehrten) verliert das Wort *höflich* trotz formaler Unmißverständlichkeit seinen Bezug zum Hof und kann als Bezeichnung für einen bürgerlichen Wertbegriff in Anspruch genommen werden."   (Grubmüller 1986b, 179)

Das Adjektiv *edel,* das zunächst lediglich als Standesbezeichnung die adlige Abkunft sachlich feststellend bezeichnete und auch für Elemente des Lebensumfeldes des Adligen angewandt wurde, erfuhr eine Bedeutungsveränderung. Ausgehend von dem vom Adligen verlangten aristokratischen Empfindungsvermögen und der vornehmen Gesittung verschob sich im geistlichen und bürgerlichen Schrifttum das Gewicht der Bedeutung vom äußerlichen Geburtsadel zur standesunabhängigen Tugend, von der sozial-rechtlichen Sphäre auf die vorbildlich geistig-sittliche Haltung (vgl. auch Reichmann in *Frühneuhochdeutsch* 1987, 214–224).

Aufgaben:

1. Analysieren Sie Bezeichnungen für Personen weiblichen Geschlechts in den folgenden Stellen:

Wiener Genesis:	dô begunde er (Josef) sîner *vrouwen* (der Frau des Potiphar) lîchen.
Nibelungenlied:	dô weinten mit den *vrouwen* der guoten burgaere *wîp*
Walther von der Vogelweide:	daz hie diu *wîp* bezzer sint danne ander *vrouwen*.

Goethe:		
	Faust:	Mein schönes *Fräulein*, darf ich wagen, meinen Arm und Geleit Ihr anzutragen?
	Gretchen:	Bin weder *Fräulein*, weder schön, kann ungeleitet nach Hause gehen.
	Frau Marthe:	Denk, Kind um alles in der Welt! Der Herr dich für ein *Fräulein* hält.

vgl. dazu auch:

Junkgfrauw.
Ein vngeschwechr.
Vnberürt.
Vnbefleckt Weibsbilde.

Abb. 44: (aus: U. Haß: Leonhard Schwarzenbachs *Synonyma*. Beschreibung und Nachdruck der Ausgabe Frankfurt 1564. Lexikographie und Textsortenzusammenhänge im Frühneuhochdeutschen. Tübingen 1986, LVIIa; vgl. unten Abb. 45)

2. Untersuchen Sie anhand von Lexer und *DWB* die Entwicklung

a) von *kluoc/klug, wîse/weise* unter besonderer Berücksichtigung der ständischen bzw. religiös-ethischen Verflechtungen;
b) von *stolz; hoher muot/Hochmut* unter dem Gesichtspunkt der Bedeutungsverschlechterung;
c) des aus dem Afrz. übernommenen Modewortes *aventiure/Abenteuer* (dazu auch *FWB* 1,1 62–72).

Vgl. Sie dazu (*DWB* 9, Sp. 428, 8, Sp. 1744) die Entwicklung des Wortes *graal*, das seinen geheimnisvollen, sakralen Symbolwert (cf. Wolframs *Parzival*) verliert, in nd. Städten bis Ende des 15. Jh.s in *gralsfest* (= ‚bürgerliche Nachbildung ritterlicher Turnierspiele‘) weiterlebt und schließlich nd. ‚Getümmel verbunden mit Lärmen und Geschrei‘ bezeichnet; dazu nd. *gralen/grälen*, hd. *grölen*.

10.6.2. Bedeutungsveränderung und geistige Strömungen: Das Beispiel der Reformation

Durch die reformatorische Entwicklung kommt es ebenfalls bei wichtigen Kulturwörtern zu neuen Sinnprägungen, die z.T. in der deutschten Mystik vorbereitet worden waren, aber erst mit Luther zur vollen Geltung kamen. Die semantische Umbewertung betraf die Leitbegriffe der neuen Glaubensauffassung, die Schlag- und Fahnenwörter der Reformation. Das Wort *Reformation* selbst, das an die spätmittelalterliche Bewegung in Kirche und Reich (Konzilien und Reichstage) anknüpfte, wurde zur Losung der neuen religiösen Bewegung. Das Adj. *evangelisch*, mit dem Luther ab 1520 – nach dem Prinzip *sola scriptura* – seinen Glauben bezeichnete, wurde zum Signal in der konfessionellen Auseinandersetzung und als Gegenwort zu *römisch, katholisch* neben dem frühen *Martinianer* und späteren *lutherisch* zur Fachbezeichnung für die Anhänger seiner Lehre.

fromm bedeutete ursprünglich ‚brauchbar, nützlich‘ (von Sachen), ‚rechtschaffen, brav, tüchtig‘ (von Personen). Der Bedeutungswandel des Adj. steht im Zusammenhang mit Luthers Rechtfertigungslehre. Für den Reformator, der es als Übersetzung des hebr. Wortes für ‚gottesfürchtig‘ wählte, konnte vor Gott nur der Gläubige als *fromm*, d.h. als gerechtfertigt gelten – „das wyr auff deutsch sagenn, das ist eyn frum man, das saget die schrifft, der ist iustus, rechtfertig odder gerecht" (1522, Dietz 1, 719). Das den Adj. ‚gläubig, gottesfürchtig, christlich‘ gleichgeordnete Wort entwickelt deshalb seinen religiösen Inhalt und wird allmählich zur Entsprechung des lat. *pius*. Die profane Bedeutung lebt lange weiter, so z.B. in Goethes Gebrauch, der sich mit der religiösen verflicht (Niggl 1967).

Die evangelische Welt- und Lebensanschauung betraf aber auch andere Wörter, die z.T. aus der säkularen in die religiöse Sphäre übertragen wurden. Luther bemühte sich z.B. in seinen Vorreden, die neue Bezeichnungs- und Wertfunktion der Kernbegriffe zu verdeutlichen und zu sichern. So in der *Vorrede zum Römerbrief* (1522):

> AUffs erste, müssen wir der sprache kündig werden, vnd wissen was S. Paulus meinet, durch diese wort, Gesetz, Sünde, Gnade, Glaube, Gerechtigkeit, Fleisch, Geist, vnd der gleichen ... On solchen verstand dieser wörter, wirstu diese Epistel S. Pauli, noch kein Buch der heiligen Schrifft nimmermehr verstehen.   (WA-B 7.3; 13)

Die durch die Mystik bereits angebahnte Bedeutungsentwicklung von *Beruf* von *vocatio*, ‚(geistlicher) Ruf, Berufung‘ zu ‚Stand, Amt, Tätigkeit‘ erfährt mit Luthers Lehre vom ‚allgemeinen Priestertum‘ ihren Abschluss, der sowohl die Säkularisierung des zuvor eher geistlichen Gehalts als auch die Erweiterung des weltlichen Inhalts um eine geistige Komponente bedeutet. Durch die Aufhebung des monastischen Wertsystems, der behaupteten größeren Gottesnähe des beschaulichen Lebens, der Unterscheidung zwischen hohen und niederen Werken kann jede mit der richtigen Einstellung verrichtete weltliche Arbeit, jede von Christen ausgeübte Tätigkeit als Erfüllung eines Auftrages von Gott, als ihm gefälliger Gottesdienst, als ‚Beruf‘ gelten: „Unangesehen aller heyligen exempell unnd leben soll eyn iglicher wartten, was yhm befohlen ist, unnd warnhemen seynis beruffis" (WA 10,1,1,306, 17f. 1522). Die Festigung des bei Luther noch schwankenden Gebrauchs von *Beruf* (neben ‚Ruf, Orden‘) ist der *Confessio Augustana* (1555, Art. 16. 26–27) zuzuschreiben.

In einem ähnlichen Rahmen vollzieht sich eine Sinnverschiebung bei *arbeit,* das ausgehend von der vorherrschenden Bedeutung ‚Not‘, ‚Mühsal‘, ‚Qual‘, eine positive Wertung erfährt. Die als Fluch und Strafe des Menschen nach dem Sündenfall verstandene Arbeit wird in Zusammenhang mit der Abwertung der mönchischen Askese zum sinnvollen Lebensinhalt, zur Erfüllung der von Gott gesetzten Aufgaben und zum Segen für den Menschen. Diese Umwertung führt zur Wertschätzung der Arbeit – Luther beschreibt als *köstlich* (Ps. 90,10) ein arbeitserfülltes und mühevolles Leben – und zu einem neuen Arbeitsethos. Bei Entwicklung der Arbeitsethik ist allerdings auch das Vorfeld der Reformation (Spätscholastik, Frühhumanismus) zu berücksichtigen (Heimann 1987).

Aufgabe:

1. Rekonstruieren Sie das frnhd. Bedeutungsspektrum von *arbeit* anhand der lexikographischen Beschreibung von ‚arbeit, arbeiten, arbeiter, arbeitsam, arbeitselig‘ in: Anderson/Goebel/ Reichmann: Frühneuhochdeutsch ‚arbeit‘ und einige zugehörige Wortbildungen. In: Alfred Ebenauer (Hg.): *Philologische Untersuchungen* gewidmet Elfriede Stutz zum 65. Geburtstag. Wien, 1984, 1–29.

2. Untersuchen Sie die semantische Entwicklung von *ader* anhand des *DWB* (Neubearbeitung Bd. 1. Leipzig 1965ff.).

10.6.3. Paarformeln und Synonymenkoppelung

Als komplexes Phänomen erweisen sich die Aneinanderreihungen von Synonymen oder Quasi-Synonymen, die in frnhd. Zeit eine starke Ausdehnung erreichten. Sie entsprechen u.a. stilistischen Bemühungen im Zusammenhang mit dem Wiederaufleben der antiken Rhetorik. Die von am Lat. geschulten Humanisten dem Dt. häufig vorgeworfene geringere Differenziertheit gegenüber dem Lat. versuchten diese u.a. durch den Einsatz von Synonyma als schmückende Stilmittel zu beheben. Zwei- und dreigliedrige Formeln stehen daher in der dt. Übersetzung für ein Wort der lat. Vorlage, so z.B. bei Niklas v.Wyle: *kuntpar und offen; schnell und behend; siech und kranke; achten und schetzen; letzen und bekrencken; gerungen und gestritten; from, erber und küsch; zunemen, wachsen und meren* (Rosenfeld [3]1974, 414). Zahlreiche Synonymarien (z.B. Schwarzenbachs *Synonyma*) leisteten Hilfestellung für diese Stileigenheit, vor allem in der Prosa, die sich zur Mode entwickelte.

Die Zwei- und Mehrgliedrigkeit war auch ein Behelf für die Rechtssprache, um den vollen Umfang eines Begriffs durch Summierung ähnlicher oder identischer Bezeichnungen zu erschöpfen und juristisch unmissverständliche und einwandfreie Formulierungen zu erlangen. Häufig wurden auch Fremdwörter als interpretierende Synonyme neben dt. Wörter gestellt; im juristischen Bereich: *Bestätigung und Approbation;* bei Niklas v.Wyle: *wane und oppinion; memory und angedächtnüsz; red und oracion; facultet, craft und machte* (Rosenfeld [3]1974, 416).

Die Häufung der Paarformeln und Synonymenkoppelungen entspricht aber auch dem Versuch, durch die Addition des Einzellandschaftlichen Verstehensschwierigkeiten, die durch die noch nicht vollzogene übergeordnete Auswahl entstehen, zu überbrücken. Die Erscheinung findet sich dort besonders häufig, wo Texte mit großer Verbreitung von Abschreibern sprachlich umgesetzt werden, damit sie leichter über die Grenzen des Herkunfts-bzw. Entstehungsraums hinausgelangen können. Im Nebeneinander von veralteten und neueren Wörtern sind als Ursachen des Veraltens sprachgeographische Konstellationen in Erwägung zu ziehen (Beispiele aus Besch 1964, 200–221: *bald und schier; biene oder ymben; erbidmen und erzitren; dicke und vil; blôd, krank und schwach;* vgl. auch Schmidt-Wiegand 1984, Sp. 1387–1393).

Befriden.

Begütigen.
Gestillen.
Versünen.
Verainigen.
Verainbarn.
Ainig machen.
Gnedig machen.
Zu gnaden bringen.
Ein sach vertragen.
Bethaidigen.
Entschaiden.
Hinlegen.
Schlichten.
Ablainen.
In ainigkeit bringen.
Zu frieden machen.
Zu gemeiner ruhe stellen.
Zu still bringen/richten oder abnemen.
In der güte abkommen.
Fried vnd ruhe gepflantzen.
Außsünung suchen.

Abb. 45 (aus: Schwarzenbachs *Synonyma* 1564 XIXa)

10.6.4. Lexikalische Entwicklung und etymologische Durchsichtigkeit

Im Frnhd. lässt sich das Vordringen etymologisch durchsichtiger Bildungen gegenüber Konkurrenten, die im Bezeichnungsfeld isoliert sind, feststellen. Sprachökonomische Momente sind dabei ausschlaggebend. Als Beispiel kann die Umschichtung des Wortfeldes der Schwiegerverwandtschaft gelten. Ausgehend vom alten System

swiger	*sweher*
schnur	*eidam*

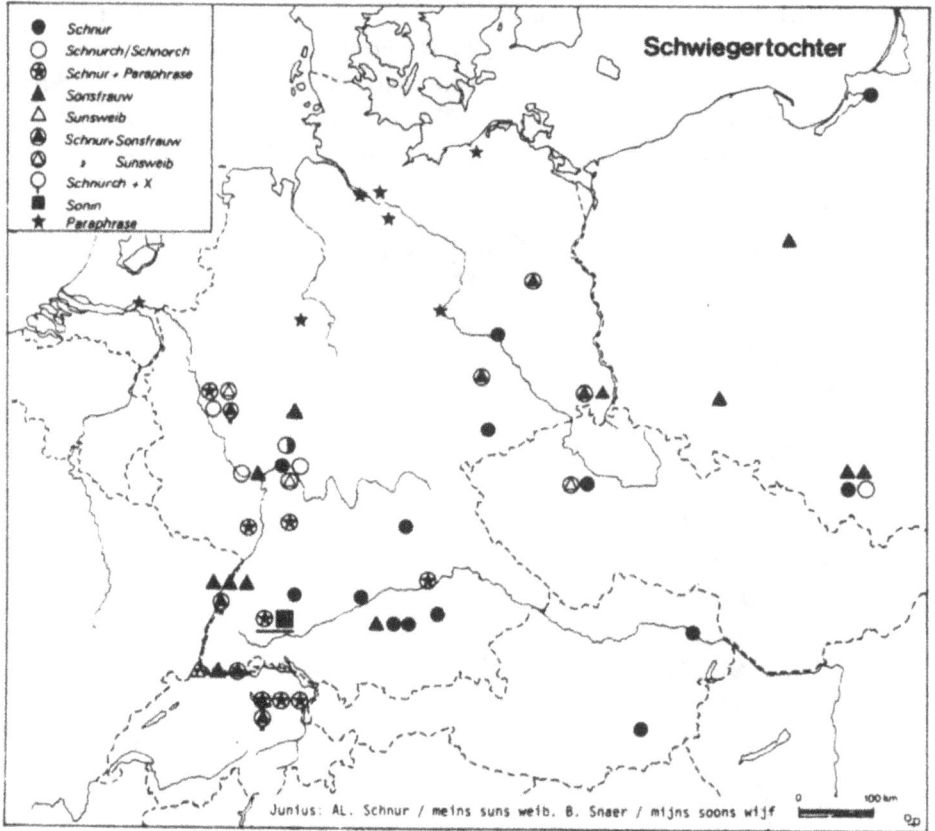

Abb. 46 (aus: de Smet 1986b, 75)

entsteht ein neues, durchsichtigeres, mit expliziter Beziehung zwischen den Einzelgliedern, die durch das Bildungselement /Schwieger/ zusammengehalten werden. *Sohnsfrau* und *Tochtermann*, die in Rückzugsgebieten weiterleben, bilden eine Art Zwischenstufe in dieser Entwicklung, die nicht vor dem 18. Jh. als abgeschlossen gelten kann. Dass bei der Desintegration des alten Bezeichnungssystems auch landschaftliche Differenzierungen mitwirken, zeigt die Verbreitung von *Sohnsfrau/Tochtermann* in den frnhd. lexikographischen Werken. Die für die lat. Lemmata erscheinenden dt. Interpretamente der Vokabularien und Wörterbücher der frnhd. Zeit spiegeln nicht nur Entstehungsgeschichte und Abschreiblinien der jeweiligen lexikographischen Werke wider, sondern geben auch durch das Nebeneinander von schichtenspezifischen, regionalen Wörtern und solchen mit allgemeiner Verbreitung Einblick in die soziale und regionale Dynamik der Lexik. Die häufig aus dem obd. Gebiet stammenden Wörterbücher sind sowohl Zeugen der Entwicklung als auch Faktoren des lexikalischen Ausgleichs (vgl. de Smet 1986b, 59–80; E.E. Müller 1979b).

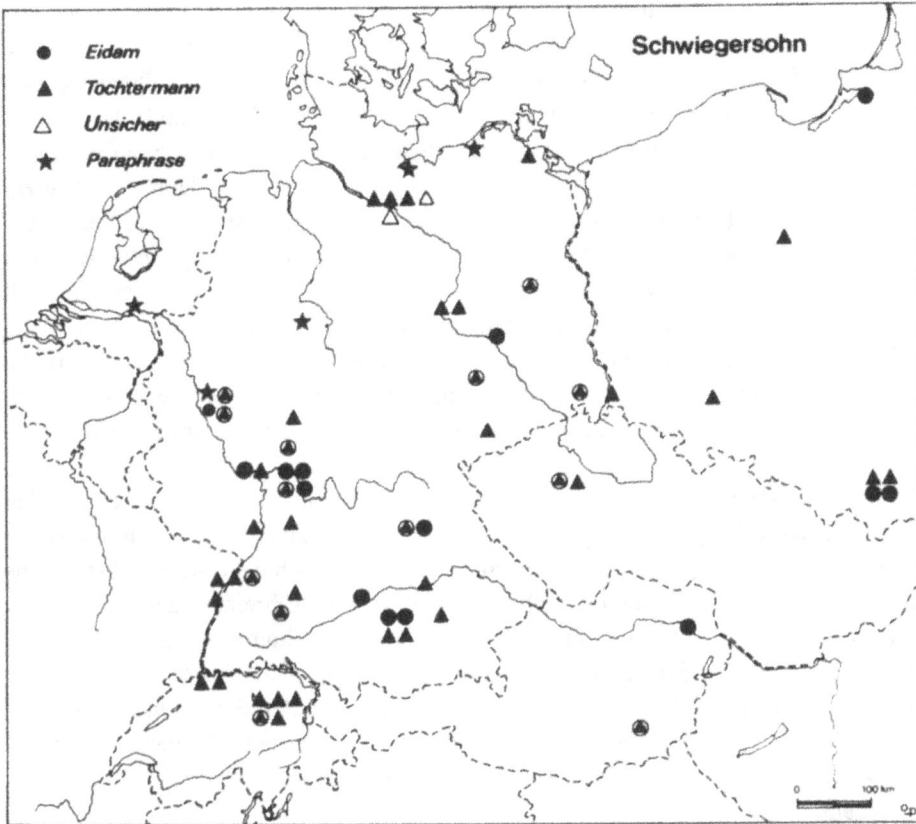

Abb. 47 (aus: de Smet 1986b, 76)

10.7. Lexikographie

10.7.1. Vokabularien und Wörterbücher des Spätmittelalters

Die lat.-dt. Wörterbücher, die im Schul- und Universitätsbetrieb des Mittelalters als Hilfsmittel benutzt wurden, waren alphabetisch oder nach Sachgruppen geordnet.

Im ausgehenden 14. und besonders im 15. Jh. entwickelten sich neue Wörterbuchtypen, die sich wesentlich von der früh- und hochmittelalterlichen Glossographie unterscheiden. Sie lehnen sich an die lat. Wissenscorpora an und versehen die Lemmata aus den gelehrten einsprachigen lat. Wörterbüchern der Zeit mit dt. Glossen, d.h. die bisher ausschließlich lat. vollzogene Sicherung und Weitergabe des Wissens erfuhr eine breitere Durchsetzung mit volkssprachlichen Elementen. Dies kam offensichtlich einem Bedürfnis entgegen, denn der meistverbreitete Wörterbuchtyp, die *Vocabularia Ex quo,* ist mit über 270 Hss. und über 40 Drucken überliefert und wandte sich ausdrücklich an ,parvuli' und ,pauperes scolares' als Hauptadressaten (*Vocabularius Ex quo* 1988; 1989; 2001). Im offiziellen Schulschrifttum finden sie jedoch kaum Erwähnung. Darüber hinaus waren sie auch Übersetzungs- und Vorbereitungshilfe für den sich auf lat. Vorlagen stützenden Prediger. In der Regel ohne Ambitionen im geistig-theologischen Bereich boten sie gleichwohl eine gewisse Präzision und Differenzierung auf Gebieten, wo das Dt. dem Lat. ebenbürtig war: Technik, Handwerk, Pflanzen- und Heilkunde sowie Rechtswesen. Hier konnte es zu einer gewissen volkssprachlichen Überformung der lat. Vokabeln kommen, deren Verdeutschung dann vom Prinzip ‚verbum de verbo‘ abwich, nach welchem das lat. Wort ‚transparent‘ gemacht werden sollte: So erscheint für *Gladiator* (*qui facit gladios*) nicht **schwertmacher,* sondern *schwert veger.* Die in der Ausgangssituation dieser Vokabularien besonders ausgeprägte Infiltrierung durch das Dt. wurde im Zuge einer Relatinisierungstendenz im Laufe des Jh.s zurückgedrängt, und die lat. Erklärungselemente nahmen wieder zu. Trotzdem scheinen diese Vokabularien, die später auch in den *Dunkelmännerbriefen* und von Luther verworfen wurden, dem neuen Wissenschaftsanspruch nicht genügt zu haben, denn ihre Tradition bricht um 1500 abrupt ab (s. auch *Vocabularius optimus* 1990).

Die dt. Interpretamente der Vokabularien entsprechen nicht grundschichtigen lokalen Mdaa. Allgemein wird die großräumigere der engeren lokalen Lexik vorgezogen. So trugen sie, die sich an der Schnittstelle von lat. Schriftlichkeit und der sich neue Ausdrucksbereiche erschließenden Volkssprache befanden, aufgrund ihrer großen Verbreitung zur horizontalen Mobilität der Lexik, zur Entstehung von erfahrenen Konkurrenzsituationen als Vorstufe der Selektion bei. Dies geschah innerhalb eines Adressatenkreises – spätere Priester, Juristen, Ärzte, Lehrer, Schreiber und Literaten –, der durch seinen sozialen Status und seinen Bildungsstand beim Einebnen der landschaftlichen Wortgegensätze zum Träger, Mittler und Multiplikator werden konnte, als das Dt. das Lat. in der großräumigen Kommunikation abzulösen begann.

Die in der Folge des dt.-lat. Teils der Vokabularien des 14. Jh.s (Engelhus 1394, Fritsche Closener 1375/77; dazu Kirchert/Klein 1995) erscheinenden *Vocabularia incipiens teutonicum ante latinum* des 15. Jh.s tauschen zwar formal – nach dem aristotelischen pädagogischen Prinzip ‚vom Bekannten zum Unbekannten‘ – die Rollen von Dt. und Lat. (z.B. Gert van der Schürens *Teuthonista*); sie bleiben aber eindeutig im Dienst der Zielsprache Lat. Ansätze zu einer dt. Synonymik zeigt das *Rusticanus terminorum* (1482 Nürnberg). Wörterbücher wie diese bleiben Randerscheinungen im Vergleich zur Flut der lat.-dt. Vokabulare. Mit Dt. als Ausgangssprache, d.h. als eigenem System, entsteht jedoch eine bescheidene Bresche im Monopol des Lat. als Bildungssprache.

10.7.2. Die lexikographischen Werke des 16. Jh.s

Eine große Breitenwirkung kann im 16. Jh. für das *Dictionarium latino-germanicum* (1535) & *Germanico-latinum* (1536) des aus Thurgau stammenden und in Straßburg wirkenden Schulmannes Dasypodius angesetzt werden, das mit den katholischen Umarbeitungen bis 1709 43 Editionen erlebte, von zahlreichen zeitgenössischen Wörterbuchautoren ausgeschrieben wurde (z.B. von Serranus, Nürnberg 1538/39) und sogar über den dt. Sprachraum hinaus (Polen, Böhmen, Niederlande) wirkte (s. Claes 1977). Dem ital. Humanisten Calepinus und dem frz. Lexikographen Estienne stark verpflichtet, ist das Wörterbuch in seinem (kürzeren) dt.-lat. Teil lediglich eine neu alphabetisierte – mit halb etymologischer, halb alphabetischer Reihenfolge der Lemmata – Umkehrung des lat.-dt. Teils. Mit der Rückkehr zur klassischen Latinität – den ‚autores latinae linguae probi‘ – wird eine deutliche Abkehr von den ‚sordidae gemmae‘ (die *Gemmen* bilden am Ende des 15. und zu Beginn des 16. Jh.s einen relativ kurzlebigen Wörterbuchtyp, der eine Auswahl des Schulwortschatzes bot) dokumentiert und das Wörterbuch in den Dienst des von den Humanisten renovierten Lateinunterrichts gestellt.

Das durch einen lat.-dt. Nomenclator und ein dt.-lat. Gruppenglossar erweiterte Wörterbuch des Dasypodius weist auf lautlich-morphologischer Ebene eine allmähliche Unterdrükkung von Regionalismen auf und zeichnet sich durch eine für ein Schulwörterbuch besonders reiche Synonymik mit landschaftlichen Konkurrenten aus, so z.B.: 70d *Fermentum, Hebel* (obd.) / *saurteyg* (md., Luther) / *deissem* (els.); 159b: *Orca, Ein hôltzin geschirr* (wob.) *dariñ man allerley saltzet* / *ein zuber* (oobd.) / *orckel* (els.) / *brente* (Thurgau). Die Fülle der Heteronyme, die auch als Reflex der jeweils benutzten Quelle gedeutet werden kann, wirkte in Richtung Allgemeinverständlichkeit und kann aufgrund des großen Erfolgs des Wörterbuchs auch als Faktor des Ausgleichs in der Lexik gedeutet werden (Schirokauer/ Wegera 1987). Erstbelege (West 1989) sind nur zu 29 % in den Allgemeingebrauch übergegangen, andere sind, so der Vergleich mit dem *FWB*, bereits vor Dasypodius in leicht abweichender Form, als Bestandteile der Zusammensetzung oder als konjugiertes Verb belegt (s. auch Hartweg 1980). In dem von Generationen von Schülern benutzten und daher einflussreichen Werk hat Dasypodius „zur Wiedergabe lat. Fachwörter […] vor allem Lehnübersetzungen und Lehnschöpfungen benutzt, die großenteils von ihm selbst nach lat. Wortbildungsmustern geprägt sind, vorwiegend als Zusammensetzungen" (v. Polenz [2]2000, 203).

Der Schweizer Pfarrer J. Maaler nahm mit seinem Wörterbuch *Die Teutsch Sprach* (Zürich 1561) eine Umarbeitung und Neualphabetisierung des 1556 durch Frisius neu bearbeiteten *Dictionarium latino-germanicum* der Züricher Cholinus und Frisius (1541) vor. Das über ein Schulwörterbuch hinausgehende Werk, dem der Autor das wenig berechtigte Selbstlob „Dergleychen bißhår nie gesehen" vorausschickt, ist wie seine Vorgänger auf dem Weg des Umsetzverfahrens, und nicht durch die im Vorwort von Gesner erwähnte Quellenexzerption entstanden. Wie Dasypodius sind Cholinus, Frisius und Maaler, die ihre Sorge um den Ruhm der dt. Sprache zum Ausdruck bringen, dem humanistischen Prinzip ‚ad fontes‘ verpflichtet. Trotz konservativer Praxis, die dem Anspruch auf das ‚Neue‘ nicht gerecht wird, und obwohl das lat. Raster die Auswahl der dt. Lexik bestimmt, finden dt. Idiotismen und Redensarten einen gewissen Eingang in diese Werke. Maalers auf die Bemühungen eines Humanistenkreises zurückzuführendes Wörterbuch erlebte nur eine Auflage.

Das erste dt. Fremdwörterbuch veröffentlichte der Schulmeister und Dramatiker Roth (Augsburg 1571):

Ein Teutscher Dictionarius, dz ist ein außleger schwerer, vnbekanter Teutscher, griechischer, Lateinischer, Hebraischer, Wålscher vnd Frantzôsischer, auch andrer Nationen wôrter, so mit der weil inn Teutsche sprach kommen seind […] allen Teutschen, sonderlich aber denen so […] des Lateins vnerfarn seind, zu gutem publiciert; durch Simon Roten.

10.7.3. Die Wörterbücher des 17. und 18. Jh.s

Die Autorität und der normative Anspruch des deutschsprachigen Wörterbuchs bzw. Wörterbuchteils des 16. Jh.s beruht allein auf der Kompetenz des Lexikographen, und nicht auf dem Sprachgebrauch. Dies erklärt auch die lange Karriere etlicher nur in Wörterbüchern belegten ‚Kunstwörter‘, die auf die ursprüngliche gattungskonstitutive (lat.-dt.) Zweisprachigkeit und die Addition des wiederholten Abschreibens zurückgeht. Manche Autoren experimentieren auch auf das Extremste mit den Wortbildungspotentialitäten (Wiegand ²1998; Jones 2000; Szlęk 1999). Einen Einblick in den sprachlichen und lexikographischen Entwicklungsstand vor dem Wirken der sprachreinigenden Bestrebungen liefert zu Beginn des 17. Jh.s das auf den 1. Bd. beschränkt gebliebene Wörterbuch von Henisch *Teütsche Sprach vnd Weißheit* (Augsburg 1616).

Das Prinzip des Exzerpierens und der Nachweispflicht wurde in den Wörterbuchplänen der ‚Fruchtbringenden Gesellschaft‘ (nach dem Vorbild des Wörterbuchs der Lingua Toscana der *Accademia della Crusca*, Florenz 1612; dazu auch Harsdörffers Programmschrift von 1644: *Schutzschrift für die Teutsche Spracharbeit*) behauptet. In der Praxis setzte es sich doch nur allmählich neben der umordnenden Abschrift durch. Außer Schottel, der zwar der Grammatik Priorität vor dem Lexikon einräumte, aber mit einer Stammwortliste (= die ‚grundseulen‘ der Lexik) auch methodische Ansätze für die Lexikographie entwickelte, hat sich Leibniz für die Darstellung des dt. Wortschatzes (in drei Wörterbüchern: ‚Sprachgebrauch‘ für die Umgangssprache; ‚Sprachschatz‘ für die Fach- und Sondersprachen; ‚Sprachquell‘ als etymologisches Wörterbuch) und für die Erforschung der dt. Mdaa. eingesetzt. Der Wörterbuchplan steht im Zusammenhang mit den sprachpflegerischen Bemühungen der Societät der Wissenschaften zu Berlin nach dem Vorbild des *Dictionnaire de l'Académie Française* (1694).

In seinem programmatischen Wörterbuchfragment stellte Gottsched Beobachtungen über richtigen Gebrauch und Missbrauch dt. Wörter und Redensarten an. Seine am Vernunftideal der Aufklärung orientierten Positionen strebten keine Bereicherung des Wortschatzes durch mundartliche Elemente (nicht identisch mit ‚niedrig‘ und ‚pöbelhaft‘) an.

Mit der allmählichen Entfernung vom lat. Selektionsmuster stellte sich akuter die Frage nach der funktionalen, sozialen und arealen Bestimmung des zu kodifizierenden Wortbestandes. Mangels einer klar abgegrenzten und konsolidierten Standardsprache blieb unentschieden, ob die Sprache einer (und welcher) vorbildlichen oder die Addition aus Elementen verschiedener Landschaften als Grundlage dienen sollte. Ebenso offen blieb die Frage nach der Differenzierung und der Behandlung des Mundartlichen und der ‚Pöbelsprache‘. Mundartliches gelangte in die Wörterbücher durch ausgeschriebene Vorgänger, durch die Legitimation vorbildlicher Autoren, um Lücken z.B. im Fachwortschatz zu schließen, zu etymologischen Zwecken, um den Reichtum der dt. Sprache zu demonstrieren und, bewusst oder unbewusst, durch die landschaftliche Herkunft oder Bindung der Wörterbuchautoren.

(1) Stielers Wörterbuch *Der Teutschen Sprache Stammbaum und Fortwachs* (1691) ist nach dem Schottelschen Grundsatz der Stammwörter, um die Ableitungen und Zusammensetzungen gruppiert werden, geordnet. Es bietet in z.T. assoziativer Reihenfolge Beispiele und analog gebildete, sonst nicht belegte Wortbildungen. Lat. bleibt als Metasprache erhalten,

und die etymologische Rechtschreibgrundlage wird behauptet. Osächs. (mit Dresden, Wittenberg, Leipzig und Halle als Richtschnur) gilt als Vorbild, nicht jedoch die Mda. dieser Landschaft, also auch nicht die meißnische. Nsächs. und nl. Elemente werden zu etymologischen Zwecken herangezogen.

(2) *Das herrlich große Teutsch-Italiänische Dictionarium* von Kramer (Nürnberg 1700), das auch nach Stammwörtern ordnet, versteht sich als didaktische Darstellung des ‚wirklichen‘ Sprachgebrauchs, da der Autor „nicht ein eintziges teutsches [...] Wort [...] eingebracht habe / so nicht gäng und geb", und nicht wie einige Vorgänger „solche mit einverleibt / die sich zwar [...] abstammen lassen / aber noch nie nirgend in gangbare Übung kommen seynd" (I e$_2$Vorr.). Kramer bietet reichliches Belegmaterial zu Wortgebrauch und -bedeutung in gegliederten Wortartikeln.

(3) Steinbachs *Vollständiges Deutsches Wörterbuch* (^{2}1734) übernimmt Schottels Stammwortprinzip. Aus der heimatlichen, für ihn vorbildlichen Kulturprovinz Schlesien stammen zahlreiche Belegstellen (Günther, Hofmannswaldau, Opitz, Gryphius, Lohenstein). Es weist deutliche sprachkritische Intentionen auf (mit den Hinweisen ‚vocem obsoletam, plebeja, non ubique usitatam‘) und unterscheidet mit graphischem Merkmal ‚hd.‘ und ‚nicht hd.‘, z.B. *Hafen* (Topf); *Hag* (Zaun); *Kefich* (Vogelbauer); *Imme* (Biene).

(4) Frischs *Teutsch-Lateinisches Wörterbuch* (Berlin 1741) steht deutlich unter dem Einfluss des Leibnizschen Plans eines Gesamtwörterbuchs. Dieser erscheint z.B. in der (nicht stringent durchgehaltenen) Artikelanlage: 1. gemeinsprachliches, 2. mundartliches und fachsprachliches, 3. historisches Wortgut, 4. Orts- und Personennamen, 5. Herkunft und Verwandtschaft, 6. grammatische und sprachkritische Angaben. Frisch, der zahlreiche Quellen aus dem 15.-17. Jh. (für die Zeit bis zur Reformation merkt er an: „je pöbelhafter einer damals geredet und geschrieben, je angenehmer ist er gewesen") exzerpierte, kennzeichnet Veraltetes (z.B. *Dinge=Tag – Gerichtstag; kommlich – bequem*) und Mundartliches (*Furke/Forke – Gabel*). In seinem als Nachschlagewerk viel benutzten Wörterbuch werden auch Neuwörter verbucht.

(5) Adelung setzte in seinen zahlreichen Arbeiten zur dt. Sprache Gottscheds Bestrebungen fort und verwirklichte mit seinem Wörterbuch (*Grammatisch-kritisches Wörterbuch der Hochdeutschen Mundart mit beständiger Vergleichung der übrigen Mundarten, besonders aber der Oberdeutschen*), in welchem er den zwischen 1730 und 1760 in der Sprachentwicklung erreichten ‚idealen‘ Zustand zu erfassen versuchte, einen Teil des Thesaurus-Ansatzes von Leibniz. Sein auf umfangreicher eigener Sammeltätigkeit beruhendes Werk, das von Wieland, Goethe und Schiller genutzt wurde, ist alphabetisch nach Einzelwörtern geordnet und emanzipiert sich vom Lat., das nur in grammatischen Siglen erscheint. Die Grundlage ist die „hochdeutsche Mundart", deren Basis er funktional, sozial und areal als die „Schrift= und feinere Gesellschaftssprache der oberen Classen insbesondere der südlichen Chursächsischen Lande" bestimmt. Diese „Schrift= und Gesellschaftssprache des gesittetsten Theiles der Nation" (1782, Bd. I, LVIIf.) sei durch ihre räumliche Mittellage zwischen Obd. und Nd. besonders zur sprachlichen Zwischenstellung geeignet („die Mittelstraße [...] eine durch das Niederdeutsche gemilderte oberdeutsche Mundart" 1774,

Bd. I, IX) und könne deshalb auch über ihren Herkunftsraum hinaus verbreitet werden. Der Wortschatz der übrigen ‚Mundarten' erscheint nicht nur zur Abgrenzung der ‚hochdeutschen'. Adelung kennzeichnet besonders die obd. Elemente. Die nicht-‚hochdeutschen Mundarten' tragen mit ihrer Lexik zur Bedeutungserklärung und zur Stützung von Etymologien bei.

Die Zeitgenossen und spätere Gegner haben seine Haltung häufig als ‚normativ' eingeschätzt. Zu diesem Urteil mögen wohl besonders seine sprachtheoretischen Arbeiten beigetragen haben: z.B. verwirft er in *Über den deutschen Styl* (1785, 106) den Gebrauch der ‚Provinzial-Wörter und Formen': „Was die Volkssprachen zur Bereicherung der Schriftsprache hergeben können, sind entweder völlige Synonyma, und dann sind sie nicht nur überflüssig, sondern auch zugleich dunkel, anderer Mängel geschweigen; oder es sind unedle und unnöthige Nebenbegriffe". Seine lexikographische Praxis entspricht eher einer deskriptiven Haltung.

(6) Campes *Wörterbuch der Deutschen Sprache* (1801–1804; [2]1807–1812) setzt sich bewusst von Adelungs Bevorzugung des ‚Sächsischen' ab. Die von ihm angestrebte Kodifizierung der hd. Lexik soll, unabhängig von der regionalen Herkunft, in allen „Gegenden, das Beste, Edelste und Sprachrichtigste für die allgemeine Deutsche Umgangs- und Schriftsprache ausheben" (1807, Bd. I, VIII). Mundartliche Wörter erscheinen als empfehlenswert (*drall, risch, pladdern*), wenn sie zum Ausbau der Standardsprache dienen, oder als zu vermeiden (*mampfen*).

Campe tat sich auch durch seinen sprachreinigenden Eifer gegen das Fremdwort hervor, der sich z.T. als erfolgreich (*Exkursion/Ausflug; registrieren/buchen; qualifiziert/befähigt*) oder als verfehlt (*Sofa/Lotterbett; Klavier/Griffbrett; Bonbon/Süßchen*) erwies.

Die großen lexikographischen Kodifizierungsunternehmen von Adelung und Campe markieren einen Entwicklungsstand des Wortschatzes einer Standardsprache, der als Ergebnis des allmählichen Abbaus des regional, schichtenspezifisch und funktional-stilistisch bedingten Heteronymenreichtums und des Ausgleichs zwischen den landschaftlich geprägten Literatursprachen gelten kann. Das 18. Jh. kennt aber nicht nur Ablehnung und Bekämpfung der Dialekte; es verzeichnet ebenfalls eine aufkommende Wertschätzung der Mdaa. und den Beginn der Dialektlexikographie (Idiotica).

Beispiele:

Dasypodius 37a

Dasypodius 37a   Dasypodius 303a

Bühel. (der) Collis, Cliuus.
Sanffter Bühel/der nit vast gäch ist. Mol
lis cliuus.
¶ Bühel/Rein. Tuber. Als von ge-
schwulsten.
Ein Bühel außwerffen/als da thůn die ge-
schwär vnd ruben. Extuberare.
Büchelachtig. Cliuosus.
Bühell. Cliuulus.
Geschwulst vnnd Bühell die ein an kno-
den vom podagra empfzingend. Ta-
laria.

Maaler 81d

Bühel, m. collis, clivus.
* Bühel, für tuber, s. Beule.
* Büchelachtig, Pictor. clivosus.
* Büchelein, clivulus. Item die Knoden
vom Podagra an den Füssen und Händen, ta-
laria.
Lat. barb. pogium, pugium, collis, mons, s.
Du Cange.
Holl. bucht oder bocht, eminentia, tubercu-
lum. Und zur See: erectior terre frons in ma-
re procurrens, promontorium.
für Bocht oder Boech, navigii latus utrumque
ad proram, weil da der größe Bug des Schiffs,
setzen einige Teutsche Schiffleute Bug, s. Buch-
ieren.

Frisch 151

Der Bühel, des — s, plur. ut nom. sing. eine im Hochdeutschen veraltete Benennung eines Hügels. Im Oberdeutschen, wo
sie noch üblich ist, lautet sie in einigen Gegenden auch Bichel,
oder Pichel, bey dem Ottfried Buhil, bey dem Notter Buol,
Puol, bey dem Willeram Buhel, im Theuerdanke Pühel. Für
Bäule findet man im Oberdeutschen gleichfalls Bühel, und Not-
ker gebraucht Puol von einem jeden Haufen. Es scheinet eine
Ableitung von Bulk, Buk, Bieg zu seyn, welches ehedem häufig
in der Bedeutung eines Hügels oder Haufens vorkam, und dann
würde es zu dem Zeitworte biegen gehören. Wenn man aber
die Aspiration für nichts rechnen will, so könnte es sich auch von
boll, rund, ableiten lassen. Im Niders. ist Bult, Bulten, gleichfalls ein Hügel. Besonders bedeutet Bülte im Torfgraben einen runden Haufen Torf, der wie ein Bienenstock gewölbet ist,
damit das Wasser ablaufe. Stellet dieser Haufe ein Viereck vor,
so heißet er eine Klote.

Adelung Bd. l, 1248

Abb. 48

Literatur:

Anderson/Goebel/Reichmann (1984); Bachmann (1909); v. Bahder (1925); Bahner (1984); Berger
(1943); Bergmann/Wittkowski (1984); Besch (1964; 1967; 1968 = Wegera 1986; 1985; 1997);
Bremer/Hildebrandt (1996); Brunner/Conze/Kosellek (1972–1992); Byland (1903); Claes (1977);
Dauner (1898); Dietz (1870–72); Eckel (1978); Eichhoff (1977/78/93; 2000); Erben (1972; [3]1974);
Franke (1913–22); Fritze (1980); Gärtner/Kühn ([2]1998); Goertz (1977); Gössel (1933); Grubmüller (1967; 1986a.1986b; Guchmann (1974a); Günther (1919); Haas (1994b); Hartweg (1980;
1984a); Heimann (1987); Henne (1968; 1972); Hildebrandt/Knoop (1986); Hölscher (1979a;
1979b); Ising (1956; 1964; 1968; 1976); Jones (2000); Jörg (1986); Jütte (1988); Kirchert/Klein
(1995); Kleiber (1979; 1986); Kleiber/Kunze/Löffler (1979); Kleinschmidt (1975); Kluge (1901;
[5]1918); Koselleck (1979a; b); Krüger (1955); Kühn/Püschel (1985); Kunisch ([3]1974); Kunze
(1975; 1980; 1985; 1989; [2]2003); Kurrelmeyer (1904–1915; 1947); Lindmeyr (1899); Löffler
(1972); Malherbe (1906); Merk (1933); Möllmann (2003); E.E. Müller (1960; 1978; 1979a;
1979b); Munske/v. Polenz/Reichmann/Hildebrandt (1988); Musseleck (1981); Niggl (1967); E.
Otto (1976); Palmer (1933); v. Polenz ([2]2000); Pörksen (1986; 1994); Püschel (1982); Reichmann
(1983; 1984a; b; [2]2000; FWB 1986f.; Frühneuhochdeutsch 1987; 1988; 1988a; [2]1998; [2]2000;
2003); Reichmann/Wolf ([2]1998); Rosenfeld ([3]1974); Saueracker (1929); Schenker (1977); Schir-
mer/Mitzka (1969); Schirokauer/Wegera (1987); Schmidt-Wiegand (1984; 1986); Schnell (1979);

Schröter (1985); Schulz/Basler/IdS (1977–1986); Schütt (1908); Schwarz (1967); Seibicke (1985); Siewert (1996; 1999); de Smet (1968; 1986a; 1986b; 1999); Sonderegger (^{2}1998); Spillmann (1971; 1991); Stahl (1985); Steinberg (1959); Szlęk (1999); Taenzler (1955); Tauber (1983); Ulrich (1969); *Vocabularius Ex quo* (1988; 1989; 2001); *Vocabularius optimus* (1990); West (1989); Wetekamp (1980); Wiegand (^{2}1998); Wiessner (1970); Winkler (1975); D. Wolf (1985; ^{2}2000); S. Wolf (1956); Ziesemer (1928); Zur *Ausbildung der Norm* II (1976).

11. Nachlese und Ausblick

In der Abfolge der Sprachstadien, die nicht ‚organisch' eines aus dem anderen hervorgegangen sind, haben wir bei der Darstellung des Frnhd. versucht, die Geschichte der Sprachträger angemessen zu berücksichtigen. Geschichte der Sprachsysteme und der kommunikativen Gemeinschaft, der Gebrauchskonstellationen verlaufen nicht synchron. Die soziokulturellen Bedingungszusammenhänge und die Veränderungen beim Sprachhandeln, die nicht unmittelbar kausal sondern in mehrfach vermittelter Beziehung zum Sprachwandel stehen, produzieren keine kontinuierliche, lineare Entwicklung, deren ‚Endziel' die nhd. Sprache wäre. Der Abschied von dieser teleologischen Sicht der Dinge und der Rückgriff auf die umfangreichen, im 19. und in der ersten Hälfte des 20. Jh.s gesammelten, sprachhistorisch auswertungsfähigen empirischen Materialien sind der Ausgangspunkt für die Forschungsergebnisse der 2. Hälfte des 20. und des beginnenden 21. Jh.s. Sie bilden die Grundlage unserer Darstellungen, an deren Schluss wir noch einige Akzente setzen wollen.

Wenn wir den eher polyzentrisch ausgerichteten „deutschen Sonderweg" im Unterschied zu der vorwiegend monozentrisch orientierten franz., engl., ital. oder span. Entwicklung, um nur einige westeuropäische Muster zu erwähnen, betrachten, so stoßen wir auf eine große terminologische Vielfalt. ‚Schriftsprache' (die auch in eine schriftorientierte Oralität drängt und sich in semantischer Nähe zu ‚Literatur-', ‚Kultur-', ‚National-', ‚Gemeinsprache' befindet) betont eher die „soziologische, strukturelle und bewußtseinsgeschichtliche" Perspektive. Der Begriff wird gelegentlich dem der ‚Standardsprache' entgegengestellt, bei welchem „inventarbezogene[r] Ausgleich, Überregionalität, Vereinheitlichung, Variantenabbau, Allgemeinverständlichkeit" im Vordergrund stehen. Die Entwicklung aus regionalen Ausprägungen des Sprachsystems zu einer überregionalen Varietät mit kulturnationaler Identifikationsfunktion, die das Varietätsspektrum (d.h. die „Gesamtheit aller Zeit-, Raum-, Fach-, Funktional-, Sozial- und Medialvarianten, also der Historiolekte, Dialekte, Fachsprachen, Funktiolekte, Soziolekte gesprochener und geschriebener Sprache") kennzeichnet und die zunächst den arealen Erklärungswert in der Erörterung privilegierte, muss ebenfalls die fundamentale, d.h. „soziologische, mediale, strukturelle, gebrauchs-, bewußtseins- und kontaktgeschichtliche Umorientierung des Sprechers" (s. Reichmann 2003, 30f.) berücksichtigen.

Die zu Beginn der frnhd. Periode vorhandene Existenzform des Dt. ist nicht aus einem Guss; sie ist wesentlich durch Polyzentrik und Horizontalität gekennzeichnet, d.h. durch ein soziales und räumliches Nebeneinander von Varianten, die zwar nicht gänzlich schichtensoziologisch undifferenziert sind, aber jedenfalls keine durchgängige und allgemein akzeptierte Hierarchisierung aufweisen. Die Dominanz der Mündlichkeit, die weitgehende Gleichwertigkeit der Großlandschaften, die Gruppengebundenheit und Textsortenspezifität der Varianten sind weitere Merkmale der Periode. Mit dem in soziologischen, medialen und strukturellen Dimensionen verstandenen Schlüsselbegriff der Vertikalisierung lässt sich unter Einbeziehung der Sprachbewusstseins- und Sprachkontaktgeschichte die Entwicklung bis zum Ende der frnhd. Periode beschreiben. Erst im 18. Jh. wird eine Schriftsprache, die „als soziologische alle Varietäten des Dt. überdachendes Leitbild" (Reichmann 2003, 40) fungiert, erreicht. Die sprachsoziologische Umschichtung des Variantenspektrums (s. *FWB* 1, 31f.) aus einer eher horizontal gelagerten in eine eher vertikale Organisation bewirkt eine sich deutlicher abzeichnende Wertungsskala und eine Sozialdistinktion mit klarem Oben und Unten. Über dem als grundschichtig betrachteten Dialekt entwickelt sich schrittweise über die Privatlektüre von Büchern und die Vermittlung von Schule und Kirche eine konzeptionell literale Sprechsprache, die Ansätze einer schriftsprachlichen Sozialisierung dokumentiert.

11.1. Lexik

Mit dem *FWB* und seinem Corpus von ca. 1,5 Millionen im Allgemeinen die Satzgrenze überschreitenden Belegen entsteht ein auf 13 Bände (Planungsstand 2001) veranschlagtes Sprachstadienwörterbuch, das zwar die neuesten technischen Möglichkeiten nutzt, aber „die Flucht in die computergenerierte Masse" vermeidet (Reichmann *FWB* Bd. 3, XII). Durch das 60 Titel umfassende Ergänzungscorpus (Nr. 554–614, Bd. 3, XV–XXI), das eine hohe Exzerpierdichte aufweist, wurde das erste Quellencorpus (Nr. 1–553, Bd. 1, 165–224) unter stärkerer Berücksichtigung norddt., md. und spätfrnhd. Texte und bestimmter Textsorten erweitert und erreichte somit eine zeitliche, räumliche und hinsichtlich der Textsortenfächerung hohe Ausgewogenheit. Die systematische Einarbeitung der Bestände des Luther-Archivs und die Auswertung des Bibel-Archivs (Göttingen) gewähren die angemessene Berücksichtigung dieses Autors und dieser Textsorte. Zum Selbstverständnis des Unternehmens schreibt sein Initiator O. Reichmann:

> Als konzeptionelle Herzstücke des Wörterbuches betrachte ich den Differenzierungsgrad der Bedeutungsansätze und den Reichtum an Informationspositionen, darunter die Angaben zur onomasiologischen Vernetzung, die Angabe von Phrasemen, Syntagmen, nicht lexikalisierter Wortbildungen, die zeit-, raum-, textsortenbezüglichen Symptomwertangaben sowie die Belege und Belegstellenangaben. Die systematische Kombination dieser Informationspositionen und teilweise sogar einzelne Angabetypen sind in der Lexikographie des Deutschen neu und sichern dem Wörterbuch einen hohen Gebrauchswert, und zwar nicht nur für engere germanistische Zwecke, sondern für alle Disziplinen der Traditionsforschung (Theologie, Geschichtswissenschaft aller Sparten, darunter Rechts-, Sozial- und Wirtschaftsgeschichte, Fachgeschichten, Philosophie usw.) [...].
>
> (Bd. 3, 2001, IX)
>
> und: „Das FWB ist ein auf die gesamte Sprachstufe Frühneuhochdeutsch bezogenes langue-Wörterbuch; es kann von seiner Grundlegung her dementsprechend – wie immer wieder erwartet wurde und wird – weder ein Spezialwörterbuch zum Frühneuhochdeutschen bestimmter Landschaften, bestimmter Jahrhunderte, bestimmter Textsorten oder bestimmter Fachgebiete (wie z.B. der Medizin oder des Bergbaus) noch ein autorbezogenes Wörterbuch werden"!
>
> (Bd. 3, 2001, Xf.; s. dazu auch die lexikographische Einleitung Bd. 1, 1989, 10–163)

Neben den zahlreichen Möglichkeiten der Anbindung an die Wörterbuchforschung (s. Bd. 2, 1994, VIIf.) sind vor allem die der Beschreibung der onomasiologischen Vernetzung (Goebl/Lemberg/Reichmann 1995, Kap. 6) hervorzuheben. Mit der Dokumentation der großarealen Wortvarianz und vor dem Abschluss der zahlreichen Abgleichungs- und Selektionsprozesse, die zu einem „überregionalen schriftsprachlich-standardsprachlichen Wortschatz" (Besch 2003b, 136) führen, wird die große Lücke zwischen Mhd. und Nhd. beharrlich geschlossen: die großen Wörterbuchunternehmungen des 19. Jh.s für die Erfassung der vorhergehenden Sprachstufe (Benecke/Müller/Zarncke; Lexer) verbindet das *FWB* mit dem z.T. parallel verlaufenden *DWB* und dessen Neubearbeitung (A–F).

Die breit angelegten Artikel des *FWB*, die aus dem aufbereiteten, umfangreichen historischen Material entstanden sind, eignen sich vorzüglich in der Mikro- und in der Makroperspektive für exemplarische Untersuchungen, etwa über Regularitäten und Mechanismen im Bedeutungswandel, über Selektions- und Neuerungsprozesse und ihre Standardisierung bzw. Konventionalisierung, über Bedeutungsdifferenzierungen von Synonymen und im Gegenstück Homonymenflucht (s. Fritz [2]1998; Bréal 1897, Meillet 1921).

Auch die bereits 1925 von K. v. Bahder formulierte Frage nach dem Ergebnis bei „Zusammentreffen und Wettstreit gleichbedeutender Bildungen" (57) sowie systematische Nachforschungen über den ‚Verbleib' der „Verluste, die die Schriftsprache in der frnhd. Periode durch das Zurückweichen so vieler alter Worte erlitten hat" (159), wie sie das *DWB* und Regionalwörterbücher dokumentieren (s. Friebertshäuser 1986), wäre mithilfe des *FWB* neu in Angriff zu nehmen. Dies ließe sich durchaus in der Perspektive der Komplementarität von Neuerungs- und Alterungsrate und der „vergangenheitserzeugenden Kraft" des Fortschritts (H. Lübbe) betrachten. Ein Desiderat wäre weiterhin die Fortsetzung und Ausweitung der in der Reihe *Dialekt/Hochsprache – Kontrastiv Sprachhefte für den Deutschunterricht* (hg. von Besch/Löffler/Reich; Hasselberg/Wegera 1976; Ammon/Loewer 1977; Besch/Löffler 1977; Zehetner 1977 u.a.) unternommenen didaktischen Bemühungen.

11.2. Die Reformation und das Buch

Dass das gedruckte Buch weitgehend die reformatorische Öffentlichkeit geschaffen hat, indem es durch größere Reichweite die Kommunikationssegmentierung räumlich und sektoral überwand, dass es wesentlich dazu beitrug, der Reformation als gesamtgesellschaftlicher Bewegung zum Durchbruch zu verhelfen, und sie durch die ständige Verfügbarkeit des reformatorischen Wissens vertiefte und festigte, ist heute allgemein anerkannte Meinung. Doch die Tragweite der Beziehung zwischen Buchdruck und Reformation, vornehmlich bei Luther, verdient darüber hinaus eine weitere Erörterung, die ebenfalls die Frage des Verhältnisses zwischen gedrucktem, gelesenem und gehörtem Wort behandelt (Flachmann 1996).

Die mit Lucas Cranach bereits 1520 beginnende Ikonographietradition, die den Reformator als ‚Mann mit dem Buch' darstellt, wurde bis in die Lutherdenkmäler des 19. Jh.s perpetuiert. Seine ganzheitliche Beschäftigung mit und sein Lebensbezug zum Buch kommen in einer ausgeprägten Buch-Metaphorik (z.B. ‚Christus als Buch des Lebens', ‚das Herz als Buch Gottes', ‚toter Buchstabe'...) zum Ausdruck.

Bewusst gegen die gelegentlich bis zum Verbot gehende restriktive Handhabung der Bibel durch die altgläubige Hierarchie handelnd – s. dazu H. Emsers: *Auß was gründ vnnd vrsach Luthers dolmetschung / vber das nawe testament dem gemeinē man billich vorbotten worden sey* (1523) – hat Luther mit seiner ersten Übersetzung der Vollbibel ins Dt. diese Sprache den ‚heiligen' Sprachen Hebr., Griech. und Lat. gleichgestellt. Sie hat er in seinem Sendschreiben *An die Radherren aller stedte deutschen landes* (1524) als Scheide für das Messer des Geistes, als Schrein für dieses Kleinod bezeichnet. In der selben Schrift hat er die Einrichtung von Bibliotheken an den öffentlichen Schulen gefordert und die evangelische Verkündigung und die Zukunft von ‚allerley kunst' aufs engste mit dem Buch in Verbindung gebracht – „So das Euangelion und allerley kunst soll bleyben, mus es yhe ynn buecher und schrifft verfasset vnd angebunden seyn" –, und dies mit der Predigt zum Hauptvektor des Auf- und Ausbaus der reformatorischen Öffentlichkeit erhoben.

Luthers sehr konkrete Beschäftigung mit dem Buch erstreckte sich auch auf Herstellung, Gestaltung und Überwachung des Drucks, wobei seine Mitarbeiter und Korrektoren Georg Rörer – dieser schreibt in der von ihm betreuten Bibel von 1542: „sôlchs erinnere ich den Leser, […] das hierin kein wort on sonderlich bedencken des Herrn Doctors geendert sey" –, Caspar Cruciger und Christoph Walther z.T. graphische Kohärenz stifteten. Sie schloss sogar die Vergabe der Druckaufträge ein: so bedachte er dabei die Wittenberger Offizinen, bei denen er größere und langwierige Vorhaben wie die Kirchenpostille und die Bibelübersetzung durch einträglichere kleinere Schriften mit hohen Auflagen abzusichern versuchte. Das eingesetzte Authentizitätssignet der ‚Lutherrose' als Schutzmarke vor unautorisierten Nachdrucken blieb jedoch von beschränkter Wirksamkeit.

Zwar wendete sich Luther in *Von weltlicher Obrigkeit* 1523 prinzipiell gegen jede Behinderung der Verbreitung der Heiligen Schrift, was jedoch für ihn die Billigung von Eingriffen der Obrigkeit durch Vorzensur keineswegs ausschloss. Die Freiheit des Buches blieb ihm dem Wort Gottes und der evangelischen Wahrheit immer nachgeordnet. Darauf vertraute er, so dass Irrtümer in gedruckter Form auch einer breiteren Öffentlichkeit zuzumuten seien.

Als epochemachendes Werkzeug Gottes bleibt das Buch in seiner Einzigartigkeit in einer endzeitlichen Ära in den großen apokalyptischen Kampf einbezogen, in welchem schlechte, schädliche, böse Bücher als Waffen des Teufels mit den guten, heilsamen aufeinanderstoßen:

> Denn es zu besorgen ist und itzt schon widder anfehet, das man ymer new und ander bûcher macht, das zu letzt da hyn kome, das durch des teuffels werck die gutten buecher, so itzt durch den druck erfur bracht sind, widderumb unterdruckt werden und die losen heylosen bûcher von vnnützen und tollen dingen wider eyn reissen und alle winckel fuellen. Denn damit geht der teuffel gewislich umb, […]. (WA 15, 52)

Hiermit steht er durchaus in der Nähe von S. Brant, wenn dieser in der Vorrede und im 1. Kapitel des *Narrenschiff* die Flut der unnützen Bücher geißelt. Das Buch bleibt für Luther Streitobjekt und Waffe, mit der Satan mit vergänglichen, oberflächlichen Druckerzeugnissen die unersättliche Gier nach Neuem bedient.

Der Reformator wusste wohl zwischen „lebendiger stymme" und „todter schrift" zu unterscheiden. Bei der Bewertung von Buch und Predigt, von geschriebener und gesprochener Verkündigung klingt gelegentlich eine gewisse Buchskepsis und eine Vorrangstellung der Mündlichkeit durch (s. Kretschmar 1987). Er betont auch oft die eigentliche Mündlichkeit des Evangeliums. Doch der Glaube kann sowohl aus dem Hören wie aus dem Lesen entspringen. Während das Mittelalter das Auge bevorzugte, verwischen sich bei dem seinem Ordenspatron, dem Kirchenvater Augustinus, verpflichteten Luther im geistigen Bereich die Grenzen zwischen Hören und Sehen. Bei aller Betonung der akustisch-medialen Präsenz – man denke an die gewaltige Erfahrung der Invocavit-Predigten – geht es dabei nicht primär um sinnlich-psychologische, sondern um hermeneutische Differenzierung. Lesen und Hören dürfen nicht grundsätzlich nach dem Muster *littera* vs. *spiritus* gegeneinander ausgespielt und daraus ein Gegensatz konstruiert werden. Sie sind gleichwertig und stehen in einem Komplementär- bzw. Subsidiaritätsverhältnis. So befürwortet er die Veröffentlichung seiner Predigten in Buchform. Der gesamtgesellschaftlichen Wirklichkeit der fehlenden Lesekompetenz war er sich wohl bewusst und setzte daher in einer pragmatisch soziohistorischen Perspektive keine Prioritäten, etablierte keine Wesensdifferenz zwischen ‚geschrieben/gelesen/gehört‘, sondern orientierte sich vielmehr nach den Kategorien ‚wirksam/unwirksam‘. Entscheidend war für ihn nicht die sinnliche, sondern die geistliche Rezeption. So erwähnt er z.B. die eigene schriftverbundene, meditative, das Gebet einbeziehende Lektüre sehr positiv.

Für den Reformator sichert das Buch den Fortbestand und die Weitergabe von Erkenntnis, Wissen und Gelehrsamkeit („allerley kunst") und die Wahrung der geistigen Überlieferung. In ihm artikulieren sich angesichts der Unzulänglichkeit des menschlichen Erinnerungsvermögens die mühsam kumulierten Ergebnisse der Naturerforschung und -beobachtung, der Erfahrungsschatz der Menschheit, für die es Gedächtnis- und Zeugnisfunktion übernimmt. Die Bücher stellen einen schwachen Abglanz der Weisheit der bücherlosen, durch die Erbsünde zerstörten paradiesischen Zeit des *mundus originalis* dar. So ist das Buch auch, vornehmlich das Gesetzbuch, Kennzeichen des *mundus secundus*, in welchem das weltliche Regiment waltet, um die Folgen der Erbsünde einzudämmen.

Bücher sind jedoch nicht nur der Ausdruck von Geschichte schlechthin, die sie überliefern und bezeugen. Sie leisten auch einen bedeutsamen Beitrag zum weltlichen Geschehen. Sie sind Mittel des politischen Handelns, beeinflussen den historischen Verlauf und werden somit zu einer Kategorie der Geschichtsdeutung. Wenn Luther den Buchdruck als höchstes und letztes Geschenk Gottes vor dem Weltende bezeichnet, wenn er von einem apokalyptischen Telos, vom Buch als Deutschlands Kairos in der Gnadenzeit der letzten Offenbarung des Evangeliums spricht, so reiht er die technische und kommunikative Innovation in den theologisch-historischen Rahmen der Heilsgeschichte ein. Als Beispiel für diesen Stellenwert erwähnt er, dass hundert Jahre nach seinem Ketzertod die Schriften von J. Hus durch den Buchdruck zugänglich wurden und ihre volle Wirkung entfalteten: „nu durch gotlichen rad in druck auszgangen, die warheit zubetzeugen, und alle die in offentliche schanden zusetzenn, die es vordampt haben" (WA 6, 587f.).

In enger Verbindung mit der Predigt wird das Bücherlesen, auch über den begrenzten Kreis der Gelehrten hinaus, in die Gesamtperspektive der Erziehung eingeordnet. Weil Gott die Zeitgenossen „so gnedlich beratten hat mit aller fuelle beyde der kunst, gelerter leute und buecher" (WA 15, 52), wird ein breitangelegter Fortschritt der Bildung möglich:

> Und sonderlich zu unsern zeiten ists ja leicht solche personen zu erzihen, die das Euangelion und den Catechismus lernen muegen, weil jtzt nicht allein die heilige schrifft, sondern auch allerley kunst reichlich am tage ist mit so viel buechern, lesen, predigen (Gott lob), das man jnn dreien ja-

ren mehr kan lernen denn vorhin jnn zwentzigen, das auch weiber und kinder aus den deudschen buechern und predigen jtzt mehr koennen (ich sage die warheit) von Gott und Christo, denn vorhin alle hohe schulen, stifft, kloester, das gantze Bapstum und alle welt gekund haben.

(*Eine Predigt, daß man Kinder zur Schule halten solle.* WA 30 II, 546f.)

Dies steht in engem Zusammenhang mit Luthers Forderung an die Obrigkeit, durch Schule und Alphabetisierung die allgemeine Lesefähigkeit zu fördern, um dem gemeinen Mann den unmittelbaren Zugang zum Wort Gottes zu ebnen. Für ihn liegt der gesamtgesellschaftliche Bildungswert des Buches auch in seinem Öffentlichkeitscharakter, der gleichsam zur geistigen Auseinandersetzung, zur Stellungnahme, zum Argumentieren und Begründen zwingt.

11.3. Geschrieben – gesprochen

Trotz Vermehrung der empirischen Untersuchungen, die stärker das ‚Fenster der Mündlichkeit' berücksichtigen, bleibt die Sprachgeschichte noch vornehmlich Geschichte der Schriftlichkeit, und dies obwohl die Parallelität zu, die Abhängigkeit von oder Eigenständigkeit der schriftlichen Sprache und der Mündlichkeit in der frnhd. Zeit schon lange einen Diskussionsgegenstand bildet (s. 3. Thesen und Theorien). Die Vielfalt der Beziehungen zwischen beiden Existenzformen der Sprache verstärkt sich noch während unserer Periode im Sinne von J. Vachek, für den es „keine grundsätzlich analogische Beschaffenheit von Schrift- und Sprechnorm gibt" (Bremer 1985, 1381), und mit der Aufgabe der Betrachtung der Schriftsprache als Abbild der gesprochenen Sprache (Reichmann 2004).

Während die frnhd. Schriftlichkeit sich einerseits immer stärker von der Anlehnung an das Lat. löst und somit „die alte Gleichung von schriftkundig und lateinkundig im Begriff des ‚literatus' […] nicht länger aufrechtzuerhalten" (Schlieben-Lange 1983, 50) ist, schreitet andererseits der Prozess der Entregionalisierung weiter fort, was sich aufgrund der auf den konservativen Charakter der Schrift zurückzuführenden Remanenz häufig nicht genau feststellen bzw. datieren lässt. Die wachsende Inkongruenz zwischen geschriebener und gesprochener Sprache und die damit verbundene Frage der Abbildfunktion des Schriftzeichens erscheinen auch in der Frühphase der metasprachlichen Quellen, wie z.B. bei den lautphysiologischen Erklärungsversuchen der Buchstaben bei Ickelsamer. Der Variantenreichtum des frnhd. Zeichensystems, der die Vielfalt der miteinander konkurrierenden Transkriptionen auf dem langen Weg zur Konventionalisierung von Schriftzeichen widerspiegelt, dokumentiert auch Elemente der Dynamik des Sprachwandels. Während die kommunikative Wirklichkeit, besonders in unserer Periode der geringen Alphabetisierung entsprechend quantitativ vornehmlich im Bereich der sprachlichen Oralität verläuft, stoßen wir auf eine quellenbedingte Begrenzung, die nicht für die geschriebene „Sprache der andern und der Überlieferung" (O. Behaghel) gilt. Allerdings gibt es im Bereich der Texte der stärker an der Sprechsprache orientierten Alltagskommunikation und deren Textsorten noch nicht überweidete Forschungsfelder.

Die Elemente der Dynamik des Sprachwandels sind im gesamten Mdaa.spektrum zu orten, das sich vom örtlichen Basisdialekt bis zu den immer stärker vom Geschriebenen beeinflussten Oralisierungsnormen größerer Regionen erstreckt. Über die pragmatische Umsetzung der Varietäten, die ein Sprecher in Abhängigkeit von Faktoren wie Herkunft, Bildung, Gesprächssituation bzw. -partner u.a., um den Kommunikationsanforderungen zu entsprechen, auswählt, sind wir nur sehr partiell informiert und auf sog. Sekundärquellen angewiesen, um eine historische Variationslinguistik zu konstituieren.

Mit der Polydimensionalität und -funktionalität der dt. Sprache, der Verschriftlichung des Lebens, die in allen Bereichen (Justiz, Handel, Medizin, Religion, Weitergabe und Vermittlung von Fachwissen und Sachkompetenz u.a.) und trotz Weiterbestehen der Praxis des Vorlesens, die in Kirche und Gesellschaft andauerte, kommt es zu einer allgemeinen Literarisierung der Kultur. Während das Mittelalter noch die Face-to-face-Situation privilegierte (s. Zumthor 1990), führt die vertikale Expansion der Schriftsprache zu der Besetzung früherer Räume der Mündlichkeit und besonders durch den Medienwechsel in Form des Vervielfältigungsinstruments Buchdruck zu einer Anonymisierung der Beziehung zwischen Textproduzent und -rezipient. Mit der im Sprachwertsystem mit Prestige ausgestatteten Leitfunktion von Schreibsprachen, die sich auch für gesprochene Varietäten etablieren, wächst die Distanz zwischen geschriebener und gesprochener Sprache (s. Luther: „Ich rede nach der sechsischen cantzley").

Bei dieser zunehmenden Inkongruenz ist es schwer, die eigene Systemhaftigkeit der gesprochenen Sprache zu erfassen, was gelegentlich auch mit der Schwierigkeit der Textsortenzuordnung bzw. -bestimmung gekoppelt ist. Außer gelegentlichen Äußerungen, wie die Geilers über die Mode der schwäbischen Redewendungen im Elsass oder den Warnungen U. Surgants vor dem Gebrauch extremer Dialektizismen im Gottesdienst im 16. Jh. oder den Bemerkungen anlässlich des Marburger Religionsgesprächs von 1529 hinsichtlich angeblicher Sprachverständigungsschwierigkeiten zwischen Luther und Zwingli, außer dem direkten Vergleich zwischen freien Bibelzitaten und für den Druck bestimmten Übersetzungen derselben Stellen bei Luther und Zwingli sind wir von Mündlichkeitsspuren abhängig, die Kilian (2002) analog zur Archäologie mit Scherben vergleicht. Es handelt sich dabei um „schriftsprachlich inszenierte" (Seibert 1989) Versionen von Textsorten, in denen die Brechung zwischen Oralität und Literalität nie ganz überwunden wird. Es sind dies Redewiedergaben in Verhörprotokollen (Macha/Herborn 1992; M. Mihm 1994; Rösler 1997; Macha 2003; Peilicke 1980; 1987), fingierte Dialoge (z.B. in der Agitationsliteratur der Reformation und des Bauernkriegs (s. Schildt 1978; Brandt 1988; Fritz/Hundsnurscher 1994), Texte der katechetischen Literatur, gedruckte Predigten, Sprichwörtersammlungen und der breite Bereich der Bühnentexte. Neben den geistlichen Texten, Mysterien-, Oster- und Passionsspielen, den Fastnachtsspielen und den Moralitäten sind hier vor allem die Schul- und Bibeldramen zu erwähnen, die die pädagogischen Möglichkeiten des Rollenspiels als Methode sprachlichen und sozialen Lernens nutzen. Der innerhalb eines bestimmten schulischen Erziehungssystems zweckbedingte Charakter dieser der Gebrauchs- und Gelegenheitsliteratur zuzuordnenden Textsorte sowie der doppelte Produktions- (Autor/Lehrer – Darsteller/Schüler) und der doppelte Rezeptionsvorgang (Darsteller/Schüler – Eltern bzw. Schulherren) sind konstitutiv für die Schuldramatik. Die interne Funktion (praktische rhetorische Übung und Belehrung im inhaltlichen Sinne) wird durch die externe Funktion der Selbstdarstellung gegenüber Elternschaft und Schulträgern ergänzt. Als fester, den Unterricht begleitender Bestandteil, als Übung im freien und sicheren öffentlichen Auftreten und sozialen

Verhalten sowie als Leistungsnachweis der Schule gegenüber Eltern und Schulbehörde wurde das zunächst lat., später dt. Schuldrama von Luther und Melanchthon, dem *Praeceptor germaniae*, als Kronzeugen befürwortet und gefördert. Im Zeitalter der konfessionellen Auseinandersetzungen wurde es, besonders im Stammland der Reformation, zur Waffe der religiösen Polemik, zum Mittel der Verkündigung und der Seelsorge im Dienste der *propaganda fides* und zu einem Element des Kommunikations- und Handlungsfeldes der reformatorischen Öffentlichkeit. Als Erbe des mittelalterlichen geistlichen Spiels, in welchem das Deklamatorische, nicht die schauspielerische Leistung die Darstellungsart prägte, ging das lat. Schul-, besonders das Bibeldrama, allmählich zum Dt. über (als Zwischenformen: gereimte dt. Inhaltsangabe, dt. Argumente, dt. Prolog) und wurde zuweilen nach der lat. Schulaufführung auf Dt. auf dem Rathaus oder dem Markt wiederholt. Eine bedeutsame Nachblüte erlebte das Schuldrama mit dem Zittauer Rektor Christian Weise (1642–1708), der jährlich für den Schulgebrauch ein Lustspiel, ein biblisches und ein historisches Stück verfasste. Als Vertreter des frühaufklärerischen Bildungsideals strebte er für seine Zöglinge den „Weg zur galanten Manier in unserer dt. Sprache" und die „freimütige und höfliche" Rede an.

Beim Herausfiltern von sprecheigenen Strukturprinzipien sollten die Erwartungen nicht zu hoch gesteckt werden, zumal das „schriftsprachliche Gewissen" (E. E. Müller 1952, 479) der Schreiber keine reine Transkription des gesprochenen Wortes erwarten lässt. In einer Kultur, in der die *ars memorativa* stark an Bedeutung verliert, gewinnen die sekundär verschrifteten Textsorten an Raum. Die Erschließung historischer Lautwerte, die auf geringe regionale Reichweite deuten, ist am ehesten bei niederen Quellengattungen aus der Hand von „Nicht-Berufsschreibern" zu erreichen (s. Kleiber/Kunze/Löffler 1979). Bei den spärlich fließenden und immer wieder versiegenden Quellen der Mündlichkeit sind jedoch einige privilegierte Bereiche, wie z.B. die der Modalverben (Schildt 1987; Peilicke 1987; Fritz 1997b; Fritz/Gloning 1997), der Interjektionen, der Schimpfwörter, der Flüche, der Partikeln, der Kongruenzschwankungen oder Inkongruenzerscheinungen, der Parenthesen, der anakoluthischen Satzkonstruktionen usw. hervorzuheben. Während Otfried von Weißenburg einst in seinem Begleitschreiben zur Evangelienharmonie die Schwierigkeiten beim Übergang von der Oralität zur Skripturalität betonte, bleibt die Erforschung der Mündlichkeit heute noch ein weites Feld, auf dem Weithase (1961) lediglich die rhetorisch geprägte Rede und die rezitierten Texte erfasst hat.

11.4. Regionen und Entregionalisierung

Der Begriff ‚Entregionalisierung' ist u.E. hilfreich, weil er, besser als ‚Normierung' oder ‚Standardisierung', die für die frnhd. Periode etwas anachronistisch wirken, die Bestrebungen einer Kommunikationsgemeinschaft beschreibt, die der als kulturelles Gedächtnis fungierenden Sprache zunehmend eine identitätsstiftende Rolle beimessen. Dabei werden Fragen zum ‚Warum' und ‚Wie' der Entscheidung von Schreibern/Druckern aufgeworfen, wenn diese heterozentrierte Elemente von Leitvarietäten selektieren. Wie weit waren sie über den Variantenstand informiert, und wie weit konnten sie die Hierarchie innerhalb desselben hinsichtlich der ‚Distinktionsmerkmale' (Bourdieu) einschätzen? Zu berücksichtigen sind ebenfalls der Rhythmus und das Ausmaß (abrupte Aufgabe oder allmähliche Abstriche) der Veränderungen hinsichtlich des eigenen Systems, so dass zwischen den Regionen keine globale, sondern eine sehr differenzierte Gewinn/Verlust-Rechnung aufgemacht werden muss.

Im Vergleich zur 1. Auflage haben wir in unserer überarbeiteten Darstellung das 17. und z.T. das 18. Jh. stärker einbezogen und den Stellenwert des Lat. und des Frz. eingehender hervorgehoben. In seinem Versuch, die Wirkung der konvergenzfördernden bzw. -hindernden Faktoren auszuloten und den „Loyalitätskonflikt zwischen Region und ‚Gesamtdeutsch' in der Schriftlichkeit" zu erörtern, operiert Besch (2003a, 22) mit folgenden Kriterien: „sprachlicher Abstand – Randlage/Mittellage – Größe der Region – anderweitige sprachliche Anschlussmöglichkeiten – politische Selbständigkeit – territoriale Zuordnung" (23f.), wobei „*regio* nicht einfach nur areale Gebietserstreckung ist, sondern die Summe menschlicher Netzwerke und Kulturrpägungen und deren Niederschlag in der Sprache" (24).

Eine Wendezeit sieht Besch diesbezüglich „in den Jahrzehnten um und nach der Mitte des 17. Jh.s. [...] Es braucht dann noch etwa ein Jahrhundert für die abschließende schriftsprachliche Bewegung" (23). Vor dieser Wende – Luther und auch Zwingli bezeichnen allerdings ihre Bibelübersetzungen als ‚deutsch', während der Straßburger Nachdrucker W. Rihel 1535 noch mit dem Unterschied ‚*Sachsisch/vnser hochdeutsch*' und andere swdt. Drucker mit den Bezeichnungen ‚*oberlendisch*' oder ‚*außlendigen Wörtern*' operieren – dominiert die „breite Aktionsvielfalt der Regionen" (24).

Die von Glaser (2003) gestellte Frage zur Herausbildung der nhd. Schriftsprache als ‚Konvergenz-, Überschichtungs- oder Kunstprodukt' (58) wirft wiederum die implizite Frage der Kontinuität auf, z.B. im Verhältnis zum ‚klassischen Mhd.' als Produkt der Blütezeit einer literarischen Sprachkultur, der aber, ohne direkte Fortsetzung, die Grundlage der soziokommunikativen Bedingungen und Voraussetzungen wegbrach. Zur Frage des Medienwechsels Handschrift/Buchdruck schlussfolgert Glaser: „Der Buchdruck traf offenbar auf eine diastratisch differenzierte Schreibsprache, wobei er natürlich eher die Schreibsprache der Berufsschreiber aufnahm als diejenige der Gelegenheitsschreiber", deren Vorgangsweisen „noch lange Zeit intern stark differenziert" in der „private[n] Schriftlichkeit" (75) fortlebten.

Nach der von Besch angesetzten Wendezeit bewirkten die Abwahl des Lat. und das Vorbild des Frz. gegenüber dem in dieser Hinsicht nachzüglerischen Dt. kompensatorische Handlungen vorwiegend bei der bürgerlichen Bildungsschicht. Diese verlagerte ihre im national-politischen Bereich nicht realisierten Ambitionen auf das Gebiet der Sprache und verschärfte die Abgrenzungstendenzen. Gegen die regionale Vielfalt der Varianten operierte sie mit der auch sprachpatriotisch begründeten Richtigkeitsnorm. Mit der Aufklärung wurde diese von der rationalen Regelhaftigkeit abgelöst, und die Wörterbucharbeit von Adelung kann als relevanter Abschluss für die Herausbildung der klassischen Literatur gelten.

Wie differenziert die Momente des Entregionalisierungsprozesses betrachtet werden müssen, zeigen die Untersuchungen von R. Möller (1998) und W. Hoffmann (2003) über Korrespondenz und Buchdruck in Köln, die empfänger- bzw. kundenorientiert sind. Ähnliches gilt für Kettmanns Versuch (2003) der Standortbestimmung des Terminus ‚ostmitteldeutsch' am Beispiel Wittenberg im 16. und 17. Jh. Dieser erfährt nämlich einen starken

Wandel, der durch zwei Entwicklungsstränge zu charakterisieren ist: 1. die Selektion aus einem schrumpfenden autochthon-regionalen Variantenbestand, 2. die Addition exterritorialer, vorwiegend süddt. Varianten, für die der Buchdruck stabilisierend wirkt. Hingegen wird besonders im Alltagswortschatz „die Einbindung in territoriale nd./md. Rahmenbedingungen nahezu unverändert erhalten" (271). In diesem Zusammenhang wäre auch das Beispiel der in kurzer Zeit vom Nürnberger Drucker Peter Wagner recht konsequent vorgenommenen ‚Entalemannisierung' des Basler Erstdrucks (bei Bergmann von Olpe) des *Narrenschiff* von S. Brant zu erwähnen (Hartweg 1995).

Für den Stellenwert der Regionen wären auch die Ergebnisse materialintensiver Untersuchungen im rib. Bereich, in den Kontaktzonen mnl./hd., nd./hd. und zur Gestalt des Hd., das beim Sprachwechsel übernommen wird, hervorzuheben. Hier wird, besonders für die Kanzleischreibe, an das für das Md. und Obd. Geleistete angeschlossen. Die Fortsetzung mit neuer Systematisierung und vermehrtem Belegmaterial des mnd. Handwörterbuchs (Möhn, Lfg. 26–30, 1995, 1997, 2002), die zahlreichen Beiträge von R. Peters, zuletzt seine Untersuchung zur Gestalt des Hd. beim ‚Beitritt' Norddeutschlands (Omd., Gemeines Dt. oder Hd.?) zum Hd. (2003, 157–180), die Studie zur Praxis der Kölner Ratskanzlei im überregionalen Schriftverkehr und dem Übergang von der Adressatenorientierung zur Anlehnung an das Modell der „omd.-obd. Schreiballianz" (R. Möller 1998) sind hier zu erwähnen. Die diatopischen Untersuchungen zu den historischen Stadtsprachen von Venlo, Duisburg und Essen (H. Weber 2003) zeigen durch quantifizierende graphematische Systemanalysen der West-Ost-Achse, mit verschiedenen Übergangszonen zwischen dem Mnl. und dem Mnd., eine sprachliche Staffellandschaft mit Strahlungszentrum im Westen und im Süden.

Die Untersuchung von zehn Duisburger Schreibsystemen im Zeitraum zwischen 1360 und 1660 und die vergleichenden Analysen des Schreibgebrauchs von zehn verschiedenen Sekretären lassen die „Koexistenz mehrerer Schreibstile" erscheinen und erkennen, dass in der wenig bekannten Schreiberausbildung „die entsprechenden orthographischen Anweisungen sich nicht auf die Festlegung der in einer Sprachregion als üblich und angesehen geltenden Graphien und deren Zuordnung zu bestimmten Lauten beschränkt haben, sondern auch Sprachbewertungsmaßstäbe vermittelten" (Elmentaler 2003, 319).

Von besonderer, auch theoretischer Relevanz ist die Untersuchung der Diffusionsmodelle der Ausgleichsprozesse bei der frühneuzeitlichen Standardisierung anhand der Duisburger Hoch- und Vogteigerichtssprache (A. Mihm 2003). Der Autor sieht hier ein Nebeneinander von schreibsprachlich und mündlich verbreiteten Neuerungen. Der mündlich erfolgte Sprachausgleich geschieht über die mobilen Oberschichten, und die regionalen Akrolekte nähern sich der omd.-oobd. geprägten geschriebenen Vorbildsprache. Dies führte ab 1540 zu einer Absatzkrise zunächst im rib. und danach im nd. Buchdruck. Die besondere Wirksamkeit der oobd./omd. Druck- und Lesesprache und ihrer „schriftimmanenten Vereinheitlichungsprinzipien" führt A. Mihm auf ihre „Unabhängigkeit von den gesprochenen Sprachen" zurück, da sie mit ihrem „erheblichen Abstand zu den regionalen Akrolekten [...] anders als die landschaftlichen Kanzleisprachen dem Einfluss der jeweiligen oberschichtlichen Prestigesprachen entzogen war" (106).

Abschließend und am Rande soll noch ein Blick nach außen geworfen werden. Während der erste vom dt.-sprachigen Raum ausgehende europäische literarische Bucherfolg, nämlich

S. Brants *Narrenschiff*, im Wesentlichen und trotz z.T. gegenteiliger Behauptung der frz., nl. und engl. Bearbeiter bzw. Übersetzer von J. Lochers lat. *Stultifera navis* ausging, so wurde im 16. Jh. nicht nur Luthers lat., sondern auch sein dt. Wort in der gesamten abendländischen Christenheit unmittelbar oder in Übersetzung vernommen. Mit den schon zu seinen Lebzeiten entstandenen Übersetzungen (51 Titel in 58 Auflagen; Moeller 1986) in zehn nichtdt. Volkssprachen (Nl., Dän., Frz., Tschech., Engl., Ital., Poln., Span., Schwed., Finn.) wurde der dt. Reformator zum europaweit bekannten Autor. Während Lat. noch lange seine vorherrschende Stellung behielt, kam Dt., wenn auch weniger als Frz. oder Ital., in frnhd. Zeit als Fremdsprache zur Geltung: Über mehrsprachige Sprachbücher (Grammatiken und Vokabularien bzw. Wörterbücher), durch Fernhandel, Wanderungen von Handwerkern, Schüleraustausch und Studenten, Auslandslehrer, Fernreisen und -heiraten gelangte Dt. vorwiegend nach Frankreich, Italien, Russland, Böhmen, Polen, in die baltischen Länder, auf die britischen Inseln und die iberische Halbinsel (Glück 2003).

Literatur:

Ammon/Loewer (1977); v. Bahder (1925); Besch (2003a; b); Besch/Löffler (1977); Brandt (1988); Bréal (1897); Bremer (1985); Ebert (2003); Elmentaler (2003); Flachmann (1996); Friebertshäuser (1986); Fritz (1997a; b; ²1998); Fritz/Hundsnurscher (1994); *FWB* Bd.1, 2, 3; Glaser (2003); Glück (2003); Goebl/Lemberg/Reichmann (1995); Haas (1994; 2003); Hartweg (1995); Hasselberg/Wegera (1976); Hoffmann (2003); Kettmann (2003); Kilian (2002); Kleiber/Kunze/Löffler (1979); Kretschmar (1987); Macha (2003); Macha/Herborn (1992); Meillet (1921); A. Mihm (2003); M. Mihm (1994); Möhn (1995; 1997; 2002); Moeller (1986); Möller (1998); E. E. Müller (1952); Peilicke (1980; 1987); R. Peters (2003); Reichmann (2003; 2004); Rösler (1997); Schildt (1978; 1987); Schlieben-Lange (1983); Seibert (1989); Weber (2003); Weithase (1961); Zehetner (1977); Zumthor (1990).

12. Abkürzungen

AT	Altes Testament	jidd.	jiddisch	omd.	ostmitteldeutsch
Adj.	Adjektiv	jüd.	jüdisch	ond.	ostniederdeutsch
adj.	adjektivisch			oobd.	ostoberdeutsch
afrz.	altfranzösisch	Konj.	Konjunktiv	osächs.	obersächsisch
ahd.	althochdeutsch			öster.	österreichisch
Akk.	Akkusativ	lat.	lateinisch		
alem.	alemannisch			Part.	Partizip
Art.	Artikel	ma.	mittelalterlich	Perf.	Perfekt
		Mask.	Maskulinum	pfälz.	pfälzisch
bair.	bairisch	mbair.	mittelbairisch	Pl.	Plural
balt.	baltisch	md.	mitteldeutsch	pom.	pommersch
böhm.	böhmisch	Mda.	Mundart	Präs.	Präsens
brandenb.	brandenburgisch	Mdaa.	Mundarten	Prät.	Präteritum
		mdal.	mundartlich		
Dat.	Dativ	meckl.	mecklenburgisch	rätorom.	rätoromanisch
dt.	deutsch	mfrk.	mittelfränkisch	refl.	reflexiv
		mlat.	mittellateinisch	rh.	rheinisch
els.	elsässisch	mhd.	mittelhochdeutsch	rhfrk.	rheinfränkisch
engl.	englisch	mnd.	mittelniederdeutsch	rib.	ribuarisch
		mnl.	mittelniederlän-	roman.	romanisch
fem.	feminin		disch	russ.	russisch
frk.	fränkisch	mrhein.	mittelrheinisch		
frnhd.	frühneuhoch-	mslfrk.	moselfränkisch	schwäb.	schwäbisch
	deutsch			schweiz.	schweizerdeutsch
frz.	französisch	NT	Neues Testament	Sg.	Singular
		nalem.	niederalemannisch	skand.	skandinavisch
germ.	germanisch	nbair.	niederbairisch	slow.	slowenisch
griech.	griechisch	nd.	niederdeutsch	sodt.	südostdeutsch
		Neutr.	Neutrum	srhfrk.	südrheinfränkisch
halem.	hochalemannisch	nhd.	neuhochdeutsch	sth.	stimmhaft
hd.	hochdeutsch	nl.	niederländisch	stl.	stimmlos
hebr.	hebräisch	nobd.	nordoberdeutsch	swdt.	südwestdeutsch
hess.	hessisch	Nom.	Nominativ		
hpreuß.	hochpreußisch	nrhein.	niederrheinisch	thür.	thüringisch
Hs.	Handschrift	nsächs.	niedersächsisch		
Hss.	Handschriften	nschwed.	neuschwedisch	ung.	ungarisch
		nürnberg.	nürnbergisch		
i.e.	id est			westeurop.	westeuropäisch
Imp.	Imperativ	obd.	oberdeutsch	westf.	westfälisch
Ind.	Indikativ	obfr.	oberfränkisch	wmd.	westmitteldeutsch
Inf.	Infinitiv	ofäl.	ostfälisch	wnd.	westniederdeutsch
ital.	italienisch	ofrk.	ostfränkisch	wobd.	westoberdeutsch
		ohalem.	osthochaleman-	wslaw.	westslawisch
			nisch		

13.   Literatur (in Auswahl)

BES	Beiträge zur Erforschung der deutschen Sprache
DaF	Deutsch als Fremdsprache
DVjs	Deutsche Vierteljahrsschrift für Literaturwissenschaft und Geistesgeschichte
GL	Germanistische Linguistik
GRM	Germanisch-Romanische Monatsschrift
IF	Indogermanische Forschungen
JEGP	The Journal of English and Germanic Philology
LGL	Lexikon der Germanistischen Linguistik. Hg. v. H.P. Althaus, H. Henne u. H.E. Wiegand. 2. Aufl. Tübingen 1980.
LS	Linguistische Studien. Akademie der Wissenschaften der DDR. Zentralinstitut für Sprachwissenschaft.
Mutterspr.	Muttersprache
NphM	Neuphilologische Mitteilungen
PBB	Beiträge zur Geschichte der deutschen Sprache und Literatur, (H) Halle, (T) Tübingen
RVj	Rheinische Vierteljahrsblätter
Sprachw.	Sprachwissenschaft
WZUJ	Wissenschaftliche Zeitschrift der Friedrich-Schiller-Universität Jena
WZUR	Wissenschaftliche Zeitschrift der Universität Rostock
ZdA	Zeitschrift für deutsches Altertum und deutsche Literatur
ZdPh	Zeitschrift für deutsche Philologie
ZDL	Zeitschrift für Dialektologie und Linguistik
ZdU	Zeitschrift für den deutschen Unterricht
ZfG	Zeitschrift für Germanistik
ZGL	Zeitschrift für Germanistische Linguistik
ZMF	Zeitschrift für Mundartforschung
ZPSK	Zeitschrift für Phonetik, Sprachwissenschaft und Kommunikationsforschung
Zvgl. Sprachf.	Zeitschrift für vergleichende Sprachforschung auf dem Gebiet der indogermanischen Sprachen

Abramowski, A. (1980): Zur Literatursprache von Beschwerdeschriften aus der Zeit des Großen Deutschen Bauernkrieges. Syntaktische Untersuchungen. In: Syntaktisch-stilistische und lexikalische Untersuchungen an Texten aus der Zeit des Großen Deutschen Bauernkrieges. Hg. v. J. Schildt. Berlin, 38–75 (LS, Reihe A, 70).

Admoni, W. (1964): Die umstrittenen Gebilde der deutschen Sprache von heute. III. Das erweiterte Partizipialattribut. In: Mutterspr. 74 (1964), 321–332.

– (1967): Der Umfang und die Gestaltungsmittel des Satzes in der deutschen Literatursprache bis zum Ende des 18. Jahrhunderts. In: PBB 89 (H) (1967), 144–199.

– (1970): Luthers Arbeit an seinen Handschriften und Drucken in grammatischer Sicht. In: PBB 92 (H) (1970), 45–60.

– (1972): Die Entwicklung des Ganzsatzes und seines Wortbestandes in der deutschen Literatursprache bis zum Beginn des 19. Jahrhunderts. In: Studien zur Geschichte der deutschen Sprache. Hg. v. G. Feudel. Berlin, 243–279.

Ágel, V. (1999): Grammatik und Kulturgeschichte. Die *raison graphique* am Beispiel der Epistemik. In: A. Gardt/ U. Haß-Zumkehr/ Th. Roelcke (Hg.): Sprachgeschichte als Kulturgeschichte. Berlin/ New York, 171–224 (SLG 54).

Ahlsson, L.-E. (1965): Zur Substantivflexion im Thüringischen des 14. und 15. Jahrhunderts. Uppsala/Stockholm.

Ahlzweig, C. (1975): Untersuchungen zum Wortfeld des Erlösens im Frühneuhochdeutschen. Hamburg.

Alm, E. (1936): Der Ausgleich des Ablauts im starken Präteritum der ostmitteldeutschen Schriftdialekte. I.1.-3. Ablautreihe und das Verb *tun*. Uppsala.

Althaus, H.-P. (1968): Die Erforschung der jiddischen Sprache. In: L.E. Schmitt (Hg.): Germanische Dialektologie. Festschrift für W. Mitzka zum 80. Geburtstag. Bd. 1. Wiesbaden, 224–263.

Anderson, R.R./ Goebel, U./ Reichmann, O. (1984): Frühneuhochdeutsch *arbeit* und einige zugehörige Wortbildungen. In: Philologische Untersuchungen. Gewidmet E. Stutz zum 65. Geburtstag. Hg. v. A. Ebenbauer. Wien, 1–29.

Ammon, U./ Loewer, U. (1977): Schwäbisch. W. Besch/ H. Löffler/ H.H. Reich (Hg.): Dialekt/Hochsprache – Kontrastiv. Heft 4, Düsseldorf.

Arndt, E. (1962): Luthers deutsches Sprachschaffen [...]. Berlin.

Arndt, E./ Brandt, G. (1983): Luther und die deutsche Sprache [...]. Leipzig.

Askedal, J.O. (1996): Überlegungen zum Deutschen als sprachtypologischem „Mischtyp". In: E. Lang/ G. Zifonun (Hg.): Deutsch – typologisch. Jahrbuch des Instituts für deutsche Sprache 1995. Berlin/New York, 369–383.

Aspekte des Sprachwandels in der deutschen Literatursprache 1570–1730. Hg. v. J. Schildt. Berlin 1992.

Augst, G. (1975): Wie stark sind die starken Verben? Überlegungen zur Subklassifizierung der neuhochdeutschen starken Verben. In: G. Augst: Untersuchungen zum Morpheminventar der deutschen Gegenwartssprache. Tübingen, 231–280.

Bach, A. (⁹1970): Geschichte der deutschen Sprache. Heidelberg.

Bach, H. (1937/1943): Die thüringisch-sächsische Kanzleisprache bis 1325. 2 Bde. Kopenhagen [Bd. 1: Neudr. New York 1972].

– (1955): Die entstehung der deutschen hochsprache im frühneuhochdeutschen. In: ZMF 23 (1955), 193–201.

– (1974/1985): Handbuch der Luthersprache. Laut- und formenlehre in Luthers Wittenberger drukken bis 1545. Bd. 1: Vokalismus. Bd. 2: Druckschwache silben. Kopenhagen.

– (1984): Wo liegt die entscheidende Wirkung der „Luthersprache" in der Entwicklung der deutschen Standardsprache? In: Luthers Sprachschaffen – Gesellschaftliche Grundlagen – Geschichtliche Wirkungen. Hg. v. J. Schildt. Berlin, 96–107 (LS, Reihe A, 119/I).

Bachmann, K. (1909): Der Einfluß von Luthers Wortschatz auf die schweizerische Literatur des 16. und 17. Jahrhunderts im Anschluß an Adam Petris Bibelglossar. Diss. Freiburg/Br.

Bäuml, F. (1993): Verschriftete Mündlichkeit und vermündlichte Schriftlichkeit. Begriffsprüfungen an den Fällen *Heliand* und *Liber Evangeliorum*. In: U. Schaefer (Hg.): Schriftlichkeit im frühen Mittelalter. Tübingen, 254–266.

Bahder, K. v. (1890): Grundlagen des neuhochdeutschen Lautsystems. Beiträge zur Geschichte der deutschen Schriftsprache im 15. und 16. Jahrhundert. Straßburg.

– (1925): Zur Wortwahl in der frühneuhochdeutschen Schriftsprache. Heidelberg.

Bahner, W. (1984) (Hg.): Sprache und Kulturentwicklung im Blickfeld der deutschen Spätaufklärung. Der Beitrag Johann Christoph Adelungs. Berlin.

Bansa, H. (1968): Studien zur Kanzlei Ludwigs des Bayern vom Tag der Wahl bis zur Rückkehr aus Italien (1324–1329). Kallmünz.

Bauer, G. (1988): Stadtsprachenforschung unter besonderer Berücksichtigung der Stadt Straßburg in Spätmittelalter und früher Neuzeit. Göppingen.

Baufeld, Chr. (1996): Kleines frühneuhochdeutsches Wörterbuch. Lexik aus Dichtung und Fachliteratur des Frühneuhochdeutschen. Tübingen.

Baum, R. (²2000): Französisch als dominante Sprache Europas. In: *Sprachgeschichte. Ein Handbuch* [...], 1061–1084.

Bebermeyer, R./ Bebermeyer, G. (1997ff.): Wörterbuch zu Martin Luthers Deutschen Schriften. Hildesheim. Anknüpfend an Philipp Dietz: Wörterbuch zu Dr. Martin Luthers Deutschen Schriften. 1. und 2. Bd. Lieferung I: A-Hals, II und III: Hals-Heilig Hildesheim 1993.

Becker, H. (1969): Sächsische Mundartenkunde. Entstehung, Geschichte und Lautstand der Mundarten des obersächsischen Gebietes. Neu bearbeitet und hg. v. G. Bergmann. Halle (S).

Behaghel, O. (1892): Zur deutschen Wortstellung. In: ZdU 6 (1892), 265–267.

– (1900): Zur deutschen Wortstellung. In: Wissenschaftliche Beihefte zur Zeitschrift des Allgemeinen Deutschen Sprachvereins. 3. Reihe 1896–1901, H. 17/18 (1900), 233–251.

– (1923–1932): Deutsche Syntax. 4 Bde. Heidelberg.

– (1930): Zur Stellung des adnominalen Genitivs im Germanischen und Deutschen. In: Zvgl. Sprachf. 57 (1930), 43–63.

Bentzinger, R. (1969): Zur Schichtung der spätmittelalterlichen Erfurter Schreibsprache, dargestellt am Sprachstand der Erfurter und ehemals Wernigeröder Historienbibel und des Erfurter Unterstadtschreibers Johannes von Apolda. In: WZUR. Ges.- u. sprachwiss. Reihe 18 (1969), 545–551.

– (1973): Studien zur Erfurter Literatursprache des 15. Jahrhunderts an Hand der Erfurter Historienbibel vom Jahre 1428. Berlin.

– (1978): Zur Syntax der Dialogliteratur. In: WZUR. Ges.- u. sprachwiss. Reihe 27 (1978), 43–50.

– (1990): Zur Verwendung von Adjektivsuffixen im Frühneuhochdeutschen. Ein Beitrag zur Diskussion der historischen Wortbildung. In: Deutsche Sprachgeschichte, 209–215.

– (1992): Untersuchungen zur Syntax der Reformationsdialoge 1520–1525. Ein Beitrag zur Erklärung ihrer Wirksamkeit. Berlin.

– (²2000): Die Kanzleisprachen. In: *Sprachgeschichte. Ein Handbuch* [...], 1665–1673.

Bentzinger, R./Kettmann, G. (1983): Zu Luthers Stellung im Sprachschaffen seiner Zeit. (Anmerkungen zur Sprachverwendung in der Reformationszeit.) In: ZPSK 36 (1983), 265–275.

– (1985): Zur Problematik des ‚Frühneuhochdeutschen‘ zwischen den Brüdern Grimm und heute. In: Jacob und Wilhelm Grimm als Sprachwissenschaftler. Geschichtlichkeit und Aktualität ihres Wirkens. Hg. v. W. Bahner u.a. Berlin, 1–23 (LS, Reihe A, 130).

– (1988): Frühneuhochdeutsch. Aspekte der Erforschung einer sprachgeschichtlichen Epoche. In: P. Wiesinger (Hg.): Studien zum Frühneuhochdeutschen. Emil Skála zum 60. Geburtstag. (GAG 476). Göppingen, 9–26.

Bentzinger, R./Wolf, N.R. (1993) (Hg.): Arbeiten zum Frühneuhochdeutschen. Gerhard Kettmann zum 65. Geburtstag. Würzburg.

Beranek, F.J. (²1957): Jiddisch. In: Deutsche Philologie im Aufriß. Hg. v. W. Stammler. Bd. 1, 1955–2000.

Berger, A.E. (1943): Luther und die neuhochdeutsche Schriftsprache [...]. In: Deutsche Wortgeschichte. Hg. v. F. Maurer u. F. Stroh. Bd. 2. Berlin, 37–132.

Bergmann, G./Wittkowski, H. (1984): Der dialektale Wortschatz Obersachsens in Johann Christoph Adelungs ‚Wörterbuch der hochdeutschen Mundart‘. In: Bahner (1984), 239–244.

Bergmann, R. (1982): Zum Anteil der Grammatiker an der Normierung der neuhochdeutschen Schriftsprache. In: Sprachw. 7 (1982), 261–281.

– (1983): Der rechte Teutsche Cicero oder Varro: Luther als Vorbild in den Grammatiken des 16. bis 18. Jahrhunderts. In: Sprachw. 8 (1983), 265–276.

Bergmann, R./ Nerius, D. (1998) (Hg.): Die Entwicklung der Großschreibung im Deutschen von 1500 bis 1700. 2 Bde. Heidelberg.

Bernt, A. (1934): Die Entstehung unserer Schriftsprache. Berlin.

Besch, W. (1961): Schriftzeichen und Laut. Möglichkeiten der Lautwertbestimmung an deutschen Handschriften des späten Mittelalters. In: ZdPh 80 (1961), 287–302.

– (1964): Zweigliedriger Ausdruck in der deutschen Prosa des 15. Jahrhunderts. In: NphM 65 (1964), 200–221.

– (1967): Sprachlandschaften und Sprachausgleich im 15. Jahrhundert. Studien zur Erforschung der spätmittelhochdeutschen Schreibdialekte und zur Entstehung der neuhochdeutschen Schriftsprache. München.

- (1968): Zur Entstehung der neuhochdeutschen Schriftsprache. In: ZdPh 87 (1968), 405–426 [Wiederabdr. in: Wegera 1986].
- (1972): Bemerkungen zur schreibsoziologischen Schichtung im Spätmittelalter. In: Die Stadt in der europäischen Geschichte. Festschrift für E. Ennen. Bonn, 459–470.
- (1979): Zur Bestimmung von Regularitäten bei den sprachlichen Ausgleichsvorgängen im Frühneuhochdeutschen. In: Aus der Werkstatt deutscher Literatur- und Sprachwissenschaft. Festgabe für Hugo Moser. ZdPh 98 (1979), Sonderheft, 130–150.
- (^{2}1980): Frühneuhochdeutsch. In: Lexikon der Germanistischen Linguistik. Hg. v. H.P. Althaus, H. Henne, H.E. Wiegand. Tübingen, 588–597.
- (1981): Zur Entwicklung der deutschen Interpunktion seit dem späten Mittelalter. In: Interpretation und Edition deutscher Texte des Mittelalters. Festschrift für J. Asher. Hg. v. K. Smits/ W. Besch/ V. Lange. Berlin, 187–206.
- (1983a): Dialekt, Schreibdialekt, Schriftsprache, Standardsprache. Exemplarische Skizze ihrer historischen Ausprägung im Deutschen. In: *Dialektologie. Ein Handbuch* [...], 961–990.
- (1983b): Entstehung und Ausprägung der binnensprachlichen Diglossie im Deutschen. In: *Dialektologie. Ein Handbuch* [...], 1399–1411.
- (1984): Sprachliche Änderungen in Lutherbibel-Drucken des 16.-18. Jahrhunderts. In: Luthers Sprachschaffen – Gesellschaftliche Grundlagen – Geschichtliche Wirkungen. Hg. v. J. Schildt. Berlin, 108–133 (LS, Reihe A, 119/I).
- (1985): Die Entstehung und Ausformung der neuhochdeutschen Schriftsprache/Standardsprache. In: *Sprachgeschichte. Ein Handbuch* [...], 1781–1810.
- (1986): Zur Beurteilung der sprachlichen Ausgleichsvorgänge im Frühneuhochdeutschen. In: Akten des VII. Internationalen Germanisten-Kongresses Göttingen 1985. Bd. 4. Tübingen, 170–177.
- (1988): Standardisierungsprozesse im deutschen Sprachraum. In: sociolinguistica 2 (1988), 186–208.
- (1993): Regionalität – Überregionalität. Sprachlicher Wandel zu Beginn der Neuzeit. Mit 9 Karten. In: RVj 57 (1993), 114–136.
- (1997): Wortschatzwandel in deutschen Bibeldrucken der frühen Neuzeit. In: K.J. Mattheier/ H. Nitta/ M. Ono (Hg.): Gesellschaft, Kommunikation und Sprache Deutschlands in der frühen Neuzeit. München 23–39.
- (1998): „... sein Licht (nicht) unter den Scheffel stellen". In: P. Ernst/ F. Patocka (Hg.): Deutsche Sprache in Raum und Zeit. Festschrift für P. Wiesinger zum 60. Geb. 463–477.
- (1999): Die Rolle Luthers in der deutschen Sprachgeschichte. Heidelberg.
- (^{2}2000): Die Rolle Luthers für die deutsche Sprachgeschichte. In: *Sprachgeschichte. Ein Handbuch* [...], 1713–1745.
- (2003a): Die Regionen und die deutsche Schriftsprache. Konvergenzfördernde und konvergenzhindernde Faktoren. Versuch einer forschungsgeschichtlichen Zwischenbilanz. In: R. Berthele u.a. (Hg.): Die deutsche Schriftsprache und die Regionen. Entstehungsgeschichtliche Fragen in neuer Sicht. Berlin/New York, 5–27.
- (2003b): Das *FWB* – ein „zugleich ehrgeiziges, verwegenes wie verzweifeltes Unternehmen" (Bd. 1, VI). In: ZdPh. 122, 133–142.

Besch, W./ Löffler, H. (1977): Alemannisch. W. Besch/ H. Löffler/ H.H. Reich (Hg.): Dialekt/Hochsprache – Kontrastiv. Heft 3, Düsseldorf.

Besch, W./ Löffler, H./ Reich, H.H. (1976/1977) (Hg.): Dialekt/Hochsprache – Kontrastiv. Sprachhefte für den Deutschunterricht. Düsseldorf.

Besch, W./ Solms, H.-J. (1998) (Hg.): Regionale Sprachgeschichte. Sonderheft der ZdPh 117 (1998). Berlin.

Betten, A. (1987): Grundzüge der Prosasyntax. Stilprägende Entwicklungen vom Althochdeutschen zum Neuhochdeutschen. Tübingen.

- (1990) (Hg.): Neuere Forschungen zur historischen Syntax des Deutschen. Referate der internationalen Fachkonferenz Eichstätt 1989. Tübingen.

234

- (²2000a): Zum Verhältnis von geschriebener und gesprochener Sprache im Frühneuhochdeutschen. In: *Sprachgeschichte. Ein Handbuch* [...], 1646–1664.
Beyer, F.H. (1994): Eigenart und Wirkung des reformatorisch-polemischen Flugblatts im Zusammenhang der Publizistik der Reformationszeit. Frankfurt (M).
Bichel, U. (1985): Die Überlagerung des Niederdeutschen durch das Hochdeutsche. In: *Sprachgeschichte. Ein Handbuch* [...], 1865–1873.
Bickel, H. (2000): Dialekt – lokale Schreibsprache – überregionale Drucksprache. Sprachnormen in Basel am Ende des 16. Jahrhunderts. In: Bausteine zur Sprachgeschichte. Referate der 13. Arbeitstagung zur alemannischen Dialektologie in Augsburg (29.9.-3.10.1999). Hg. v. E. Funk u.a. Heidelberg.
Biener, C. (1959): Veränderungen am deutschen Satzbau im humanistischen Zeitalter. In: ZdPh 78 (1959), 72–82.
Bischoff, K. (1983): Mittelniederdeutsch. In: Handbuch zur niederdeutschen Sprach- und Literaturwissenschaft. Hg. v. G. Cordes u. D. Möhn. Berlin, 98–118.
- (1985a): Siedlungsbewegung und Sprachentwicklung im ostniederdeutschen Raum. In: *Sprachgeschichte. Ein Handbuch* [...], 1268–1274.
- (1985b): Reflexe gesprochener Sprache im Mittelniederdeutschen. In: *Sprachgeschichte. Ein Handbuch* [...], 1263–1268.
Bister-Broosen, H. (1999) (Hg.): Beiträge zur historischen Stadtsprachenforschung. Wien.
Bittner, A. (1996): Starke „schwache" Verben – schwache „starke" Verben: deutsche Verbflexion und Natürlichkeit. Tübingen (Studien zur deutschen Grammatik 51).
Blume, H. (1991): Die Sprachgesellschaften des 17. Jahrhunderts in der Sicht des Allgemeinen Deutschen Sprachvereins. In: K. Garber (Hg.): Europäische Barock-Rezeption. Wiesbaden, 605–616.
Bogner, I. (1989): Zur Entwicklung der periphrastischen Futurformen im Frühneuhochdeutschen. In: ZdPh 108 (1989), 56–85.
Boiunga, K. (1990): Die Entwicklung der nhd. Substantivflexion ihrem inneren Zusammenhange nach in Umrissen dargestellt. Leipzig.
Boon, P. (1980/81): Die Verwendung der „accusativus cum infinitivo"-Konstruktion in anderen Sprachen bzw. Sprachstufen als das Frühneuhochdeutsche verglichen mit dem Gebrauch dieser Fügung durch Johann Eberlin von Günzburg. In: IF 85 (1980/81), 227–245.
de Boor, H./ Newald, R. (1970/73, ⁶1967): Geschichte der deutschen Literatur von den Anfängen bis zur Gegenwart. Bd. IV v. H. Rupprich, 2 Tle. München 1970, 1973. Bd. V v. R. Newald. 6. Aufl. München 1967.
Bopp, M. (1998): Die ‚Tannengesellschaft': Studien zu einer Straßburger Sprachgesellschaft von 1633–1670. Frankfurt/M.
Bosselmann-Cyran, K. (1985) (Hg.): Secreta mulierum, mit Glosse, in der deutschen Bearbeitung von Johannes Hartlieb. Text und Untersuchungen. Pattensen/Han.
Borchling, C./ Claußen, B. (1931/36/57): Niederdeutsche Bibliographie. Gesamtverzeichnis der niederdeutschen Drucke bis zum Jahre 1800. 3 Bde. Neumünster.
Brandis, T. (1984): Handschriften- und Buchproduktion im 15. und frühen 16. Jh. In: Literatur und Laienbildung im Spätmittelalter und in der Reformationszeit. Hg. v. L. Grenzmann u. K. Stackmann. Stuttgart, 176–193.
Brandt, G. (1981, 1988): Volksmassen – sprachliche Kommunikation – Sprachentwicklung während der deutschen frühbürgerlichen Revolution (1517–1526). Phil. Diss. B. Berlin [Druck 1988: Volksmassen – sprachliche Kommunikation – Sprachentwicklung unter den Bedingungen der frühbürgerlichen Revolution (1517–1526)].
Braunmüller, K. (1982): Syntaxtypologische Studien zum Germanischen. Tübingen.
Bréal, M. (1897): Essai de sémantique. Science des significations. Paris.
Bremer, E. (1985): Zum Verhältnis von geschriebener und gesprochener Sprache im Frühneuhochdeutschen. In: *Sprachgeschichte. Ein Handbuch* [...], 1379–1388.
Bremer, E./ Hildebrandt, R. (1996) (Hg.): Stand und Aufgaben der deutschen Dialektlexikographie. II. Brüder-Grimm-Symposion zur Historischen Wortforschung. Berlin/New York.

Brendel, B. u.a. (1997): Wort- und Begriffsbildung in frühneuhochdeutscher Wissensliteratur. Substantivische Affixbildung. Wiesbaden.

Brunner, O./ Conze, W./ Koselleck, R. (1972–1992) (Hg.): Geschichtliche Grundbegriffe. Lexikon zur politisch-sozialen Sprache in Deutschland. 7 Bde. Stuttgart.

Burdach, K. (1884): Die Einigung der neuhochdeutschen Schriftsprache. Einleitung. Das sechzehnte Jahrhundert. Habil.-Schrift. Halle 1884 [Wiederabdr. in: Vorspiel. Gesammelte Schriften zur Geschichte des deutschen Geistes. Bd. 1.2: Reformation und Renaissance. Halle 1925, und in Wegera 1986].

Bürgisser, M. (1988): Die Anfänge des frühneuhochdeutschen Schreibdialekts in Altbayern. Dargestellt am Beispiel der ältesten deutschen Urkunden aus den bayerischen Herzogskanzleien. Stuttgart.

Byland, H. (1903): Der Wortschatz des Zürcher Alten Testaments von 1525 und 1531 verglichen mit dem Wortschatz Luthers. Berlin.

Capelli, A. (1985): Lexicon Abbreviaturarum. Milano.

Chirita, D. (1988): Der Ausgleich des Ablauts im starken Präteritum im Frühneuhochdeutschen. Bern.

Claes, F. (1977): Bibliographisches Verzeichnis der deutschen Vokabulare und Wörterbücher, gedruckt bis 1600. Hildesheim/New York.

Cordes, G. (1983): Mittelniederdeutsche Dichtung und Gebrauchsliteratur. In: Handbuch zur niederdeutschen Sprach- und Literaturwissenschaft. Hg. v. G. Cordes u. D. Möhn. Berlin, 351–390.

Corsten, S. (1983): Der frühe Buchdruck und die Stadt. In: Studien zum städtischen Bildungswesen des späten Mittelalters und der frühen Neuzeit. Bericht über Kolloquien der Kommission zur Erforschung der Kultur des Spätmittelalters 1978–81. Hg. v. B. Möller, H. Beitze u. K. Stackmann. Göttingen, 9–32.

Coupe, W.A. (1972) (Hg.): A Sixteenth-Century German Reader. Oxford.

Dachs, K./ Schmidt, W. (1974): Wieviele Inkunabelausgaben gibt es wirklich? In: Bibliotheksforum Bayern 2 (1974), 83–95.

Dahl, J. (1962): Maccaronisches Poeticum. Ebenhausen b. München.

Dal, I. (1960): Zur Frage des süddeutschen Präteritumschwundes. In: Indogermanica. Festschrift für W. Krause. Heidelberg, 1–7.

Dauner, F. (1898): Die oberdeutschen Bibelglossare des XVI. Jahrhunderts. Diss. Freiburg. Darmstadt.

Demske, U. (2001): Grammatische Merkmale und Relationen. Diachrone Studien zur Nominalphrase des Deutschen. Studia Linguistica Germanica. Berlin/New York.

Die deutsche Literatur. Ein Abriss in Text und Darstellung. Hg. v. O. Best und H.-J. Schmitt. Bd. 2: Mittelalter II. Hg. v. H.J. Koch. 2. Aufl. Stuttgart 1984; Bd. 3: Renaissance, Humanismus, Reformation. Hg. v. J. Schmidt. 2. Aufl. Stuttgart 1983.

Die deutsche Literatur. Biographisches und bibliographisches Lexikon. Reihe II. Die Deutsche Literatur zwischen 1450 und 1620. Hg. v. H.-G. Roloff. Abt. B: Forschungsliteratur I. Lieferung 1 ff. Bern 1980ff. Forschungsliteratur II (Autoren). Lieferung 1 ff. Bern 1985ff.

Die deutsche Sprache. Kleine Enzyklopädie. Hg. v. E. Agricola/ W. Fleischer/ H. Protze, 2 Bde. Leipzig 1969/1970; insbes. Bd. I.

Deutsche Orthographie. Von einem Autorenkollektiv unter Leitung von D. Nerius. 2. Aufl. Leipzig 1989.

Deutsche Sprachgeschichte. Grundlagen, Methoden, Perspektiven. Festschrift für Johannes Erben. Hg. v. W. Besch. Frankfurt/M. 1990.

Deutscher Sprachatlas. Hg. v. F. Wrede, B. Martin, W. Mitzka. Marburg 1927ff.

Dialektologie. Ein Handbuch zur deutschen und allgemeinen Dialektforschung. Hg. v. W. Besch u.a. 1. Halbbd. Berlin/New York 1982, 2. Halbbd. Berlin/New York 1983 (HSK 1.1, 1.2.) (= *Dialektologie. Ein Handbuch*).

Dicke, G. (1994): Heinrich Steinhöwels ‚Esopus‘ und seine Fortsetzer. Untersuchungen zu einem Bucherfolg der Frühdruckzeit. Tübingen (MTU 103).

Diekmannshenke, H.-J. (1994): Die Schlagwörter der Radikalen der Reformationszeit (1520–1536). Spuren utopischen Bewußtseins. Frankfurt/M. etc.

236

Dietz, Ph. (1870/72): Wörterbuch zu Dr. Martin Luthers deutschen Schriften. Bd. I und II/1. Leipzig (A-Hals) [Nachdruck Hildesheim 1961, 1973].

Doerfert, R. (1994): Die Substantivableitung mit *-heit/-keit, -ida, -î* im Frühneuhochdeutschen. Berlin.

Döring, B./ Eichler, B. (1996): Sprache und Begriffsbildung in Fachtexten des 16. Jahrhunderts. Wiesbaden.

Donhauser, K. (1996): Negationssyntax in der deutschen Sprachgeschichte: Grammatikalisierung oder Degrammatikalisierung? In: E. Lang/ G. Zifonun (Hg.): Deutsch – typologisch. Berlin/New York, 201–217.

Dülfer, K./ Korn, H.-E. (⁶1986): Gebräuchliche Abkürzungen des 16.-20. Jahrhunderts. Marburg.

Ebert, R.P. (1976): Infinitival Complement Constructions in Early New High German. Tübingen.

– (1978): Historische Syntax des Deutschen. Stuttgart.

– (1980): Social and Stylistic Variation in Early New High German Word Order: The Sentence Frame („Satzrahmen"). In PBB (T) 102 (1980), 357–398.

– (1981): Social and Stylistic Variation in the Order of Auxiliary and Nonfinite Verb in Dependent Clauses in Early New High German. In: PBB (T) 103 (1981), 204–237.

– (1986): Historische Syntax des Deutschen II: 1300–1750. Bern.

– (1998): Verbstellungswandel bei Jugendlichen, Frauen und Männern im 16. Jahrhundert. Tübingen.

– (2003): Zur historischen Soziolinguistik des Deutschen: Möglichkeiten und Beispiele aus dem 16. Jahrhundert. In: Energeia 28 (2003), 1–23.

Eckel, F. (1978): Der Fremdwortschatz Thomas Murners. Ein Beitrag zur Wortgeschichte des frühen 16. Jahrhunderts [...]. Göppingen.

Egenolff, J.A. (²1735, 1720): Historie der Teutschen Sprache. 2 Tle. Leipzig [Neudruck Leipzig 1978].

Eggers, E. (1998): Sprachwandel und Sprachmischung im Jiddischen. Frankfurt/M. u.a.

Eggers, H. (1985): Soziokulturelle Voraussetzungen und Sprachraum des Frühneuhochdeutschen. In: *Sprachgeschichte. Ein Handbuch* [...], 1295–1305.

– (1986): Deutsche Sprachgeschichte. Bd. II: Das Frühneuhochdeutsche und das Neuhochdeutsche (überarb. und erg. Neuaufl.). Reinbek (Bd. 1: Das Althochdeutsche und das Mittelhochdeutsche; 1. Aufl.: I. Das Althochdeutsche. 1963; II. Das Mittelhochdeutsche. 1965; Bd. 2: Das Frühneuhochdeutsche und das Neuhochdeutsche, 1. Aufl.: III. Das Frühneuhochdeutsche. 1969; IV. Das Neuhochdeutsche. 1977).

Eichhoff, J. (1977/78/93, 2000): Wortatlas der deutschen Umgangssprachen. 4 Bde. 1, 2 Bern/München, 3, 4 München u.a.

Eichler, I./ Bergmann, G. (1967): Zum Meißnischen Deutsch. Die Beurteilung des Obersächsischen vom 16. bis 19. Jahrhundert. In: PBB (H) 89 (1967), 3–57.

Eisenstein, E.L. (1979): The Printing Press as an Agent of Change. Communications and Cultural Transformations in Early Modern Europe. 2 Bde. London/Melbourne.

Elmentaler, M. (1998): Die Schreibsprachgeschichte des Niederrheins. Ein Forschungsprojekt der Duisburger Universität. In: Sprache und Literatur am Niederrhein. Hg. v. D. Heimböckel. Bottrop/Essen, 15–34.

– (1999): Zur phonischen Interpretierbarkeit spätmittelalterlicher Schreibsprachen. In: Sprache und Literatur des Mittelalters in den *Nideren Landen*. Gedenkschrift für Hartmut Beckers. Hg. v. V. Honemann u.a. Köln etc., 87–103.

– (2000) (Hg.): Regionalsprachen, Stadtsprachen und Institutionssprachen im historischen Prozess. Wien.

– (2003): Struktur und Wandel vormoderner Schreibsprachen. Berlin/New York (SLG 71)

Elschenbroich, A. (1981) (Hg.): Deutsche Literatur des 16. Jahrhunderts. 2 Bde. München/Wien.

Elst, G. van der (1985): Siedlungsbewegung und Sprachentwicklung im ostmitteldeutschen Raum. In: *Sprachgeschichte. Ein Handbuch* [...], 1389–1398.

– (1987): Aspekte zur Entstehung der neuhochdeutschen Schriftsprache. Erlangen (Erlanger Studien 70).

Endres, R. (1983): Das Schulwesen in Franken im ausgehenden Mittelalter. In: Studien zum städtischen Bildungswesen des späten Mittelalters und der frühen Neuzeit [...]. Hg. v. B. Moeller u.a. Göttingen, 173–214.

Engelsing, R. (1973): Analphabetentum und Lektüre. Zur Sozialgeschichte des Lesens in Deutschland zwischen feudaler und industrieller Gesellschaft. Stuttgart.

Epochen der Deutschen Lyrik. Hg. v. Walther Killy. Bd. 2: 1300–1500, hg. v. E. u. H. Kiepe. Bd. 3: 1500–1600, hg. v. Kl. Düwel. München 1972.

Erben, J. (1954): Grundzüge einer Syntax der Sprache Luthers [...]. Berlin.

- (1959): Zur Geschichte der deutschen Kollektiva. In: Sprache, Schlüssel zur Welt. Festschrift für L. Weisgerber. Hg. v. H. Gipper. Düsseldorf, 221–228.

- (1961) (Hg.): Ostmitteldeutsche Chrestomathie. Proben der frühen Schreib- und Druckersprache des mitteldeutschen Ostens. Berlin.

- (1962): Ausklang des Mittelhochdeutschen. In: Spätzeiten und Spätzeitlichkeit. Hg. v. W. Kohlschmidt. Bern/München, 86–102.

- (1969): Synchronische und diachronische Betrachtungen im Bereiche des Frühneuhochdeutschen. In: Sprache, Gegenwart und Geschichte. Düsseldorf, 220–237.

- (1970): Frühneuhochdeutsch. In: Kurzer Grundriss der germanischen Philologie bis 1500. Hg. v. Ludwig Erich Schmitt. Bd. 1: Sprachgeschichte. Berlin, 386–440.

- (1972): Zu den Verwandtschaftsbezeichnungen der Luthersprache. Die sprachliche Erfassung der ‚Vorfahren'. In: Zeiten und Formen in Sprache und Dichtung. Festschrift für F. Tschirch. Hg. v. K.-H. Schirmer u. B. Sowinski. Köln/Wien, 376–383.

- ([3]1974): Luther und die neuhochdeutsche Schriftsprache. In: Deutsche Wortgeschichte. Hg. v. F. Maurer u. H. Rupp. Bd. 1. Berlin, 509–581.

- (1975): Zur Normierung der neuhochdeutschen Schriftsprache. In: Festschrift für K. Bischoff. Köln/Wien, 117–129.

- (1977): Sprachgeschichte als Systemgeschichte. In: Sprachwandel und Sprachgeschichtsschreibung. Düsseldorf, 7–23.

- ([3]1993, [4]2000): Einführung in die deutsche Wortbildungslehre. Berlin.

- (1985): Syntax des Frühneuhochdeutschen. In: *Sprachgeschichte. Ein Handbuch* [...], 1341–1348.

- (1989): Die Entstehung unserer Schriftsprache und der Anteil deutscher Grammatiker am Normierungsprozeß. In: Sprachwissenschaft 14 (1989), 6–28.

Ernst, P. (1994): Die Anfänge der frühneuhochdeutschen Schreibsprache in Wien. Wien.

Ernst, P./ Patocka, F. (1998) (Hg.): Deutsche Sprache in Raum und Zeit. Festschrift für Peter Wiesinger zum 60. Geburtstag. Wien.

Feudel, G. (1970): Luthers Ausspruch über seine Sprache (WA Tischreden 1, 524) – Ideal oder Wirklichkeit? In: PBB (H) 92 (1970), 61–75.

Flachmann, H. (1996): Martin Luther und das Buch: eine historische Studie zur Bedeutung des Buches im Handeln und Denken des Reformators. Tübingen.

Fleischer, W. (1966): Strukturelle Untersuchungen zur Geschichte des Neuhochdeutschen. Berlin.

- (1967): Schriftzeichen und Laut. In: PBB (H) 89 (1967), 58–72.

- (1970): Untersuchungen zur Geschäftssprache des 16. Jahrhunderts in Dresden. Berlin.

- (1972): Tendenzen der deutschen Wortbildung. In: DaF 9 (1972) 132–141.

- (1980): Wortbildungstypen der deutschen Gegenwartssprache in historischer Sicht. In: ZfG 1 (1980), 48–57.

- (1988): Charakteristika frühneuhochdeutscher Wortbildung. In: Studien zum Frühneuhochdeutschen, 185–191.

Fleischer, W./ Helbig, G./ Lerchner, G. (2001) (Hg.): Kleine Enzyklopädie Deutsche Sprache. Frankfurt/M., insbes. 9.5; 9.6; 9.7 = 569–626.

Fleischmann, K. (1973): Verbstellung und Relieftheorie. Ein Versuch zur Geschichte des deutschen Nebensatzes. München.

Flury, R. (1964): Struktur- und Bedeutungsgeschichte des Adjektiv-Suffixes *-bar*. Winterthur.

Foerste, W. ([2]1957): Geschichte der niederdeutschen Mundarten. In: Deutsche Philologie im Aufriß. Bd. 1. Berlin, 1729–1898.

Franke, C. ([2]1913/14/1922): Grundzüge der Schriftsprache Luthers in allgemeinverständlicher Darstellung. 3 Tle. 2. Aufl. Halle 1913/1914/1922 [Neudr. Hildesheim/New York 1973].

Frettlöh, R. (1986): Die Revisionen der Lutherbibel in wortgeschichtlicher Sicht. Göppingen (GAG 434).

Freund, S. (1991): Das vokalische Schreibsystem im Augsburger Kochbuch der Sabina Welserin aus dem Jahre 1533. Ein Beitrag zur Graphematik handschriftlicher Überlieferung des 16. Jahrhunderts. Heidelberg.

Friebertshäuser, H. (1986) (Hg.): Lexikographie der Dialekte. Beiträge zur Geschichte, Theorie und Praxis. Tübingen.

Frings, Th. (1936): Die Grundlagen des Meißnischen Deutsch. Halle. (In: Frings 1956 III).

– (1949): Antike und Christentum an der Wiege der deutschen Sprache [...]. Berlin.

– (1956): Sprache und Geschichte. 3 Bde. Halle.

– (^{3}1957): Grundlegung einer Geschichte der deutschen Sprache. Halle.

– (1967): Zum Meißnischen Deutsch. In: PBB 89 (H) (1967), 73–75.

Frings, Th./ Lerchner, G. (1966): Niederländisch und Niederdeutsch. Aufbau und Gliederung des Niederdeutschen. Berlin.

Frings, Th./ Schmitt, L.E. (1944): Der Weg zur deutschen Hochsprache. In: Jahrbuch der deutschen Sprache. Bd. 2. Leipzig, 67–121.

Frisch, R. (1994): Substantivische Affixbildung im Frühneuhochdeutschen. Motivation und onomasiologische Leistungen der -ø/-e-Ableitungen. In: NphM 95 (1994), 175–192.

Fritz, G. (1991): Deutsche Modalverben 1609 – epistemische Verwendungsweisen. Ein Beitrag zur Bedeutungsgeschichte der Modalverben im Deutschen. In: PBB 113 (1991), 28–52.

– (1997a): Historische Semantik. Stuttgart.

– (1997b): Historische Semantik der Modalverben: Problemskizze – Exemplarische Analysen – Forschungsüberblick. In: G. Fritz/ Th. Gloning: Untersuchungen zur semantischen Entwicklungsgeschichte der Modalverben im Deutschen. Tübingen, 1–158.

– (^{2}1998): Ansätze zu einer Theorie des Sprachwandels auf lexikalischer Ebene. In: *Sprachgeschichte. Ein Handbuch* [...], 860–874.

– (1998): Historische Semantik. Stuttgart/Weimar.

Fritz, G./ Hundsnurscher, F. (1994) (Hg.): Handbuch der Dialoganalyse. Tübingen.

Fritz, G./ Straßner, E. (1996) (Hg.): Die Sprache der ersten Wochenzeitungen im 17. Jahrhundert. Tübingen.

Fritze, M.-E. (1980): Zum regional gebundenen Wortschatz Thomas Müntzers. In: Syntaktisch-stilistische und lexikalische Untersuchung [...]. Hg. v. J. Schildt. Berlin, 76–109 (LS, Reihe A, 70).

Frühneuhochdeutsch. Zum Stand der sprachwissenschaftlichen Forschung. Bes. v. W. Besch und K.-P. Wegera. ZdPh 106 (1987). Sonderheft (= *Frühneuhochdeutsch*).

Frühneuhochdeutsche Texte. Ausgewählt und eingeleitet v. G. Kettmann. Leipzig 1971; ^{2}1985.

Frühneuhochdeutsches Glossenwörterbuch. Index zum deutschen Wortgut des „Vocabularius Ex quo". Hg. v. K. Grubmüller. Tübingen 2001.

Frühneuhochdeutsches Wörterbuch. Hg. v. R. A. Anderson, U. Goebel, O. Reichmann, ab Bd. 2 hg. v. U. Goebel und O. Reichmann. Bd. 1ff. Berlin 1986ff (= *FWB*).

Fujii, A. (1991): Zum Graphemgebrauch in den Drucken Günther Zainers zwischen 1471 und 1477 [...]. In: Akten des VIII. Internationalen Germanisten-Kongresses Tokyo 1990 [...]. Hg. v. E. Iwasaki. Bd. 3, Sektion 2: Sprachgeschichte. Hg. v. Y. Shichiji. München, 49–59.

– (1993): Haben Erfindung und Ausbreitung des Buchdrucks zur Herausbildung der neuhochdeutschen Schriftsprache beigetragen? In: Methoden zur Erforschung des Frühneuhochdeutschen. Studien des deutsch-japanischen Arbeitskreises für Frühneuhochdeutschforschung. Hg. v. K. J. Mattheier, H. Nitta, M. Ono. München, 177–197.

Gabrielsson, A. (1983): Die Verdrängung der mittelniederdeutschen durch die neuhochdeutsche Schriftsprache. In: Handbuch zur niederdeutschen Sprach- und Literaturwissenschaft. Hg. v. G. Cordes u. D. Möhn. Berlin, 119–153.

Gade, K. (1897): Über die Ausbreitung einer Art männlicher Verbalsubstantiva im Neuhochdeutschen. 4. Jahresbericht der Städtischen Kaiser-Wilhelm II.-Realschule zu Göttingen. Ostern 1897. Göttingen.

Garbe, B. (1984) (Hg.): Texte zur Geschichte der deutschen Interpunktion und ihrer Reform 1462–1983. Hildesheim. (GL 1983 4–6).

Gardt, A. (1994): Sprachreflexion in Barock und Frühaufklärung. Entwürfe von Böhme bis Leibniz. Berlin/New York.

– (²1998): Die Sprachgesellschaften des 17. und 18. Jahrhunderts. In: *Sprachgeschichte. Ein Handbuch* [...], 332–348.

Gärtner, K./Kühn, P. (²1998): Indices und Konkordanzen zu historischen Texten des Deutschen: Bestandsaufnahme, Typen, Herstellungsprobleme, Benutzungsmöglichkeiten. In: *Sprachgeschichte. Ein Handbuch* [...], 715–742.

Gauger, H.-M. (1994): Geschichte des Lesens. In: H. Günther/O. Ludwig (Hg.): Schrift und Schriftlichkeit. 1. Halbbd. Berlin/New York, 65–84 (HSK 10.1).

Gernentz, H.J. (1976): Die niederdeutsche Sprache und Literatur in der Zeit der frühbürgerlichen Revolution. In: ZPSK 29 (1976), 107–128.

– (²1980a): Niederdeutsch – gestern und heute. Beiträge zur Sprachsituation in den Nordbezirken der Deutschen Demokratischen Republik in Geschichte und Gegenwart. Rostock.

– (1980b): Zum hochdeutsch-niederdeutschen Austauschprozeß bei der Ausbildung der deutschen Literatursprache. In: ZPSK 33 (1980), 318–329.

– (1981) (Hg.): Das Niederdeutsche in Geschichte und Gegenwart. Berlin (LS, Reihe A, 75/I, II).

Geschichte der deutschen Sprache. Verf. v. einem Autorenkollektiv unter Leitung von W. Schmidt. 5. Aufl. Berlin 1984.

Gesenhoff, M./Reck, M. (1985): Die mittelniederdeutsche Kanzleisprache und die Rolle des Buchdrucks in der mittelniederdeutschen Sprachgeschichte. In: *Sprachgeschichte. Ein Handbuch* [...], 1279–1289.

Gessinger, J. (1980): Sprache und Bürgertum. Sozialgeschichte sprachlicher Verkehrsformen im Deutschland des 18. Jh.s. Stuttgart.

Giesecke, M. (1980): ‚Volkssprache‘ und ‚Verschriftlichung des Lebens‘ im Spätmittelalter – am Beispiel der Genese der gedruckten Fachprosa in Deutschland. In: Literatur in der Gesellschaft des Spätmittelalters. Hg. v. H.U. Gumbrecht. Heidelberg, 39–70.

– (1990): Orthotypographia. Der Anteil des Buchdrucks an der Normierung der Standardsprache. In: Zu einer Theorie der Orthographie. Interdisziplinäre Aspekte gegenwärtiger Schrift- und Orthographieforschung. Hg. v. Ch. Stetter. Tübingen, 65–89.

– (1991): Der Buchdruck in der frühen Neuzeit. Eine historische Fallstudie über die Durchsetzung neuer Informations- und Kommunikationstechnologien. Frankfurt/M.

– (1992): Sinnenwandel, Sprachwandel, Kulturwandel. Studien zur Vorgeschichte der Informationsgesellschaft. Frankfurt/M.

Gießmann, U. (1981): Die Flexion von *gehen* und *stehen* im Frühneuhochdeutschen. Heidelberg.

Glaser, E. (1985): Graphische Studien zum Schreibsprachwandel vom 13. bis 16. Jahrhundert. Vergleich verschiedener Handschriften des Augsburger Stadtbuches. Heidelberg.

– (2003): Zu Entstehung und Charakter der neuhochdeutschen Schriftsprache: Theorie und Empirie. In: R. Berthele u.a. (Hg.): Die deutsche Schriftsprache und die Regionen. Entstehungsgeschichtliche Fragen in neuer Sicht. Berlin/New York, 57–78.

Gleißner, K. (1935): Urkunde und Mundart auf Grund der Urkundensprache der Vögte von Weida, Gera und Plauen. Halle.

Glück, H. (2003): Deutsch als Fremdsprache in Europa vom Mittelalter bis zur Barockzeit. Berlin/New York.

Goebl, U./ Lemberg, I./ Reichmann, O. (1995): Versteckte lexikographische Information. Möglichkeiten ihrer Erschließung dargestellt am Beispiel des FWB. Tübingen (LSM 65).

Goertz, H. (1977): Deutsche Begriffe der Liturgie im Zeitalter der Reformation. Untersuchungen zum religiösen Wortschatz zwischen 1450 und 1530. Berlin.

Gössel, E. (1933): Der Wortschatz der ersten deutschen Bibel. Gießen [Nachdr. Amsterdam 1968].

Goetsch, P. (1994) (Hg.): Lesen und Schreiben im 17. und 18. Jahrhundert. Studien zu ihrer Bewertung in Deutschland, England, Frankreich. Tübingen.

Götz, U. (1992): Die Anfänge der Grammatikschreibung des Deutschen in Formularbüchern des frühen 16. Jahrhunderts. Fabian Frangk – *Schryfftspiegel* – Johann Elias Meißner. Heidelberg.

Götze, A. (1899): Zur Geschichte der Adjectiva auf *-isch*. In: PBB 24 (1899), 464–522.

– (⁷1967): Frühneuhochdeutsches Glossar. Berlin.

Götze, A./ Volz, H. (⁶1976): Frühneuhochdeutsches Lesebuch. Hg. v. H. Volz. Göttingen.

Goossens, J. (1970): Niederländische Mundarten – vom Deutschen aus gesehen. In: Niederdeutsches Wort 10 (1970), 61–80.

– (1973) (Hg.): Niederdeutsch. Sprache und Literatur. Eine Einführung. Bd. I: Sprache. Neumünster.

– (1975): Konstituierendes in der Herausbildung der niederländischen Sprache. In: Akten des V. Internationalen Germanisten-Kongresses. Cambridge, 59–79.

– (²1980): Areallinguistik. In: LGL, 445–453.

– (²1998): Möglichkeiten historischer Sprachgeographie II: Der niederdeutsche und niederfränkische Raum. In: *Sprachgeschichte. Ein Handbuch* […], 900–914.

Grammatik des Frühneuhochdeutschen. Beiträge zur Laut- und Formenlehre. Hg. v. Hugo Moser und H. Stopp. Erster Band, 1. Teil: Vokalismus der Nebensilben I, bearb. v. O. Sauerbeck. Heidelberg 1970; 2. Teil: Vokalismus der Nebensilben II, bearb. v. H. Stopp. Heidelberg 1973; 3. Teil: Vokalismus der Nebensilben III, bearb. v. H. Stopp. Heidelberg 1978 (= 1978a). Hg. v. Hugo Moser, H. Stopp, W. Besch. Dritter Band: Flexion der Substantive, v. K.-P. Wegera. Heidelberg 1987; Vierter Band: Flexion der starken und schwachen Verben, v. U. Dammers, W. Hoffmann, H.-J. Solms. Heidelberg 1988; Sechster Band: Flexion der Adjektive, v. H.-J. Solms, K.-P. Wegera. Heidelberg 1991; Siebter Band: Flexion der Pronomina und Numeralia, v. S. Häckel, M. Walch. Heidelberg 1988.

Granmark, O.S. (1933): Die Ausgleichung des Ablauts im starken Präteritum des rheinfränkischen Schriftdialektes. Ein Beitrag zur Formenlehre des Frühneuhochdeutschen. Lund.

Graser, H. (1977): Die Flexion des Verbs im schlesischen Prosaväterbuch. Heidelberg.

Gravier, M. (1948) (Hg.): Anthologie de l'Allemand du XVIe siècle. Paris.

Grenzmann, L./ Stackmann, K. (1984): Literatur und Laienbildung im Spätmittelalter und in der Reformationszeit. Stuttgart.

Greule, A. (2001a): Des Keyser Karls des fünfften peinlich gerichtsordnung. Perspektiven der sprachwissenschaftlichen Erforschung eines wenig beachteten Rechtsdenkmals. In: Deutsche Sprache in Europa. Geschichte und Gegenwart. Festschrift für I.T. Piirainen zum 60. Geburtstag. Hg. v. J. Meier und A. Ziegler. Wien, 155–160.

– (2001b) (Hg.): Deutsche Kanzleisprachen im europäischen Kontext. (Beiträge zur Kanzleisprachenforschung. Hg. v. J. Meier/ A. Ziegler Bd. 1). Wien.

Grimm, H. (1965): Die Buchführer des deutschen Kulturbereiches und ihre Niederlassungsorte 1490 bis 1550. In: Archiv für Geschichte des Buchwesens 7 (1965), 1153–1769.

Grimm, J. (1822): Deutsche Grammatik. 1. Tl. 2. Ausg. Göttingen.

Grimm, J. u. W. (1854–1960): Deutsches Wörterbuch. 16 in 32 Bdn. Leipzig [Nachdr. München 1984] (= *DWB*).

Grolimund, Ch. (1995): Die Briefe der Stadt Basel im 15. Jahrhundert. Ein textlinguistischer Beitrag zur historischen Stadtsprache Basels. Tübingen/Basel.

Große, R. (1955): Die Meißnische Sprachlandschaft […]. Halle.

– (1967): Zur Periodisierung der deutschen Sprachgeschichte. In: Sprachpflege 16,4 (1967), 68–71.

– (1969): Luthers Stellung in der Geschichte der deutschen Sprache. In: Weltwirkung der Reformation. Bd. 2: Referate und Diskussionen. Hg. v. M. Steinmetz u. G. Brendler. Berlin, 407–415.

– (1980): Soziolinguistische Grundlagen des Meißnischen Deutsch. In: Akten des VI. Internationalen Germanisten-Kongresses Basel 1980. Bd. 2. Bern, 358–365.

– (1981): Zu den Prinzipien der Sprachgeschichtsschreibung heute. In: BES 1 (1981), 120–133.

– (1983): Luthers Bedeutung für die Herausbildung der nationalen deutschen Literatursprache. In: Martin Luther. Kolloquium […]. Hg. v. H. Scheel. Berlin, 42–53 (Sitzungsberichte der Akademie der Wissenschaften der DDR 11/6).

– (1984a): Das wirksame Wort bei Luther und seinen Zeitgenossen. In: Luthers Sprachschaffen – Gesellschaftliche Grundlagen – Geschichtliche Wirkungen [...]. Hg. v. J. Schildt. Berlin, 77–95 (LS, Reihe A, 119/I).

– (1984b): Luthers Bedeutung für die Entwicklung der deutschen Sprache (Sitzungsberichte der AdW der DDR – Gesellschaftswissenschaften. Jg. 1984, Nr. 12/G). Berlin, 24–31.

– (1985): Die Sprachgeschichtsforschung in der DDR. In: ZfG 6 (1985), 203–212.

– (1986): Die mittelalterliche Geschäftssprache des Meißnischen unter soziolinguistischem Aspekt. In: BES 6 (1986), 19–26.

– (1988): Zur Wechselflexion im Singular Präsens der starken Verben – Lautwandel oder Analogie? In: Studien zum Frühneuhochdeutschen. Festschrift f. E. Skála. Hg. v. P. Wiesinger. Göppingen, 161–166.

– (1990) (Hg.): Sprache in der sozialen und kulturellen Entwicklung. Beiträge eines Kolloquiums zu Ehren von Theodor Frings (1886–1968). Berlin.

Große, R./ Neubert, A. (1982): Soziolinguistische Aspekte der Theorie des Sprachwandels. Berlin (Sitzungsberichte der Akademie der Wissenschaften der DDR 10/6).

Große, R./ Wellmann, H. (1996) (Hg.): Textarten im Sprachwandel – nach der Erfindung des Buchdrucks. Heidelberg (Sprache – Literatur und Geschichte. Studien zur Linguistik/Germanistik 13).

Grubmüller, K. (1967): Vocabularius Ex quo. Untersuchungen zu lateinisch-deutschen Vokabularen des Spätmittelalters. München.

– (1984): Sprache und ihre Verschriftlichung in der Geschichte des Deutschen. In: *Sprachgeschichte. Ein Handbuch* [...], 205–214.

– (1986a): Vokabular und Wörterbuch. Zum Paradigmawechsel in der Frühgeschichte der deutschen Lexikographie. In: Hildebrandt/Knoop (1986), 148–163.

– (1986b): höfisch – höflich – hübsch im Spätmittelalter. Beobachtungen an Vokabularien I. In: wortes anst – verbi gratia. donum natalicium Gilbert A.R. de Smet. Hg. v. W.L. Cox, V.F. Vanacker, E. Verhofstadt. Leuven/Amersfoort, 169–181.

– (1989): Mündlichkeit, Schriftlichkeit und Unterricht. Zur Erforschung ihrer Interferenzen in der Kultur des Mittelalters. In: DU 41, 41–55.

– (1990): Die deutsche Lexikographie von den Anfängen bis zum Beginn des 17. Jh.s: In: H. Steger/ H.E. Wiegand (Hg.): Wörterbücher Dictionaries Dictionnaires (HSK 5, 2), 2037–2049.

– (^{2}1998a): Sprache und ihre Verschriftlichung in der Geschichte des Deutschen. In: *Sprachgeschichte. Ein Handbuch* [...], 300–310.

– (^{2}1998b): Gegebenheiten deutschsprachiger Textüberlieferungen bis zum Ausgang des Mittelalters. In: *Sprachgeschichte. Ein Handbuch* [...], 310–320.

Grun, P.A. (1935): Leseschlüssel zu unserer alten Schrift. Görlitz.

– (1966): Schlüssel zu alten und neuen Abkürzungen [...]. Limburg.

Guchmann, M.M. (1964/69): Der Weg zur deutschen Nationalsprache. 2 Bde. Berlin [russ. Moskau 1955, 1959].

– (1974): Die Sprache der deutschen politischen Literatur in der Zeit der Reformation und des Bauernkrieges. Berlin.

Guchmann, M.M./ Semenjuk, N.N. (1982): Einige Fragen der Periodisierung des Deutschen. In: *Zur Periodisierung der deutschen Sprachgeschichte*. Berlin, 15–29.

Günther, L. (1919): Die deutsche Gaunersprache und verwandte Geheim- und Berufssprachen. Leipzig (repr. Wiesbaden 1965).

Gürtler, H. (1912/13): Zur geschichte der deutschen *er*-plurale, besonders im frühneuhochdeutschen. In: PBB 37 (1912), 492–543 (und 38 (1913), 67–224).

Haas, W. (1994a): Zur Rezeption der deutschen Hochsprache in der Schweiz. In: Sprachstandardisierung. 12. Kolloquium der Schweizer Akademie der Geistes- und Sozialwissenschaften 1991. Hg. v. G. Lüdi. Freiburg (CH), 193–227.

– (1994b) (Hg.): Provinzialwörter. Deutsche Idiotismensammlungen des 18. Jh.s. Berlin/New York.

– (^{2}1998): Ansätze zu einer Theorie des Sprachwandels auf lautlicher Ebene. In: *Sprachgeschichte. Ein Handbuch* [...], 836–850.

242

– (2003): Die deutsche Schriftsprache und die Regionen – Die Regionen und die deutsche Schriftsprache. In: R. Berthele u.a. (Hg.): Die deutsche Schriftsprache und die Regionen. Entstehungsgeschichtliche Fragen in neuer Sicht. Berlin/New York, 1–3.

Habermann, M. (1994): Verbale Wortbildung um 1500. Eine historisch-synchrone Untersuchung anhand von Texten Albrecht Dürers, Heinrich Deichslers und Veit Dietrichs. Berlin/New York.

– (1997): Das sogenannte „Lutherische e". Zum Streit um einen *armen Buchstaben*. In: Sprachwissenschaft 22 (1997), 435–477.

Habermann, M. u.a. (2002) (Hg.): Historische Wortbildung des Deutschen. Tübingen.

Haebler, K. (1925): Handbuch der Inkunabelkunde. Leipzig.

Härd, J.E. (^{2}1980): Mittelniederdeutsch. In: LGL, 584–588.

– (1981): Studien zur Struktur mehrgliedriger deutscher Nebensatzprädikate. Diachronie und Synchronie. Göteborg.

– (1985): Syntax des Mittelniederdeutschen. In: *Sprachgeschichte. Ein Handbuch* [...], 1238–1243.

Haltenhoff, J. (1904): Zur Geschichte des neuhochdeutschen Adjektivsuffixes *-icht* und seiner Verwandten. Heidelberg.

Hammarström, E. (1923): Zur Stellung des Verbums in der deutschen Sprache. Studien in volkstümlicher Literatur und Urkundensprache der Übergangszeit vom Mittelhochdeutschen zum Neuhochdeutschen. Lund.

Hartmann, W. (1969): Zur Verbstellung im Nebensatz nach frühneuhochdeutschen Bibelübersetzungen. Diss. Heidelberg.

Hartweg, F. (1980): Literarische Schriftsprache und Lexikographie des Frühneuhochdeutschen: S. Brant – P. Dasypodius. In: Akten des VI. Internationalen Germanisten-Kongresses Basel 1980. Bd. 2. Bern, 424–430.

– (1982): Die Sprache der Erfurter Nachdrucke der ‚Zwölf Artikel' der Bauern 1525. In: BES 2 (1982), 231–253.

– (1984a): Aus der Druckpraxis der Luther-Nachdrucker in Straßburg. In: Luthers Sprachschaffen – Gesellschaftliche Grundlagen – Geschichtliche Wirkungen [...]. Hg. v. J. Schildt. Berlin, 178–189 (LS, Reihe A, 119/I).

– (1984b): Das ‚Bildungsangebot' in Schlettstadt in der 2. Hälfte des XV. und im 1. Viertel des XVI. Jh.s. In: Literatur und Laienbildung im Spätmittelalter und in der Reformationszeit. Hg. v. L. Grenzmann und K. Stackmann. Stuttgart, 24–38.

– (1985a): Die Rolle des Buchdrucks für die frühneuhochdeutsche Sprachgeschichte. In: *Sprachgeschichte. Ein Handbuch* [...], 1415–1434.

– (1985b): Luthers Stellung in der sprachgeschichtlichen Entwicklung – Versuch einer Bilanz. In: Etudes germaniques 40 (1985), 1–20.

– (1986): Regionale Besonderheiten der frühneuhochdeutschen Lexik im Elsaß. Probleme der regionalen Determination des Lexikons. In: Lexikographie der Dialekte. Beiträge zur Geschichte, Theorie und Praxis. Hg. v. H. Friebertshäuser. Tübingen, 67–74.

– (1988): Oberdeutsche, alemannische oder elsässische Schibboleths? Zur Frage der räumlichen Geltung von Besonderheiten der Straßburger Druckersprache. In: G. Bauer (Hg.): Stadtsprachenforschung unter besonderer Berücksichtigung der Stadt Straßburg in Spätmittelalter und früher Neuzeit. Göppingen (GAG 488), 393–411.

– (1989): Periodisierungsprinzipien und -versuche im Bereich des Frühneuhochdeutschen – oder: ein Versuch, die große „Lücke" auszumessen. In: ZdPh 108 (1989), 1–47.

– (1990): Zu „außlendigen wörter(n) auff vnser teutsch". In: W. Besch (Hg.): Deutsche Sprachgeschichte. Grundlagen, Methoden, Perspektiven. Festschrift für J. Erben. Bern, Frankfurt (M), New York, Paris, 249–257.

– (1995): S. Brant et ses imprimeurs. In: Recherches Germaniques 1995, 209–218.

– (^{2}2000): Die Rolle des Buchdrucks für die frühneuhochdeutsche Sprachgeschichte. In: *Sprachgeschichte. Ein Handbuch* [...], 1682–1705.

– (^{2}2003): Die Entwicklung des Verhältnisses von Mundart, deutscher und französischer Standardsprache im Elsaß seit dem 16. Jh. In: *Sprachgeschichte. Ein Handbuch* [...], 2778–2810.

Hasebrink, B. (1992): Grenzverschiebung. Zu Kongruenz und Differenz von Latein und Deutsch bei Meister Eckart. In: ZdA 121, 369–398.

Hasselberg, J./ Wegera, K.P. (1976): Hessisch. W. Besch/ H. Löffler/ H.H. Reich (Hg.): Dialekt/Hochsprache – Kontrastiv. Heft 1, Düsseldorf.

Haubold, F. (1914): Untersuchung über das Verhältnis der Originaldrucke der Wittenberger Hauptdrucker Lutherscher Schriften [...] zu Luthers Druckmanuskripten. Diss. Jena; Borna-Leipzig.

Heger, H. (1975/78) (Hg.): Spätmittelalter, Humanismus, Reformation. Texte und Zeugnisse. 1. Teilbd.: Spätmittelalter und Frühhumanismus. 2. Teilbd.: Blütezeit des Humanismus und Reformation. München.

Heimann, S. (1987): Zum Begriff der menschlichen Arbeit bei Sebastian Brant und Thomas Murner. Ein lexikologischer Beitrag zur Begriffsgeschichte. In: Untersuchungen zur Pragmatik und Semantik von Texten aus der ersten Hälfte des 16. Jahrhunderts. Hg. v. R. Grosse. Berlin, 105–144 (LS, Reihe A, 168).

Hellgardt, E. (1993): Originalität und Innovation. Konzepte der Reflexion auf Sprache und Literatur der deutschen Vorzeit im 16. Jh. In: W. Haug/ B. Wachinger (Hg.): Innovation und Originalität. Tübingen, 162–174.

Henkel, N. (1976): Studien zum Physiologus im Mittelalter. Tübingen.

– (1988): Deutsche Übersetzungen lateinischer Schultexte. Ihre Verbreitung und Funktionen im Mittelalter und in der frühen Neuzeit. München.

Henkel, N./ Palmer, N.F. (1992) (Hg.): Latein und Volkssprache im deutschen Mittelalter 1100–1500. Tübingen.

Henne, H. (1968): Das Problem des Meissnischen Deutsch oder „was ist Hochdeutsch?" im 18. Jahrhundert. In: ZMF 35 (1968), 109–129.

– (1968): Deutsche Lexikographie und Sprachnorm im 17. und 18. Jahrhundert. In: Wortgeographie und Gesellschaft. Festschrift für L.E. Schmitt. Hg. v. W. Mitzka. Berlin, 80–114.

– (1972): Semantik und Lexikographie. Berlin/New York.

Henzen, W. (²1954): Schriftsprache und Mundarten [...]. Bern.

– (³1965): Deutsche Wortbildung. Tübingen.

Herrlitz, W. (1970): Historische Phonologie des Deutschen. Tl. 1: Vokalismus. Tübingen.

Hess, G. (1971): Deutsch-Lateinische Narrenzunft [...]. München.

Hildebrandt, R./ Knoop, U. (1986) (Hg.): Brüder-Grimm-Symposion zur Historischen Wortforschung [I.] Beiträge zu der Marburger Tagung vom Juni 1985. Berlin/New York.

Hinderling, R. (1978): Das Phonem /ä:/ im Lichte der Sprachgeschichte. In: Fimfchustim. Festschrift für St. Sonderegger. Hg. v. R. Hinderling u. V. Weibel. Bayreuth, 24–61.

Hirsch, H. (1938): Zur Frage des Auftretens der deutschen Sprache in den Urkunden und der Ausgabe deutscher Urkundentexte. In: Mitteilungen des Instituts für österreichische Geschichtsforschung 52 (1938), 227–242.

Hirsch, R. (²1974): Printing, Selling and Reading 1450–1550. Wiesbaden.

Historische Soziolinguistik des Deutschen. I. Forschungsansätze, Korpusbildung, Fallstudien. II. Sprachgebrauch in soziofunktionalen Gruppen und Textsorten. III. Sprachgebrauch und sprachliche Leistung in sozialen Schichten und soziofunktionalen Gruppen. Hg. v. G. Brandt. Stuttgart 1994, 1996, 1997.

Höchli, St. (1981): Zur Geschichte der Interpunktion im Deutschen. Eine kritische Darstellung der Lehrschriften von der zweiten Hälfte des 15. Jahrhunderts bis zum Ende des 18. Jahrhunderts. Berlin.

Hölscher, L. (1979a): Zeit und Diskurs in der Lexikographie der frühen Neuzeit. In: Koselleck (1979b) Historische Semantik [...], 327–342.

– (1979b): Öffentlichkeit und Geheimnis. Eine begriffsgeschichtliche Untersuchung zur Entstehung der Öffentlichkeit in der frühen Neuzeit. Stuttgart.

Hoffmann, W. (1979): Untersuchungen zur frühneuhochdeutschen Verbalflexion am Beispiel ripuarischer Texte. Ein Beitrag zur generativen Flexionsmorphologie. Heidelberg.

– (1980): Deutsch und Latein im spätmittelalterlichen Köln. Zur äußeren Sprachgeschichte des Kölner Geschäftsschrifttums im 14. Jahrhundert. In: RVj 44 (1980), 117–147.

- (1983): Zum Verhältnis von Schreibschichtung und Sprachwandel im spätmittelalterlichen Köln. In: Literatur und Sprache im historischen Prozeß. Hg. v. Th. Cramer. Bd. 2: Sprache. Tübingen, 101–113.
- (1983/84): ‚Die groisse verenderong in der schrift ...'. Zum Sprachwandel in Köln im 16. Jahrhundert. In: Rheinisches Jahrbuch für Volkskunde 25 (1983/84), 63–84.
- (1993): Rheinische Sprachverhältnisse im 16. Jahrhundert. In: RVj 57 (1993), 137–157.
- (^{2}1998): Probleme der Korpusbildung in der Sprachgeschichtsschreibung und Dokumentation vorhandener Korpora. In: *Sprachgeschichte. Ein Handbuch* [...], 875–889.
- (2003): Entregionalisierung im Kölner Buchdruck in den ersten Jahrzehnten des 16. Jahrhunderts? In: R. Berthele u.a. (Hg.): Die deutsche Schriftsprache und die Regionen. Entstehungsgeschichtliche Fragen in neuer Sicht. Berlin/New York, 231–251.
Hoffmann, W./ Mattheier, K. (1985): Stadt und Sprache in der neueren deutschen Sprachgeschichte: eine Pilotstudie am Beispiel von Köln. In: *Sprachgeschichte. Ein Handbuch* [...], 1837–1868.
Hoffmann, W. u.a. (1999) (Hg.): Das Frühneuhochdeutsche als sprachgeschichtliche Epoche. Werner Besch zum 70. Geburtstag. Frankfurt/M. u.a.
Horn, E. (1894): Zur Orthographie von *U* und *V*, *I* und *J* [...]. In: Centralblatt für Bibliothekswesen 11 (1894), 385–400.
Hotzenköcherle, R. (1962): Entwicklungsgeschichtliche Grundzüge des Neuhochdeutschen. In: Wirkendes Wort 12 (1962), 321–331.
Huffines, M.L. (1974): Sixteenth-century Printers and Standardization of New High German. In: JEGP 73 (1974), 60–72.
Hummel, L. (1993): Dialektometrische Analysen zum Kleinen Deutschen Sprachatlas (KDSA): experimentelle Untersuchungen zu taxometrischen Ordnungsstrukturen als dialektaler Gliederung des deutschen Sprachraums. 2 Bde. Tübingen.
Hyldgaard-Jensen, K. (1985): Die Textsorten des Mittelniederdeutschen. In: *Sprachgeschichte. Ein Handbuch* [...], 1247–1251.
Ising, G. (1956): Die Erfassung der deutschen Sprache des ausgehenden 17. Jahrhunderts in den Wörterbüchern Matthias Kramers und Kaspar Stielers. Berlin.
- (1964): Über die Erforschung von Ausgleichsvorgängen bei der Herausbildung des schriftsprachlichen deutschen Wortschatzes. In: Forschungen und Fortschritte 38 (1964), 240–243.
- (1968): Zur Wortgeographie spätmittelalterlicher deutscher Schriftdialekte. Eine Darstellung auf der Grundlage der Wortwahl von Bibelübersetzungen und Glossaren. 2 Bde. Berlin.
- (1976) (Hg.): Die niederdeutschen Bibelfrühdrucke [...]. Bd. VI. Berlin.
Janota, J. (1983): Das vierzehnte Jahrhundert – ein eigener literaturhistorischer Zeitabschnitt? In: Zur deutschen Literatur und Sprache des 14. Jahrhunderts. Hg. v. W. Haug u.a. Heidelberg, 9–24.
Jeitteles, A. (1893): Das nhd. pronomen. Ein beitrag zur deutschen grammatik. In: ZdPh 25 (1893), 303–313 und 26 (1894), 180–201.
Jellinek, M.H. (1898): Ein Kapitel aus der Geschichte der deutschen Grammatik. In: Abhandlungen zur germanischen Philologie. Festschrift für R. Heinzel. Halle, 31–110.
- (1906): Studien zu den älteren deutschen grammatikern. 2. Die bezeichnungen der *f*- und *s*-laute und die angeblichen geminaten nach diphthongen. In: ZdA N.F. 48 (1906), 313–363.
- (1913/14): Geschichte der neuhochdeutschen Grammatik von den Anfängen bis auf Adelung. 2 Bde. Heidelberg.
Jörg, R. (1977): Vom Einfluß des philologisch-rhetorischen Humanismus auf die Kanzleisprache dargestellt am Beispiel des Luzerner Chronisten Hans Salat. In: Schweizerdeutsches Wörterbuch – Schweizerdeutsches Idiotikon. Bericht über das Jahr 1977. Zürich.
- (1986): Johannes Salat, Reformationschronik 1517–1534. 3 Bde. Hg. v. der Allgemeinen Geschichtsforschenden Gesellschaft der Schweiz im Selbstverlag. Bern.
Jones, W.J. (1995): Sprachhelden und Sprachverderber. Dokumente zur Erforschung des Fremdwortpurismus im Deutschen (1478–1750). Berlin/New York.
- (2000): German Lexicography in the European Context. A descriptive bibliography of printed dictionaries and word lists containing German language (1600–1700). Berlin/New York (SLG 58).

Josten, D. (1976): Sprachvorbild und Sprachnorm im Urteil des 16. und 17. Jahrhunderts. Sprachlandschaftliche Prioritäten, Sprachautoritäten, sprachimmanente Argumentation. Frankfurt/M./Bern.

Jütte, R. (1988): Abbild und soziale Wirklichkeit des Bettler- und Gaunertums zu Beginn der Neuzeit. Sozial-, mentalitäts- und sprachgeschichtliche Studien zum Liber Vagatorum (1510), Köln/Wien.

Jungandreas, W. (1946/1947/1949): Geschichte der deutschen und der englischen Sprache. 3 Bde. Göttingen.

Kaempfert, M. (1980): Motive der Substantiv-Großschreibung. Beobachtungen an Drucken des 16. Jahrhunderts. In: ZdPh 99 (1980), 72–98.

Kästner, H. (1992): „Newe Zeitung" und hochdeutsche Schriftsprache. Aspekte einer unterschätzten Wechselbeziehung aus der Frühzeit der Presse. In: Germanistentreffen BRD – CSFR. Passau. DAAD-Dokumentationen/Materialien 25, 163–174.

Kästner, H./ Schütz, E./ Schwitalla, J. (1985): Die Textsorten des Frühneuhochdeutschen. In: Sprachgeschichte. Ein Handbuch [...], 1355–1368.

– (^{2}2000): Die Textsorten des Frühneuhochdeutschen. In: Sprachgeschichte. Ein Handbuch [...], 1605–1623.

Kaiblinger, Ph. (1929/30): Ursachen des Präteritumverfalls im Deutschen. In: Teuthonista 6 (1929/30), 269–278.

Katz, D. (1983): Zur Dialektologie des Jiddischen. In: Dialektologie. Ein Handbuch [...], 1018–1041.

Kehrein, J. (1854/56): Grammatik der deutschen Sprache des fünfzehnten bis siebenzehnten Jahrhunderts. 3 Tle. Leipzig [Nachdr. Hildesheim 1968].

Keller, R.E. (1986): Die deutsche Sprache und ihre historische Entwicklung. Hamburg [Engl.: 1978].

Kettmann, G. (1967): Die kursächsische Kanzleisprache zwischen 1486 und 1546. Studien zum Aufbau und zur Entwicklung. Berlin.

– (1968): Zur Soziologie der Wittenberger Schreibsprache in der Lutherzeit. In: Mutterspr. 78 (1968), 353–366.

– (1972): Zur Problematik frühneuhochdeutscher Wortschatzuntersuchungen. In: Synchronischer und diachronischer Sprachvergleich [...]. Hg. v. H. Spitzbardt. Jena. 171–176.

– (1993): Luthersprache – Annotation zur Begriffsbestimmung. In: I. Kühn/ G. Lerchner (Hg.): Von wyßheit würt der mensch geert. Festschrift für M. Lemmer zum 65. Geb. Frankfurt (M), 169–176.

– (1996a): Städtische Schreibzentren und früher Buchdruck (Beispiel Wittenberg: Medienwandel und Graphematik (4 Thesen). In: Große/ Wellmann: Textarten 1996, 69–76.

– (1996b): Zur Konstanz der frühneuhochdeutschen Orthographie in stadt- und landesherrlichen Kanzleien. In: Sprachgeschichtliche Untersuchungen zum älteren und neueren Deutsch: Festschrift für H. Wellmann zum 60. Geburtstag. Hg. v. W. König u. L. Ortner. Heidelberg, 131–138.

– (2003): Ostmitteldeutsch im 16. und 17. Jahrhundert. Eine Standortbestimmung am Beispiel Wittenberg. In: R. Berthele u.a. (Hg.): Die deutsche Schriftsprache und die Regionen. Entstehungsgeschichtliche Fragen in neuer Sicht. Berlin/New York, 253–272.

Kettmann, G./ Schildt, J. (1978) (Hg.): Zur Literatursprache im Zeitalter der frühbürgerlichen Revolution. Untersuchungen zu ihrer Verwendung in der Agitationsliteratur. Berlin.

Key, A./ Richardson, P. (1972): Zum epithetischen -t im Deutschen. In: Amsterdamer Beiträge zur Älteren Germanistik 3 (1972), 219–228.

Kiefer, H. (1910): Der Ersatz des adnominalen Genitivs im Deutschen. Leipzig.

Kiefer, U. (1985): Das Jiddische in Beziehung zum Mittelhochdeutschen. In: Sprachgeschichte. Ein Handbuch [...], 1201–1210.

– (^{2}2000): Das Jiddische in Beziehung zum Mittelhochdeutschen. In: Sprachgeschichte. Ein Handbuch [...], 1399–1408.

– (^{2}2004): Jiddisch/Deutsch. In: Sprachgeschichte. Ein Handbuch [...], 3260–3268.

Kilian, J. (2002): Scherbengericht. Zu Quellenkunde und Quellenkritik in der Sprachgeschichte. In: D. Cherubim/ Kh. Jacob/ A. Linke (Hg.): Neue deutsche Sprachgeschichte. Mentalitäts-, kultur- und sozialgeschichtliche Zusammenhänge. Berlin/New York, 139–165.

Kirchert, K. (1979): Der Windberger Psalter. 2 Bde. München 1979 (MTU 59/60).

– (1984): Grundsätzliches zur Bibelverdeutschung im Mittelalter. ZdA 113, 61–78.

246

Kirchert, K./ Klein, D. (1995): Die Vokabulare von Fritsche Closener und Jakob Twinger von Königshofen. Überlieferungsgeschichtliche Ausgabe. 3 Bde. Tübingen (TTG 40–42).

Kleiber, W. (1965): Urbare als sprachgeschichtliche Quelle. Möglichkeiten und Methoden der Auswertung. In: Vorarbeiten und Studien zur Vertiefung der südwestdeutschen Sprachgeschichte. Hg. v. F. Maurer. Stuttgart, 151–243.

– (1979): Historische Wortgeographie im Alemannischen unter besonderer Berücksichtigung der Maßbezeichnungen. In: Frühmittelalterliche Studien 13 (1979), 150–183.

– (1986): Urbare als Quellen für die historische Wortgeographie und Dialektlexikographie. In: Hildebrandt/Knoop (1986), 81–102.

– (²1998): Möglichkeiten historischer Sprachgeschichte I: Der hochdeutsche Raum. In: *Sprachgeschichte. Ein Handbuch* [...], 889–899.

Kleiber, W./ Kunze, K./ Löffler, H. (1979): Historischer Südwestdeutscher Sprachatlas. Aufgrund von Urbaren des 13. bis 15. Jahrhunderts. 2 Bde. Bern/München. (=*HSS*)

Kleine Enzyklopädie Deutsche Sprache. Hg. v. Wolfgang Fleischer, Wolfdietrich Hartung, Joachim Schildt, Peter Suchsland. Leipzig 1983, 620–670.

Kleine Enzyklopädie Deutsche Sprache s. Fleischer u.a. (2001).

Kleiner, M. (1925/26): Zur Entwicklung der Futur-Umschreibung *werden* mit dem Infinitiv. In: University of California Publications in Modern Philology 12 (1925/26), 1–101.

Kleinschmidt, E. (1975): Rotwelsch um 1500. In: PBB (T) 97 (1975), 217–229.

– (1982a): Stadt und Literatur in der frühen Neuzeit [...]. Köln/Wien 1982.

– (1982b): Volkssprache und historisches Umfeld. Funktionsräume einer deutschen Literatursprache in der frühen Neuzeit. In: ZdPh 101 (1982), 411–436.

Kloss, H. (1929): Nebensprachen. Eine sprachpolitische Studie über die Betziehungen eng verwandter Sprachgemeinschaften (Niederländisch, Deutsch, Jiddisch, Afrikaans, Friesisch, Pennsylvaniadeutsch). Wien.

– (1976): Abstandssprachen und Ausbausprachen. In: J. Göschel u.a. (Hg.): Zur Theorie des Dialekts (ZDL Beih. N.F. 16), Wiesbaden, 301–322.

– (1978): Die Entwicklung neuerer germanischer Kultursprachen seit 1800. Düsseldorf (Spr. d. Geg. 37).

Kluge, F. (1901): Rotwelsch. Quellen und Wortschatz der Gaunersprache und der verwandten Geheimsprachen. Bd. 1: Rotwelsches Quellenbuch. Straßburg.

– (⁵1918): Von Luther bis Lessing. Aufsätze und Vorträge zur Geschichte unserer Schriftsprache. Leipzig.

Knape, J. (1985): Das Deutsch der Humanisten. In: *Sprachgeschichte. Ein Handbuch* [...], 1408–1415.

– (²2000): Das Deutsch der Humanisten. In: *Sprachgeschichte. Ein Handbuch* [...], 1673–1681.

Kohrt, M. (194/85): Prinzipien und Methoden historischer Phonetik und Phonologie. In: *Sprachgeschichte. Ein Handbuch* [...], 514–527.

Kolde, G. (1964): Die verbale *be*-Komposition in Prosatexten des 14.-17. Jahrhunderts. Göttingen.

Koller, G. (1988): Der Schreibusus Albrecht Dürers. Graphematische Untersuchungen zum Nürnberger Frühneuhochdeutschen. Stuttgart.

Koller, W. (²1998): Übersetzungen ins Deutsche und ihre Bedeutung für die deutsche Sprachgeschichte. In: *Sprachgeschichte. Ein Handbuch* [...], 210–229.

Koselleck, R. (1979a): Vergangene Zukunft. Zur Semantik geschichtlicher Zeiten. Frankfurt/M.

– (1979b) (Hg.): Historische Semantik und Begriffsgeschichte. Stuttgart.

Kretschmar, G. (1987): Die Reformation und das Buch. Evangelische Erfahrungen. In: W. Seidel (Hg.): Offenbarung oder Bücher? Impulse zu einer „Theologie des Lesens“. Freiburg i.B., 34–61.

Kreuzer, H.J. (1984): Buchmarkt und Roman in der Frühdruckzeit. In: Literatur und Laienbildung im Spätmittelalter und in der Reformationszeit. Hg. v. L. Grenzmann u. K. Stackmann. Stuttgart, 197–211.

Kriegesmann, U. (1990): Die Entstehung der neuhochdeutschen Schriftsprache im Widerstreit der Theorien. Frankfurt/M.

Krogmann, W. (1970): Altsächsisch und Mittelniederdeutsch. In: Kurzer Grundriß der germanischen Philologie bis 1500. Bd. 1: Sprachgeschichte. Hg. v. L.E. Schmitt. Berlin, 211–252.

Krüger, S. (1955): Zum Wortschatz des 16. Jahrhunderts: Fremdbegriff und Fremdwort in Luthers Bibelübersetzung. In: PBB (H) 77 (1955), 402–464.

Kühlmann, W (1989): Nationalliteratur und Latinität: Zum Problem der Zweisprachigkeit in der frühneuzeitlichen Literaturbewegung Deutschlands. In: K. Garber (Hg.): Nation und Literatur im Europa der Frühen Neuzeit. Tübingen, 164–206.

Kühn, P./ Püschel, U. (1982/83): Die Rolle des mundartlichen Wortschatzes in den standardsprachlichen Wörterbüchern des 17. bis 20. Jahrhunderts. In: Dialektologie. Ein Handbuch [...], 1367–1398.

Kühnel, H. (1996) (Hg.): Alltag im Spätmittelalter. Graz/Wien/Köln.

Kunisch, H. (^{3}1974): Spätes Mittelalter (1250–1500). In: Deutsche Wortgeschichte. Hg. v. F. Maurer u. H. Rupp. Bd. 1. Berlin, 255–322.

Kunze, K. (1975): Textsorte und historische Wortgeographie am Beispiel *Pfarrer/Leutpriester*. (Mit 6 Karten). In: Würzburger Prosastudien II – Untersuchungen zur Literatur und Sprache des Mittelalters. Festgabe für K. Ruh. Hg. v. P. Kesting. München, 35–76.

– (1980): Der Historische Südwestdeutsche Sprachatlas. Quellenbasis, Anlage, Ausweitungs- und Auswertungsmöglichkeiten. In: ZDL 47 (1980), 1–24.

– (1985): Neue Ansätze zur Erfassung spätmittelalterlicher Sprachvarianz. In: Überlieferungsgeschichtliche Prosaforschung. Hg. v. K. Ruh. Tübingen, 157–200.

– (1989): Ein neues Instrument zur historischen Wortforschung. Das Variantenregister der Elsässischen ,Legenda aurea'. In: A. Greule/ U. Ruberg (Hg.): Sprache, Literatur, Kultur. Studien zu ihrer Geschichte im deutschen Süden und Westen. W. Kleiber zum 60. Geburtstag gewidmet. Stuttgart, 57–70.

– (^{2}2003): Aspekte einer Sprachgeschichte des Oberrheingebiets bis zum 16. Jh. In: *Sprachgeschichte. Ein Handbuch* [...], 2810–2825.

Kurrelmeyer, W. (1904–1915): Die erste deutsche Bibel. Tübingen.

– (1947): Early sixteenth century German lexicography. In: Modern Language Notes 62 (1947), 289–299.

Langer, N. (2000): Zur Verbreitung der *tun*-Periphrase im Frühneuhochdeutschen. In: ZDL 67 (2000), 287–316.

Langner, H. (1978): Rezension von: J. Schildt, Abriß der Geschichte der deutschen Sprache. In: ZPSK 31 (1978), 299–305.

Leipold, I. (1978): Das Verlagsprogramm des Augsburger Druckers Johann Bämler [...]. In: Bibliotheksforum Bayern 4, 236–252.

Leiss, E. (1985): Zur Entstehung des neuhochdeutschen analytischen Futurs. In: Sprachw. 10 (1985), 250–273.

– (^{2}1998): Ansätze zu einer Theorie des Sprachwandels auf morphologischer und syntaktischer Ebene. In: *Sprachgeschichte. Ein Handbuch* [...], 850–860.

Lenk, W. (1983): Martin Luthers Kampf um die Öffentlichkeit. In: Martin Luther. Leben – Werk – Wirkung. Hg. v. G. Vogler in Zusammenarbeit mit S. Hoyer u. A. Laube. Berlin, 53–71.

Leopold, M. (1907): Die Vorsilbe *ver*- und ihre Geschichte. Breslau.

Lerchner, G. (1973): Die Anwendbarkeit der Kausalitätsrelation in der diachronischen Sprachwissenschaft. In: Sprache – Nation – Norm. Berlin, 9–31. (LS, Reihe A, 3).

– (2001): Geschichte der deutschen Sprache. In: W. Fleischer/ G. Helbig/ G. Lerchner (Hg.): Kleine Enzyklopädie Deutsche Sprache. Frankfurt/M., 569–626.

Lerchner, G./ Schröder, M./ Fix, U. (1995) (Hg.): Chronologische, areale und situative Varietäten des Deutschen in der Sprachhistoriographie. Festschrift für Rudolf Große. Frankfurt/M.

Lessiak, P. (1933): Beiträge zur Geschichte des deutschen Konsonantismus. Brünn.

Leupold, F. (1909): Zur Geschichte der neuhochdeutschen Pronominalflexion. Diss. Heidelberg.

Lexer, M. (1872–78): Mittelhochdeutsches Handwörterbuch. 3 Bde. Leipzig 1872–78 [Nachdr. Stuttgart 1974]; München 1992.

Lindgren, K.B. (1953): Die Apokope des mhd. -e in seinen verschiedenen Funktionen. Helsinki.

– (1957): Über den oberdeutschen Präteritumschwund. Helsinki.

– (1961): Die Ausbreitung der nhd. Diphthongierung bis 1500. Helsinki.

Lindmeyr, B. (1899): Der Wortschatz in Luthers, Emsers und Ecks Übersetzung des Neuen Testamentes. Ein Beitrag zur Geschichte der neuhochdeutschen Schriftsprache. Straßburg.

Lippi-Green, R. (1994): Language ideology and language change in early modern German. A sociolinguistic study of the consonantal system of Nuremberg. Amsterdam.

Lobenstein-Reichmann, A. (1998): Freiheit bei Martin Luther. Lexikographische Textanalyse als Methode historischer Semantik. Berlin/New York.

Lockwood, W.B. (1968): Historical German Syntax. Oxford.

Löffler, H. (1972): Neue Möglichkeiten historischer Dialektgeographie durch sprachliche Auswertung von Güter- und Zinsverzeichnissen. Mit 2 Karten. In: RVj 36 (1972), 281–291.

Lötscher, A. (2000): Verbendstellung im Hauptsatz in der deutschen Prosa des 15. und 16. Jahrhunderts. In: Sprachw. 25 (2000), 153–191.

Lötzsch, R. (1997): Jiddisch. In: Kontaktlinguistik. Hg. v. H. Goebl, R.H. Nelde, Z. Starý, W. Wölck. 2. Halbbd. Berlin/New York, 1942–1961.

Ludwig, O. (1967): Präsens und süddeutscher Präteritumschwund. In: NphM 68 (1967), 118–130.

Lüdtke, H. (1968): Ausbreitung der neuhochdeutschen Diphthongierung? In: ZMF 35 (1968), 97–109.

Lülfing, H. (1964/1965): Das Buchwesen des 15. Jahrhunderts und der Gesamtkatalog der Wiegendrucke. In: Biblos 13 (1964), 209–219 (u. 14 (1965), 14–25).

Luther, M. (1883ff): Werke. Kritische Gesamtausgabe. Weimar (= WA).

Maas, U. (1983): Der Wechsel vom Niederdeutschen zum Hochdeutschen in den norddeutschen Städten der frühen Neuzeit. In: Th. Cramer (Hg.): Literatur und Sprache im historischen Prozeß. Vorträge des Deutschen Germanistentags Aachen 1982. Bd. 2. Sprache. Tübingen, 114–129.

– (1985): Lesen – Schreiben – Schrift. Die Demotisierung eines professionellen Arkanums im Spätmittelalter und in der frühen Neuzeit. In: Literatur und Linguistik 59 (1985), 55–81.

– (1993): Ländliche Schriftkultur in der frühen Neuzeit. In: Sprachgeschichte des Neuhochdeutschen, Gegenstände, Methoden, Theorien. Hg. v. A. Gardt, K.J. Mattheier, O. Reichmann. Tübingen, 249–277.

Macha, J. (1991): Kölner Turmbücher. Schreibsprachwandel in einer seriellen Quelle der Frühen Neuzeit. In: ZdPh 110 (1991), 36–61.

– (1993): Rheinische Sprachverhältnisse im 17. Jahrhundert. In: RVj 57 (1993), 158–175.

– (2003): Regionalität und Syntax: Redewiedergabe in frühneuhochdeutschen Verhörprotokollen. In: R. Berthele u.a. (Hg.): Die deutsche Schriftsprache und die Regionen. Entstehungsgeschichtliche Fragen in neuer Sicht. Berlin/New York, 181–202.

Macha, J./ Herborn, W. (1992): Kölner Hexenverhöre aus dem 17. Jh. Köln et al.

Macha, J. u.a. (2000) (Hg.): Rheinisch-Westfälische Sprachgeschichte. Köln.

Malherbe, D. (1906): Das Fremdwort im Reformationszeitalter. Diss. Freiburg.

Malige-Klappenbach, H. (1955): Die Entwicklung der Großschreibung im Deutschen. In: Wissenschaftliche Annalen 4 (1955), 102–118.

Masařík, Z. (1966): Die mittelalterliche deutsche Kanzleisprache Süd- und Mittelmährens. Brno.

– (1985): Die frühneuhochdeutsche Geschäftssprache in Mähren. Brno.

Mattheier, K.J. (1981): Wege und Umwege zur neuhochdeutschen Schriftsprache. In: ZGL 9 (1981), 247–307 [Wiederabdr. in Wegera 1986].

– (1982): Sozialgeschichte und Sprachgeschichte in Köln. Überlegungen zur historischen Sprachsoziologie. In: RVj 46 (1982), 226–253.

– (^{2}1998): Allgemeine Aspekte einer Theorie des Sprachwandels. In: *Sprachgeschichte. Ein Handbuch* [...], 824–836.

– (^{2}2000): Die Herausbildung neuzeitlicher Schriftsprachen. In: *Sprachgeschichte. Ein Handbuch* [...], 1061–1084.

Mattheier, K.J./ Nitta, H./ Ono, M. (1997) (Hg.): Gesellschaft, Kommunikation und Sprache Deutschlands in der frühen Neuzeit. München.

Mattheier, K.J. u.a. (1993) (Hg.): Methoden zur Erforschung des Frühneuhochdeutschen. München.

Matzel, K./ H. Penzl (1982): Heinrich Braun (1732–1792) und die deutsche Hochsprache in Bayern. In: Sprachw. 7, 120–148.

Maurer, F. (1926): Untersuchungen über die deutsche Verbstellung in ihrer geschichtlichen Entwicklung. Heidelberg.

– (1963): Zur Entstehung der neuhochdeutschen Schriftsprache. In: Dichtung und Sprache des Mittelalters. Gesammelte Aufsätze. Bern/München, 327–334.

– (1965) (Hg.): Vorarbeiten und Studien zur Vertiefung der Südwestdeutschen Sprachgeschichte. Stuttgart.

Meier, Jörg (2002): Kommunikation im Spätmittelalter und in der Frühen Neuzeit. Zur Textsortenklassifikation des Frühneuhochdeutschen. In: Zeitenwende – die Germanistik auf dem Weg vom 20. ins 21. Jh. Akten des X. Internationalen Germanisten-Kongresses Wien 2000, hg. v. P. Wiesinger. Bd. 3. Bern, 107–112 (JIG, A, 55).

Meier, J./ Ziegler, A. (2003) (Hg.): Aufgaben einer künftigen Kanzleisprachenforschung. (Beiträge zur Kanzleisprachenforschung. Hg. v. J. Meier/ A. Ziegler Bd. 3). Wien.

Meier, Jürgen/ Möhn, D. (^{2}2000): Die Textsorten des Mittelniederdeutschen. In: *Sprachgeschichte. Ein Handbuch* [...], 1470–1477.

Meillet, A. (1921): Comment les mots changent de sens. In: Meillet, A.: Linguistique historique et linguistique générale. Paris, 230–271.

Meiß, K. (1994): Streit um die Lutherbibel. Sprachwissenschaftliche Untersuchungen zur neuhochdeutschen Standardisierung (Schwerpunkt Graphematik) anhand Wittenberger und Frankfurter Drucke. Frankfurt/M. etc.

Merk, W. (1933): Werdegang und Wandlungen der deutschen Rechtssprache. Marburg.

Merkel, F. (1930): Das Aufkommen der deutschen Sprache in den städtischen Kanzleien des ausgehenden Mittelalters. Leipzig [Neudr. Hildesheim 1973].

Metzler, R. (1986): Zu einigen syntaktischen Strukturen in Privatbriefen des 16. Jahrhunderts. In: ZfG 7 (1986), 47–59.

Michel, W.D. (1959): Die graphische Entwicklung der *s*-Laute im Deutschen. In: PBB (H) 81 (1959), 456–480.

Mihm, A. (1999): Funktionen der Schriftlichkeit in der städtischen Gesetzgebung des Spätmittelalters. In: ZGL 27 (1999), 13–37.

– (2003): Schreibsprachliche und akrolektale Ausgleichsprozesse bei der frühneuzeitlichen Standardisierung. In: R. Berthele u.a. (Hg.): Die deutsche Schriftsprache und die Regionen. Entstehungsgeschichtliche Fragen in neuer Sicht. Berlin/New York, 79–110.

Mihm, M. (1994) (Hg.): Die Protokolle des Duisburger Notgerichts 1537–1545. Duisburg.

Milde, W./ Schuder, W. (1988) (Hg.): *de captu lectoris.* Wirkungen des Buches im 15. und 16. Jahrhundert [...]. Berlin/New York.

Moeller, B. (1986): Luther in nichtdeutschen Sprachen. In: H. Bartel/ G. Brendler/ H. Hübner/ A. Laube (Hg.): Martin Luther. Leistung und Erbe. Berlin, 287–298.

Moeller, B./ Stackmann, K. (1996): Städtische Predigt in der Frühzeit der Reformation. Eine Untersuchung dt. Flugschriften der Jahre 1522–1529. Göttingen.

Moeller, B. u.a. (1983) (Hg.): Studien zum städtischen Bildungswesen des späten Mittelalters und der frühen Neuzeit. Göttingen (Aak Göttingen, 3F).

Möhn, D. (1995, 1997, 2002) (Hg.): Mittelniederdeutsches Handwörterbuch. Begr. v. A. Lasch und C. Borchling. Lfg. 26–30. Neumünster.

Møller, Ch. (1937): Zerfall und Aufbau grammatischer Distinktionen. Die Feminina im Deutschen. In: Mélanges linguistiques. Offerts á M.H. Pedersen. Kopenhagen, 365–372.

Möller, R. (1998): Regionale Schreibsprachen im überregionalen Schriftverkehr. Empfängerorientierung in den Briefen des Kölner Rates im 15. Jahrhundert. Köln/Weimar/Wien.

Möllmann, U. (2002): Lexikalische Varationen im Ostoberdeutschen des 15./16. Jh.s. In: P. Wiesinger (Hg.): Zeitenwende – die Germanistik auf dem Weg vom 20. ins 21. Jh. – Akten des X. Internationalen Germanistenkongresses, Wien 2000. Bern u.a. Bd. 3, 97–105.

Molz, H. (1902): Die substantivflexion seit mittelhochdeutscher zeit. In: PBB 27 (1902), 209–342 u. 31 (1906), 277–392.

Moser, Hans (1977): Die Kanzlei Kaiser Maximilians I. Graphematik eines Schreibusus. 2 Bde. Innsbruck.

- (1982): Rezension zu W. Schenker, Die Sprache Huldrych Zwinglis [...]. In: ZDL 49 (1982), 397–401.
- (1985): Die Kanzleisprachen. In: *Sprachgeschichte. Ein Handbuch* [...], 1398–1408.
Moser, Hans/ Wolf, N.R. (1989) (Hg.): Zur Wortbildung des Frühneuhochdeutschen. Ein Werkstattbericht. Innsbruck.
Moser, Hugo (1950/51): Probleme der Periodisierung des Deutschen. In: GRM, N.F. 1 (1950/51), 296–308.
- (1979): Mittlere Sprachschichten als Quellen der deutschen Hochsprache. Eine historisch-soziologische Betrachtung. In: H. Moser: Kleine Schriften I. Berlin, 14–30.
Moser, V. (1909): Historisch-grammatische Einführung in die frühneuhochdeutschen Schriftdialekte. Halle 1909 [Nachdr. Darmstadt 1971].
- (1923): Frühneuhochdeutsche Studien. In: PBB 47 (1923), 357–407.
- (1926): Grundfragen der Frühneuhochdeutschen Forschung. In: GRM 14 (1926), 25–34.
- (1929/1951): Frühneuhochdeutsche Grammatik. 1. Bd.: Lautlehre. 1. Hälfte: Orthographie, Betonung, Stammsilbenvokale. Heidelberg. 3. Bd.: Lautlehre. 3. Teil: Konsonanten. 2. Hälfte (Schluss). Heidelberg (= Moser, V. 1.1/1.3).
- (1982): Schriften zum Frühneuhochdeutschen. Hg. v. H. Stopp. 2 Bde. Heidelberg.
Moskalskaja, O.J. (^{2}1969): Geschichte der deutschen Sprache. Moskau/Leningrad.
Moulin, C. (1990): Der Majuskelgebrauch in Luthers deutschen Briefen (1517–1546). Heidelberg.
Moulin-Fankhänel, C. (1994/1997): Bibliographie der deutschen Grammatiken und Orthographielehren. I. Bd.: Von den Anfängen der Überlieferung bis zum Ende des 16. Jahrhunderts. II. Bd.: Das 17. Jahrhundert. Heidelberg.
Moulton, W.G. (1961): Zur Geschichte des deutschen Vokalsystems. In: PBB (T) 83 (1961), 1–35.
Müllenhoff, K./ Scherer, W. (^{2}1863) (Hg.): Denkmäler deutscher Poesie und Prosa aus dem VIII.–XII. Jahrhundert. Bd. I: (Müllenhoff, K.:) Vorrede zur 2. Aufl. [Wiederabdr. in Wegera 1986].
Müller, E.E. (1952): Zur historischen Mundartforschung. In: PBB(H) 74, 454–485.
- (1960): Wortgeschichte und Sprachgegensatz im Alemannischen. Bern/München.
- (1978): Zu Adam Petris Bibelglossar von 1523. In: Deutsche Sprache: Geschichte und Gegenwart. Festschrift für F. Maurer. Hg. v. Hugo Moser, H. Rupp, H. Steger. Bern/München, 127–134.
- (1979a): Wer war der Verfasser des Petriglossars? In: Standard und Dialekt. Studien zur gesprochenen und geschriebenen Gegenwartssprache. Festschrift für H. Rupp. Hg. v. H. Löffler, K. Pestalozzi u. M. Stern. Bern/München, 177–192.
- (1979b): Grossvater – Enkel – Schwiegersohn. Untersuchungen zur Geschichte der Verwandtschaftsbezeichnungen im Deutschen. Heidelberg 1979.
Müller, J. (1882): Quellenschriften und Geschichte des deutschsprachlichen Unterrichtes bis zur Mitte des 16. Jahrhunderts. Gotha [Nachdr. Hildesheim/New York 1969].
Müller, J.D. (1994) (Hg.): Wissen für den Hof. Der spätmittelalterliche Verschriftungsprozeß am Beispiel Heidelbergs im 15. Jh. München.
Müller, K. (1990): „Schreibe, wie du sprichst!" Eine Maxime im Spannungsfeld von Mündlichkeit und Schriftlichkeit. Eine historische und systematische Untersuchung. Frankfurt/M. etc.
Müller, P.O. (1993): Substantiv-Derivation in den Schriften Albrecht Dürers. Berlin/New York.
- (2001): Deutsche Lexikographie des 16. Jahrhunderts. Konzeptionen und Funktionen frühneuzeitlicher Wörterbücher. Tübingen.
Müller, R. (1991): Ergänzende Gedanken zur Entstehungsgeschichte der Sprache, die wir Neuhochdeutsch nennen. In: Erscheinungsformen der deutschen Sprache. Festschrift zum 60. Geburtstag von H. Steger. Hg. v. J. Dittmann u.a. Berlin, 61–75.
Munske, H.H./ v. Polenz, P./ Reichmann, O./ Hildebrandt, R. (1988) (Hg.): Deutscher Wortschatz. Lexikographische Studien. L.E. Schmitt zum 80. Geburtstag. Berlin/New York.
Musseleck, K.H. (1981): Untersuchungen zur Sprache katholischer Bibelübersetzungen der Reformationszeit. Heidelberg.
Neuhaus, G.M. (1991): Justus Georg Schottelius. Die Stammwörter der Teutschen Sprache samt dererselben Erklärung/ und andere Stammwörter betreffende Anmerkungen. Eine Untersuchung zur frühneuhochdeutschen Lexikologie. Göppingen.

Nerius, D. (1967): Untersuchungen zur Herausbildung einer nationalen Norm der deutschen Literatursprache im 18. Jahrhundert. Halle.

Niggl, G. (1967): „Fromm" bei Goethe. Eine Wortmonographie. Tübingen.

Nordström, T. (1911): Studien über die Ausbildung der neuhochdeutschen starken Präsensflexion. Ein Beitrag zur historischen Formenlehre. Diss. Uppsala.

Nübling, D. (1998): Wie die Alten sungen... Zur Rolle von Frequenz und Allomorphie beim präteritalen Numerusausgleich im Frühneuhochdeutschen. In: ZfSprachwiss. 17 (1998), 185–203.

Nyholm, K. (1981): Zur Endstellung des Verbs in spätmittelalterlichen und frühhumanistischen Texten. In: Wissenschaftliche Konferenz „Kommunikation und Sprache in ihrer geschichtlichen Entwicklung bis zum Neuhochdeutschen". Berlin, 52–64 (LS, Reihe A, 77).

Objartel, G. (²1980): Sprachstadium. In: LGL, 557–563.

Öhmann, E. (1921): Zur geschichte der adjektivabstrakta auf -ida, -î und -heit im deutschen. Helsinki.

- (1924): Der s-Plural im Deutschen. Helsinki.

- (1970): Suffixstudien VI. Das deutsche Verbalsuffix -ieren. In: NphM 71 (1970), 337–357.

Öhmann, E./ Seppänen, L.V./ Valtasaari, K. (1953): Zur Geschichte des deutschen Suffixes -ieren. In: NphM 54 (1953), 159–176.

Okrajek, M. (1966): Substantivverbindungen im Frühneuhochdeutschen. Diss. [masch.] Berlin.

Otto, E. (1970): Die Sprache der Zeitzer Kanzlei im 16. Jahrhundert. Untersuchungen zum Vokalismus und Konsonantismus. Berlin.

- (1976): Zur historischen Wortforschung. Erstbelege und Frühbelege aus ostmitteldeutschen Handschriften des 16. Jahrhunderts. In: PBB (H) 97 (1976), 212–252.

Otto, K.F. (1972): Die Sprachgesellschaften des 17. Jahrhunderts. Stuttgart.

Oubouzar, E. (1974): Über die Ausbildung der zusammengesetzten Verbformen im deutschen Verbalsystem. In: PBB (H) 95 (1974), 5–96.

Painter, S.D. (1989): Die Aussprache des Frühneuhochdeutschen nach Lesemeistern des 16. Jahrhunderts. New York etc.

Palmer, Ph.M. (1933): Der Einfluß der Neuen Welt auf den deutschen Wortschatz 1492–1800. Heidelberg.

Papsonová, M. (2003): Das Magdeburger Recht und das Silleiner Rechtsbuch. Wörterbuch zur deutschsprachigen Vorlage des Landrechts (1378) und zu ihrer Übersetzung (1473). Frankfurt/M. u.a. (Regensburger Beiträge zur deutschen Sprach- und Literaturwissenschaft 84).

Paraschkewoff, B. (1967): Entwicklung der Adjektivadverbien im Ostmitteldeutschen vom Beginn der Überlieferung bis Luther. Diss. [masch.] Leipzig.

Paul, H. (1884): Vokaldehnung und vokalverkürzung im neuhochdeutschen. In: PBB 9 (1884), 101–134.

Pavlov, V.M. (1972): Die substantivische Zusammensetzung im Deutschen als syntaktisches Problem. München.

Pavlov, V. (1995): Die Deklination der Substantive im Deutschen. Synchronie und Diachronie. Frankfurt/M.

Pasierbsky, F. (1988): Deutsche Sprache im Reformationszeitalter. Eine geistes- und sozialgeschichtlich orientierte Bibliographie. Bearb. u. hg. v. E. Büchler u. E. Dirkschnieder. Tübingen.

Peilicke, R. (1980): Zur Literatursprache von Mühlhäuser Verhörsprotokollen aus der Zeit des großen deutschen Bauernkriegs. Syntaktisch/stilistische Untersuchungen. In: Syntaktisch-stilistische und lexikalische Untersuchungen an Texten aus der Zeit des Großen Deutschen Bauernkrieges. Hg. v. J. Schildt. Berlin, 1–37 (LS, Reihe A, 70).

- (1981): Methoden, Ergebnisse und Tendenzen in der Erforschung des Frühneuhochdeutschen. In: Sprachwissenschaftliche Informationen der Akademie der Wissenschaften der DDR. Zentralinstitut für Sprachwissenschaften. Berlin, 50–84.

- (1987): Zur Verwendung der Modalverben können und mögen in Leipziger Frühdrucken. In: J. Schildt u.a. (Hg.): Zum Sprachwandel, 325–383.

Penzl, H. (1968a): Die mittelhochdeutschen Sibilanten und ihre Weiterentwicklung. In: Word 24 (1968), 340–349.

- (1968b): The history of the third nasal phoneme of Modern German. In: Publications of the Modern Language Association of America 83 (1968), 340–346.
- (1969): Geschichtliche deutsche Lautlehre. München.
- (1974): Zur Entstehung der frühneuhochdeutschen Diphthongierung. In: Studien zur deutschen Literatur und Sprache des Mittelalters. Festschrift für Hugo Moser. Hg. v. W. Besch u.a. Berlin, 345–357.
- (1984): Frühneuhochdeutsch. Bern.
Peters, M. (2002): Das 16. Jahrhundert als sprachtheoretische Epochenschwelle. Theodor Bibliander und Conrad Gessner. In: Zeitenwende – die Germanistik auf dem Weg vom 20. ins 21. Jh. Akten des X. Internationalen Germanisten-Kongresses Wien 2000. Hg. v. P. Wiesinger. Bd. 3. Bern, 113–118 (JIG, A, 55).
Peters, R. (1984): Lübeck und die Hanse in der niederdeutschen Sprachgeschichte (Vortragsresümee). In: Korrespondenzblatt des Vereins für niederdeutsche Sprachforschung 91 (1984), 22–24.
- (1985a): Soziokulturelle Voraussetzungen und Sprachraum des Mittelniederdeutschen. In: *Sprachgeschichte. Ein Handbuch* [...], 1211–1220.
- (1985b): Diagliederung des Mittelniederdeutschen. In: *Sprachgeschichte. Ein Handbuch* [...], 1251–1263.
- (1985c): Die Rolle der Hanse und Lübecks für die mittelniederdeutsche Sprachgeschichte. In: *Sprachgeschichte. Ein Handbuch* [...], 1274–1279.
- (1988): Zur Entstehung der lübischen Schreibsprache. In: Stadtsprachenforschung unter besonderer Berücksichtigung der Verhältnisse der Stadt Straßburg in Spätmittelalter und früher Neuzeit. Hg. v. G. Bauer. Göppingen, 149–167.
- (1995): Die angebliche Geltung der sog. mittelniederdeutschen Schriftsprache in Westfalen. Zur Geschichte eines Mythos. In: J. Cajot/ L. Kremer/ H. Niebaum (Hg.): Lingua Theodisca. Beiträge zur Sprach- und Literaturwissenschaft. Jan Goossens zum 65. Geb. Münster/Hamburg, 199–213.
- (1997): „Atlas frühmittelniederdeutscher Schreibsprachen". Beschreibung eines Projekts. In: Niederdeutsches Wort 37, 45–53.
- (^{2}2000a): Soziokulturelle Voraussetzungen und Sprachraum des Mittelniederdeutschen. In: *Sprachgeschichte. Ein Handbuch* [...], 1409–1422.
- (^{2}2000b): Die Diagliederung des Mittelniederdeutschen. In: *Sprachgeschichte. Ein Handbuch* [...], 1478–1490.
- (^{2}2000c): Die Rolle der Hanse und Lübecks in der mittelniederdeutschen Sprachgeschichte. In: *Sprachgeschichte. Ein Handbuch* [...], 1496–1505.
- (2003): Ostmitteldeutsch, Gemeines Deutsch oder Hochdeutsch? Zur Gestalt des Hochdeutschen in Norddeutschland im 16. und 17. Jahrhundert. In: R. Berthele u.a. (Hg.): Die deutsche Schriftsprache und die Regionen. Entstehungsgeschichtliche Fragen in neuer Sicht. Berlin/New York, 157–180.
Peters, U. (1983): Literatur in der Stadt [...]. Tübingen.
Pfanner, J. (1954): Die deutsche Schreibsprache in Nürnberg von ihrem ersten Auftreten bis zum Ausgang des 14. Jahrhunderts. In: Mitteilungen des Vereins für Geschichte der Stadt Nürnberg 45 (1954), 148–207.
Philipp, G. (1980): Einführung ins Frühneuhochdeutsche. Sprache – Grammatik – Texte. Heidelberg.
Pietsch, P. (1890): Ein unbekantes (!) oberdeutsches Glossar zu Luthers Bibelübersetzung. In: ZdPh 22 (1890), 325–336.
Piirainen, I.T. (1968): Graphematische Untersuchungen zum Frühneuhochdeutschen. Berlin.
- (1972): Das Stadtrechtbuch von Sillein. Berlin/New York.
- (1980a): Frühneuhochdeutsche Bibliographie. Literatur zur Sprache des 14.–17. Jahrhunderts. Tübingen (Bibliographische Arbeitsmaterialien 4).
- (1980b): Entwicklung der deutschen Rechtschreibung. In: NphM 81 (1980), 105–126.
- (1985): Die Diagliederung des Frühneuhochdeutschen. In: *Sprachgeschichte. Ein Handbuch* [...], 1368–1379.
Piltz, G. (1951): Die Bedeutungsentwicklung der Substantiva auf *-heit, -schaft* und *-tum*. Diss. [masch.] Hamburg.

Polenz, P. v. (⁹1978): Geschichte der deutschen Sprache. Erweiterte Neubearbeitung der früheren Darstellung von H. Sperber, Berlin/New York. (SG 2206).

– (1986): Altes und Neues zum Streit über das Meißnische Deutsch. In: Akten des VII. Internationalen Germanisten-Kongresses Göttingen 1985. Bd. 4. Tübingen, 183–202.

– (1989): Die Schreib- und Leseexpansion um 1400 als Einleitung der frühneuhochdeutschen Epoche. In: S. Heimann (Hg.): Soziokulturelle Kontexte der Sprach- und Literaturentwicklung. Festschrift für R. Große. Stuttgart 1989, 67–80.

– (1991/²2000/1994): Deutsche Sprachgeschichte vom Spätmittelalter bis zur Gegenwart. Bd. I: Einführung, Grundbegriffe, Deutsch in der frühbürgerlichen Zeit. Bd. II: 17. und 18. Jahrhundert. Berlin/New York.

– (2002): Sprachgeschichte und Gesellschaftsgeschichte von Adelung bis heute. In: D. Cherubim/ K.H. Jakob/ A. Linke (Hg.): Neue deutsche Sprachgeschichte. Mentalitäts-, kultur- und sozialgeschichtliche Zusammenhänge. Berlin/New York, 1–23 (SLG 64).

Polzin, A. (1901): Studien zur Geschichte des Deminutivums im Deutschen. Straßburg.

– (1903): Geschlechtswandel der Substantiva im Deutschen. Hildesheim.

Pörksen, U.: (1986): Deutsche Naturwissenschaftssprachen. Historische und kritische Studien. Tübingen.

– (1994): Wissenschaftssprache und Sprachkritik. Untersuchungen zu Geschichte und Gegenwart. Tübingen.

Prell, H.-P. (1991): Die Ableitung von Verben aus Substantiven in biblischen und nichtbiblischen Texten des Frühneuhochdeutschen. Frankfurt/M. etc.

– (1999): Die Syntax der Nebensätze. Textsortenstile im frühen 17. Jahrhundert. In: H.-J. Solms/ K.-P. Wegera (Hg.): Luxemburger Druckersprache des 17. Jahrhunderts. Luxemburg, 117–136.

– (2000): Die Stellung des attributiven Genitivs im Mittelhochdeutschen. Zur Notwendigkeit einer Syntax mittelhochdeutscher Prosa. In: PBB 122, (2000), 23–39.

– (2001): Der mittelhochdeutsche Elementarsatz. Eine syntaktische Untersuchung an Prosatexten des 11.–14. Jahrhunderts. Oslo.

Prell, H.-P./ Schebben-Schmidt, M. (1996): Die Verbableitung im Frühneuhochdeutschen. Berlin/New York.

Prell, H.-P./ Wegera, K.P. (²2000): Wortbildung des Frühneuhochdeutschen. In: *Sprachgeschichte. Ein Handbuch* [...]. Berlin/New York, 1594–1606.

Prijs, J. (1964): Die Basler hebräischen Drucke (1492–1866). Olten/Freiburg i. Br.

Prowatke, Ch. (1988): Teutscher sprach art vnd eygenschaft. Zum Anteil der Grammatiker des 16. Jh. an der Herausbildung nationaler Normen in der deutschen Literatursprache. In: BES 8 (1988), 173–196.

Puff, H. (1995): „Von dem schlüssel aller Künsten/ nemblich der Grammatica". Deutsch im lateinischen Grammatikunterricht 1480–1560. Tübingen.

Püschel, U. (1982): Die Berücksichtigung mundartlicher Lexik in Johann Christoph Adelungs „Wörterbuch der hochdeutschen Mundart". In: ZDL 2 (1982), 28–51.

Putschke, W./ Hummel, L. (1990): Hochsprachliches im deutschen Dialektgebiet: dialektrometrische Untersuchungen zu einer Frings'schen These. In: Sprache in der sozialen und kulturellen Entwicklung. Beiträge eines Kolloquiums zu Ehren von Theodor Frings (1886–1968). Hg. v. R. Große. Berlin (DDR), 51–59.

Ramge, H. (1991): Über das Aufkommen der neuhochdeutschen Diphthongierung in Hessen. In: Festschrift für Heinz Engels zum 65. Geburtstag. Hg. v. G. Augst u.a. Göppingen, 167–197.

Rapp, F. (1980): Sozialpolitische Entwicklung und volkssprachlicher Wortschatz im spätmittelalterlichen Straßburg. In: J. Fleckenstein/ K. Stackmann (Hg.): Über Bürger, Stadt und städtische Literatur im Spätmittelalter. Göttingen 1980, 146–160 (Abhandlungen der Akademie der Wissenschaften in Göttingen. Phil.-Hist. Kl. 3F, Nr. 121).

Rauch, I. (1991): Early new high German -e-plural. In: PBB 113 (1991), 367–383.

Raumer, R. v. (1854/1863): Über die Entstehung der neuhochdeutschen Schriftsprache. In: R. v. Raumer: Gesammelte sprachwissenschaftliche Schriften (1854). Frankfurt/Erlangen, 189–204 [Wiederabdr. in Wegera 1986].

- (1856): Die Schrift des Hieronymus Wolf „De Orthographia Germanica, ac potius Suevica nostrate" in ihrer Beziehung zur neuhochdeutschen Schriftsprache. In: Germania I (1856), 160–165.
Reichmann, O. (1976): Germanistische Lexikologie. Stuttgart.
- (1978): Deutsche Nationalsprache. Eine kritische Darstellung. In: GL 2–5 (1978), 389–423.
- (1983): Möglichkeiten der Erschließung historischer Wortbedeutungen. In: In diutscher diute. Festschrift für A. van der Lee. Amsterdam, 111–140.
- (1984a): Historische Lexikologie. In: Sprachgeschichte. Ein Handbuch [...], 440–460.
- (1984b): Historische Lexikographie. In: Sprachgeschichte. Ein Handbuch [...], 460–492.
- (1987): Zur Lexikographie des Frühneuhochdeutschen und zum ‚Frühneuhochdeutschen Wörterbuch'. In: Frühneuhochdeutsch, 178–226.
- (1988): Zur Abgrenzung des Mittelhochdeutschen vom Frühneuhochdeutschen. In: Mittelhochdeutsches Wörterbuch in der Diskussion. Symposion zur mittelhochdeutschen Lexikographie. Hamburg, Oktober 1985. Hg. v. W. Bachofer. Tübingen, 119–147.
- (1990): Sprache ohne Leitvarietät vs. Sprache mit Leitvarietät: ein Schlüssel für die nachmittelalterliche Sprachgeschichte des Deutschen? In: Deutsche Sprachgeschichte. Grundlagen, Methoden, Perspektiven. Festschrift für Johannes Erben zum 65. Geburtstag. Hg. v. W. Besch. Frankfurt/M., 141–158.
- (1992): Periodisierung und Raumgliederung des Deutschen. In: V. Ágel/ R. Hessky (Hg.): Offene Fragen – offene Antworten in der Sprachgermanistik. Tübingen, 177–201 (RGL 128).
- (^{2}1998): Sprachgeschichte: Idee und Verwirklichung. In: Sprachgeschichte. Ein Handbuch [...], 1–41.
- (^{2}2000): Die Lexik der deutschen Hochsprache. In: Sprachgeschichte. Ein Handbuch [...], 1818–1847.
- (2003): Die Entstehung der neuhochdeutschen Schriftsprache: Wo bleiben die Regionen? In: R. Berthele u.a. (Hg.): Die deutsche Schriftsprache und die Regionen. Entstehungsgeschichtliche Fragen in neuer Sicht. Berlin/New York, 29–56 (SLG 65).
- (2004): Der Diskurs von Mündlichkeit und Schriftlichkeit: seine Anwendbarkeit auf das Frühneuhochdeutsche. In: Sprachwandel und Gesellschaftswandel – Wurzeln des heutigen Deutsch. Studien des deutsch-japanischen Arbeitskreises für Frühneuhochdeutschforschung. Hg. v. K. J. Mattheier u.a. München, 205–221.
Reichmann, O./ Wegera, K.-P. (1988) (Hg.): Frühneuhochdeutsches Lesebuch. Tübingen.
- (1993) (Hg.): Frühneuhochdeutsche Grammatik. Von R.P. Ebert, O. Reichmann, H.-J. Solms und K.-P. Wegera. Tübingen (= Frnhd. Gr.).
Reichmann, O./ Wolf, D. (^{2}1998): Historische Lexikologie. In: Sprachgeschichte. Ein Handbuch [...], 610–643.
Reiffenstein, I. (1985): Metasprachliche Äußerungen über das Deutsche und seine Subsysteme bis 1800 in historischer Sicht. In: Sprachgeschichte. Ein Handbuch [...], 1727–1750.
- (1988): Der „Parnassus Boicus" und das Hochdeutsche. Zum Ausklang des Frühneuhochdeutschen im 18. Jahrhundert, In: P. Wiesinger (Hg.): Studien zum Frühneuhochdeutschen. E. Skála zum 60. Geburtstag. Göppingen, 27–45 (GAG 476).
Reiner, K. (1960): Die Terminologie der ältesten mathematischen Werke in deutscher Sprache nach den Beständen der Bayerischen Staatsbibliothek. München.
Reinitzer, H. (1983a): Biblia deutsch. Luthers Bibelübersetzung und ihre Tradition. Wolfenbüttel/Hamburg.
- (1983b): Die Revision der Lutherbibel im 16. und 17. Jh. In: Wolfenbütteler Beiträge Bd. 6, 299–335.
- (^{2}1987): Oberdeutsche Bibeldrucke (vollständige Bibeldrucke). In: Die deutsche Literatur des Mittelalters. Verfasserlexikon. Bd. 6, Berlin/New York, 1276–1290.
Reis, M. (1974): Lauttheorie und Lautgeschichte. Untersuchungen am Beispiel der Dehnungs- und Kürzungsvorgänge im Deutschen. München.
Rieck, S. (1977): Untersuchungen zu Bestand und Varianz der Konjunktionen im Frühneuhochdeutschen unter Berücksichtigung der Systementwicklung zur heutigen Norm. Heidelberg.

Rieke, U. (1998): Studien zur Herausbildung der neuhochdeutschen Orthographie. Markierung der Vokalqualitäten in deutschsprachigen Bibeldrucken des 16.–18. Jahrhunderts. Heidelberg.

Ristow, B. (^{2}1965): Maccaronische Dichtung in Deutschland. In: Reallexikon der deutschen Literaturgeschichte. Bd. 2. Berlin, 259–262.

Roelcke, Th. (1995): Periodisierung der deutschen Sprachgeschichte. Analysen und Tabellen. Berlin/New York (SLG 40).

– (^{2}1998): Die Periodisierung der deutschen Sprachgeschichte. In: Sprachgeschichte. Ein Handbuch [...], 796–815.

– (2001): Periodisierung. Frankfurt/M. (DGF 4).

Rösler, I. (1997): „Ich soll als eine Zauberinne vorbrandt werden...". Zur Widerspiegelung populären Zauberwissens in mecklenburgischen Hexenprozeßprotokollen und zur Sprachform der Verhörsprotokolle. In: D. Harmening/A. Rudolph (Hg.): Hexenverfolgung in Mecklenburg. Regionale und überregionale Aspekte. Dettelbach, 13–30.

Rössing-Hager, M. (1972): Syntax und Textkomposition in Luthers Briefprosa. 2 Bde. Köln/Wien.

– (1985): Ansätze zu einer deutschen Sprachgeschichtsschreibung vom Humanismus bis ins 18. Jahrhundert. In: Sprachgeschichte. Ein Handbuch [...], 1564–1614.

Ronneberger-Sibold, E. (1989): Historische Phonologie und Morphologie des Deutschen. Eine kommentierte Bibliographie zur strukturellen Forschung. Tübingen.

Rosenfeld, H.F. (^{3}1974): Humanistische Strömungen (1350–1600). In: Deutsche Wortgeschichte. Hg. v. F. Maurer u. H. Rupp. Bd. 1. Berlin, 399–508.

Rosenqvist, A. (1934): Das Verbalsuffix -(i)eren. In: Annales Academiæ Scientiarum Fennicæ 30. Helsinki, 589–635.

Russ, Ch.V.J. (1982): Studies in Historical German Phonology. A phonological comparison of MHG and NHG with references to modern dialects. Bern.

Saltveit, L. (1962): Studien zum deutschen Futur. Die Fügungen werden mit dem Partizip des Präsens und werden mit dem Infinitiv in ihren heutigen Funktionen und in ihrer geschichtlichen Entwicklung. Bergen/Oslo.

Sandberg, B. (1983): Untersuchungen zur Graphemik und Phonemik eines Tiroler Autographs aus dem Ende des 15. Jhs. Göteborg.

Sanders, W. (1972): Hochdeutsch /ä/ – „Ghostphonem" oder Sprachphänomen? In: ZDL 39 (1972), 37–58.

– (1982): Sachsensprache, Hansesprache, Plattdeutsch. Sprachgeschichtliche Grundzüge des Niederdeutschen. Göttingen.

– (1983): Die Sprache der Hanse. In: Dialektologie. Ein Handbuch [...], 991–1002.

Saueracker, K. (1929): Wortschatz der Peinlichen Gerichtsordnung Karls V. (Carolina Wörterbuch). Heidelberg.

Schenker, W. (1977): Die Sprache Huldrych Zwinglis im Kontrast zur Sprache Luthers. Berlin/New York.

Scherer, W. (1875): Geschichte der deutschen Dichtung im 11. und 12. Jahrhundert. Straßburg.

– (^{2}1878): Zur Geschichte der deutschen Sprache. Berlin.

Schieb, G. (1975): Die deutsche Sprache zur Zeit der frühbürgerlichen Revolution. In: ZPSK 28 (1975), 532–559.

– (1986): Zu den Kommunikationsverhältnissen in der Periode des Mittelhochdeutschen um 1200. In: BES 6 (1986), 37–48.

Schildt, J. (1970a): Die Ausbildung einer ostmitteldeutschen Norm im Gebrauch lokaler Präpositionen 1200–1550. Berlin.

– (1970b): Zur Sprachform der Predigten und Tischreden Luthers. In: PBB (H) 92 (1970), 137–150.

– (1970c): Zu Entwicklungstendenzen im Wortschatz des Deutschen. In: PBB (H) 92 (1970), 195–217.

– (1973): Zum Verhältnis von Geschichte und Sprache. In: Sprache, Nation, Norm. Berlin, 32–47 (LS, Reihe A, 3).

– (1977): Zu einigen Entwicklungstendenzen der deutschen Sprache zur Zeit der frühbürgerlichen

Revolution. In: Der deutsche Bauernkrieg 1524/25. Geschichte – Traditionen – Lehren. Hg. v. G. Brendler u. A. Laube. Berlin, 175–184.

- (1978): Sprechsprachliche Gestaltungsmittel. In: J. Schildt/ G. Kettmann (Hg.): Zur Literaturspra-che im Zeitalter der frühbürgerlichen Revolution. Untersuchungen zu ihrer Verwendung in der Agitationsliteratur. Berlin, 21–85.
- (1979): Zum Verständnis der Luthersprache. In: Martin Luther. Studienausgabe. Hg. v. H.U. De-lius. Berlin, 13–28.
- (1980): Zu einigen Problemen der Periodisierung der deutschen Sprachgeschichte. In: ZPSK 33 (1980), 386–394.
- (1981): Zu Problemen des Sprachwandels. Dargestellt am Beispiel der Sprachverhältnisse zur Zeit der frühbürgerlichen Revolution in Deutschland. In: Fragen der Geschichte der deutschen Sprache des 16.–18. Jahrhunderts. Berlin, 4–23.
- (1983): Die Sprache Luthers. Ihre Bedeutung für die Entwicklung der deutschen Schriftsprache. In: Martin Luther. Leben, Werk und Wirkung. Hg. v. S. Hoyer, A. Laube, G. Vogler. Berlin, 307–324.
- (1984a) (Hg.): Martin Luthers deutsches Sprachschaffen. Seine Bedeutung für die Entwicklung der deutschen Sprache. In: Luthers Sprachschaffen – Gesellschaftliche Grundlagen – Geschichtliche Wirkungen [...]. Berlin, 30–47 (LS, Reihe A, 119/I).
- (³1984b): Abriß der Geschichte der deutschen Sprache. Zum Verhältnis von Gesellschafts- und Sprachgeschichte. Berlin.
- (1987): Modalwörter in Leipziger Frühdrucken. In: Zum Sprachwandel, 385–431.
- (1990): Zur Rolle von Texten/Textsorten bei der Periodisierung der deutschen Sprachgeschichte. In: W. Besch (Hg.): Deutsche Sprachgeschichte. Grundlagen, Methoden, Perspektiven. Festschrift für J. Erben. Bern, Frankfurt (M), New York, Paris, 415–420.
- (1991): Kurze Geschichte der deutschen Sprache. Berlin.
- (1992) (Hg.): Soziolinguistische Aspekte des Sprachwandels in der deutschen Literatursprache 1570–1730. Berlin.
Schildt, J./ Kettmann, G./ Dückert, J./ Müller, K. (1974): Zu Ausgleichsvorgängen in der deutschen Literatursprache (1470–1730). Berlin (LS, Reihe A, 7).
Schirmer, A./ Mitzka, W. (1969): Deutsche Wortkunde. Berlin (Slg. Göschen 929).
Schirokauer, A. (1951): Der Anteil des Buchdrucks an der Bildung des Gemeindeutschen. In: DVjs 25 (1951), 317–350.
- (²1957): Frühneuhochdeutsch. In: Deutsche Philologie im Aufriß. Hg. v. W. Stammler. Bd. 1. Ber-lin, 855–930 [Wiederabdr. in Wegera 1986].
- (1987): Studien zur frühneuhochdeutschen Lexikologie und zur Lexikographie des 16. Jahrhun-derts. Zum Teil aus dem Nachlaß hg. v. K.-P. Wegera. Heidelberg.
Schlieben-Lange, B. (1983): Traditionen des Sprechers. Elemente einer pragmatischen Geschichts-schreibung. Stuttgart/Berlin/Köln/Mainz.
Schmid, H.-U. (1998): Sprachlandschaften und Sprachausgleich in nachreformatorischer Zeit. Martin Luthers Bibelübersetzung in epigraphischen Zitaten des deutschen Sprachraums. In: ZDL 65 (1998), 1–41.
- (2000): Die Ausbildung des werden-Futurs. Überlegungen auf der Grundlage mittelalterlicher Endzeitprophezeiungen. In: ZDL 67 (2000), 6–27.
Schmidt, W. (⁷2004) (Begr.): Geschichte der deutschen Sprache. Ein Lehrbuch für das germanistische Studium. Stuttgart. (9. verb. Aufl. erarb. unter der Leitung von H. Langner u. N.R. Wolf).
Schmidt-Wiegand, R. (1984): Paarformeln. In: Handwörterbuch zur deutschen Rechtsgeschichte. Bd. 3. Berlin, 1387–1399.
- (1986): Die ‚Weisthümer' Jacob Grimms in ihrer Bedeutung für die Rechtswortgeographie. In: Hildebrandt/ Knoop (1986), 113–138.
Schmidt-Wilpert, G. (1985): Die Bedeutung der älteren deutschen Grammatiker für das Neuhochdeut-sche. In: Sprachgeschichte. Ein Handbuch [...], 1556–1564.
Schmitt, Ch. (1988): Typen der Ausbildung und Durchsetzung von Nationalsprachen in der Romania. In: sociolingustica 2 (1988), 73–116.

- (²2000): Latein und westeuropäische Sprachen. In: *Sprachgeschichte. Ein Handbuch* [...], 1061–1084.

Schmitt, L.E. (1936a): Zur Entstehung und Erforschung der neuhochdeutschen Schriftsprache. In: ZMF 12, 193–223.

- (1936b): Die deutsche Urkundensprache in der Kanzlei Kaiser Karls IV. (1346–1378). Halle 1936 [Nachdr. Wiesbaden 1972].

- (1942): Die sprachschöpferische Leistung der deutschen Stadt im Mittelalter. In: PBB 66 (1942), 196–226.

- (1966, ²1982): Untersuchungen zu Entstehung und Struktur der „neuhochdeutschen Schriftsprache". Bd. 1: Sprachgeschichte des Thüringisch-Obersächsischen im Spätmittelalter. Die Geschäftssprache von 1300–1500. Köln/Wien.

- (1970) (Hg.): Kurzer Grundriß der germanischen Philologie bis 1500. Bd. 1: Sprachgeschichte. Berlin.

Schmitz, W. (²1998): Gegebenheiten deutschsprachiger Textüberlieferung vom Ausgang des Mittelalters bis zum 17. Jh. In: *Sprachgeschichte. Ein Handbuch* [...], 320–331.

Schnell, B. (1979): Stemma und Wortvarianz. Zur Rolle des Überlieferungsprozesses in der historischen Wortgeographie. In: Befund und Deutung. Zum Verhältnis von Empirie und Interpretation in Sprach- und Literaturwissenschaft. Festschrift für H. Fromm. Hg. v. K. Grubmüller. Tübingen, 136–153.

Schöndorf, K.E. (2000): Luther als Übersetzer in Theorie und Praxis. In: C. Fabricius-Hansen/ J. Østbø (Hg.): Übertragung, Annäherung, Angleichung. Frankfurt/M., 135–148.

Schröder, I./ Möhn, D. (²2000): Lexikologie und Lexikographie des Mittelniederdeutschen. In: *Sprachgeschichte. Ein Handbuch* [...], 1435–1456.

Schröter, W. (1985): Die Bedeutung der älteren deutschen Lexikographen für das Neuhochdeutsche. In: *Sprachgeschichte. Ein Handbuch* [...], 1520–1534.

Schütt, A. (1908): Adam Petris Bibelglossar [...]. Diss. Freiburg i. Br.

Schützeichel, R. (1967): Zur Entstehung der neuhochdeutschen Schriftsprache. Mit 11 Karten. In: Nassauische Annalen 78 (1967), 75–92 [Wiederabdr. in Wegera 1986].

- (²1974): Mundart, Urkundensprache und Schriftsprache. Studien zur rheinischen Sprachgeschichte. Bonn.

- (²1976): Die Grundlagen des westlichen Mitteldeutschen. Studien zur historischen Sprachgeographie. Tübingen.

Schulin, E. (1981): Die historische Zeit – Dauer und Wandel. In: Funk-Kolleg Geschichte. Bd. 1. Hg. v. W. Conze, K.G. Faber, A. Nitschke. Frankfurt/M., 265–287.

Schulz, H./ Basler, O. (1913 ff.): Deutsches Fremdwörterbuch. Straßburg. Weitergeführt vom IdS 7 Bde. Berlin/New York 1977–1986. Neubearb. im IdS 1995. Bd. 5, 2004.

Schulze, U. (1967): Studien zur Orthographie und Lautung der Dentalspiranten *s* und *z* im späten 13. und frühen 14. Jahrhundert. Durchgeführt auf Grund der ältesten deutschsprachigen Urkunden im nordbairisch-ostfränkischen und thüringisch-obersächsischen Sprachgebiet. Tübingen.

- (1975): Lateinisch-deutsche Parallelurkunden des 13. Jahrhunderts. Ein Beitrag zur Syntax der mittelhochdeutschen Urkundensprache. München.

Schuster, B.-M./ Schwarz, U. (1998): Kommunikationspraxis und ihre Reflexion in frühneuhochdeutscher und neuhochdeutscher Zeit. Festschrift für Monika Rössing-Hager zum 65. Geburtstag. Hildesheim u.a.

Schwarz, B. (1989): Wortbildungen in deutschsprachigen Übersetzungen des Neuen Testaments. Frankfurt/M.

Schwarz, E. (1936a): Die Grundlagen der neuhochdeutschen Schriftsprache. In: ZMF 12 (1936), 1–15.

- (1936b): Rezension zu A. Bernt, Die Entstehung unserer Schriftsprache. In: Deutsche Literaturzeitung 57 (1936), 704–709.

- (1967): Kurze deutsche Wortgeschichte. Darmstadt.

Schwencke, O. (²1987): Niederdeutsche Bibeldrucke (vollständige Bibeln). In: Die deutsche Literatur des Mittelalters. Verfasserlexikon. Bd. 6. Berlin/New York, 977–986.

Schwitalla, J. (1983): Deutsche Flugschriften 1460–1525. Textsortengeschichtliche Studien. Tübingen.
– (1999): Flugschrift. Tübingen.
Seibert, Th. (1989): Schriftform und Mündlichkeit im Rechtsdiskurs. In: L. Hoffmann (Hg.): Rechtsdiskurse. Untersuchungen zur Kommunikation im Gerichtsverfahren. Tübingen, 217–247.
Seibicke, W. (1985): Die Lexik des Neuhochdeutschen seit dem 17. Jahrhundert. In: *Sprachgeschichte. Ein Handbuch* [...], 1510–1519.
Seidensticker, P. (2001): Kräuterbücher und Sprachwissenschaft. Ein Forschungsbericht. In: Beiträge zu Linguistik und Phonetik. Festschrift für J. Göschel zum 70. Geburtstag. Hg. v. A. Braun. ZDL Beiheft 118/2001, 80–94.
Semenjuk, N.N. (1973): Die sprachliche Norm. In: B.A. Serebrennikow: Allgemeine Sprachwissenschaft. Bd. 1. Berlin, 454–493.
– (1980): Das XVII. Jahrhundert als Übergangsperiode in der deutschen Sprachgeschichte. In: Akten des VI. Internationalen Germanisten-Kongresses Basel 1980. Bd. 2. Bern, 431–437.
– (1984): Versuch einer Rekonstruktion der Sprachsituation im 18. Jahrhundert anhand von lexikographischen Daten bei Johann Christoph Adelung. In: Bahner (1984), 151–157.
– (1985): Soziokulturelle Voraussetzungen des Neuhochdeutschen. In: *Sprachgeschichte. Ein Handbuch* [...], 1448–1466.
– (1990): Zur Funktion der mundartlichen und umgangssprachlichen Elemente in den Denkmälern des 17. Jh.s. In: R. Große (Hg.): Sprache in der sozialen und kulturellen Entwicklung. Beiträge eines Kolloquiums zu Ehren von Theodor Frings (1886–1968). Berlin, 240–248.
Shapiro, S. (1941): Genitive Forms without -*s* in Early New High German. In: Language 17 (1941), 53–57.
Simmler, F. (1983): Konsonantenschwächung in den deutschen Dialekten. In: Dialektologie. Ein Handbuch [...], 1121–1129.
Simon, B. (1988): Jiddische Sprachgeschichte. Versuch einer Grundlegung. Frankfurt/M.
Sitta, H. (1980) (Hg.): Ansätze zu einer pragmatischen Sprachgeschichte. Tübingen.
Siewert, K. (1996) (Hg.): Rotwelsch-Dialekte. Wiesbaden.
– (1999) (Hg.): Aspekte und Ergebnisse der Sondersprachenforschung. Wiesbaden.
Skála, E. (1967): Die Entwicklung der Kanzleisprache in Eger 1310 bis 1660. Berlin.
– (1968): Das Regensburger und das Prager Deutsch. In: Zeitschrift für bayerische Landesgeschichte 31 (1968), 84–105.
– (1970): Süddeutschland in der Entstehung der deutschen Schriftsprache. In: PBB (H) 92 (1970), 93–110 [Wiederabdr. in Wegera 1986].
– (1985): Urkundensprache, Geschäfts- und Verkehrssprache im Spätmittelalter. In: *Sprachgeschichte. Ein Handbuch* [...], 1773–1780.
– (2001): Frühneuhochdeutsche Fachprosa in Böhmen. Die Egerer Forstordnung von 1379. In: Beiträge zu Linguistik und Phonetik. Festschrift für J. Göschel zum 70. Geburtstag. Hg. v. A. Braun. ZDL Beiheft 118/2001, 48–57.
Skalweit, St. (1982): Der Beginn der Neuzeit. Epochengrenze und Epochenbegriff. Darmstadt.
Szlęk, S.P. (1999): Zur deutschen Lexikographie bis Jacob Grimm. Wörterbuchprogramme, Wörterbücher, Wörterbuchkritik. Berlin.
Smet, G. de (1968): Alte Lexikographie und moderne Wortgeographie. In: Wortgeographie und Gesellschaft. Festschrift für L.E. Schmitt. Hg. v. W. Mitzka. Berlin, 49–79.
– (1981): Niederländisch und Niederdeutsch. Ein historischer Überblick. In: Gernentz (1981) II, 192–198.
– (1984): Niederländisch/Deutsch. In: *Sprachgeschichte. Ein Handbuch* [...], 923–930.
– (1986a): Zur deutschen Lexikographie im 16. Jahrhundert. In: BES 6 (1986), 144–155.
– (1986b): Die frühneuhochdeutsche Lexikographie: Möglichkeiten und Grenzen ihrer Interpretation. In: Hildebrandt/ Knoop (1986), 59–80.
– (1999): Niederländische Einflüsse auf die frühneuhochdeutsche Lexikographie 1467–1600. In: Geben und Nehmen. Theoretische und historische Beiträge zur deutschen Rezeption niederländischer Sprache und Literatur. Hg. v. S. Sonderegger und J. Stegemann. Dordrecht, 19–35.

Socin, A. (1888): Schriftsprache und Dialekte im Deutschen nach Zeugnissen alter und neuer Zeit. Beiträge zur Geschichte der deutschen Sprache. Heilbronn [Nachdr. Hildesheim 1970].

Sodmann, T. (1985): Der Rückgang des Mittelniederdeutschen als Schreib- und Drucksprache. In: *Sprachgeschichte. Ein Handbuch* [...], 1289–1294.

– (1990): Die Druckerei mit den drei Mohnköpfen. In: Franco-Saxonica. Münstersche Studien zur niederländischen und niederdeutschen Philologie. Jan Goossens zum 60. Geburtstag. Münster, 343–360.

– (²2000): Die Verdrängung des Mittelniederdeutschen als Schreib- und Druckersprache Norddeutschlands. In: *Sprachgeschichte. Ein Handbuch* [...], 1505–1512.

Solms, H.-J. (1984): Die morphologischen Veränderungen der Stammvokale der starken Verben im Frühneuhochdeutschen. Untersucht an Texten des 14.-18. Jahrhunderts. Diss. Bonn.

– (1989): Frühneuhochdeutsche präfixale Wortbildung und die Umstrukturierung des Lexikons. In: Moser/Wolf (1989), 21–31.

– (²2000): Soziokulturelle Voraussetzungen und Sprachraum des Frühneuhochdeutschen. In: *Sprachgeschichte. Ein Handbuch* [...], 1513–1527.

Solms, H.-J./ Wegera, K.-P. (1982): Einträge zur Morphologie in einem Frühneuhochdeutschen Wörterbuch. Vorschläge und Materialien. In: GL 3–6/80 (1982), 225–283.

Sonderegger, S. (1979): Grundzüge deutscher Sprachgeschichte. Diachronie des Sprachsystems. Bd. 1: Einführung – Genealogie – Konstanten. Berlin/New York.

– (1984; ²1998a): Geschichte deutschsprachiger Bibelübersetzungen in Grundzügen. In: *Sprachgeschichte. Ein Handbuch* [...], 129–185; ²1998, 229–284.

– (²1998b): Ansätze zu einer deutschen Sprachgeschichtsschreibung bis zum Ende des 18. Jahrhunderts. In: *Sprachgeschichte. Ein Handbuch* [...], 417–442.

– (2002): Sprachgeschichte und Kulturgeschichte. In: Ders.: Germanica selecta. Ausgewählte Schriften zur germanischen und deutschen Philologie. Zum 75. Geburtstag des Autors hg. v. H. Burger und E. Glaser. Tübingen/Basel, 233–254.

Speyer, A. (2001): Ursprung und Ausbreitung der AcI-Konstruktion im Deutschen. In: Sprachw. 26, 145–187.

Spillmann, H.O. (1971): Untersuchungen zum Wortschatz in Thomas Müntzers deutschen Schriften. Berlin/New York.

– (1991): Linguistische Beiträge zur Müntzer-Forschung. Studien zum Wortschatz in Thomas Müntzers deutschen Schriften und Briefen. Hildesheim etc.

Sprachgeschichte. Ein Handbuch zur Geschichte der deutschen Sprache und ihrer Erforschung. 1. Aufl. hg. v. W. Besch, O. Reichmann, S. Sonderegger. 1. Halbbd. 1984, 2. Halbbd. 1985. 2. vollst. neu bearb. u. erw. Aufl. hg. v. W. Besch, A. Betten, O. Reichmann, S. Sonderegger. 1. Teilbd. ²1998, 2. Teilbd. ²2000, 3. Teilbd. ²2004, 4. Teilbd. 2, ²2004 (= *Sprachgeschichte. Ein Handbuch*).

Sprachhelden und Sprachverderber. Dokumente zur Erforschung des Fremdwortpurismus im Deutschen (1478–1750). Ausgewählt und kommentiert von W.J. Jones. Berlin/New York 1995.

Spriewald, I. (1990): Literatur zwischen Hören und Lesen. Wandel von Funktion und Rezeption im späten Mittelalter. Fallstudien zu Beheim, Folz und Sachs. Berlin/Weimar.

Stackmann, K. (1984): Probleme semantischer Lutherforschung. In: Archiv für Reformationsgeschichte 75, 7–31.

Stahl, H.J. (1985): *mertel uel in alijs partibus pflaster*. Ein Beitrag zur Methode editionsbegleitender Wörterbücher und zur frühneuhochdeutschen Lexikographie. In: Überlieferungsgeschichtliche Prosaforschung. Beiträge der Würzburger Forschungsgruppe zur Methode und Auswertung. Hg. v. K. Ruh. Tübingen, 89–125.

Stårck, J. (1912): Studien zur Geschichte des Rückumlauts. Ein Beitrag zur historischen Formenlehre. Diss. Uppsala.

Stedje, Astrid (⁵2001): Deutsche Sprache gestern und heute. 5. unveränd. Aufl. München (UTB 1499).

Steffens, R. (1988): Zur Graphemik domanialer Rechtsquellen aus Mainz (1315–1564). Ein Beitrag zur Geschichte des Frühneuhochdeutschen anhand von Urbaren. Stuttgart.

– (1993): Frühneuhochdeutsch in Mainz. In: RVj 57 (1993), 176–226.

260

Steger, H. (²1998): Sprachgeschichte als Geschichte der Textsorten, Kommunikationsbereiche und Semantiktypen. In: *Sprachgeschichte. Ein Handbuch* [...], 284–300.

Steinberg, W. (1959): Beiträge zur historischen Wortgeographie. In: Wissenschaftliche Zeitschrift der Martin-Luther-Universität Halle/Wittenberg. Ges.- u. sprachwiss. Reihe VII 4/5 (1959), 695–716.

Stockmann-Hovekamp, Ch. (1991): Untersuchungen zur Straßburger Druckersprache in den Flugschriften Martin Bucers. Graphematische, morphologische und lexikologische Aspekte. Heidelberg.

Stolt, B. (1964): Die Sprachmischung in Luthers Tischreden. Studien zum Problem der Zweisprachigkeit. Stockholm.

– (1969): Luther sprach ‚mixtim vernacula lingua'. In: ZdPh 88 (1969), 432–435.

– (1984): Luther, die Bibel und das menschliche Herz. Stil- und Übersetzungsprobleme der Lutherbibel damals und heute. In: Luthers Sprachschaffen – Gesellschaftliche Grundlagen – Geschichtliche Wirkungen [...]. Hg. v. J. Schildt. Berlin 1984, 154–177 (LS, Reihe A, 119/I).

– (1990): Die Behandlung der Interpunktion für die Analyse von Martin Luthers Syntax. In: Deutsche Sprachgeschichte hg. v. W. Besch u.a., 167–180.

– (1991): Martin Luthers rhetorische Syntax. In: G. Ueding (Hg.): Rhetorik zwischen den Wissenschaften. Tübingen, 207–220.

– (1994): Rhetorik und Musik in Martin Luthers Bibelübersetzung. In: ZfG N.F. IV, 286–297.

Stopp, H. (1974): Veränderungen im System der Substantivflexion vom Althochdeutschen bis zum Neuhochdeutschen. In: Studien zur deutschen Literatur und Sprache. Festschrift für Hugo Moser. Hg. v. W. Besch u.a. Berlin, 324–344.

– (1976): Schreibsprachwandel. Zur großräumigen Untersuchung frühneuhochdeutscher Schriftlichkeit. München.

– (1977): gewesen – gesîn – gewest. Zur Behandlung von Einzelphänomenen in einer frühneuhochdeutschen Flexionsmorphologie. In: ZdPh 96 (1977), Sonderheft, 1–34.

– (1978): Verbreitung und Zentren des Buchdrucks auf hochdeutschem Sprachgebiet im 16. und 17. Jahrhundert. Fakten und Daten zum ‚organischen Werdegang der Entwicklungsgeschichte der hochdeutschen Schriftsprache'. In: Sprachw. 3 (1978), 237–261.

– (1979): Das in Augsburg gedruckte Hochdeutsch. Notwendigkeit, Stand und Aufgabe seiner Erforschung. In: ZdPh 98 (1979), Sonderheft, 151–172.

– (1980): Schreibsysteme in Handschrift und Druck. Zu graphematischen Differenzen der beiden Überlieferungsformen am Beispiel zweier Zeugen derselben Textart. In: Sprachw. 5 (1980), 43–52.

Straßner, E. (1977): Graphemsystem und Wortkonstituenz. Schreibsprachliche Entwicklungstendenzen vom Frühneuhochdeutschen zum Neuhochdeutschen, untersucht an Nürnberger Chroniktexten. Mit 4 Mikrofiches. Tübingen.

Strömberg, E. (1907): Die Ausgleichung des Ablauts im starken Präteritum mit besonderer Rücksicht auf oberdeutsche Sprachdenkmäler des 15.–16. Jahrhunderts. Diss. Göttingen/Göteborg.

Studien zum Frühneuhochdeutschen. Festschrift für Emil Skála. Hg. v. P. Wiesinger unter Mitarbeit von F. Patocka u.a. Göppingen 1988.

Stulz, E. (1902): Die Deklination des Zahlwortes *zwei* vom XV. bis XVIII. Jahrhundert. In: Zeitschrift für deutsche Wortforschung 2 (1902), 85–117.

Suchsland, P. (1968): Die Sprache der Jenaer Ratsurkunden. Entwicklung von Lauten und Formen von 1317–1525. Berlin.

– (1969): Zum Strukturwandel im morphologischen Teilsystem der deutschen Nominalflexion. In: WZUJ. Ges. u. Sprachwiss. Reihe 18 (1969) H. 5, 97–103.

Szulc, A. (1987): Historische Phonologie des Deutschen. Tübingen.

Taenzler, W. (1955): Der Wortschatz des Maschinenbaus im 16., 17. und 18. Jahrhundert. Ein lexikalischer und sprachwissenschaftlicher Beitrag zur Kultur und Volkskunde. Diss. [masch.] Bonn.

Takada, H. (1994): Zur Wortstellung des mehrgliedrigen Verbalkomplexes im Nebensatz im 17. Jahrhundert. Mit einer Beantwortung der Frage, wie und warum die Wortstellung von Grimmelshausens „Simplicissimus" geändert wurde. In: ZGL 22 (1994), 190–219.

– (1997): Orthographische Vorschrift und Praxis im Barock. Zum Anteil der Grammatiker an der schriftsprachlichen Norm. In: ZdPh 117 (1997), 68–89.

– (1998): Grammatik und Sprachwirklichkeit von 1640–1700. Zur Rolle deutscher Grammatiker im schriftsprachlichen Ausgleichsprozeß. Tübingen.

Tauber, W. (1983): Der Wortschatz des Hans Sachs. 2 Bde. Berlin/New York.

– (1993): Mundart und Schriftsprache in Bayern (1450–1800). Untersuchungen zur Sprachnorm und Sprachnormierung im Frühneuhochdeutschen. Berlin/New York.

Telle, J. (1979): Wissenschaft und Öffentlichkeit im Spiegel der deutschen Arzneibuchliteratur. Zum deutsch-lateinischen Sprachenstreit in der Medizin des 16. und 17. Jh.s.. In: Medizinhistorisches Journal 14, 32–52.

Tennant, E.C. (1981a): An overdue Revision in the History of Early New High German: Niclas Ziegler and the Habsburg Chancery Language. In: DVjs 55 (1981), 248–277.

– (1981b): *Vom mangel vnd fähl vnsers A be cees im Teutschen lesen:* On the Practice and Theory of Vocalic Marking in Early New High German Texts. In: Codices manuscripti 55 (1981), 65–100.

– (1985): The Habsburg Chancery Language in Perspective. Berkeley u.a.

Theobald, E. (1992): Sprachwandel bei deutschen Verben. Flexionsklassenschwankungen starker und schwacher Verben. Tübingen.

Thomas, B. (2002): Adjektivderivation im Nürnberger Frühneuhochdeutsch um 1500. Eine historisch-synchrone Analyse anhand von Texten Albrecht Dürers, Veit Dietrichs und Heinrich Deichslers. Berlin/New York (Wortbildung des Nürnberger Frühneuhochdeutsch 3.)

Thoursie, S.A.O. (1984): Die Verbalflexion eines südbairischen Autographs aus dem Jahre 1464. Ein Beitrag zur frühneuhochdeutschen Morphologie. Göteborg.

Timm, E. (1987): Graphische und phonische Struktur des Westjiddischen unter besonderer Berücksichtigung der Zeit um 1600. Tübingen.

– (1987/88): Die Bibelübersetzungssprache als Faktor der Auseinanderentwicklung des jiddischen und des deutschen Wortschatzes. In: H. Reinitzer (Hg.): Deutsche Bibelübersetzungen des Mittelalters. Bern (Vestigia Biblia 9/10), 59–73.

Trojanskaja, J. (1972): Einige Besonderheiten in der Deklination der deutschen Adjektive im 16. und 17. Jahrhundert. In: Studien zur Geschichte der deutschen Sprache. Hg. v. G. Feudel. Berlin, 43–78.

Tschirch, F. (1963): Die Sprache der Bibelübersetzung Luthers heute [...]. In: Jahrbuch des Verbandes der evangelischen Bibelgesellschaften in Deutschland „Die Bibel in der Welt". Bd. 6. Stuttgart, 3–43.

– (1966): Die Sprache der Bibelübersetzung Luthers damals. Eine notwendige Auseinandersetzung mit den Thesen Arno Schirokauers. In: F. Tschirch: Spiegelungen. Berlin, 53–67.

– (²1975; ³1989): Geschichte der deutschen Sprache. II: Entwicklung und Wandlungen der deutschen Sprachgestalt vom Hochmittelalter bis zur Gegenwart. 3. erg. und überarb. Aufl. bearbeitet von W. Besch. Berlin.

Ulrich, W. (1969): Semantische Untersuchungen zum Wortschatz des Kirchenliedes im 16. Jahrhundert. Lübeck/Hamburg.

Vennemann, Th. (1974): Topics, Subjects, an Word Order: From SXV to SVX via TVX. In: J. Anderson/ Ch. Jones (Hg.): Historical Linguistics. Amsterdam, 339–376.

Vocabularius Ex quo. Überlieferungsgeschichtliche Ausgabe. Gemeinsam mit K. Grubmüller hg. v. B. Schnell, H.J. Stahl, E. Auer u. R. Pawis. I, II, III: Tübingen 1988. IV, V: Tübingen 1989. VI: Frühneuhochdeutsches Glossenwörterbuch. Index zum deutschen Wortgut des *Vocabularius Ex quo.* Auf Grund von Vorarbeiten von E. Auer [...] unter Mitwirkung von M. Stock. Tübingen 2001 (TTG).

Vocabularius Optimus. Hg. v. Bremer, E. (1990): I. Werkentstehung und Textüberlieferung. Register; II. Edition (unter Mitwirkung von K. Ridder). Tübingen 1990.

Volz, H. (1963) (Hg.): Vom Spätmittelhochdeutschen zum Frühneuhochdeutschen [...]. Tübingen.

Wagner, W. (1905): Die Stellung des attributiven Genitivs im Deutschen. Ein Kapitel aus der Lehre von der deutschen Wortstellung. Zugleich ein Beitrag zur Entstehungsgeschichte der unechten Komposita. Diss. Gießen.

Walch, M. (1990): Zur Formenbildung im Frühneuhochdeutschen. Heidelberg.

Waldherr, F. (1906): Die durch Ableitungssuffixe gebildeten Verba der schwachen Konjugation im 16. Jahrhundert. Darmstadt.

Walther, C. (1982): Einblicke in die Geschichte unserer Futurform (*werden* + Infinitiv). In: Wiss. Zeitschrift der Humboldt-Univers. zu Berlin. Ges. u. sprachwiss. Reihe 31 (1982), 597–601.

Walz, B. (1989): Die Entwicklung der Großschreibung im 16. Jahrhundert. In: Soziokulturelle Kontexte der Sprach- und Literaturentwicklung. Festschrift für R. Große. Hg. v. S. Heimann u.a. Stuttgart.

Warnke, I. (1999): Wege zur Kultursprache. Die Polyfunktionalisierung des Deutschen im juridischen Diskurs 1200–1800. Berlin/New York.

Weber, H. (1971): Das erweiterte Adjektiv- und Partizipialattribut im Deutschen. München.

– (2003): Venlo – Duisburg – Essen. Diatopische Untersuchungen zu den historischen Stadtsprachen im 14. Jh. A. Mihm/ M. Elmentaler (Hg.): Arbeiten aus dem Duisburger Graphematikprojekt Bd. 1, Heidelberg.

Weber, W.R. (1958): Das Aufkommen der Substantivgroßschreibung im Deutschen. Ein historisch-kritischer Versuch. München.

Wegera, K.-P. (1982): Möglichkeiten und Grenzen philologischer Auswertung einer elektronisch gespeicherten Datei. Aufgezeigt am Beispiel der frühneuhochdeutschen Diminutivsuffixe. In: Sprachen und Computer. Festschrift für H. Eggers. Hg. v. H. Fix, A. Rothkegel u. E. Stegentritt. Dudweiler, 207–222.

– (1985a): Morphologie des Frühneuhochdeutschen. In: *Sprachgeschichte. Ein Handbuch* [...], 1313–1322.

– (1985b): Wortbildung im Frühneuhochdeutschen. In: *Sprachgeschichte. Ein Handbuch* [...], 1348–1355.

– (1986) (Hg.): Zur Entstehung der neuhochdeutschen Schriftsprache. Eine Dokumentation von Forschungsthesen. Tübingen.

– (1987): Zur Flexion der Substantive. In: *Frühneuhochdeutsch* [...], 18–37.

– (1996): Zur Geschichte der Adjektivgroßschreibung im Deutschen: Entwicklung und Motive. In: ZdPh 115 (1996), 382–392.

Wegstein, W. (1985): Die sprachgeographische Gliederung des Deutschen in historischer Sicht. In: *Sprachgeschichte. Ein Handbuch* [...], 1751–1766.

Wehler, H.-U. (1987): Deutsche Gesellschaftsgeschichte. Bd. 1. München.

Wehrli, M. (1980): Geschichte der deutschen Literatur vom frühen Mittelalter bis zum Ende des 16. Jahrhunderts. Stuttgart.

Weimann, K.-H. (1963): Paracelsus und der deutsche Wortschatz. In: Deutsche Wortforschung in europäischen Bezügen. Hg. v. L.E. Schmitt. Bd. 2. Gießen, 359–408.

Weithase, I. (1961): Zur Geschichte der gesprochenen deutschen Sprache. 2 Bde. Tübingen.

Wellmann, H./ Große, R. (1996) (Hg.): Textarten im Sprachwandel – nach der Erfindung des Buchdrucks. Heidelberg.

Wells, Chr. (1996): Uneingewandte Einwände. Unfertiges Referat zur vernachlässigten sprachgeschichtlichen Rolle Westmitteldeutschlands in der 2. Hälfte des 16. Jh.s.. In: R. Große/ H. Wellmann (Hg.): Textarten im Sprachwandel nach der Erfindung des Buchdrucks. Heidelberg (Sprache, Literatur und Geschichte. Studien zur Linguistik/Germanistik 13), 77–99.

– (1985): German: A Linguistic History to 1945. Oxford. [Paperback 1987]. Deutsche Ausgabe: Deutsch: eine Sprachgeschichte bis 1945. Tübingen 1990.

– (1993): Orthography as Legitimation: Luther's Bible Orthography and Frankfurt Bibles of the 1560s and 1570s. In: J.L. Flood u.a. (Hg.): Das unsichtbare Band der Sprache. Studies in German Language and Linguistic History in Memory of Leslie Seiffert. Stuttgart, 149–188.

Wentzlaff-Eggebert, F. u. E. (1971): Deutsche Literatur im späten Mittelalter 1250–1450. 3 Bde. Reinbek.

Wenzel, H. (1995): Hören und Sehen. Schrift und Bild. Kultur und Gedächtnis im Mittelalter. München.

Werbow, S.N. (1963): Die gemeine Teutsch. Ausdruck und Begriff. In: ZdPh 82 (1963), 44–63.

Werner, O. (1965): Vom Formalismus zum Strukturalismus in der historischen Morphologie. Ein Versuch, dargestellt an der Geschichte deutscher Indikativ-/Konjunktiv-Bildungen. In: ZdPh 84 (1965), 100–127.

- (1969): Das deutsche Pluralsystem. Strukturelle Diachronie. In: Sprache – Gegenwart und Geschichte. Probleme der Synchronie und Diachronie. Düsseldorf, 92–128.
West, J. (1989): Lexical Innovation in Dasypodius' Dictionary. Berlin/New York.
Wetekamp, S. (1980): Petrus Dasypodius. Dictionarium Latinogermanicum et vice versa (1535). Untersuchungen zum Wortschatz. Göppingen.
Wiegand, H.E. (²1998): Historische Lexikographie. In: *Sprachgeschichte. Ein Handbuch* […], 643–715 (bes. 1.–3.6., 643–677).
Wiesinger, P. (1983a): Diphthongierung und Monophthongierung in den deutschen Dialekten. In: Dialektologie. Ein Handbuch [...], 1076–1083.
- (1983b): Dehnung und Kürzung in den deutschen Dialekten. In: Dialektologie. Ein Handbuch [...], 1088–1101.
- (1983c): Rundung und Entrundung, Palatalisierung und Entpalatalisierung, Velarisierung und Entvelarisierung in den deutschen Dialekten. In: Dialektologie. Ein Handbuch [...], 1101–1105.
- (1983d): Hebung und Senkung in den deutschen Dialekten. In: Dialektologie. Ein Handbuch [...], 1106–1110.
- (1983e): Phonologische Vokalsysteme deutscher Dialekte. Ein synchronischer und diachronischer Überblick. In: Dialektologie. Ein Handbuch [...], 1042–1076.
- (1985): Diagliederung des Deutschen seit dem 17. Jahrhundert. In: *Sprachgeschichte. Ein Handbuch* [...], 1633–1651.
- (1990): Zur Periodisierung der deutschen Sprachgeschichte aus regionaler Sicht. In: W. Besch (Hg.): Deutsche Sprachgeschichte. Grundlagen, Methoden, Perspektiven. Festschrift für J. Erben. Bern, Frankfurt (M), New York, Paris, 403–414.
- (1993): Die Einführung der allgemeinen deutschen Schriftsprache in Österreich in der zweiten Hälfte des 18. Jh. In: P. Bassola u.a. (Hg.): Im Zeichen der ungeteilten Philologie. Fs. f. K. Mollay. Budapest, 393–410.
- (1996): Schreibung und Aussprache im älteren Frühneuhochdeutschen. Das Verhältnis von Graphem – Phonem – Phon am bairisch-österreichischen Beispiel von Andreas Kurzmann um 1400. Berlin/New York 1996.
Wiessner, E. (1970): Der Wortschatz von Heinrich Wittenwilers „Ring". Hg. v. B. Boesch. Bern.
Wilhelm, F. u.a. (1932f.) (Hg.): Corpus der altdeutschen Originalurkunden bis zum Jahr 1300. Bd. 1ff. Lahr.
Williams, U. (1990): Die Elsässische ‚Legenda aurea'. Bd. III: Die lexikalische Überlieferungsvarianz. Tübingen (TTG 21).
Wimmer, R. (1985): Die Textsorten des Neuhochdeutschen seit dem 17. Jahrhundert. In: *Sprachgeschichte. Ein Handbuch* [...], 1623–1633.
Winkler, H. (1975): Der Wortbestand von Flugschriften aus den Jahren der Reformation und des Bauernkrieges. Berlin 1975.
Wohlfeil, R. (1982): Einführung in die Geschichte der deutschen Reformation. München.
Wolf, D. (1985): Lexikologie des Frühneuhochdeutschen. In: *Sprachgeschichte. Ein Handbuch* [...], 1323–1341.
- (²2000): Lexikologie und Lexikographie des Frühneuhochdeutschen. In: *Sprachgeschichte. Ein Handbuch* […], 1554–1584.
Wolf, H. (1969): Die Sprache des Johannes Mathesius. Philologische Untersuchung frühprotestantischer Predigten. Einführung und Lexikographie. Köln/Graz.
- (1971): Zur Periodisierung der deutschen Sprachgeschichte. In: GRM N.F. 21 (1971), 78–105.
- (1980): Martin Luther. Eine Einführung in germanistische Luther-Studien. Stuttgart.
- (1984): Beiträge der Korrektoren zum Sprachausgleich Luthers. In: Sprachw. 9 (1984), 108–125.
- (1985): Germanistische Luther-Bibliographie. Martin Luthers deutsches Sprachschaffen im Spiegel des internationalen Schrifttums der Jahre 1880–1980. Heidelberg.
- (1988): Jakob Grimms Verhältnis zur frühneuhochdeutschen Sprache und Literatur. In: W. Brandt (Hg.): Sprache in Vergangenheit und Gegenwart. Marburg, 32–46 (Marburger Studien zur Germanistik Bd. 9).

264

- (1996) (Hg.): Luthers Deutsch. Sprachliche Leistung und Wirkung. Frankfurt/M. (Dokumentation Germanistischer Forschung 2).
Wolf, N.R. (1975): Regionale und überregionale Norm im späten Mittelalter. Graphematische und lexikalische Untersuchungen zu deutschen und niederländischen Schriftdialekten. Innsbruck.
- (1985): Phonetik und Phonologie, Graphetik und Graphemik des Frühneuhochdeutschen. In: *Sprachgeschichte. Ein Handbuch* [...], 1305–1313.
- (²2000): Handschrift und Druck. In: *Sprachgeschichte. Ein Handbuch* [...], 1705–1713.
Wolf, S. (1956): Wörterbuch des Rotwelschen. Deutsche Gaunersprache. Mannheim.
- (1962): Jiddisches Wörterbuch. Mannheim.
Wolff, G. (⁴1999): Deutsche Sprachgeschichte. München/Basel (UTB 1581).
Woronow, A. (1967): Zur Geschichte der Pluralsuffixe der Substantive in der deutschen Sprache (dargestellt nach den Chroniken der deutschen Städte des XIV.–XVI. Jahrhunderts). In: PBB (H) 88 (1967), 395–413.
Zatočil, L. (1959): Zur Wiedergabe des Acc.c.infinitivo im 14. und 15. Jahrhundert. In: Philologica Pragensia 2 (1959), 65–83.
Zehetner, L.G. (1977): Bairisch. W. Besch/ H. Löffler/ H.H. Reich (Hg.): Dialekt/Hochsprache – Kontrastiv. Heft 2, Düsseldorf.
Ziegler, A. (2002): Möglichkeiten einer korpusorientierten Sprachgeschichtsforschung. Zum Kontext einer quantitativ linguistisch fundierten Textsortenklassifikation. In: Zeitenwende – die Germanistik auf dem Weg vom 20. ins 21. Jh. Akten des X. Internationalen Germanistenkongresses Wien 2000. Hg. v. P. Wiesinger. Bd. 3. Bern, 53–59 (JIG, A, 55).
Ziesemer, W. (1928): Studien zur mittelalterlichen Bibelübersetzung. In: Schriften der Königsberger Gelehrten Gesellschaft. Geisteswissenschaftliche Klasse 5, H. 5. Halle, 367–384.
Zirker, O. (1923): Die Bereicherung des deutschen Wortschatzes durch die spätmittelalterliche Mystik. Jena.
Zuiden, J. van (1934): Die Verba auf -*igen* im Deutschen. Maastricht.
Zum Sprachwandel in der deutschen Literatursprache des 16. Jahrhunderts. Studien – Analysen – Probleme. Autorenkollektiv unter Leitung v. J. Schildt. Berlin 1987.
Zumthor, P. (1990): Einführung in die mündliche Dichtung, aus dem Frz. übersetzt. Berlin.
Zur Ausbildung der Norm der deutschen Literatursprache (1470–1730). I. Der Einfachsatz. Unter Leitung von G. Kettmann und J. Schildt. Berlin 1976. II. *Zur Ausbildung der Norm der deutschen Literatursprache auf der lexikalischen Ebene* (1470–1730). Untersucht an ausgewählten Konkurrentengruppen, unter Leitung von J. Dückert. Berlin 1976. III. Zur *Ausbildung der Norm der deutschen Literatursprache auf der lexikalischen Ebene* (1470–1730). Untersucht an ausgewählten Konkurrentengruppen mit Anteilen slawischer Herkunft, unter Leitung von K. Müller. Berlin 1976. IV. W.G. Admoni: *Zur Ausbildung der Norm der deutschen Literatursprache im Bereich des neuhochdeutschen Satzgefüges* (1470–1730). Ein Beitrag zur Geschichte des Gestaltungssystems der deutschen Sprache. Berlin 1980. V. M.M. Guchmann/ N.N. Semenjuk: *Zur Ausbildung der Norm der deutschen Literatursprache im Bereich des Verbs* (1470–1730). Tempus und Modus. Berlin 1981. VI. V.M. Pavlov: *Zur Ausbildung der Norm der deutschen Literatursprache im Bereich der Wortbildung* (1470–1730). Von der Wortgruppe zur substantivischen Zusammensetzung. Berlin 1983. Hg. v. Feudel und (ab Bd. VI) Schildt.
Zur Periodisierung der deutschen Sprachgeschichte. Prinzipien – Probleme – Aufgaben. Hg. v. J. Schildt. Berlin 1982 (LS, Reihe A, 88).